答 题 卡

姓 名 ________________

准 考 证 号												
[0]	[0]	[0]	[0]	[0]	[0]	[0]	[0]	[0]	[0]	[0]	[0]	[0]
[1]	[1]	[1]	[1]	[1]	[1]	[1]	[1]	[1]	[1]	[1]	[1]	[1]
[2]	[2]	[2]	[2]	[2]	[2]	[2]	[2]	[2]	[2]	[2]	[2]	[2]
[3]	[3]	[3]	[3]	[3]	[3]	[3]	[3]	[3]	[3]	[3]	[3]	[3]
[4]	[4]	[4]	[4]	[4]	[4]	[4]	[4]	[4]	[4]	[4]	[4]	[4]
[5]	[5]	[5]	[5]	[5]	[5]	[5]	[5]	[5]	[5]	[5]	[5]	[5]
[6]	[6]	[6]	[6]	[6]	[6]	[6]	[6]	[6]	[6]	[6]	[6]	[6]
[7]	[7]	[7]	[7]	[7]	[7]	[7]	[7]	[7]	[7]	[7]	[7]	[7]
[8]	[8]	[8]	[8]	[8]	[8]	[8]	[8]	[8]	[8]	[8]	[8]	[8]
[9]	[9]	[9]	[9]	[9]	[9]	[9]	[9]	[9]	[9]	[9]	[9]	[9]

条形码粘贴区域

考场记录	违纪 ▭ 缺考 ▭
此栏由监考人员填涂	

填涂样例	注意事项
正确填涂 ▬ 错误填涂 ☑ ☒ ⊟ ⧄ ◖	1.用黑色签字笔填写“姓名”和“准考证号”空白栏，并认真核对条形码上的姓名和准考证号； 2.用2B铅笔填涂 “准考证号”，黑度以盖住框内数字为准； 3.修改时务必用橡皮擦干净，务必保持卡面整洁； 4.本卡严禁折叠！ 严禁在本卡空白处做任何标记。

一、单项选择题

1. [A] [B] [C] [D]
2. [A] [B] [C] [D]
3. [A] [B] [C] [D]
4. [A] [B] [C] [D]
5. [A] [B] [C] [D]
6. [A] [B] [C] [D]
7. [A] [B] [C] [D]
8. [A] [B] [C] [D]
9. [A] [B] [C] [D]
10. [A] [B] [C] [D]
11. [A] [B] [C] [D]
12. [A] [B] [C] [D]
13. [A] [B] [C] [D]
14. [A] [B] [C] [D]
15. [A] [B] [C] [D]
16. [A] [B] [C] [D]
17. [A] [B] [C] [D]
18. [A] [B] [C] [D]
19. [A] [B] [C] [D]
20. [A] [B] [C] [D]
21. [A] [B] [C] [D]
22. [A] [B] [C] [D]
23. [A] [B] [C] [D]
24. [A] [B] [C] [D]
25. [A] [B] [C] [D]
26. [A] [B] [C] [D]
27. [A] [B] [C] [D]
28. [A] [B] [C] [D]
29. [A] [B] [C] [D]
30. [A] [B] [C] [D]
31. [A] [B] [C] [D]
32. [A] [B] [C] [D]
33. [A] [B] [C] [D]
34. [A] [B] [C] [D]
35. [A] [B] [C] [D]
36. [A] [B] [C] [D]
37. [A] [B] [C] [D]
38. [A] [B] [C] [D]
39. [A] [B] [C] [D]
40. [A] [B] [C] [D]
41. [A] [B] [C] [D]
42. [A] [B] [C] [D]
43. [A] [B] [C] [D]
44. [A] [B] [C] [D]
45. [A] [B] [C] [D]
46. [A] [B] [C] [D]
47. [A] [B] [C] [D]
48. [A] [B] [C] [D]
49. [A] [B] [C] [D]
50. [A] [B] [C] [D]
51. [A] [B] [C] [D]
52. [A] [B] [C] [D]
53. [A] [B] [C] [D]
54. [A] [B] [C] [D]
55. [A] [B] [C] [D]
56. [A] [B] [C] [D]
57. [A] [B] [C] [D]
58. [A] [B] [C] [D]
59. [A] [B] [C] [D]
60. [A] [B] [C] [D]

二、多项选择题

61. [A] [B] [C] [D] [E]
62. [A] [B] [C] [D] [E]
63. [A] [B] [C] [D] [E]
64. [A] [B] [C] [D] [E]
65. [A] [B] [C] [D] [E]
66. [A] [B] [C] [D] [E]
67. [A] [B] [C] [D] [E]
68. [A] [B] [C] [D] [E]
69. [A] [B] [C] [D] [E]
70. [A] [B] [C] [D] [E]
71. [A] [B] [C] [D] [E]
72. [A] [B] [C] [D] [E]
73. [A] [B] [C] [D] [E]
74. [A] [B] [C] [D] [E]
75. [A] [B] [C] [D] [E]
76. [A] [B] [C] [D] [E]
77. [A] [B] [C] [D] [E]
78. [A] [B] [C] [D] [E]
79. [A] [B] [C] [D] [E]
80. [A] [B] [C] [D] [E]

答题卡

姓 名 ____________________

准考证号												
[0]	[0]	[0]	[0]	[0]	[0]	[0]	[0]	[0]	[0]	[0]	[0]	[0]
[1]	[1]	[1]	[1]	[1]	[1]	[1]	[1]	[1]	[1]	[1]	[1]	[1]
[2]	[2]	[2]	[2]	[2]	[2]	[2]	[2]	[2]	[2]	[2]	[2]	[2]
[3]	[3]	[3]	[3]	[3]	[3]	[3]	[3]	[3]	[3]	[3]	[3]	[3]
[4]	[4]	[4]	[4]	[4]	[4]	[4]	[4]	[4]	[4]	[4]	[4]	[4]
[5]	[5]	[5]	[5]	[5]	[5]	[5]	[5]	[5]	[5]	[5]	[5]	[5]
[6]	[6]	[6]	[6]	[6]	[6]	[6]	[6]	[6]	[6]	[6]	[6]	[6]
[7]	[7]	[7]	[7]	[7]	[7]	[7]	[7]	[7]	[7]	[7]	[7]	[7]
[8]	[8]	[8]	[8]	[8]	[8]	[8]	[8]	[8]	[8]	[8]	[8]	[8]
[9]	[9]	[9]	[9]	[9]	[9]	[9]	[9]	[9]	[9]	[9]	[9]	[9]

条形码粘贴区域

考场记录	违纪 ▭	缺考 ▭
此栏由监考人员填涂		

填涂样例		注意事项
正确填涂 ▬	错误填涂 ☑ ☒ ⊟ ▱ ◐	1.用黑色签字笔填写“姓名”和“准考证号”空白栏，并认真核对条形码上的姓名和准考证号； 2.用2B铅笔填涂 “准考证号”，黑度以盖住框内数字为准； 3.修改时务必用橡皮擦干净，务必保持卡面整洁； 4.本卡严禁折叠！ 严禁在本卡空白处做任何标记。

一、单项选择题

1. [A] [B] [C] [D]
2. [A] [B] [C] [D]
3. [A] [B] [C] [D]
4. [A] [B] [C] [D]
5. [A] [B] [C] [D]
6. [A] [B] [C] [D]
7. [A] [B] [C] [D]
8. [A] [B] [C] [D]
9. [A] [B] [C] [D]
10. [A] [B] [C] [D]
11. [A] [B] [C] [D]
12. [A] [B] [C] [D]
13. [A] [B] [C] [D]
14. [A] [B] [C] [D]
15. [A] [B] [C] [D]
16. [A] [B] [C] [D]
17. [A] [B] [C] [D]
18. [A] [B] [C] [D]
19. [A] [B] [C] [D]
20. [A] [B] [C] [D]
21. [A] [B] [C] [D]
22. [A] [B] [C] [D]
23. [A] [B] [C] [D]
24. [A] [B] [C] [D]
25. [A] [B] [C] [D]
26. [A] [B] [C] [D]
27. [A] [B] [C] [D]
28. [A] [B] [C] [D]
29. [A] [B] [C] [D]
30. [A] [B] [C] [D]
31. [A] [B] [C] [D]
32. [A] [B] [C] [D]
33. [A] [B] [C] [D]
34. [A] [B] [C] [D]
35. [A] [B] [C] [D]
36. [A] [B] [C] [D]
37. [A] [B] [C] [D]
38. [A] [B] [C] [D]
39. [A] [B] [C] [D]
40. [A] [B] [C] [D]
41. [A] [B] [C] [D]
42. [A] [B] [C] [D]
43. [A] [B] [C] [D]
44. [A] [B] [C] [D]
45. [A] [B] [C] [D]
46. [A] [B] [C] [D]
47. [A] [B] [C] [D]
48. [A] [B] [C] [D]
49. [A] [B] [C] [D]
50. [A] [B] [C] [D]
51. [A] [B] [C] [D]
52. [A] [B] [C] [D]
53. [A] [B] [C] [D]
54. [A] [B] [C] [D]
55. [A] [B] [C] [D]
56. [A] [B] [C] [D]
57. [A] [B] [C] [D]
58. [A] [B] [C] [D]
59. [A] [B] [C] [D]
60. [A] [B] [C] [D]

二、多项选择题

61. [A] [B] [C] [D] [E]
62. [A] [B] [C] [D] [E]
63. [A] [B] [C] [D] [E]
64. [A] [B] [C] [D] [E]
65. [A] [B] [C] [D] [E]
66. [A] [B] [C] [D] [E]
67. [A] [B] [C] [D] [E]
68. [A] [B] [C] [D] [E]
69. [A] [B] [C] [D] [E]
70. [A] [B] [C] [D] [E]
71. [A] [B] [C] [D] [E]
72. [A] [B] [C] [D] [E]
73. [A] [B] [C] [D] [E]
74. [A] [B] [C] [D] [E]
75. [A] [B] [C] [D] [E]
76. [A] [B] [C] [D] [E]
77. [A] [B] [C] [D] [E]
78. [A] [B] [C] [D] [E]
79. [A] [B] [C] [D] [E]
80. [A] [B] [C] [D] [E]

答 题 卡

姓 名 ____________________

条形码粘贴区域

考场记录	违纪 ▭	缺考 ▭
此栏由监考人员填涂		

准	考	证	号									
[0]	[0]	[0]	[0]	[0]	[0]	[0]	[0]	[0]	[0]	[0]	[0]	[0]
[1]	[1]	[1]	[1]	[1]	[1]	[1]	[1]	[1]	[1]	[1]	[1]	[1]
[2]	[2]	[2]	[2]	[2]	[2]	[2]	[2]	[2]	[2]	[2]	[2]	[2]
[3]	[3]	[3]	[3]	[3]	[3]	[3]	[3]	[3]	[3]	[3]	[3]	[3]
[4]	[4]	[4]	[4]	[4]	[4]	[4]	[4]	[4]	[4]	[4]	[4]	[4]
[5]	[5]	[5]	[5]	[5]	[5]	[5]	[5]	[5]	[5]	[5]	[5]	[5]
[6]	[6]	[6]	[6]	[6]	[6]	[6]	[6]	[6]	[6]	[6]	[6]	[6]
[7]	[7]	[7]	[7]	[7]	[7]	[7]	[7]	[7]	[7]	[7]	[7]	[7]
[8]	[8]	[8]	[8]	[8]	[8]	[8]	[8]	[8]	[8]	[8]	[8]	[8]
[9]	[9]	[9]	[9]	[9]	[9]	[9]	[9]	[9]	[9]	[9]	[9]	[9]

填涂样例	注意事项
正确填涂 ▬ 错误填涂	1.用黑色签字笔填写“姓名”和“准考证号”空白栏，并认真核对条形码上的姓名和准考证号； 2.用2B铅笔填涂 “准考证号”，黑度以盖住框内数字为准； 3.修改时务必用橡皮擦干净，务必保持卡面整洁； 4.本卡严禁折叠！ 严禁在本卡空白处做任何标记。

一、单项选择题

1. [A] [B] [C] [D]
2. [A] [B] [C] [D]
3. [A] [B] [C] [D]
4. [A] [B] [C] [D]
5. [A] [B] [C] [D]
6. [A] [B] [C] [D]
7. [A] [B] [C] [D]
8. [A] [B] [C] [D]
9. [A] [B] [C] [D]
10. [A] [B] [C] [D]
11. [A] [B] [C] [D]
12. [A] [B] [C] [D]
13. [A] [B] [C] [D]
14. [A] [B] [C] [D]
15. [A] [B] [C] [D]
16. [A] [B] [C] [D]
17. [A] [B] [C] [D]
18. [A] [B] [C] [D]
19. [A] [B] [C] [D]
20. [A] [B] [C] [D]
21. [A] [B] [C] [D]
22. [A] [B] [C] [D]
23. [A] [B] [C] [D]
24. [A] [B] [C] [D]
25. [A] [B] [C] [D]
26. [A] [B] [C] [D]
27. [A] [B] [C] [D]
28. [A] [B] [C] [D]
29. [A] [B] [C] [D]
30. [A] [B] [C] [D]
31. [A] [B] [C] [D]
32. [A] [B] [C] [D]
33. [A] [B] [C] [D]
34. [A] [B] [C] [D]
35. [A] [B] [C] [D]
36. [A] [B] [C] [D]
37. [A] [B] [C] [D]
38. [A] [B] [C] [D]
39. [A] [B] [C] [D]
40. [A] [B] [C] [D]
41. [A] [B] [C] [D]
42. [A] [B] [C] [D]
43. [A] [B] [C] [D]
44. [A] [B] [C] [D]
45. [A] [B] [C] [D]
46. [A] [B] [C] [D]
47. [A] [B] [C] [D]
48. [A] [B] [C] [D]
49. [A] [B] [C] [D]
50. [A] [B] [C] [D]
51. [A] [B] [C] [D]
52. [A] [B] [C] [D]
53. [A] [B] [C] [D]
54. [A] [B] [C] [D]
55. [A] [B] [C] [D]
56. [A] [B] [C] [D]
57. [A] [B] [C] [D]
58. [A] [B] [C] [D]
59. [A] [B] [C] [D]
60. [A] [B] [C] [D]

二、多项选择题

61. [A] [B] [C] [D] [E]
62. [A] [B] [C] [D] [E]
63. [A] [B] [C] [D] [E]
64. [A] [B] [C] [D] [E]
65. [A] [B] [C] [D] [E]
66. [A] [B] [C] [D] [E]
67. [A] [B] [C] [D] [E]
68. [A] [B] [C] [D] [E]
69. [A] [B] [C] [D] [E]
70. [A] [B] [C] [D] [E]
71. [A] [B] [C] [D] [E]
72. [A] [B] [C] [D] [E]
73. [A] [B] [C] [D] [E]
74. [A] [B] [C] [D] [E]
75. [A] [B] [C] [D] [E]
76. [A] [B] [C] [D] [E]
77. [A] [B] [C] [D] [E]
78. [A] [B] [C] [D] [E]
79. [A] [B] [C] [D] [E]
80. [A] [B] [C] [D] [E]

答题卡

姓名 ______________________

条形码粘贴区域

考场记录	违纪 ▭ 缺考 ▭
此栏由监考人员填涂	

准考证号												
[0]	[0]	[0]	[0]	[0]	[0]	[0]	[0]	[0]	[0]	[0]	[0]	[0]
[1]	[1]	[1]	[1]	[1]	[1]	[1]	[1]	[1]	[1]	[1]	[1]	[1]
[2]	[2]	[2]	[2]	[2]	[2]	[2]	[2]	[2]	[2]	[2]	[2]	[2]
[3]	[3]	[3]	[3]	[3]	[3]	[3]	[3]	[3]	[3]	[3]	[3]	[3]
[4]	[4]	[4]	[4]	[4]	[4]	[4]	[4]	[4]	[4]	[4]	[4]	[4]
[5]	[5]	[5]	[5]	[5]	[5]	[5]	[5]	[5]	[5]	[5]	[5]	[5]
[6]	[6]	[6]	[6]	[6]	[6]	[6]	[6]	[6]	[6]	[6]	[6]	[6]
[7]	[7]	[7]	[7]	[7]	[7]	[7]	[7]	[7]	[7]	[7]	[7]	[7]
[8]	[8]	[8]	[8]	[8]	[8]	[8]	[8]	[8]	[8]	[8]	[8]	[8]
[9]	[9]	[9]	[9]	[9]	[9]	[9]	[9]	[9]	[9]	[9]	[9]	[9]

填涂样例	正确填涂 ▬ 错误填涂 ☑ ☒ ⊟ ⊘ ◐	注意事项	1.用黑色签字笔填写“姓名”和“准考证号”空白栏，并认真核对条形码上的姓名和准考证号； 2.用2B铅笔填涂 “准考证号”，黑度以盖住框内数字为准； 3.修改时务必用橡皮擦干净，务必保持卡面整洁； 4.本卡严禁折叠！ 严禁在本卡空白处做任何标记。

一、单项选择题

1. [A] [B] [C] [D]　6. [A] [B] [C] [D]　11. [A] [B] [C] [D]　16. [A] [B] [C] [D]
2. [A] [B] [C] [D]　7. [A] [B] [C] [D]　12. [A] [B] [C] [D]　17. [A] [B] [C] [D]
3. [A] [B] [C] [D]　8. [A] [B] [C] [D]　13. [A] [B] [C] [D]　18. [A] [B] [C] [D]
4. [A] [B] [C] [D]　9. [A] [B] [C] [D]　14. [A] [B] [C] [D]　19. [A] [B] [C] [D]
5. [A] [B] [C] [D]　10. [A] [B] [C] [D]　15. [A] [B] [C] [D]　20. [A] [B] [C] [D]

21. [A] [B] [C] [D]　26. [A] [B] [C] [D]　31. [A] [B] [C] [D]　36. [A] [B] [C] [D]
22. [A] [B] [C] [D]　27. [A] [B] [C] [D]　32. [A] [B] [C] [D]　37. [A] [B] [C] [D]
23. [A] [B] [C] [D]　28. [A] [B] [C] [D]　33. [A] [B] [C] [D]　38. [A] [B] [C] [D]
24. [A] [B] [C] [D]　29. [A] [B] [C] [D]　34. [A] [B] [C] [D]　39. [A] [B] [C] [D]
25. [A] [B] [C] [D]　30. [A] [B] [C] [D]　35. [A] [B] [C] [D]　40. [A] [B] [C] [D]

41. [A] [B] [C] [D]　46. [A] [B] [C] [D]　51. [A] [B] [C] [D]　56. [A] [B] [C] [D]
42. [A] [B] [C] [D]　47. [A] [B] [C] [D]　52. [A] [B] [C] [D]　57. [A] [B] [C] [D]
43. [A] [B] [C] [D]　48. [A] [B] [C] [D]　53. [A] [B] [C] [D]　58. [A] [B] [C] [D]
44. [A] [B] [C] [D]　49. [A] [B] [C] [D]　54. [A] [B] [C] [D]　59. [A] [B] [C] [D]
45. [A] [B] [C] [D]　50. [A] [B] [C] [D]　55. [A] [B] [C] [D]　60. [A] [B] [C] [D]

二、多项选择题

61. [A] [B] [C] [D] [E]　66. [A] [B] [C] [D] [E]　71. [A] [B] [C] [D] [E]　76. [A] [B] [C] [D] [E]
62. [A] [B] [C] [D] [E]　67. [A] [B] [C] [D] [E]　72. [A] [B] [C] [D] [E]　77. [A] [B] [C] [D] [E]
63. [A] [B] [C] [D] [E]　68. [A] [B] [C] [D] [E]　73. [A] [B] [C] [D] [E]　78. [A] [B] [C] [D] [E]
64. [A] [B] [C] [D] [E]　69. [A] [B] [C] [D] [E]　74. [A] [B] [C] [D] [E]　79. [A] [B] [C] [D] [E]
65. [A] [B] [C] [D] [E]　70. [A] [B] [C] [D] [E]　75. [A] [B] [C] [D] [E]　80. [A] [B] [C] [D] [E]

答题卡

姓 名 ____________________

条形码粘贴区域

考场记录	违纪 ▭	缺考 ▭
此栏由监考人员填涂		

准考证号												
[0]	[0]	[0]	[0]	[0]	[0]	[0]	[0]	[0]	[0]	[0]	[0]	[0]
[1]	[1]	[1]	[1]	[1]	[1]	[1]	[1]	[1]	[1]	[1]	[1]	[1]
[2]	[2]	[2]	[2]	[2]	[2]	[2]	[2]	[2]	[2]	[2]	[2]	[2]
[3]	[3]	[3]	[3]	[3]	[3]	[3]	[3]	[3]	[3]	[3]	[3]	[3]
[4]	[4]	[4]	[4]	[4]	[4]	[4]	[4]	[4]	[4]	[4]	[4]	[4]
[5]	[5]	[5]	[5]	[5]	[5]	[5]	[5]	[5]	[5]	[5]	[5]	[5]
[6]	[6]	[6]	[6]	[6]	[6]	[6]	[6]	[6]	[6]	[6]	[6]	[6]
[7]	[7]	[7]	[7]	[7]	[7]	[7]	[7]	[7]	[7]	[7]	[7]	[7]
[8]	[8]	[8]	[8]	[8]	[8]	[8]	[8]	[8]	[8]	[8]	[8]	[8]
[9]	[9]	[9]	[9]	[9]	[9]	[9]	[9]	[9]	[9]	[9]	[9]	[9]

填涂样例		注意事项
	正确填涂 ▬ 错误填涂 ☑ ☒ ⊟ ▱ ◐	1.用黑色签字笔填写“姓名”和“准考证号”空白栏，并认真核对条形码上的姓名和准考证号； 2.用2B铅笔填涂 “准考证号”，黑度以盖住框内数字为准； 3.修改时务必用橡皮擦干净，务必保持卡面整洁； 4.本卡严禁折叠！ 严禁在本卡空白处做任何标记。

一、单项选择题

1. [A] [B] [C] [D]
2. [A] [B] [C] [D]
3. [A] [B] [C] [D]
4. [A] [B] [C] [D]
5. [A] [B] [C] [D]
6. [A] [B] [C] [D]
7. [A] [B] [C] [D]
8. [A] [B] [C] [D]
9. [A] [B] [C] [D]
10. [A] [B] [C] [D]
11. [A] [B] [C] [D]
12. [A] [B] [C] [D]
13. [A] [B] [C] [D]
14. [A] [B] [C] [D]
15. [A] [B] [C] [D]
16. [A] [B] [C] [D]
17. [A] [B] [C] [D]
18. [A] [B] [C] [D]
19. [A] [B] [C] [D]
20. [A] [B] [C] [D]
21. [A] [B] [C] [D]
22. [A] [B] [C] [D]
23. [A] [B] [C] [D]
24. [A] [B] [C] [D]
25. [A] [B] [C] [D]
26. [A] [B] [C] [D]
27. [A] [B] [C] [D]
28. [A] [B] [C] [D]
29. [A] [B] [C] [D]
30. [A] [B] [C] [D]
31. [A] [B] [C] [D]
32. [A] [B] [C] [D]
33. [A] [B] [C] [D]
34. [A] [B] [C] [D]
35. [A] [B] [C] [D]
36. [A] [B] [C] [D]
37. [A] [B] [C] [D]
38. [A] [B] [C] [D]
39. [A] [B] [C] [D]
40. [A] [B] [C] [D]
41. [A] [B] [C] [D]
42. [A] [B] [C] [D]
43. [A] [B] [C] [D]
44. [A] [B] [C] [D]
45. [A] [B] [C] [D]
46. [A] [B] [C] [D]
47. [A] [B] [C] [D]
48. [A] [B] [C] [D]
49. [A] [B] [C] [D]
50. [A] [B] [C] [D]
51. [A] [B] [C] [D]
52. [A] [B] [C] [D]
53. [A] [B] [C] [D]
54. [A] [B] [C] [D]
55. [A] [B] [C] [D]
56. [A] [B] [C] [D]
57. [A] [B] [C] [D]
58. [A] [B] [C] [D]
59. [A] [B] [C] [D]
60. [A] [B] [C] [D]

二、多项选择题

61. [A] [B] [C] [D] [E]
62. [A] [B] [C] [D] [E]
63. [A] [B] [C] [D] [E]
64. [A] [B] [C] [D] [E]
65. [A] [B] [C] [D] [E]
66. [A] [B] [C] [D] [E]
67. [A] [B] [C] [D] [E]
68. [A] [B] [C] [D] [E]
69. [A] [B] [C] [D] [E]
70. [A] [B] [C] [D] [E]
71. [A] [B] [C] [D] [E]
72. [A] [B] [C] [D] [E]
73. [A] [B] [C] [D] [E]
74. [A] [B] [C] [D] [E]
75. [A] [B] [C] [D] [E]
76. [A] [B] [C] [D] [E]
77. [A] [B] [C] [D] [E]
78. [A] [B] [C] [D] [E]
79. [A] [B] [C] [D] [E]
80. [A] [B] [C] [D] [E]

答 题 卡

姓 名 ____________________

条形码粘贴区域

考场记录	违纪 ▭	缺考 ▭
此栏由监考人员填涂		

准考证号												
[0]	[0]	[0]	[0]	[0]	[0]	[0]	[0]	[0]	[0]	[0]	[0]	[0]
[1]	[1]	[1]	[1]	[1]	[1]	[1]	[1]	[1]	[1]	[1]	[1]	[1]
[2]	[2]	[2]	[2]	[2]	[2]	[2]	[2]	[2]	[2]	[2]	[2]	[2]
[3]	[3]	[3]	[3]	[3]	[3]	[3]	[3]	[3]	[3]	[3]	[3]	[3]
[4]	[4]	[4]	[4]	[4]	[4]	[4]	[4]	[4]	[4]	[4]	[4]	[4]
[5]	[5]	[5]	[5]	[5]	[5]	[5]	[5]	[5]	[5]	[5]	[5]	[5]
[6]	[6]	[6]	[6]	[6]	[6]	[6]	[6]	[6]	[6]	[6]	[6]	[6]
[7]	[7]	[7]	[7]	[7]	[7]	[7]	[7]	[7]	[7]	[7]	[7]	[7]
[8]	[8]	[8]	[8]	[8]	[8]	[8]	[8]	[8]	[8]	[8]	[8]	[8]
[9]	[9]	[9]	[9]	[9]	[9]	[9]	[9]	[9]	[9]	[9]	[9]	[9]

填涂样例		注意事项
正确填涂	▬	1.用黑色签字笔填写“姓名”和“准考证号”空白栏，并认真核对条形码上的姓名和准考证号；
错误填涂	☑ ☒ ⊟ ⧄ ◉	2.用2B铅笔填涂 “准考证号”，黑度以盖住框内数字为准；
		3.修改时务必用橡皮擦干净，务必保持卡面整洁；
		4.本卡严禁折叠！ 严禁在本卡空白处做任何标记。

一、单项选择题

1. [A] [B] [C] [D]
2. [A] [B] [C] [D]
3. [A] [B] [C] [D]
4. [A] [B] [C] [D]
5. [A] [B] [C] [D]
6. [A] [B] [C] [D]
7. [A] [B] [C] [D]
8. [A] [B] [C] [D]
9. [A] [B] [C] [D]
10. [A] [B] [C] [D]
11. [A] [B] [C] [D]
12. [A] [B] [C] [D]
13. [A] [B] [C] [D]
14. [A] [B] [C] [D]
15. [A] [B] [C] [D]
16. [A] [B] [C] [D]
17. [A] [B] [C] [D]
18. [A] [B] [C] [D]
19. [A] [B] [C] [D]
20. [A] [B] [C] [D]
21. [A] [B] [C] [D]
22. [A] [B] [C] [D]
23. [A] [B] [C] [D]
24. [A] [B] [C] [D]
25. [A] [B] [C] [D]
26. [A] [B] [C] [D]
27. [A] [B] [C] [D]
28. [A] [B] [C] [D]
29. [A] [B] [C] [D]
30. [A] [B] [C] [D]
31. [A] [B] [C] [D]
32. [A] [B] [C] [D]
33. [A] [B] [C] [D]
34. [A] [B] [C] [D]
35. [A] [B] [C] [D]
36. [A] [B] [C] [D]
37. [A] [B] [C] [D]
38. [A] [B] [C] [D]
39. [A] [B] [C] [D]
40. [A] [B] [C] [D]
41. [A] [B] [C] [D]
42. [A] [B] [C] [D]
43. [A] [B] [C] [D]
44. [A] [B] [C] [D]
45. [A] [B] [C] [D]
46. [A] [B] [C] [D]
47. [A] [B] [C] [D]
48. [A] [B] [C] [D]
49. [A] [B] [C] [D]
50. [A] [B] [C] [D]
51. [A] [B] [C] [D]
52. [A] [B] [C] [D]
53. [A] [B] [C] [D]
54. [A] [B] [C] [D]
55. [A] [B] [C] [D]
56. [A] [B] [C] [D]
57. [A] [B] [C] [D]
58. [A] [B] [C] [D]
59. [A] [B] [C] [D]
60. [A] [B] [C] [D]

二、多项选择题

61. [A] [B] [C] [D] [E]
62. [A] [B] [C] [D] [E]
63. [A] [B] [C] [D] [E]
64. [A] [B] [C] [D] [E]
65. [A] [B] [C] [D] [E]
66. [A] [B] [C] [D] [E]
67. [A] [B] [C] [D] [E]
68. [A] [B] [C] [D] [E]
69. [A] [B] [C] [D] [E]
70. [A] [B] [C] [D] [E]
71. [A] [B] [C] [D] [E]
72. [A] [B] [C] [D] [E]
73. [A] [B] [C] [D] [E]
74. [A] [B] [C] [D] [E]
75. [A] [B] [C] [D] [E]
76. [A] [B] [C] [D] [E]
77. [A] [B] [C] [D] [E]
78. [A] [B] [C] [D] [E]
79. [A] [B] [C] [D] [E]
80. [A] [B] [C] [D] [E]

答题卡

姓 名 ________________

条形码粘贴区域

考场记录	违纪 ▭ 缺考 ▭
此栏由监考人员填涂	

准考证号												
[0]	[0]	[0]	[0]	[0]	[0]	[0]	[0]	[0]	[0]	[0]	[0]	[0]
[1]	[1]	[1]	[1]	[1]	[1]	[1]	[1]	[1]	[1]	[1]	[1]	[1]
[2]	[2]	[2]	[2]	[2]	[2]	[2]	[2]	[2]	[2]	[2]	[2]	[2]
[3]	[3]	[3]	[3]	[3]	[3]	[3]	[3]	[3]	[3]	[3]	[3]	[3]
[4]	[4]	[4]	[4]	[4]	[4]	[4]	[4]	[4]	[4]	[4]	[4]	[4]
[5]	[5]	[5]	[5]	[5]	[5]	[5]	[5]	[5]	[5]	[5]	[5]	[5]
[6]	[6]	[6]	[6]	[6]	[6]	[6]	[6]	[6]	[6]	[6]	[6]	[6]
[7]	[7]	[7]	[7]	[7]	[7]	[7]	[7]	[7]	[7]	[7]	[7]	[7]
[8]	[8]	[8]	[8]	[8]	[8]	[8]	[8]	[8]	[8]	[8]	[8]	[8]
[9]	[9]	[9]	[9]	[9]	[9]	[9]	[9]	[9]	[9]	[9]	[9]	[9]

填涂样例	正确填涂 ▬ 错误填涂 ☑ ☒ ⊟ ⊘ ◐	注意事项	1.用黑色签字笔填写“姓名”和“准考证号”空白栏，并认真核对条形码上的姓名和准考证号； 2.用2B铅笔填涂 “准考证号”，黑度以盖住框内数字为准； 3.修改时务必用橡皮擦干净，务必保持卡面整洁； 4.本卡严禁折叠！ 严禁在本卡空白处做任何标记。

一、单项选择题

1. [A] [B] [C] [D]	6. [A] [B] [C] [D]	11. [A] [B] [C] [D]	16. [A] [B] [C] [D]
2. [A] [B] [C] [D]	7. [A] [B] [C] [D]	12. [A] [B] [C] [D]	17. [A] [B] [C] [D]
3. [A] [B] [C] [D]	8. [A] [B] [C] [D]	13. [A] [B] [C] [D]	18. [A] [B] [C] [D]
4. [A] [B] [C] [D]	9. [A] [B] [C] [D]	14. [A] [B] [C] [D]	19. [A] [B] [C] [D]
5. [A] [B] [C] [D]	10. [A] [B] [C] [D]	15. [A] [B] [C] [D]	20. [A] [B] [C] [D]
21. [A] [B] [C] [D]	26. [A] [B] [C] [D]	31. [A] [B] [C] [D]	36. [A] [B] [C] [D]
22. [A] [B] [C] [D]	27. [A] [B] [C] [D]	32. [A] [B] [C] [D]	37. [A] [B] [C] [D]
23. [A] [B] [C] [D]	28. [A] [B] [C] [D]	33. [A] [B] [C] [D]	38. [A] [B] [C] [D]
24. [A] [B] [C] [D]	29. [A] [B] [C] [D]	34. [A] [B] [C] [D]	39. [A] [B] [C] [D]
25. [A] [B] [C] [D]	30. [A] [B] [C] [D]	35. [A] [B] [C] [D]	40. [A] [B] [C] [D]
41. [A] [B] [C] [D]	46. [A] [B] [C] [D]	51. [A] [B] [C] [D]	56. [A] [B] [C] [D]
42. [A] [B] [C] [D]	47. [A] [B] [C] [D]	52. [A] [B] [C] [D]	57. [A] [B] [C] [D]
43. [A] [B] [C] [D]	48. [A] [B] [C] [D]	53. [A] [B] [C] [D]	58. [A] [B] [C] [D]
44. [A] [B] [C] [D]	49. [A] [B] [C] [D]	54. [A] [B] [C] [D]	59. [A] [B] [C] [D]
45. [A] [B] [C] [D]	50. [A] [B] [C] [D]	55. [A] [B] [C] [D]	60. [A] [B] [C] [D]

二、多项选择题

61. [A] [B] [C] [D] [E]	66. [A] [B] [C] [D] [E]	71. [A] [B] [C] [D] [E]	76. [A] [B] [C] [D] [E]
62. [A] [B] [C] [D] [E]	67. [A] [B] [C] [D] [E]	72. [A] [B] [C] [D] [E]	77. [A] [B] [C] [D] [E]
63. [A] [B] [C] [D] [E]	68. [A] [B] [C] [D] [E]	73. [A] [B] [C] [D] [E]	78. [A] [B] [C] [D] [E]
64. [A] [B] [C] [D] [E]	69. [A] [B] [C] [D] [E]	74. [A] [B] [C] [D] [E]	79. [A] [B] [C] [D] [E]
65. [A] [B] [C] [D] [E]	70. [A] [B] [C] [D] [E]	75. [A] [B] [C] [D] [E]	80. [A] [B] [C] [D] [E]

答题卡

姓 名 ______________

条形码粘贴区域

考场记录	违纪 ▭ 缺考 ▭
此栏由监考人员填涂	

准 考 证 号

[0]	[0]	[0]	[0]	[0]	[0]	[0]	[0]	[0]	[0]	[0]	[0]	[0]
[1]	[1]	[1]	[1]	[1]	[1]	[1]	[1]	[1]	[1]	[1]	[1]	[1]
[2]	[2]	[2]	[2]	[2]	[2]	[2]	[2]	[2]	[2]	[2]	[2]	[2]
[3]	[3]	[3]	[3]	[3]	[3]	[3]	[3]	[3]	[3]	[3]	[3]	[3]
[4]	[4]	[4]	[4]	[4]	[4]	[4]	[4]	[4]	[4]	[4]	[4]	[4]
[5]	[5]	[5]	[5]	[5]	[5]	[5]	[5]	[5]	[5]	[5]	[5]	[5]
[6]	[6]	[6]	[6]	[6]	[6]	[6]	[6]	[6]	[6]	[6]	[6]	[6]
[7]	[7]	[7]	[7]	[7]	[7]	[7]	[7]	[7]	[7]	[7]	[7]	[7]
[8]	[8]	[8]	[8]	[8]	[8]	[8]	[8]	[8]	[8]	[8]	[8]	[8]
[9]	[9]	[9]	[9]	[9]	[9]	[9]	[9]	[9]	[9]	[9]	[9]	[9]

填涂样例

正确填涂 ▬

错误填涂 ☑ ☒ ⊟ ▱ ◐

注意事项

1.用黑色签字笔填写“姓名”和“准考证号”空白栏，并认真核对条形码上的姓名和准考证号；

2.用2B铅笔填涂 “准考证号”，黑度以盖住框内数字为准；

3.修改时务必用橡皮擦干净，务必保持卡面整洁；

4.本卡严禁折叠！ 严禁在本卡空白处做任何标记。

一、单项选择题

1. [A] [B] [C] [D]
2. [A] [B] [C] [D]
3. [A] [B] [C] [D]
4. [A] [B] [C] [D]
5. [A] [B] [C] [D]
6. [A] [B] [C] [D]
7. [A] [B] [C] [D]
8. [A] [B] [C] [D]
9. [A] [B] [C] [D]
10. [A] [B] [C] [D]
11. [A] [B] [C] [D]
12. [A] [B] [C] [D]
13. [A] [B] [C] [D]
14. [A] [B] [C] [D]
15. [A] [B] [C] [D]
16. [A] [B] [C] [D]
17. [A] [B] [C] [D]
18. [A] [B] [C] [D]
19. [A] [B] [C] [D]
20. [A] [B] [C] [D]
21. [A] [B] [C] [D]
22. [A] [B] [C] [D]
23. [A] [B] [C] [D]
24. [A] [B] [C] [D]
25. [A] [B] [C] [D]
26. [A] [B] [C] [D]
27. [A] [B] [C] [D]
28. [A] [B] [C] [D]
29. [A] [B] [C] [D]
30. [A] [B] [C] [D]
31. [A] [B] [C] [D]
32. [A] [B] [C] [D]
33. [A] [B] [C] [D]
34. [A] [B] [C] [D]
35. [A] [B] [C] [D]
36. [A] [B] [C] [D]
37. [A] [B] [C] [D]
38. [A] [B] [C] [D]
39. [A] [B] [C] [D]
40. [A] [B] [C] [D]
41. [A] [B] [C] [D]
42. [A] [B] [C] [D]
43. [A] [B] [C] [D]
44. [A] [B] [C] [D]
45. [A] [B] [C] [D]
46. [A] [B] [C] [D]
47. [A] [B] [C] [D]
48. [A] [B] [C] [D]
49. [A] [B] [C] [D]
50. [A] [B] [C] [D]
51. [A] [B] [C] [D]
52. [A] [B] [C] [D]
53. [A] [B] [C] [D]
54. [A] [B] [C] [D]
55. [A] [B] [C] [D]
56. [A] [B] [C] [D]
57. [A] [B] [C] [D]
58. [A] [B] [C] [D]
59. [A] [B] [C] [D]
60. [A] [B] [C] [D]

二、多项选择题

61. [A] [B] [C] [D] [E]
62. [A] [B] [C] [D] [E]
63. [A] [B] [C] [D] [E]
64. [A] [B] [C] [D] [E]
65. [A] [B] [C] [D] [E]
66. [A] [B] [C] [D] [E]
67. [A] [B] [C] [D] [E]
68. [A] [B] [C] [D] [E]
69. [A] [B] [C] [D] [E]
70. [A] [B] [C] [D] [E]
71. [A] [B] [C] [D] [E]
72. [A] [B] [C] [D] [E]
73. [A] [B] [C] [D] [E]
74. [A] [B] [C] [D] [E]
75. [A] [B] [C] [D] [E]
76. [A] [B] [C] [D] [E]
77. [A] [B] [C] [D] [E]
78. [A] [B] [C] [D] [E]
79. [A] [B] [C] [D] [E]
80. [A] [B] [C] [D] [E]

答 题 卡

姓 名 ________________

条形码粘贴区域

考场记录	违纪 ▭	缺考 ▭
此栏由监考人员填涂		

准 考 证 号

[0]	[0]	[0]	[0]	[0]	[0]	[0]	[0]	[0]	[0]	[0]	[0]	[0]
[1]	[1]	[1]	[1]	[1]	[1]	[1]	[1]	[1]	[1]	[1]	[1]	[1]
[2]	[2]	[2]	[2]	[2]	[2]	[2]	[2]	[2]	[2]	[2]	[2]	[2]
[3]	[3]	[3]	[3]	[3]	[3]	[3]	[3]	[3]	[3]	[3]	[3]	[3]
[4]	[4]	[4]	[4]	[4]	[4]	[4]	[4]	[4]	[4]	[4]	[4]	[4]
[5]	[5]	[5]	[5]	[5]	[5]	[5]	[5]	[5]	[5]	[5]	[5]	[5]
[6]	[6]	[6]	[6]	[6]	[6]	[6]	[6]	[6]	[6]	[6]	[6]	[6]
[7]	[7]	[7]	[7]	[7]	[7]	[7]	[7]	[7]	[7]	[7]	[7]	[7]
[8]	[8]	[8]	[8]	[8]	[8]	[8]	[8]	[8]	[8]	[8]	[8]	[8]
[9]	[9]	[9]	[9]	[9]	[9]	[9]	[9]	[9]	[9]	[9]	[9]	[9]

填涂样例

正确填涂 ▬

错误填涂 ☑ ☒ ⊟ ⧄ ◐

注意事项

1.用黑色签字笔填写“姓名”和“准考证号”空白栏，并认真核对条形码上的姓名和准考证号；

2.用2B铅笔填涂 “准考证号”，黑度以盖住框内数字为准；

3.修改时务必用橡皮擦干净，务必保持卡面整洁；

4.本卡严禁折叠！ 严禁在本卡空白处做任何标记。

一、单项选择题

1. [A] [B] [C] [D]
2. [A] [B] [C] [D]
3. [A] [B] [C] [D]
4. [A] [B] [C] [D]
5. [A] [B] [C] [D]
6. [A] [B] [C] [D]
7. [A] [B] [C] [D]
8. [A] [B] [C] [D]
9. [A] [B] [C] [D]
10. [A] [B] [C] [D]
11. [A] [B] [C] [D]
12. [A] [B] [C] [D]
13. [A] [B] [C] [D]
14. [A] [B] [C] [D]
15. [A] [B] [C] [D]
16. [A] [B] [C] [D]
17. [A] [B] [C] [D]
18. [A] [B] [C] [D]
19. [A] [B] [C] [D]
20. [A] [B] [C] [D]
21. [A] [B] [C] [D]
22. [A] [B] [C] [D]
23. [A] [B] [C] [D]
24. [A] [B] [C] [D]
25. [A] [B] [C] [D]
26. [A] [B] [C] [D]
27. [A] [B] [C] [D]
28. [A] [B] [C] [D]
29. [A] [B] [C] [D]
30. [A] [B] [C] [D]
31. [A] [B] [C] [D]
32. [A] [B] [C] [D]
33. [A] [B] [C] [D]
34. [A] [B] [C] [D]
35. [A] [B] [C] [D]
36. [A] [B] [C] [D]
37. [A] [B] [C] [D]
38. [A] [B] [C] [D]
39. [A] [B] [C] [D]
40. [A] [B] [C] [D]
41. [A] [B] [C] [D]
42. [A] [B] [C] [D]
43. [A] [B] [C] [D]
44. [A] [B] [C] [D]
45. [A] [B] [C] [D]
46. [A] [B] [C] [D]
47. [A] [B] [C] [D]
48. [A] [B] [C] [D]
49. [A] [B] [C] [D]
50. [A] [B] [C] [D]
51. [A] [B] [C] [D]
52. [A] [B] [C] [D]
53. [A] [B] [C] [D]
54. [A] [B] [C] [D]
55. [A] [B] [C] [D]
56. [A] [B] [C] [D]
57. [A] [B] [C] [D]
58. [A] [B] [C] [D]
59. [A] [B] [C] [D]
60. [A] [B] [C] [D]

二、多项选择题

61. [A] [B] [C] [D] [E]
62. [A] [B] [C] [D] [E]
63. [A] [B] [C] [D] [E]
64. [A] [B] [C] [D] [E]
65. [A] [B] [C] [D] [E]
66. [A] [B] [C] [D] [E]
67. [A] [B] [C] [D] [E]
68. [A] [B] [C] [D] [E]
69. [A] [B] [C] [D] [E]
70. [A] [B] [C] [D] [E]
71. [A] [B] [C] [D] [E]
72. [A] [B] [C] [D] [E]
73. [A] [B] [C] [D] [E]
74. [A] [B] [C] [D] [E]
75. [A] [B] [C] [D] [E]
76. [A] [B] [C] [D] [E]
77. [A] [B] [C] [D] [E]
78. [A] [B] [C] [D] [E]
79. [A] [B] [C] [D] [E]
80. [A] [B] [C] [D] [E]

答 题 卡

姓 名 ________________

准 考 证 号												
[0]	[0]	[0]	[0]	[0]	[0]	[0]	[0]	[0]	[0]	[0]	[0]	[0]
[1]	[1]	[1]	[1]	[1]	[1]	[1]	[1]	[1]	[1]	[1]	[1]	[1]
[2]	[2]	[2]	[2]	[2]	[2]	[2]	[2]	[2]	[2]	[2]	[2]	[2]
[3]	[3]	[3]	[3]	[3]	[3]	[3]	[3]	[3]	[3]	[3]	[3]	[3]
[4]	[4]	[4]	[4]	[4]	[4]	[4]	[4]	[4]	[4]	[4]	[4]	[4]
[5]	[5]	[5]	[5]	[5]	[5]	[5]	[5]	[5]	[5]	[5]	[5]	[5]
[6]	[6]	[6]	[6]	[6]	[6]	[6]	[6]	[6]	[6]	[6]	[6]	[6]
[7]	[7]	[7]	[7]	[7]	[7]	[7]	[7]	[7]	[7]	[7]	[7]	[7]
[8]	[8]	[8]	[8]	[8]	[8]	[8]	[8]	[8]	[8]	[8]	[8]	[8]
[9]	[9]	[9]	[9]	[9]	[9]	[9]	[9]	[9]	[9]	[9]	[9]	[9]

条形码粘贴区域

考场记录	违纪 ▭ 缺考 ▭
此栏由监考人员填涂	

填涂样例	注意事项
正确填涂 ▬ 错误填涂 ☑ ☒ ⊟ ⧄ ◐	1.用黑色签字笔填写“姓名”和“准考证号”空白栏，并认真核对条形码上的姓名和准考证号； 2.用2B铅笔填涂 “准考证号”，黑度以盖住框内数字为准； 3.修改时务必用橡皮擦干净，务必保持卡面整洁； 4.本卡严禁折叠！ 严禁在本卡空白处做任何标记。

一、单项选择题

1. [A] [B] [C] [D]
2. [A] [B] [C] [D]
3. [A] [B] [C] [D]
4. [A] [B] [C] [D]
5. [A] [B] [C] [D]
6. [A] [B] [C] [D]
7. [A] [B] [C] [D]
8. [A] [B] [C] [D]
9. [A] [B] [C] [D]
10. [A] [B] [C] [D]
11. [A] [B] [C] [D]
12. [A] [B] [C] [D]
13. [A] [B] [C] [D]
14. [A] [B] [C] [D]
15. [A] [B] [C] [D]
16. [A] [B] [C] [D]
17. [A] [B] [C] [D]
18. [A] [B] [C] [D]
19. [A] [B] [C] [D]
20. [A] [B] [C] [D]
21. [A] [B] [C] [D]
22. [A] [B] [C] [D]
23. [A] [B] [C] [D]
24. [A] [B] [C] [D]
25. [A] [B] [C] [D]
26. [A] [B] [C] [D]
27. [A] [B] [C] [D]
28. [A] [B] [C] [D]
29. [A] [B] [C] [D]
30. [A] [B] [C] [D]
31. [A] [B] [C] [D]
32. [A] [B] [C] [D]
33. [A] [B] [C] [D]
34. [A] [B] [C] [D]
35. [A] [B] [C] [D]
36. [A] [B] [C] [D]
37. [A] [B] [C] [D]
38. [A] [B] [C] [D]
39. [A] [B] [C] [D]
40. [A] [B] [C] [D]
41. [A] [B] [C] [D]
42. [A] [B] [C] [D]
43. [A] [B] [C] [D]
44. [A] [B] [C] [D]
45. [A] [B] [C] [D]
46. [A] [B] [C] [D]
47. [A] [B] [C] [D]
48. [A] [B] [C] [D]
49. [A] [B] [C] [D]
50. [A] [B] [C] [D]
51. [A] [B] [C] [D]
52. [A] [B] [C] [D]
53. [A] [B] [C] [D]
54. [A] [B] [C] [D]
55. [A] [B] [C] [D]
56. [A] [B] [C] [D]
57. [A] [B] [C] [D]
58. [A] [B] [C] [D]
59. [A] [B] [C] [D]
60. [A] [B] [C] [D]

二、多项选择题

61. [A] [B] [C] [D] [E]
62. [A] [B] [C] [D] [E]
63. [A] [B] [C] [D] [E]
64. [A] [B] [C] [D] [E]
65. [A] [B] [C] [D] [E]
66. [A] [B] [C] [D] [E]
67. [A] [B] [C] [D] [E]
68. [A] [B] [C] [D] [E]
69. [A] [B] [C] [D] [E]
70. [A] [B] [C] [D] [E]
71. [A] [B] [C] [D] [E]
72. [A] [B] [C] [D] [E]
73. [A] [B] [C] [D] [E]
74. [A] [B] [C] [D] [E]
75. [A] [B] [C] [D] [E]
76. [A] [B] [C] [D] [E]
77. [A] [B] [C] [D] [E]
78. [A] [B] [C] [D] [E]
79. [A] [B] [C] [D] [E]
80. [A] [B] [C] [D] [E]

答题卡

姓 名 ____________________

准　　考　　证　　号												
[0]	[0]	[0]	[0]	[0]	[0]	[0]	[0]	[0]	[0]	[0]	[0]	[0]
[1]	[1]	[1]	[1]	[1]	[1]	[1]	[1]	[1]	[1]	[1]	[1]	[1]
[2]	[2]	[2]	[2]	[2]	[2]	[2]	[2]	[2]	[2]	[2]	[2]	[2]
[3]	[3]	[3]	[3]	[3]	[3]	[3]	[3]	[3]	[3]	[3]	[3]	[3]
[4]	[4]	[4]	[4]	[4]	[4]	[4]	[4]	[4]	[4]	[4]	[4]	[4]
[5]	[5]	[5]	[5]	[5]	[5]	[5]	[5]	[5]	[5]	[5]	[5]	[5]
[6]	[6]	[6]	[6]	[6]	[6]	[6]	[6]	[6]	[6]	[6]	[6]	[6]
[7]	[7]	[7]	[7]	[7]	[7]	[7]	[7]	[7]	[7]	[7]	[7]	[7]
[8]	[8]	[8]	[8]	[8]	[8]	[8]	[8]	[8]	[8]	[8]	[8]	[8]
[9]	[9]	[9]	[9]	[9]	[9]	[9]	[9]	[9]	[9]	[9]	[9]	[9]

条形码粘贴区域

考场记录	违纪 ▭　　缺考 ▭
此栏由监考人员填涂	

填涂样例	正确填涂 ▬ 错误填涂 [√] [×] [—] [/] [●]	注意事项	1.用黑色签字笔填写“姓名”和“准考证号”空白栏，并认真核对条形码上的姓名和准考证号； 2.用2B铅笔填涂 “准考证号”，黑度以盖住框内数字为准； 3.修改时务必用橡皮擦干净，务必保持卡面整洁； 4.本卡严禁折叠！ 严禁在本卡空白处做任何标记。

一、单项选择题

1. [A] [B] [C] [D]　6. [A] [B] [C] [D]　11. [A] [B] [C] [D]　16. [A] [B] [C] [D]
2. [A] [B] [C] [D]　7. [A] [B] [C] [D]　12. [A] [B] [C] [D]　17. [A] [B] [C] [D]
3. [A] [B] [C] [D]　8. [A] [B] [C] [D]　13. [A] [B] [C] [D]　18. [A] [B] [C] [D]
4. [A] [B] [C] [D]　9. [A] [B] [C] [D]　14. [A] [B] [C] [D]　19. [A] [B] [C] [D]
5. [A] [B] [C] [D]　10. [A] [B] [C] [D]　15. [A] [B] [C] [D]　20. [A] [B] [C] [D]

21. [A] [B] [C] [D]　26. [A] [B] [C] [D]　31. [A] [B] [C] [D]　36. [A] [B] [C] [D]
22. [A] [B] [C] [D]　27. [A] [B] [C] [D]　32. [A] [B] [C] [D]　37. [A] [B] [C] [D]
23. [A] [B] [C] [D]　28. [A] [B] [C] [D]　33. [A] [B] [C] [D]　38. [A] [B] [C] [D]
24. [A] [B] [C] [D]　29. [A] [B] [C] [D]　34. [A] [B] [C] [D]　39. [A] [B] [C] [D]
25. [A] [B] [C] [D]　30. [A] [B] [C] [D]　35. [A] [B] [C] [D]　40. [A] [B] [C] [D]

41. [A] [B] [C] [D]　46. [A] [B] [C] [D]　51. [A] [B] [C] [D]　56. [A] [B] [C] [D]
42. [A] [B] [C] [D]　47. [A] [B] [C] [D]　52. [A] [B] [C] [D]　57. [A] [B] [C] [D]
43. [A] [B] [C] [D]　48. [A] [B] [C] [D]　53. [A] [B] [C] [D]　58. [A] [B] [C] [D]
44. [A] [B] [C] [D]　49. [A] [B] [C] [D]　54. [A] [B] [C] [D]　59. [A] [B] [C] [D]
45. [A] [B] [C] [D]　50. [A] [B] [C] [D]　55. [A] [B] [C] [D]　60. [A] [B] [C] [D]

二、多项选择题

61. [A] [B] [C] [D] [E]　66. [A] [B] [C] [D] [E]　71. [A] [B] [C] [D] [E]　76. [A] [B] [C] [D] [E]
62. [A] [B] [C] [D] [E]　67. [A] [B] [C] [D] [E]　72. [A] [B] [C] [D] [E]　77. [A] [B] [C] [D] [E]
63. [A] [B] [C] [D] [E]　68. [A] [B] [C] [D] [E]　73. [A] [B] [C] [D] [E]　78. [A] [B] [C] [D] [E]
64. [A] [B] [C] [D] [E]　69. [A] [B] [C] [D] [E]　74. [A] [B] [C] [D] [E]　79. [A] [B] [C] [D] [E]
65. [A] [B] [C] [D] [E]　70. [A] [B] [C] [D] [E]　75. [A] [B] [C] [D] [E]　80. [A] [B] [C] [D] [E]

offcn中公教育

社会工作实务（初级）历年真题及全真模拟试卷

【参考答案】

社会工作实务(初级)2020年真题参考答案及解析

一、单项选择题

1.【答案】B。**解析**:本题考查接案阶段的主要工作和步骤。接案阶段的主要工作和步骤包括:了解服务对象的求助原因和求助过程、初步评估服务对象的问题、决定是否接案、订立初步协议。在本题中,社会工作者小李确认小强有接受服务的意愿后,与王女士母子签订服务协议正是接案过程。故本题选B。

2.【答案】B。**解析**:本题考查结案后的跟进服务。结案并不意味着社会工作服务就结束了,社会工作者要在服务结束后的一段时期内,定期对服务对象进行跟踪和回访,了解他们的情况和服务需要,这就是跟进服务。在本题中,小刘建议联络大名户籍所在地的社会工作服务机构,由他们继续为大名提供服务,是结案后的回访和跟踪,也是结案阶段跟进服务的要求。故本题选B。

3.【答案】B。**解析**:本题考查会谈的主要任务。在个案服务中,对服务对象问题的界定是通过会谈来进行的。界定和评估服务对象的问题,社会工作者需要了解:服务对象希望从服务中获得什么?服务对象希望产生什么结果?服务对象希望改变的是什么?在本题中,社会工作者是要帮助服务对象界定夫妻间的问题,最适宜的是"你认为自己目前遭遇的问题是什么?"故本题选B。

4.【答案】C。**解析**:本题考查预估的任务。预估的任务如下:(1)识别服务对象问题的客观因素;(2)识别服务对象问题的主观因素;(3)识别服务对象问题的成因及问题延续的因素;(4)识别服务对象及环境的积极因素;(5)决定提供服务的方式和内容。在识别服务对象问题的主观因素这一任务中,主观因素是指服务对象对问题的实际感受。识别问题的主观因素即要认识服务对象是如何看待自己的问题的,站在服务对象的角度来理解这些问题对他的意义是什么、他为什么会有如此的主观理解、它们对服务对象现在的社会-心理影响是什么,即认识问题在服务对象处境中的意义。分析选项可知,C项"李女士对夫妻问题的看法"符合题意。故本题选C。

5.【答案】C。**解析**:本题考查接案阶段巩固已有改变的方法。巩固已有改变的方法包括回顾工作过程、强化服务对象已有的改变、为服务对象提供积极支持。回顾工作过程可以帮助服务对象回顾自己的问题、解决问题所采取的行动和步骤。通过这样的回顾,社会工作者也能帮助服务对象形成对解决问题的认知,进一步巩固他们解决问题的能力。在本题中,社会工作者要帮助小明形成对解决问题的认知,适宜的做法应该是帮助小明回顾会谈过程中的成长。故本题选C。

6.【答案】B。**解析**:本题考查儿童成长发展的特点。儿童成长发展的特点包括快速性、阶段性、顺序性、不均衡性、个体差异性、分化与互补性。其中,个体差异性是指受遗传和环境因素的影响,儿童在具有整体共同特征的基础上,在身心发展的表现形式、内容和水平等方面,都有不同于整体特征的个性化特点,具有不同于他人的成长轨迹。在本题中,社会工作者让家长知道儿童成长发育有早有晚,这里体现了儿童生长发育具有个体差异性的特点。故本题选B。

7.【答案】A。**解析**:本题考查促进儿童健康成长的相关知识。促进儿童健康成长包括传播理念和知识、提供家庭支持服务和开展儿童支持服务。其中,传播理念和知识的内容包括母婴保健的知识传播和服务、婴儿早期喂养理念和实践、幼儿早教、科学育儿等。故本题选A。

8.【答案】A。**解析**:本题考查儿童社会工作实务的原则。儿童社会工作的原则就是儿童社会工作者提供专业行为的依据和准则,主要包括优先原则、利益最大原则、最小伤害原则、平等参与原则、生态系统原则。在平等参与原则中,社会工作者应创造公平的环境,确保儿童不因民族、种族、性别、家庭出身、宗教信仰、教育程度、财产状况、居住期限受到任何歧视,保障所有儿童享有平等的权利与机会。社会工作者应鼓励和支持儿童参与同自身利益相关的服务活动,尊重其在权利和能力范围之内的自我决定和行动。在本题中,社会工作者小杜协助老张完成报名流程，促使乐乐成为夏令营营员，这体现了儿童社会工作中的平等参与原则。故本题选 A。

9.【答案】D。解析：本题考查以家庭为中心方法的主要实务内容。以家庭为单位进行的服务需要评估，即从儿童成长安全视角进行的家庭监测和评估，内容包括儿童健康成长需要、家庭监护能力以及综合环境三个方面。儿童健康成长需要的监测和评估包括健康状况、教育状况、情绪和行为培养状况、身份认同的状况、获得建立关系的能力的状况、公共形象呈现的状况、自我照顾的技能。家庭监护能力的监测和评估包括基本生活照顾的能力、安全保障能力、情感传递能力、提供认知刺激能力、指导培养儿童社会生活的能力、保持稳定持久人际关系的能力。综合环境的监测和评估包括家庭社会历史、扩展家庭、住房条件、就业状况、家庭收入、家庭的社会融入、利用社区资源。分析选项可知，A、B、C 三项属于对小兰综合环境的监测和评估，因此 A、B、C 三项排除。D 项属于保持稳定持久人际关系的能力，其监测和评估的主要内容包括：保证与孩子的依恋关系稳定持久的能力，为孩子提供持续一贯的情感关注的能力，同样行为一贯回应、不同行为不同回应的能力，和孩子保持联系或允许孩子与家人及重要他人保持联系的能力。故本题选 D。

10.【答案】C。解析：本题考查埃里克森人格发展理论。埃里克森人格发展理论认为，在婴儿前期这个阶段的儿童最为孤弱，因而对成人依赖性最大，如果他们的母亲能以慈爱和惯常的方式来满足儿童的需要，他们就会形成基本信任感。如果他们的母亲拒绝他们的需要或以非惯常的方式来满足他们的需要，儿童就会形成不信任感。婴儿是否得到了充满爱的照料、他们的需要是否得到了满足、他们的啼哭是否得到了注意，这都是他们人格发展中的第一个转折点。需要得到了满足的儿童，会产生基本的信任感。在本题中，社会工作者小燕从积极人格培养的角度，建议朵朵妈妈对 9 个月的朵朵进行信任人格的培养，最适宜的建议就是让朵朵妈妈尽可能多留出时间陪伴朵朵。故本题选 C。

11.【答案】B。解析：本题考查青少年的特点。青少年时期是生命循环变化最多的时期，多变、创新、反叛是青少年时期最主要的特点。从生理发展的角度来看，青少年处于青春发育期，其特点表现为体型迅速变化、身体内部技能迅速健全、大脑和神经系统高度发达、性成熟；从心理发展的角度来看，青少年心理发展是在其社会生活环境和自身社会实践活动中完成的，因此青少年的智力、情绪和情感、自我意识、性格、性意识、成长和发展性需求，都呈现出主体与客体互动、动荡与稳定结合、突变与渐变统一等诸多特点。在本题中，小兵有和大家接触的想法，但是同学们认为小兵性格孤僻，体现的是主体与客体互动的特点。故本题选 B。

12.【答案】A。解析：本题考查社会工作方法在青少年服务中运用的整合性。社会资源的综合性决定了社会工作方法的整合性，社会工作者十分重视青少年环境处境中可得到的资源和阻塞资源的障碍，社会工作者会根据需要，积极地整合各类资源，从而促进青少年社会功能的改善与提高。在本题中，社会工作者小文邀请看守所管教人员参与到该小组工作的各个环节中，体现的就是社会工作方法运用的整合性要求。故本题选 A。

13.【答案】D。解析：本题考查青少年道德教育的特征。青少年道德教育的特征包括教育与引导、监督与管理、保障与控制、实践与体验。在本题中，社会工作者小陆的服务内容有环保实践活动、参与社区助老服务等，这些都是实践性的活动，体现了实践与体验的特征。故本题选 D。

14.【答案】C。解析：本题考查青少年社会工作的原则。青少年社会工作的原则包括主体性原则、发展性原则和整体性原则。主体性原则强调尊重青少年的主体地位，承认与接纳青少年的独特性与差异性，充分照顾青少年的特点和需要，开展有针对性的服务。在本题中，社会工作者小李在服务的过程中，充分尊重服务对象的决定，并询问服务对象擅长的事情，体现了青少年社会工作的主体性原则。故本题选 C。

15.【答案】A。解析：本题考查父母效能训练模式的三个技巧。父母效能训练模式的三个技巧包括积极倾听、使用“我-讯息”、积极沟通。积极倾听，即训练父母的倾听能力，以便成为子女的心理辅导员。该技巧主要包括：能接纳子女、能从子女观点看问题、能尊重子女的自主性、能让子女承担自己问题的责任，提供子女探索自己问题的机会、关怀但不批判。在本题中，社会工作者小韩可以用心体会小赵的真实想法、接纳小赵内心的感受，并在语言和行动上给予及时回应。这一系列做法正是在运用积极倾听的技巧。故本题选 A。

16.【答案】C。解析：本题考查老年社会工作应注意的事项。老年社会工作应注意的事项有价值观问题、移情与工作倦怠问题等。移情是服务对象将自己过去对生活中某些重要人物的情感或态度投射到社会工作者身上的过程。反移情是指社会工作者把对生活中某个重要人物的情感、态度转移到了服务对象的身上。社会工作者与老年人打交道的经历，特别是跟家中老人的交往也可能会导致对老年服务对象抱有特殊的感情，出现反移情。这可能会表现为对老人特别不好，缺乏耐心和关怀，也可能表现为对老人过度保护，想要“拯救”老人。本题中，社会工作者对张奶奶格外关照，什么事情都主动替张奶奶做，属于服务过程中的反移情问题。故本题选 C。

17.【答案】B。解析：本题考查老年社区社会工作的原则。老年社区社会工作的原则包括采用优势视角、充权、统筹规划、资源链接与整合。本题中，社会工作者充分利用社区内的“烹饪能手”，让他们充当志愿者，既让他们展露了才艺，也解决了部分老人吃饭的问题，这一做法体现了资源链接与整合的原则。故本题选 B。

18.【答案】A。解析：本题考查老年人个案管理。老年人的问题常常错综复杂，需要提供多种服务才能满足其需求，而满足这些需求常常需要跟不同部门的人员打交道，做出统筹安排，这时社会工作者充当个案管理员的角色。故本题选 A。

19.【答案】D。解析：本题考查老年人评估注意事项。老年人评估要特别注意以下五点：(1)物理环境，评估的环境应安静、整洁、光线明亮、空气清新、温度适宜；(2)平衡好老人自立与依赖他人的需求，防止老人不惜代价保持自立，让自身生活充满风险或生存、生活受到损害；(3)关注最初提议做评估的人；(4)注意老年人群体的异质性，当个别老人不太能认识到自己的功能限制时，就要求社会工作者要调整传统的问答评估方法，以适应评估中遇到的老人身体或认知方面的障碍，还要注意使用有助于沟通的辅助性工具；(5)尊重老年人的隐私权。本题中，社会工作者小李针对个别老人的特点，调整了自己的问答方式，并运用了沟通技巧，这种做法是尊重老年人异质性的表现。故本题选 D。

20.【答案】C。解析：本题考查妇女的需要。妇女的需要包括：(1)妇女生殖健康的需要；(2)保障妇女的权益和发展的需要；(3)贯彻男女平等基本国策，建立性别公正的政策、制度和社会环境的需要。在本题的报道中，大龄未婚女青年因为不会做家务和没有结婚等问题遭到了非议，这体现的是性别不平等，社会工作者应该借助该议题向社会宣传性别平等观念。故本题选 C。

21.【答案】C。解析：本题考查性别需求分析。摩塞把妇女的需求分为实用性社会性别需求和战略性社会性别需求两种。实用性社会性别需求是指在社会生活中妇女就其社会承认的角色而确定的需要，尽管这种需求是由社会分工及妇女的从属地位引起的，不具有对社会性别的挑战性，但这些需求是妇女很实际的需要。战略性社会性别需求指的是由妇女在社会中的从属地位而产生的需要。本题中，该校师生的服务最终达到了既扶贫又扶志的目标，关注了妇女实用性的性别需求。故本题选 C。

22.【答案】D。解析：本题考查拐卖妇女的介入策略。当拐卖的妇女被解救后，需要关注妇女的心理创伤、妇女将要面对的新生活、妇女家人对待妇女的态度等，这些都需要运用社会工作的理念和方法进行后续的跟进服务，社会工作者应该在此领域提供切实有效的服务。分析选项可知，A、C 两项是公安机关的职责，B 项是妇联的职责，D 项是社会工作服务机构的职责。故本题选 D。

23.【答案】B。解析：本题考查实施妇女赋权的原则。实施妇女赋权的原则如下：(1)鼓励和肯定。通过鼓励和肯定慢慢增进妇女的自信和能力，提升妇女自身的价值感。(2)将妇女作为主体。社会工作者和妇女的关系是协同者和伙伴关系，让妇女充分参与工作，发挥妇女的创造力。(3)意识觉醒。通过阅读、小组讨论、经验分享以及观看影片等方式观察和了解妇女的社会地位，为改变创造条件。(4)权力分析。除了避免复制权力关系外，社会工作者还要与服务对象一起讨论两性之间的、家庭的以及日常生活中其他相关的权力关系，因为妇女群体的问题多与权力关系有关。(5)倡导政策改变。集体发声，倡导政策的发展和改变。故本题选 B。

24.【答案】D。解析：本题考查性别视角的妇女社会工作方法。社会性别视角是一种看待性别关系的视角。运用社会工作方法结合社会性别视角，为妇女群体提供服务，就形成了具有性别视角的妇女社会工作的独特方法。这种方法的程序如下：(1)建立平等的协作关系；(2)协助妇女重新界定问题，提升意识；(3)挖掘自身潜能，链接周围资源，解决面对的问题；(4)协助相同处境的妇女建立支持小组。其中，协助妇女重新界定问题的具体方法和技巧如下：一是不要将问题个人化，减少妇女的自责；二是分析问题的原因，认清个人问题和社会原因之间的联系；三是协助妇女认识女性以及女性承担的角色，关注生育健康权利；四是寻找妇女问题中个人能力与资源、环境等之间的关系及原因，协助认清个人无力感的具体形成过程。在本题中，社会工作者小张同小肖一起分析了她的个人现实条件与企业发展的相互关系及原因，协助小肖认清自己感受的具体过程，这一做法属于性别视角妇女社会工作方法中的重新界定问题。故本题选 D。

25.【答案】C。解析：本题考查残疾人教育康复的相关内容。针对残疾人群体，首先，开展人与环境互动的教育，要让他们认识自己的残疾、认识日常生活的环境、认识自己的心理状态；通过社会工作的个案、小组和社区等方法提供专业化重点服务，使残疾人的身心与环境达到和谐，积极应对残疾及其残疾的生活状态。其次，针对不同残疾提供差异化的“补偿性”功能训练，不仅学习基础性科学文化知识、劳动技能和职业技能，更重要的是为他们提供各种结合身心发展的培训。在整个的个性化服务中，要相信服务对象，与服务对象“在一起”工作，激发残疾人在服务过程中的主体性，从而达到教育康复、心理康复和功能康复的“三位一体”。总之，教育康复可以促进残疾人社会参与权的实现。故本题选 C。

26.【答案】B。解析：本题考查残疾人社会工作理论层面的转型。残疾人社会工作理论层面的转型主要包括两个方面：(1)在致残原因的理论分析上，从个人责任理论转向社会责任理论。个人责任理论的前提隐含了“健全人”和“残疾人”的对立，在同等生活状态下，大多数人是正常的，而少数人致残，其责任只能在个人或家庭，一个人患有残疾只能是个人和家庭的不幸或悲剧。社会责任理论则强调无论先天性残疾还是后天性残疾都是社会因素造成的。例如，近亲结婚而生出智障儿童，表面上是先天性的，实际上是父母缺乏知识，也是社会性因素造成的。(2)在残疾现象的理论分析上，从社会标签理论向社会照顾理论转变。标签理论由美国社会学家贝克提出，强调困难群体的偏差行为是强势群体“妄加”标签的结果，而直接导致困难群体逐渐游离在主流社会之外。很显然，这种标签理论运用于残疾人社会政策中，会给残疾人和社会带来双重损失。社会照顾理论则强调专业社会工作者与服务对象建立信任的专业关系，关键是把所谓的“不正常”的群体或行为看作是“正常化”的，要寻找这类群体或行为在“当下生活情境”中的合理性，社会工作者应该以服务对象的需要为出发点。社会照顾理论就是在文化价值层面要坚持多元化，防止出现价值观的“侵入”现象，注重服务对象自我潜能的激发。在本题中，社会工作者的话体现的就是社会责任理论。故本题选 B。

27.【答案】B。解析：本题考查职业康复的流程。职业康复的流程为：职业咨询—职业评估—职业培训—就业指导。故本题选 B。

28.【答案】B。解析：本题考查残疾人个案管理工作模式的主要步骤。残疾人个案管理工作模式的主要步骤为建立关系、评估阶段、制订服务方案、获得整合性的资源、整合实施、结束阶段。建立关系属于接案阶段的工作，这时候需要收集服务对象的基础资料和相关问题，处理社会工作者和服务对象之间的角色期望，使服务对象从潜在服务对象成为现有服务对象，并签订服务契约。分析选项可知，A 项属于评估阶段的工作内容，B 项属于接案阶段的工作，C 项属于整合实施阶段的工作，D 项属于制订服务方案阶段的工作。故本题选 B。

29.【答案】D。解析：本题考查个案管理的工作步骤。个案管理的主要工作步骤分别是建立关系、评估阶段、制订服务方案、获得整合性的资源、整合实施、结束阶段。本题中，社会工作者已经与小亮建立了关系，并签订了服务契约，接下来应该是评估阶段，即根据服务对象小亮的特长联系专业机构评定其自身条件。故本题选 D。

30.【答案】C。解析：本题考查社区工作方法在社区矫正中的运用。在社区矫正工作领域，运用社区工作方法，应该注意以下三个方面的问题：一是进行综合治理，以改善矫正对象的生活环境；二是开展社区教育，培育社区居民接纳、尊重矫正对象的意识和习惯；三是挖掘社区志愿力量，共同参与社区矫正工作。分析选项可知，C 项是治理服务对象大刚周边的生活环境，属于采用社区工作的方法帮助大刚戒毒。故本题选 C。

31.【答案】A。解析：本题考查社区工作方法在社区矫正中的运用。社区工作方法在社区矫正中的运用包括三个方面：一是进行综合治理，以改善矫正对象的生活环境；二是开展社区教育，培育社区居民接纳、尊重矫正对象的意识和习惯；三是挖掘社区志愿力量，共同参与社区矫正工作。本题中，矫正社会工作者通过社区教育的途径，消除社区居民对矫正对象的偏见，培育社区居民接纳、尊重矫正对象的意识和习惯，使矫正对象顺利回归社会。这些做法是在开展社区教育,培育社区居民接纳、尊重矫正对象的意识和习惯。故本题选 A。

32.【答案】B。解析:本题考查个案工作方法在社区矫正中的伦理原则和个案工作方法运用中应注意的问题。个案工作方法在社区矫正中的伦理原则为维护服务对象利益优先原则、个别化原则、接纳原则、非评判原则、服务对象自决原则、保密原则。社会工作者要妥善处理为案主保密的原则与维护社会安全的关系。为案主保密的原则是社会工作专业价值观的重要体现,即便是罪犯或违法者这样特殊的服务对象,他们也有与生俱来的尊严,也有权利保护自己的隐私和拥有不受外人干扰的生活空间。矫正社会工作者虽然被法律赋予了监管矫正对象的权利,但也不能违背社会工作专业价值观所要求的伦理守则,不能将矫正对象的基本资料随意公开,不能将在工作过程中了解到的服务对象的想法和打算随意地告诉别人。矫正社会工作者有义务为服务对象保密。但是,社区矫正工作的对象是被判处刑罚的罪犯,他们的思想和行为以及他们的社会交往,往往隐含着对他人和社会造成新的危害的可能性。当社区矫正工作者了解到服务对象的思想和行为在社会交往中有造成危害的可能性时,就不能借口保密对此不闻不问,而是要及时把矫正对象的思想和行为动态,报告给有关部门和人员,及时采取措施制止危害的发生。分析选项可知,B 项中矫正对象吸食冰毒是一种违法的行为,社会工作者应该打破保密的原则。故本题选 B。

33.【答案】C。解析:本题考查个案工作方法运用中应注意的问题。社会工作者要着眼于服务对象的潜能发掘和自己解决问题,切忌包办代替。矫正社会工作者的目标之一是帮助服务对象获得应有的社会资源,促使他们重新回归社会,成为正常的社会成员。本题中,服务对象老张戒毒成功,现在也不赌博了,因此 A、B 两项排除。社会工作者想要协助老张依靠自己的能力去解决问题,因此排除 D 项。故本题选 C。

34.【答案】A。解析:本题考查优抚安置社会工作服务对象的特点。在实际工作中,社会再适应、危机应对、心理补偿、精神慰藉、社会尊重和社会支持的需要往往融合在服务对象的日常生活中,以一种“未分化”的状态呈现。故本题选 A。

35.【答案】C。解析:本题考查军休社会工作的主要方法——语言运用的技巧。语言运用的技巧包括:(1)合作的语言。社会工作者应该持有这样的理念,即服务对象是自身问题的专家。社会工作者可以这样询问:“你今天想有哪些改变?”而不是“我可以帮到你什么吗?”(2)所有权的语言。社会工作者给予服务对象应有的信任,鼓励服务对象多运用词语“我”,相信服务对象可以运用自身的优势与力量来促成生活中的改变,而不是相信改变只可以借助外力发生。社会工作者在表述时多使用“你今天来到这里,想要完成什么呢?”而不是“什么问题让你来到这里?”(3)可能性的语言。(4)解决方法的语言。(5)说明与澄清的语言。故本题选 C。

36.【答案】D。解析:本题考查光荣院社会工作的主要方法。本题中,对军休所的老干部这样进入耄耋之年的孤老优抚对象来说,生活的意义和存在的价值感对他们尤为重要,其人生的主要任务是实现自我整合、避免自我绝望,核心议题是有能力处理并接受人生中发生的所有事情,把这些人生事件当成是令生命有意义的东西。社会工作者的主要任务是作为“陪伴者”,帮助孤老优抚对象个体做好生命回顾、协助群体做好哀伤辅导,陪伴他们走完人生最后的旅程。故本题选 D。

37.【答案】A。解析:本题考查医疗救助中的服务内容。医疗救助中的服务内容包括:(1)协助申请救助;(2)改善救治环境;(3)协调医疗资源;(4)强化社会支持。在本题中,社会工作者小夏整合各类资源为社区精神病患者提供知识培训,属于强化社会支持的内容。故本题选 A。

38.【答案】B。解析:本题考查社会救助社会工作的重要内容。外展服务是社会救助社会工作的重要内容,一般包括街头救助和全天候救助两种。街头救助是指借助救助巡逻车和救助亭对街头的流浪乞讨人员实施救助。全天候救助是指各个地区的救助站 24 小时开放,接待流浪乞讨人员或其他需要急难救助的人员。故本题选 B。

39.【答案】C。解析:本题考查服务对象识别。对社会工作者来说,无论在哪一个阶段的服务过程中,都应该首先从内心真诚地对待所有服务对象,对服务对象采取宽容和尊重的态度。所以,社会工作者应该尊重刘阿姨的意见。同时,继续向刘阿姨提供工作信息。故本题选 C。

40.【答案】C。解析:本题考查以社区为本的综合救助社会工作方法的特点。社区为本的社会救助社会工作方法有三个特点：一是符合《社会救助暂行办法》和相关社会救助政策；二是综合运用了社会工作的专业方法和技巧；三是依托社区组织，立足社区现状，直接为需要救助的社区居民提供服务。故题干中的方案属于以社区为本的综合救助。故本题选 C。

41.【答案】B。解析：本题考查针对个人开展的个案工作。针对大伟因身残导致家庭贫困的处境，社会工作者要促进残疾人就业权利的实现，可以开展职业培训。这是残疾人就业前和上岗前的针对性培训，是帮助残疾人实现有效就业的措施，由社会工作者和职业指导师等专业成员共同协作实施。就业前培训是让残疾人接受特定职业的相关基础知识和技能培训，并形成从事该职业活动所必需的能力和态度，具有比较广泛的适用性，从而解决其现在的生活状态。故本题选 B。

42.【答案】D。解析：本题考查家庭社会工作的基本原则——帮助家庭成员增能原则。帮助家庭成员增能原则是家庭社会工作的主要原则之一，强调每个家庭成员都有自己解决困难的能力，有效帮助家庭成员克服困难的方式是提高他们克服困难的能力，不是代替他们克服困难。帮助家庭成员增能原则要求社会工作者在帮助家庭成员解决问题的过程中，除了需要鼓励家庭成员积极参与问题的解决过程之外，还需要增强家庭成员自身解决问题的能力，实现他们的自信和独立。A、B、C 三项都属于简单的提问和了解，D 项是让王女士自己进行分析，有利于她自身能力的提升。故本题选 D。

43.【答案】A。解析：本题考查家庭社会工作的基本原则——家庭处境化原则。家庭处境化原则是指家庭是家庭成员自然生活的场景。社会工作者在观察和评估家庭成员的需要时，需要把家庭成员放在家庭的日常生活中，观察和了解家庭成员之间以及家庭成员与周围环境之间的互动交流状况，关注家庭成员的日常生活。只有在家庭自然生活场景中建立观察和评估，才能准确把握家庭成员的真实需要，提供符合实际家庭处境的解决方案。只有 A 项“约定奶奶和大壮都在家的时间去探访”属于将家庭成员放在家庭的日常生活中去提供服务。故本题选 A。

44.【答案】C。解析：本题考查家庭生命周期阶段的任务和要求。题干所描述的情况属于家庭生命周期理论中的子女独立家庭阶段，需要达成的任务和要求包括：为子女独立生活做准备、接纳和促进子女自立的要求。在本题中，老王的女儿不想遵从父母的想法留在本地就业，此时根据家庭生命周期阶段的任务，社会工作者需要做的是让老王夫妇尊重女儿自立的要求。故本题选 C。

45.【答案】C。解析：本题考查满足全体学生发展性需要的学校社会工作。满足全体学生发展性需要的学校社会工作包括：学校社会工作对引导和培养学生价值观的介入、学校社会工作对培养学生人际交往能力的介入、学校社会工作对培养学生劳动意识和劳动能力的介入、学校社会工作对培养学生科学抉择能力与生涯规划能力的介入、学校社会工作对培养学生行动力的介入、学校社会工作对增强学生自我效能感的介入。题干中很多高三学生十分迷茫，对自己的未来既缺乏清晰的目标，又不知道应该如何做出升学和就业抉择，此时应当从培养学生科学抉择能力与生涯规划能力的介入，C 项符合题意。故本题选 C。

46.【答案】A。解析：本题考查学校社会工作的服务内容。学校社会工作的内容之一是培养学生分辨个人情绪的能力，认识不同的情绪表达方法，通过分享和体会，恰当地表达个人情绪。题干中小杰常常误会同学的语言和行为，缺乏足够的自我觉察，此时应当培养的是分辨个人情绪的能力，认识不同情绪的表达方法。故本题选 A。

47.【答案】D。解析：本题考查儿童保护的发现报告服务。儿童保护的发现报告服务是指将发现的儿童保护案件，如儿童(肢体)虐待案、儿童性侵案等报告给所在地公安机关和国家儿童保护体系中的未成年人保护中心，以便能够及时制止儿童侵害行为，为受害儿童开展伤害状况评估，并以评估结果为依据，完成监护处置环节工作，对受害儿童是否需要脱离家庭环境进入国家替代照顾体系做出判断。在这个环节中，社会工作者需要聚焦受害儿童的受侵害程度，以及受害儿童父母监护状况和能力评估。题干中，针对小花因父母监护不力受到性侵被转介到特殊教育学校后，社会工作者需要做的是对受害儿童是否需要脱离家庭环境进入国家替代照顾体系做出判断。很明显，小花父母的监管不力，因此需要增强小花父母的监护意识，防止小花再次受到伤害。故本题选 D。

48.【答案】C。解析：本题考查服务(活动)策划的过程。服务(活动)策划的过程包括六步：第一步是确认社区需求，可以通过规范性需求、比较性需求、表达性需求和感觉性求要来界定社区需要。第二步是了解社区居民或服务对象的特征，包括社区居民或服务对象的兴趣、特点、能力、生活习惯和方式、休闲时间的安排，以及与社区其他群体的关系等。第三步是订立工作目标，这个目标应包括三方面内容，一是清楚界定整个服务（活动）方案是以哪些人为服务对象；二是清楚列出服务（活动）的内容；三是表达出期望服务（活动）的成效，即社区居民或服务对象参与该服务后可能产生的改变。第四步是评估自身的能力。这里主要是评估提供服务的机构及其工作人员的能力。机构的能力主要是人、财、物的配置能力和合理的时间安排；工作人员能力则是指其具有专业知识、技能等。评估的内容包括机构及其工作人员对外所面临的机会和挑战，对内所存在的优势和不足，并要根据这些评估制订合乎实际、切实可行的服务计划。如果能力不足，可以寻求外来协助或更改原有的目标。第五步是制定工作进度表。第六步是程序编排。故本题选 C。

49.【答案】D。解析：本题考查社区参与的层次和形式。社区参与的层次和形式包括：(1)告知。告知属于最低层次的参与。社区居民单方面获得上级对社区进行建设或改造的规划和信息，却没有任何机会改变既定规划。(2)咨询。咨询比告知上升了一个层次。有关部门除了告诉基层社区、重要利益关系人和相关组织将要进行社区建设或改造的规划和信息，并进一步征求他们的意见，同时也会在规划修订过程中考虑他们提出的意见。(3)协商。社区进行建设和改造时，邀请受此影响的社区居民一起了解和讨论计划内容，推动居民成为决策过程中的一分子。不过，虽然居民被邀请参加了决策过程，但社区建设或改造的最初设计者通常会设定讨论议题的范围，限定其他参与者的决策权。(4)共同行动。在决策过程中，社区建设或改造的规划由大家共同决策，并在决策过程中分配任务，让大家共同分担执行责任，形成分工与合作。(5)社区居民自治。这是最高层次的参与形式。社区自己决定什么是本社区重要的事务、何时去做等议题，并负责执行这些决策。本题中，社会工作者与社区居委会一起组织社区居民成立“社区居民议事会”，并讨论通过实施方案，就具体事项做了分工，体现的是共同行动。故本题选 D。

50.【答案】D。解析：本题考查社区居民的四种需求。规范性需求是指专业人员、行政人员或专家学者依据专业知识和现有规定或规范，所指出的特定需求标准。感觉性需求是指当个人被问及是否需要某一特定服务时，其反映就是感觉性需求。表达性需求是指当个人把自身的感觉性需求通过行动来表达和展现时，即成为表达性需求。比较性需求来源于与某种事物所作的比较。题干中居民对于社区志愿服务“时间银行”有感觉性需求，说明居民有这个需求，实施起来相对容易，因此 A 项错误。居民有感觉性、表达性需求和规范性需求，说明该服务的开展符合居民的真正需求，因此 B、C 两项错误。居民没有比较性需求，说明目前的社区缺少这种服务，是创新服务的最佳时机。故本题选 D。

51.【答案】C。解析：本题考查协助妇女重新界定问题的具体方法和技巧。协助妇女重新界定问题的具体方法和技巧涉及以下四个方面：(1)无论妇女带来的问题是什么，都不要将问题个人化，以减少妇女的自责。(2)分析问题的成因。分析哪些问题是因为性别的刻板认识导致的，哪些问题是由于缺少支持和资源产生的，哪些问题是制度和政策层面的原因导致的，认清个人问题和社会原因之间的联系。(3)协助妇女重新认识女性以及女性承担的角色，关注其生育健康权利。(4)寻找妇女问题中个人能力与资源、环境等之间的关系，协助认清个人无力感的具体形成过程。本题中，对于妇女参政议政意愿和能力较低的问题，我们也要首先分析原因。故本题选 C。

52.【答案】B。解析：本题考查居民参与社区事务的影响因素。从以往的研究成果和社区社会工作的实际经验看，社区居民是否积极参与社区事务，受到以下三个因素的影响：(1)参与价值。社区居民参与社区事务的兴趣关键在于这些事务与他们的切身利益是否有密切关系，如果参与对其生活质量改善不大，他们就不会参与。(2)参与意愿。即使社区居民肯定参与的价值，但仍要看其是否愿意或有动机参与其中，并身体力行。参与意愿受参与者的主观因素控制，通常是居民个人主观做出判断，决定参与并付诸行动，但居民有时候也会受客观环境的影响，如家人或朋友的赞成和支持会推动居民有较高的意愿和动机参与社区事务。(3)参与能力。参与能力可能受两个主要因素的影响，第一个是时间和金钱，第二个是知识与技巧。本题中，居民可以感受到参与项目给自己带来的益处，并且投入了越来越多的时间和精力，说明其能够认识到参与价值，并且参与其中，因此 A、D 两项不符合题意。本题中，社会工作者以各种方式动员社区居民参与项目活动，因此大家也是有参与机会的，居民的参与效果不好，可能是因为自身的知识和技巧不足导致，因此 C 项不符合题意。故本题选 B。

53.【答案】A。**解析**：本题考查医院社会工作实务。医务社会工作者需要为患者因疾病及治疗引起的心理情绪困扰提供情绪支持。本题中，患者出现了情绪低落的问题，医务社会工作者应该运用专业方法对患者的情绪给予必要的干预。故本题选 A。

54.【答案】B。**解析**：本题考查急诊室的社会工作。当患者来到急诊室就诊时，其家属同样面临重大压力，医务社会工作者应针对家属的情绪做适当处理。本题中，患者陪同人员由于巨大的心理压力，与医护人员发生了争吵，妨碍了救治工作，社会工作者最适宜的做法是提供现场陪伴，对患者陪同人员进行情绪疏导。故本题选 B。

55.【答案】D。**解析**：本题考查社会工作在精神卫生领域的作用。在本题中，精神障碍者在康复后回到社区，仍然很难摘掉"精神病人"的帽子，这是公众对精神疾病的错误认知造成的，社会工作者可以开展的服务是开展社区宣传教育，改变公众对精神疾病的传统认知。故本题选 D。

56.【答案】B。**解析**：本题考查医务社会工作的主要方法。本题中，患者出现了焦虑的情绪和沉重的思想负担，对医护人员的解释也将信将疑，可见患者出现了认知偏差，社会工作者可以对此进行认知干预。故本题选 B。

57.【答案】C。**解析**：本题考查社会工作者对患者的介入方法。医务社会工作者主要从以下三个方面对慢性疾病患者进行个案管理工作：社会心理评估、压力管理和治疗依从性管理。本题中，服务对象出现的问题是严重的心理阴影乃至抑郁倾向，可见患者出现的问题是情绪问题，因此社会工作者应该疏导患者情绪，提升其对康复方案的依从性。故本题选 C。

58.【答案】A。**解析**：本题考查企业社会工作的服务内容。企业社会工作的服务内容包括职工福利服务、职工职业生涯规划、职工情绪管理、职工素质提升、职工安全与健康、职工休闲生活与服务、职工工作与家庭生活平衡的服务、职工劳动关系协调、企业文化和职工文化建设、特殊群体关怀、职业履行社会责任。职工福利服务是指工资之外的各种福利，是职工基于企业组织一员的身份而得到的奖励，与职工个人的工作绩效并无直接关系。职工福利服务的目的是弥补职工工资的不足，提升职工的心理满足感等。本题中，企业社会工作者协助企业做好新员工心理支持、新环境适应、子女就近上学等服务，提升了职工的心理满足感，属于职工福利服务的内容。故本题选 A。

59.【答案】D。**解析**：本题考查企业中小组的类型。支持小组要充分发挥小组成员的自主性，鼓励小组成员分享经验并协助解决彼此的问题。本题中，社会工作者为提高新职工对环境的适应能力而组建了支持小组，应该在小组中请小组成员分享入职体验，相互鼓励。题干中未体现新职工技能不足、行为偏差、生活枯燥等问题，因此排除 A、B、C 三项。故本题选 D。

60.【答案】D。**解析**：本题考查企业社会工作者的专业服务。本题中，某企业的个别老职工出现了工作态度较为随意的问题，可见出现了认知偏差的问题。社会工作者邀请本行业获得"大国工匠"称号的劳模讲述岗位成才的故事，这一做法的目的是改变职工认知偏差。故本题选 D。

二、多项选择题

61.【答案】ABC。**解析**：本题考查社会救助社会工作的主要方法——获取评估信息的方法。获取评估信息的方法为直接询问、家庭探访、间接了解、观察身体语言和使用量表。家庭探访是有效了解救助对象真实生活状况的重要方法。社会工作者可以很直观地观察到救助对象的生活情境以及家庭成员之间的互动交流，如家居生活、家里的空间大小、周边邻里关系和社区环境、家具摆设等；同时，还可以与其他重要的家庭成员沟通了解他们的想法和感受。故本题选 ABC。

62.【答案】ACDE。**解析**：本题考查收集资料的方法和途径。收集资料的方法和途径包括询问、咨询、观察、利用已有资料、问卷调查。本题中，社会工作者来到老张家做家庭会谈，了解他的日常起居情况和居住环境，这属于观察的方法；询问老张与家人的交往状况，这属于询问的方法；随后社会工作者又联系了老张的主治医生，了解老张就诊和服药情况，这属于咨询的方法；查阅老张的社区档案，这属于利用已有资料。故本题选 ACDE。

63.【答案】BD。**解析**:本题考查开展儿童支持服务的内容。开展儿童支持服务包括:(1)儿童问题辅导。儿童问题辅导是指专门为儿童提供的辅导服务,包括针对儿童自身的问题行为、与他人的人际交往问题、心理健康问题、身心障碍的康复与治疗问题等开展的一系列专业服务活动。(2)儿童的娱乐和休闲。一般来说,儿童的娱乐和休闲方式包括:户外打球、室内打球、购物、旅行、登山、看电影、阅读、同伴聊天等。(3)儿童的社会化引导。为处于不同年龄段的儿童提供与其社会化发展需要相符合的社会化引导服务,主要内容包括:(1)自我认同。自我认同又可称为“自我同一性”,是贯穿一个人一生的主题,是一个人心理人格健康的重要基础。儿童的自我认同从其一出生就开始了。(2)技能学习。这里的技能学习是指儿童学业之外的生活技能学习,包含人际交往技能、时间管理技能、理财技能、整理和简化房间及日常用品技能、日常生活用品修理和维护技能、基本家务技能、健康习惯养成技能以及做选择和做决定技能等主题内容。本题中,通过开展“图书漂流”活动,并在暑期组织“悦读悦成长”社区亲子阅读大赛,未体现问题儿童的问题服务,因此 E 项错误;A、C 两项属于家庭支持的服务。故本题选 BD。

64.【答案】AD。**解析**:本题考查儿童友好社区建设倡导的方法。儿童社区建设倡导的方法包括网络媒体倡导、名人效应倡导、海报宣传倡导、讲座论坛倡导、儿童和家庭问题研究和政策研究倡导等,因此 A 项正确。儿童友好需要从家庭做起,包括为儿童的父母提供育儿指导,为儿童的家庭提供排忧解难服务,为儿童提供保护服务。为了提供上述服务,就需要社区培育和发展小型的专业社区服务机构,包括儿童发展服务机构、儿童福利服务机构、儿童保护服务机构和儿童紧急庇护场所等,因此 D 项正确。故本题选 AD。

65.【答案】ABE。**解析**:本题考查青少年社会工作的特点。由青少年社会工作的概念出发,我们认为青少年社会工作应具有以下主要特点:(1)在价值观念上更突出对青少年群体的多元化和主体性的尊重和接纳;(2)在社会工作专业方法方面更强调在促进青少年自我认同和发挥群体示范性效应方面的综合性应用;(3)更加注重在优化社会环境方面的政策倡导。故本题选 ABE。

66.【答案】BCD。**解析**:本题考查老年人的需要。老年人的需要包括经济保障、健康维护、社会参与、就业休闲、婚姻家庭、居家安全、善终安排和一条龙照顾服务。本题中,协助贫困老年人申请低保属于经济保障,组建“夕阳红志愿服务队”、定期与社区幼儿园开展联谊活动、成立“银龄合唱团”属于满足老年人的休闲娱乐需要和社会参与需要。故本题选 BCD。

67.【答案】ACD。**解析**:本题考查老年社区工作方法。本题中,社会工作者想要减少老年人因使用这种生活软件对社会交往和社会融合造成的影响,为老年人提供与人交际的机会,增加老年人参与社会的机会,符合条件的做法是 A、C、D 三项。故本题选 ACD。

68.【答案】CDE。**解析**:本题考查婚姻暴力的特征。长期遭受婚姻暴力的妇女具有一些共同的特征,称之为“受虐妇女综合征”。其特征如下:(1)低自尊。认为自己应该对施暴者的行为负责,有严重的罪恶感和心理压力,并带有身心疾病,相信除了自己以外没有人能够帮助自己解决问题。(2)暴力循环。婚姻暴力是有规律的,呈现出周期性循环发生的特征,分为愤怒情绪积蓄期、爆发期、道歉、宁静、爱、喘息期等不同阶段,有时也被人们称作“螺旋状”的暴力。每次暴力不仅有周期而且深度也不同。(3)暴力正常化。长期和反复经受暴力的妇女,不是不愿反抗暴力,而是逐渐将暴力行为视为日常生活的一部分,将其正常化。她们被暴力控制了身心,否定自己的能力,不相信自己能够摆脱暴力。故本题选 CDE。

69.【答案】ABCD。**解析**:本题考查残疾人就业的支持性资源。残疾人就业的支持性资源包括:第一,政府部门对残疾人福利企事业单位、组织和城乡残疾人个体劳动者实行税收减免政策;对适合残疾人生产的产品,优先安排残疾人福利企业生产;政府部门下达职工招录、聘用指标,应当保留一定数额的残疾人用人指标,不达标的则要求缴纳“残疾人就业保障金”。当然,政府还可以出台一些单项的促进残疾人就业的收入支持计划,如社会保险费补助、贫困家庭补助等。第二,企事业单位,不仅要加大力度聘用残疾员工,而且应该在完全公平的工作场所对残疾人的需求采取特殊照顾,这是企业社会责任的具体表现。第三,残疾人社会组织和其他社会组织要激发社会主体的活力,做政府部门和市场部门“做不好”“不能做”的事情,推动政府购买社会组织服务制度建设,大力推进各种服务残疾人的项目,如残疾人职业康复的服务项目。第四,社区应开展各类志愿服务,社会化的志愿服务受惠最多的就是残疾人、老年人等特殊群体,应充分利用社区各类志愿服务力量帮助残疾人融入社会、实现就业。故本题选 ABCD。

70.【答案】ACDE。**解析**:本题考查矫正社会工作服务对象的特征。矫正社会工作服务对象具有冲动好斗的人格特征、具有自卑消沉的心理特征、具有与社会严重脱节的社会特征、具有困难重重的生活特征。故本题选 ACDE。

71.【答案】ACDE。**解析**:本题考查退役军人安置社会工作的内容。退役军人安置社会工作的内容为调查评估退役军人就业创业需求、邀请创业成功的退役军人分享经验、组建退役军人就业创业专家指导团队、帮助退役军人建立就业创业互助小组。故本题选 ACDE。

72.【答案】ACE。**解析**:本题考查优抚医院社会工作的主要方法。在危机干预中,尤其要注意以下四点:(1)输入希望,提供精神支持与宣泄渠道,让迷茫、无助的服务对象重燃对生活的渴望、人生的希望;(2)提供支持,加强资源链接,积极联络亲属,充分利用服务对象自身拥有的资源,协助解决当前问题,共同努力克服危机;(3)恢复自尊,了解服务对象对自己的看法,协助重塑自信、自我增能,并在其改变的过程中给予适度激励,以乐观的精神感染服务对象,在整个服务过程中尽可能地传递正能量;(4)培养自主能力,帮助服务对象恢复和发展功能,减少依赖、增强自主、克服危机。分析题干可知,A 项属于提供支持的说法,C 项属于培养自主能力的说法,E 项属于输入希望的说法。故本题选 ACE。

73.【答案】AC。**解析**:本题考查就业救助中的服务内容。就业救助中的服务内容包括转变就业观念、自我认知调整、职业技能培训、链接就业资源。分析选项可知,A、C 两项属于就业救助中的服务内容。故本题选 AC。

74.【答案】ABCD。**解析**:本题考查社会救助社会工作的主要方法——获取评估信息的方法。获取评估信息的方法为直接询问、家庭探访、间接了解、观察身体语言和使用量表。家庭探访是有效了解救助对象真实生活状况的重要方法。社会工作者可以很直观地观察到救助对象的生活情境以及家庭成员之间的互动交流,如家居生活、家里的空间大小、周边邻里关系和社区环境、家具摆设等;同时,还可以与其他重要的家庭成员沟通了解他们的想法和感受。故本题选 ABCD。

75.【答案】AE。**解析**:本题考查家庭干预的常用技巧。家庭干预的常用技巧包括观察技巧、聚焦技巧、使用例子技巧和再标签技巧。聚焦技巧是指社会工作者帮助受助家庭成员收窄注意的焦点,将受助家庭成的注意力集中在需要解决的问题上,以便对问题进行深入的探索,保证服务介入活动的效率。例如,社会工作者可以提问受助家庭成员,让他们对需要解决的问题进行排序,从而帮助受助家庭成员聚焦需要解决的问题。A、E 两项都是关于收窄注意焦点的说法,故本题选 AE。

76.【答案】ABCD。**解析**:本题考查学校社会工作对培养学生行动力的介入。培养学生行动力的服务内容如下:(1)训练动手操作能力。社会工作者鼓励学生积极参与物理、化学、生物课等教学实验,并组织分享感受与经验;通过主题小组设计实施具有操作性的活动帮助学生体验操作过程,如动手为自己制作有创意的名片来展示自我、自创烹饪菜肴分享、拆装赛车比赛等,培养学生动手操作的乐趣,因此 A 项正确。(2)培养立即行动的习惯。社会工作者对学生提出任务指标,及时检查执行情况,如邀请家长监督学生养成回到家立即做功课的习惯,通过主题小组设计"有了想法立即行动"的体验活动,培养学生有了想法立即行动的习惯,因此 B 项正确。(3)培养冒险精神。通过历奇辅导帮助学生经历新奇、体验冒险、培养行动力,因此 C 项正确。(4)引导学生主动领受任务。社会工作者帮助学生提高对老师需要帮助的工作敏感度,及时提出领受任务的申请;通过主题小组设计模拟情境,提出任务目标,邀请组员竞标,训练积极的生活态度和生活态度,因此 D 项正确。E 项是在调整学生的情绪,本题未涉及学生的心理困境,因此 E 项排除。故本题选 ABCD。

77.【答案】BCDE。**解析**:本题考查推动社区居民参与的策略。推动社区居民参与的策略如下:(1)促进社区居民对参与价值的肯定;(2)提升社区居民的参与意愿;(3)提高社区居民的参与能力。B、E 两项是在提高社区居民的参与能力,C、D 两项是在提升社区居民的参与意愿。故本题选 BCDE。

78.【答案】BCE。**解析**:本题考查建立社区支持网络。社区支持网络的策略如下:个人网络、志愿者联系网络、互助网络、邻里协助网络。本题中未提到罗奶奶面临医疗救助和康复理疗的困难,因此 A、D 两项排除。

B 项属于志愿者联系网络，C 项属于互助网络，E 项属于个人网络。故本题选 BCE。

79.【答案】ADE。**解析**：本题考查医务社会工作者的主要方法——小组工作。本题中，小明妈妈的主要需求是解决负面情绪和提升照护技能，符合条件的做法是 A、D、E 三项。故本题选 ADE。

80.【答案】ABDE。**解析**：本题考查小组工作在企业社会工作中的运用——评估。在小组的最后阶段需要进行评估。通过评估来检视小组活动是否达到了预期目标，在多大程度上实现了目标以及存在的问题和改进的方法等。根据参与小组职工的反映，企业社会工作者对小组活动采取了综合评估的方法。一是运用问卷对组员职业生涯规划意识和相关知识进行前测和后测，对比分析两组资料，以此评估小组活动效果。二是社会工作者通过在小组活动中观察组员的表现，同时向组员了解小组的工作成果。三是使用小组满意度量表和社会工作者自我表现评估进行评估。故本题选 ABDE。

社会工作实务(初级)2019 年真题参考答案及解析

一、单项选择题

1.**【答案】**C。**解析:**本题考查制订服务计划——目标的选择。目标的选择要经历两个步骤:筛选目标和定义目标。筛选目标是指社会工作者与服务对象一同找出期望达到的初步目标并对各个目标进行讨论,以决定具体的目标。社会工作者可以与服务对象一起将可能的目标写出来,然后与服务对象逐个对目标进行筛选。当不能确定目标时可以使用从 1~10 的量变给每个待定的目标打分,挑选出服务对象希望和需要迫切改变的目标。故本题选 C。

2.**【答案】**D。**解析:**本题考查服务对象的来源和类型。服务对象的来源有三种:主动求助者、由他人介绍和机构转介的、外展而来的。服务对象的类型有两种:自愿型和非自愿型。转介的服务对象主要由社区内部的相关部门介绍而来,如街道办事处、居委会、社会工作服务中心等,故 B 项排除。非自愿型服务对象指那些由政府、法院或其他有权力的部门或个人(包括父母、老师等)将需要协助的服务对象转介给社会工作的服务机构,以协助其解决问题的服务对象。根据题干,老张因保外就医成为社区矫正对象,属于非自愿型的服务对象。故本题选 D。

3.**【答案】**B。**解析:**本题考查社会工作服务的介入。帮助服务对象可以有很多不同的介入点,社会工作者要根据服务对象的具体问题决定采用直接介入、间接介入还是综合介入。直接介入是指以个人、家庭和小群体为关注对象,针对个人、家庭和小群体采取的直接行动。间接介入是指以个人、家庭、小组、组织和社区甚至更大的社会系统为关注对象,由社会工作者代表服务对象采取行动,通过介入服务对象以外的其他系统间接帮助他们。A、C、D 三项都是直接为老人服务,B 项是通过优化半失能老人服务质量评估流程间接服务于老人。故本题选 B。

4.**【答案】**A。**解析:**本题考查服务计划的构成。服务计划由目的及目标、关注的问题与对象、介入的方法和介入行动构成。该机构社会工作者只列出了服务的目的及目标、关注的问题和对象,缺少了介入的方法和介入行动。故本题选 A。

5.**【答案】**B。**解析:**本题考查介入行动的原则。介入行动要遵循的原则包括:(1)以人为本、服务对象自决,介入行动要从服务对象的需要和利益出发,并且在决定介入行动时要有服务对象的参与;(2)个别化,针对服务对象系统的特殊性采取介入行动才能有助于解决问题;(3)考虑服务对象的发展阶段和他们的特点;(4)与服务对象相互依赖,社会工作者要与服务对象紧密配合;(5)瞄准服务目标,介入行动应围绕介入目标进行;(6)考虑经济效益。题干中说到“由服务对象对合作社的生产经营和管理进行自主决策”,即是对服务对象自决权的尊重。故本题选 B。

6.**【答案】**A。**解析:**本题考查以家庭为中心的实务方法。以家庭为中心的方法以儿童获得最佳照顾和保护为目标,针对儿童生活的家庭和社区开展提升儿童照顾和保护的相关工作。社会工作的实务原则规定,在服务过程中儿童的安全和健康永远是第一位的。题干中提到小蓉最近上课时多次晕倒,应先考虑她的健康问题。故本题选 A。

7.**【答案】**C。**解析:**本题考查促进儿童健康成长的内容。传播儿童健康成长理念和知识:母婴保健服务、婴儿早期喂养理念和时间、幼儿早教、亲职教育;家庭支持服务:亲职辅导、婚姻辅导、家庭辅导、亲子关系辅导;儿童支持服务:儿童问题辅导、儿童娱乐和休闲、儿童的社会化引导。家庭辅导以家庭为单位,以全体家庭成员为对象,以改善家庭成员关系为重点,以恢复能够执行健康的家庭功能为目标的专业指导或治疗活动。儿童问题辅导是指专门为儿童提供的辅导服务。家庭团队工作是儿童社会工作者与家庭、儿童以及其他团队成员建立关系,并制定团队工作机制。亲职辅导是指根据家长需要提供的如何做好父母的指导和教育工作,一般可采用个别辅导、家长自助小组和亲子互动团体等方式进行，其目标是帮助父母提高亲职能力，做个好家长。题干中社会工作者为学生家长组织的是“好家长”工作坊，属于亲职辅导。故本题选 C。

8.【答案】C。解析：本题考查补充和改善家庭监护状况的内容。社会工作的类型有：(1) 支持性儿童福利服务，这类服务的对象是全体儿童及其家庭，尤其是家庭监护状况良好的家庭；(2) 补充性儿童福利服务，这类服务的对象是父母亲职能力不足的儿童及其家庭；(3) 替代性儿童福利服务，这类服务的对象是亲职不当和亲职缺失的儿童；(4) 儿童保护服务，这类服务的对象是遭受到人为伤害，包括虐待、忽视、剥削和暴力伤害的儿童及其家庭。根据题干，家长因工作法照看孩子，是亲职能力不足，属于补充性儿童福利服务。故本题选 C。

9.【答案】A。解析：本题考查补充和改善家庭监护状况——链接现有政策资源。A 项，链接政策资源是指根据服务对象的具体情况，帮助链接政策资源，改善其家庭经济状况贫困的现状。B 项，提供家庭支持，是挖掘所有与家庭相关的社会支持网络。C 项，改善家庭监护是以实现儿童安全成长、满足儿童成长需要、创造稳定且永久的家庭环境为目标。D 项，开展家庭寄养，是指经过规定的程序，将出现了家庭监护永久或者临时缺失的儿童，委托给其他家庭养育的照料模式。题干中社会工作者小谢协助老二和老三递交孤儿资格条件认定属于链接政策资源。故本题选 A。

10.【答案】A。解析：本题考查受家暴儿童保护。在儿童社会工作的服务过程中，包括制订和落实服务计划，儿童的安全和健康永远是第一需要考虑的。A 项的做法是在保护男孩的生命安全，因此 A 项正确。B、C 两项应是在保障男孩安全的情况下开展的服务，不是首先要开展的服务，因此 B、C 两项排除。目前，我国提供机构养育的机构是儿童福利院或社会福利院，机构养育的对象为病残弃婴或孤儿，而该男孩不符合机构养育的条件，因此 D 项排除。故本题选 A。

11.【答案】B。解析：本题考查预防青少年犯罪方面的服务。预防青少年犯罪有以下四项服务：正面联系、临界预防、行为矫治、社会观护。临界预防关注普通青少年向有不良行为青少年转化的边界，及时采取有针对性预防工作，防止青少年与家庭、学校关系紧张、关系断裂，避免青少年受外界不良行为影响产生不正常的社会化倾向。社区矫正是指与在监狱执行的“监狱矫正”相对的行刑方式，它将符合社区矫正条件的罪犯置于社区内，由专门的国家机关在相关社会工作服务组织以及社会志愿者的协助下，在判决、裁定或决定确定的期限内，矫正其犯罪心理和行为恶习，并促进其顺利回归社会。社会观护是指协助公安、法院、检察院等单位开展取保候审观护帮教、附条件不起诉监督考察、相关成年人参与未成年人刑事诉讼、社会调查等工作，帮助掌握未成年犯罪嫌疑人的基本情况，减少涉罪未成年人再犯罪。题干中社会工作者引导这些青少年进行自我探索、增进自我认知、改变不良行为、改善他们与父母的关系，预防这些青少年出现“不正常社会化倾向”问题属于临界预防方面的服务。故本题选 B。

12.【答案】D。解析：本题考查 Wood 的“生涯选择配合论”。Wood 认为生涯规划的先决条件是必须要先对自己有充分的认识与了解，包括：(1) 能力；(2) 兴趣；(3) 人格；(4) 需求与价值观。在掌控自己的内在世界之后，才开始探索外在的工作世界，包括：(1) 了解职业所需的能力；(2) 职业的分类与内容；(3) 职业所需的特质；(4) 各类职业的报酬率。在了解了自己及以外的职业环境之后，再看看两者可以做怎样的发挥和配合；接下来才能做出睿智的抉择，确立未来的发展目标和开始采取必要的行动。由题干“对兴趣的了解”可知该节小组需要了解的是职业的分类与内容。故本题选 D。

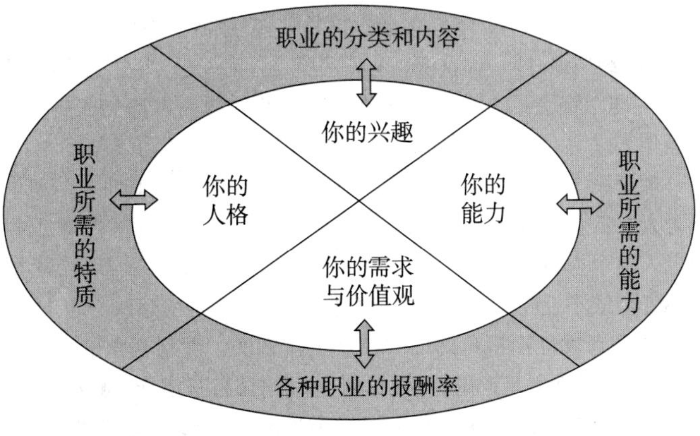

Wood的“生涯选择配合论”

13.【答案】C。解析:本题考查开展亲职教育的理论基础。在具体开展亲职教育服务时,"父母效能训练模式"能够教导父母成为一个合格的"辅导者"。"父母效能训练模式"的要点之一是积极倾听。积极倾听即训练父母的倾听能力,以便成为子女的心理辅导员。该技巧主要包括:能接纳子女、能从子女观点看问题、能尊重子女的自主性、能让子女承担自己的问题的责任、提供子女探索自己的问题的机会、关怀但不批判。故本题选 C。

14.【答案】D。解析:本题考查沟通分析论。艾瑞克·伯恩(Berne)的沟通分析论为社会工作者开展人际沟通与相处技巧训练提供了较好的理论基础。沟通分析论主要包括以下四个方面的内容:人格结构分析、沟通分析、脚本分析、游戏分析。其中,脚本分析说的是每个人从早年开始,因受父母及成长环境的影响,就已写定了自己的"生命脚本",每个人乃是依据此脚本去计划自己的生活。由每个人的"生命脚本"衍生出每个人所拥有的"心理地位",又称为"生活地位"。有什么样的"生活地位",就会有什么样的人生。"生活地位"有四种模式,包括"我不好,你好""我不好,你不好""我好,你不好""我好,你也好"。故本题选 D。

15.【答案】B。解析:本题考查老年人的需求。老年人的需求:经济保障、健康维护、就业休闲、婚姻家庭、居家安全、善终安排、一条龙照顾服务。老年人健康维护的需求是指老年期是疾病多发期,健康维护是老年人最为关注和渴望满足的需求。老年人需要建立健康的生活方式,获得适宜的生活照顾,并得到康复服务。就业休闲的需要是指许多到了退休年龄的老年人仍有继续工作的愿望和需求。也有老年人期待不再劳作,享受晚年生活,因此丰富日常生活成为他们的新需求。社会参与的需要是指老年人需要通过广泛参与社会生活,特别是深度参与社会生活的各个方面来表达意愿,维护权益,发挥作用。居家安全的需要是指老年人需要安全宜居的家庭氛围和社区环境。题干中社会工作者联络物业公司对全小区的道路、活动场所、公共厕所等进行了适老化改造,是对社区环境的改造,满足了老年人居家安全的需要。故本题选 B。

16.【答案】C。解析:本题考查老年人的特点。老年是人生最后一个年龄阶段,老化现象显著,既有生理上的老化,也有心理上的老化,智力老化就是心理老化的一种。智力分为结晶智力和液态智力,结晶智力是人们知识和经验的结晶产物,是通过语言、文字的提炼和积累而成的智力。液态智力是指空间关系和形象思维在视觉、听觉及感知基础上形成的智力。它受制于各种感觉、运动等系统功能的影响。实际上,老年人的结晶智力比年轻人还要多,是日常学习和生活积累的结果。故本题选 C。

17.【答案】D。解析:本题考查老年人的需要。身体方面的问题是老年人遇到的比较普遍的问题,老年期是疾病多发期,健康维护是老年人最为关注和渴望满足的需求,老年人盲目购买保健品是为了防止自己生病,但是并没有起到什么效果,因此应该提供健康促进方面的服务,而举办常见病预防知识讲座是其中的一种。故本题选 D。

18.【答案】B。解析:本题考查老年人自杀评估。评估老年人自杀风险时,可以从以下三个方面进行评估:直接线索、间接线索、行为线索。老人若直接说"我要了结自己"或者"有时我真想结束一切",并不是随便说说引起他人关注,那它就是直接的线索,表明他正在考虑终止自己的生命。如果老人有这类直接表达的话,那么就要进一步筛查他的自杀倾向,包括老人是否有具体的计划和实施计划的途径,如果有的话,就要马上采取行动。有时老年人会借用一些问题看所爱之人的反应,如"没了我,你会过得好一些"或者"这些日子我太烦人了"。尽管这些话让人很恼怒,但是这是老年人在绝望地呼救,要重视。A、C 两项是行为线索,D 项是间接线索。故本题选 B。

19.【答案】B。解析:本题考查老年人被虐待和疏于照顾的问题。虐待老人指的是对待老人,在身体、情感、心理及经济方面对老年人采取非人道的做法。疏于照顾老人包括主动或被动地让老年人得不到照顾,导致老人的身体、情绪或心理健康方面退缩。他人疏于照顾是指主动或被动地未尽责满足老人身心健康的需要,包括未能充分满足老人在饮食、住所、穿衣、医疗照顾和身体保护等方面的需求。主要症状:尽管安排了照顾老人的相关服务,但老人的个人卫生差、褥疮没有得到护理治疗、水分摄取不足、营养不良,以及缺乏适当的看管,老人的居住条件不安全或不卫生。A、D 两项是身体虐待,C 项是情感或心理上的虐待。故本题选 B。

20.【答案】C。解析:本题考查性别视角的妇女社会工作方法。性别视角的妇女社会工作方法:(1)建立平等的协作关系;(2)协助妇女重新界定问题,提升意识;(3)挖掘自身潜能,链接周围资源,解决面对的问题;(4)协助相同处境的妇女建立支持小组。在妇女支持小组中要注意小组活动要兼顾妇女的战略性需求和实用性需求,小组的时间和场地一定要根据妇女的自身情况而定,保持社会工作者和妇女之间平等的关系。"由姐妹们确定开办小组的时间”属于建立支持小组的注意事项。故本题选C。

21.【答案】D。解析:本题考查妇女增权的方法。妇女增权的干预方法:透明化、鼓励和肯定、权力分析、意识觉醒、倡导政策改变。倡导指的是为了确保社会公正,站在服务对象或者受助团体的立场上,直接从事代表、捍卫、支持受助个人或者团体的利益的活动过程。倡导的前提是妇女个人存在着困难和社会保障制度的缺乏以及政策和法律保障不力等。倡导的目的就是改变政策、法律和制度。社会工作服务机构针对“全面二孩政策”对女性就业的影响进行了深入调研,向政府相关部门提供了优化女性就业环境的政策建议,体现的是倡导方法。宣传和教育重在利用各种方式对现有的妇女政策进行宣传,A、B两项错误。C项中的监测无中生有。故本题选D。

22.【答案】A。解析:本题考查妇女社会性别需求。妇女的需求分为实用性社会性别需求和战略性社会性别需求两种。实用性社会性别需求是指在社会生活中,妇女就其社会承认的角色而确定的需求。战略性社会性别需求指的是挑战和改变由妇女在社会中的从属地位而产生的需要,这类需要涉及社会的分工模式、权利等,创业技能培训有助于妇女进行自主创业,容易打破之前已有的男女分工模式。故本题选A。

23.【答案】C。解析:本题考查婚姻暴力干预。《中华人民共和国反家庭暴力法》第二十三条规定,当事人因遭受家庭暴力或者面临家庭暴力的现实危险,向人民法院申请人身安全保护令的,人民法院应当受理。当事人是无民事行为能力人、限制民事行为能力人,或者因受到强制、威吓等无法申请人身安全保护令的,其近亲属、公安机关、妇女联合会、居民委员会、村民委员会、救助管理机构可以代为申请。题干中小丽已经遭受了严重的家庭暴力,根据《中华人民共和国反家庭暴力法》,社会工作者首先需要保证小丽的人身安全。故本题选C。

24.【答案】D。解析:本题考查性别视角下的家庭服务。题干中何先生与张女士产生问题的关键在于双方对妇女的家庭角色、家庭分工存在很大分歧。让妇女得到平等发展的权利,实现女性自身的解放,需要全社会树立尊重妇女的权利的意识,妇女和男性同样是社会财富的创造者和历史的创造者,不能忽视妇女的历史地位。何先生认为女性就应该在家中相夫教子,这是对女性的刻板印象。社会工作者在服务过程中,需要引导何先生尊重妻子的个性与权利。故本题选D。

25.【答案】C。解析:本题考查社区康复的内容。我国初步建立了三级预防体系:一级预防是指预防致残性伤害和残疾的发生,通过实施免疫接种、围生期保健、预防性咨询、减少暴力、预防交通意外、加强公共场所安全、避免引发伤病的危险因素或危险源、指导健康的生活方式、提倡合理行为及精神卫生、安全防护照顾等措施。二级预防是指防止伤害后出现残疾,通过实施残疾早期筛查、定期健康检查、控制危险因素、改变不良生活方式、预防并发症、早期医疗干预、早期康复治疗等措施。三级预防是指防治残疾后出现残障,通过实施康复功能训练、假肢矫形器及辅助功能用品用具、康复咨询、支持性医疗及护理、必要的矫形替代性及补偿性手术等措施。开展康复训练小组工作、举办康复技能工作坊和提供医疗资源链接等,主要是针对已经是残疾人的人群,帮助他们开展必要的康复训练。故本题选C。

26.【答案】D。解析:本题考查残疾人的权利和基本需求。残疾人的权利和基本需求:康复权、教育权、劳动权、文化生活权、社会福利权和环境友好权。残疾人康复权是其获得良好生活质量的前提条件,也是残疾人“独立生活”的重要保证。残疾人的文化生活权是残疾人拥有平等参与各种文化、体育和娱乐的权利。一方面丰富残疾人的精神文化生活是残疾人权益保障的重要内容,另一方面通过残疾人文化生活权的确认,展现残疾人积极向上的生活状态,构建残疾人和“健全人”之间共融共享的文化。残疾人社会福利权是指享有各种社会保障和社会福利的权利,尤其是在出现“即时性”困难之时获得有效社会帮助的权利,主要包括残疾人社会保险、社会救助、社会供养和公共服务等内容。残疾人环境友好权主要指为残疾人享有平等社会生活创造无障碍环境的权利。消除社会性环境中阻碍残疾人参与的“物化”因素是环境友好的重要措施,主要包括物理环境(各类建筑物、道路和交通设施等)的无障碍、信息交流环境无障碍、公共服务无障碍和政治参与无障碍等。题干中活动的目的在于“还盲人朋友一个安全的交通环境”。故本题选D。

27.【答案】D。解析:本题考查残疾人个案管理。残疾人个案管理服务是专门提供给那些正处于多种问题且需要多种专业助人者的服务对象的、一种既分工又合作的协同服务。残疾服务对象可能会有一系列的服务需求,包含医疗护理、个人护理、交通困境解决、教育培训、职业恢复、日常娱乐、住房改造、营养支持等,这些服务是一个整体,个案管理的方法就是将整体服务中的各部分整合起来,使之成为一个持续的、具有协调性的服务过程。需要提供多种服务才能满足题干中兰奶奶的需求，而满足这些需求常常需要跟不同的部门和人员打交道，做出统筹安排，获得最佳效果。故本题选 D。

28.【答案】C。解析：本题考查残疾人社区康复的主要内容。教育康复是指狭义上的残疾人特殊教育，要针对不同残疾提供差异化“补偿性”功能的训练。职业康复是指通过一系列措施，稳定且合理地解决残疾人的就业问题，主要有职业咨询、职业评估、职业指导、职业训练和职业安置工作等。社区康复就是依托于城乡社区，充分利用各种社区资源在医疗、职业、教育和社会等康复领域为残疾人提供方便、经济、有效和可行的“全面康复”服务，促进残疾人在社会生活和家庭生活中重塑自我，积极参与社区公共事务，建构“亲和性”的残疾人社区文化。注意：教育康复的重点是提升残疾人融入社会的能力和素质，职业康复的重点是实现残疾人自助进而能够贡献社会的自我价值。题干中 7 岁的小伟去年被诊断为中度智障，母亲辞职在家照顾小伟，但是无法为他提供系统的知识学习和社会技能训练，小伟当下最需要的是教育康复资源。故本题选 C。

29.【答案】A。解析：本题考查职业康复的流程。职业康复有四个环节“职业咨询—职业评估—职业培训—职业指导”。第一个环节是职业咨询，其目的是在接案后针对残疾人的特殊情况和与就业相关的问题，进行综合考查，帮助残疾人解决职业中出现的问题。职业评估通常称为职业评定，是职业康复措施的第二个环节，也就是个案工作的预估。其目的是评定残疾人的作业水平和适应职业的可能性。职业培训是第三个环节，是指帮助残疾人有效从事职业活动的有效措施，是社会工作者与职业指导师一起对残疾人进行就业前培训和上岗前培训。第四个环节是职业指导，是根据残疾人的实际情况，为其提供劳动市场、就业方向等信息以及具体就业指导意见和建议。社会工作者小张在职业咨询的基础上，进一步了解这些残障人士职业发展的意愿和可能性，故小张应开展的工作就是进行职业评估。由题干中“在职业咨询的基础上”可知下一个环节是职业评估。故本题选 A。

30.【答案】B。解析：本题考查矫正社会工作针对罪犯的功能。矫正社会工作针对罪犯的功能包括：(1)监管功能。矫正制度即刑罚执行制度。在一些国家或地区的立法和司法实践中，矫正社会工作者被法律授予依法对非监禁罪犯实施监管的职责。对非监禁罪犯实施监管，一是通过限制一定程度自由的办法（如定期汇报、不可随意离开居住地等规定）对犯罪行为作一定补偿；二是通过监管预防其再犯罪。(2)矫正功能。犯罪行为的实施有个人因素的影响。个人因素包括生理因素、心理因素、思想观念、行为特征、生活方式等。矫正社会工作者通过运用专业的理论、知识、方法和技巧，使犯罪者或具有犯罪倾向的违法人员得到生理上、心理上、思想上和行为上的矫正治疗，从而重新融入社会，成为正常成员。(3)服务功能。矫正社会工作从本质上讲是在司法体系中的社会福利服务，其服务对象是特殊社会困难群体——罪犯或违法人员。监管是矫正社会工作者依法对非监禁罪犯实施监管的职责，因此 A 项错误。帮困主要是针对特殊困难犯罪群体开展的服务，因此 C 项错误。执法不属于社会工作者的服务范围，因此 D 项错误。故本题选 B。

31.【答案】C。解析：本题考查判决前的调查报告。报告包括三个部分：(1)犯罪事实的记录。其中，犯罪嫌疑人自己对犯罪的供述和辩解，以及警察或被害人的陈述等都要加以记载。(2)前科。要求对以前被逮捕及犯罪情况进行详尽说明及评价。(3)本人的生活史。记载家庭、受教育、工作经历、身体精神状况、宗教、兴趣、社会活动、服役、财产状况等。题干中的报告内容包括犯罪事实的记录和前科，还应补充的是李某的生活史。故本题选 C。

32.【答案】B。解析：本题考查禁毒社会工作。针对涉毒人员的社会工作介入也称禁毒社会工作，是指社会工作者通过社会工作方法，包括个案辅导、家庭辅导、小组工作、学校活动和社区活动等，充分利用社区资源，协调各方力量帮助涉毒人员戒毒和康复，并教育动员社会民众远离毒品、健康生活。根据题干描述，吸毒是为了助兴，因此可以推断出小新对吸毒的坏处并不了解，反而觉得有“好处”，所以探讨持续吸毒的好处与坏处可以让他了解到吸毒的负面作用，强化改变的动机。故本题选 B。

33.【答案】D。解析：本题考查青少年习惯的养成。青少年自我管理服务的目标可以包括：提升青少年自我决策和自我管理的能力；协助青少年如何有效地自我约定且诚信地尽力执行；培养青少年勇于负责的态度来面对自己的生活；协助青少年正确地检视、查核自己的行为表现；懂得如何对自己的行为做有效的评估。现实治疗法是开展自我管理服务的理论基础之一。现实治疗法强调如何协助服务对象对自己的行为负起完全的责任。D 项符合青少年自我管理服务的目标。故本题选 D。

34.【答案】C。解析:本题考查优抚安置社会工作服务对象的特点。优抚安置社会工作服务对象的特点:(1)覆盖范围广。(2)军队情结深。(3)需要层次多。服务对象构成的复杂性决定了服务对象的需要几乎涵盖了马斯洛有关人类需要的七个层次,即生理需要(健康维护、治疗康复),安全需要(生活保障、居家安全、后事安排),归属与爱的需要(婚姻家庭、社会交往、社会适应),尊重的需要(社会承认),认知的需要(接受教育、角色适应),审美的需要(追求秩序、体现美感),自我实现的需要(职业发展、社会参与)。(4)问题压力重。服务对象群体的问题主要包括角色转化、心理失衡、社会地位维护、社会隔离、生活困难、医疗保障、就业困难、合法权益维护等问题。不同优抚安置社会工作服务对象的问题的侧重点不同。题干中老王的需要包括:健康维护、社会适应等需求。故本题选 C。

35.【答案】A。解析:本题考查军休社会工作的介入策略。微观层面,推进军休老人与社会老人融合;中观层面,推进军休社区与驻地社区融合;宏观层面,推进军队保障与地方保障融合。本题中,社会工作者小张协助军休干部与辖区内的老年人建立联系,扩大他们的社会交往空间,目的是促进军休干部与社会融合。故本题选 A。

36.【答案】B。解析:本题考查军休社会工作干预技巧。认知重构是社会工作者与服务对象一道将错误的或非理性的认知变为可接受的、准确的认知来解决当前问题。一些军休老人不能接受这类机构的有偿服务,属于认知方面的偏差。故本题选 B。

37.【答案】B。解析:本题考查机构救助的内容。机构救助包括基本生活安置、行为思想引导与矫正。除了物质上的救助,还要开展教育,对其行为和心理进行疏导,消除其懒散和依赖社会的想法,矫正偏差行为。故本题选 B。

38.【答案】A。解析:本题考查社会救助评估的特点。社会救助评估有四个特点,分别是保持连续性、救助对象的参与、动态推进全面了解、合理利用知识和经验。评估是救助工作的开始,并持续整个救助过程。故本题选 A。

39.【答案】D。解析:本题考查社会救助评估的程序。社会工作救助评估有以下三个流程:了解服务对象的现状及服务需要、根据救助政策评估救助对象的申请资格、评估社工所在机构和救助对象所在社区的资源。针对乔阿姨一家的情况,社会工作者小魏首先要对乔阿姨一家的情况进行评估,看乔阿姨适合申请哪类的社会救助项目。故本题选 D。

40.【答案】C。解析:本题考查最低生活保障中的服务内容。最低生活保障服务内容:服务对象识别、帮助申请救助、提供心理支持、调解家庭关系、开展能力建设、促进社会融入。服务对象识别就是最低生活保障制度的目标瞄准机制。一般来说,社会工作者主要通过家庭经济状况调查的方式,了解困难群众的家庭经济状况,并对照各个地区的最低生活保障标准,选择最需要或者最贫困的人群作为救助服务对象。题干中,小王探访了阿芳家,了解了其家庭的经济状况,还走访了她的邻居,属于对服务对象识别。故本题选 C。

41.【答案】A。解析:本题考查危机干预的步骤。危机干预一般分为六个步骤:(1)定义危机中的问题。在危机情境中,社会工作者需要迅速了解危机对服务对象的影响以及服务对象遭遇问题的严重性,要耐心倾听服务对象谈论问题和事件的严重性以及影响,从而疏解其情绪;同时,社会工作者也可以通过服务对象的表达来评估问题的危害性。(2)确保服务对象的生命安全。(3)提供持续性支持。(4)检验各种可能的选择。(5)制订方案。(6)形成共识。题干中社会工作者引导宁宁讲述逃生的经历和感受,以对其问题和需要进行评估,属于定义危机中的问题。故本题选 A。

42.【答案】C。解析:本题考查家庭社会工作基本原则。家庭社会工作基本原则:家庭处境化原则、家庭成员增能原则、家庭个别化原则、家庭成员需求满足原则。家庭成员增能原则假设每个家庭成员都有自己解决困难的能力,帮助家庭成员克服困难的有效方式是增强他们克服困难的能力。家庭成员增能原则要求社会工作者在帮助家庭成员解决问题的过程中,鼓励家庭成员积极参与问题的解决过程,增强家庭成员自身的能力,提高家庭成员的自信心和独立性。A、B 两项是对家长的简单提问,未涉及增能原则。D 项的提问方式是社会工作者有了假设,预先认定了孩子的成因是母亲的行为导致的,然后引导家长反思自己的行为。故本题选 C。

43.【答案】A。解析:本题考查生态系统理论。生态系统理论假设影响个人发展的环境可以分为四个系统,这四个系统分别为:微观系统、中观系统、外部系统、宏观系统。微观系统是指个人直接面对面接触和交往而组成的系统,它对个人的影响最直接、最频繁,构成个人最重要的生活场所。像家庭就是这样的微观系统,是家庭成员成长和发展的最重要生活场所。中观系统是个人积极参与的两个或多个微观系统之间的互动关系。例如,对儿童来说,家庭和学校关系就是非常重要的中观系统。外部系统是指对个人有影响但个人并不直接参与的系统。例如,家庭所在的社区就是这样的系统。宏观系统是指影响个人的思想和行为的社会文化价值系统。题干中,这些伙伴是小强直接面对面接触和交往而组成的系统,属于小强的微观系统。故本题选 A。

44.**【答案】**A。**解析**:本题考查家庭结构图。在家庭结构图中,粗实线表示亲密关系,细实线表示正常关系,虚线表示弱关系,波折线表示恶劣关系,阻断线表示分居或离异。本题中,王女士的儿子还算听话,与王女士夫妇也较亲近,就是沉迷网络游戏让王女士颇为烦恼,王女士与其儿子的关系是紧密的,王女士与其儿子关系的连接线应是实线。故本题选 A。

45.**【答案】**C。**解析**:本题考查学校社会工作的内容——提升学生的行动能力。提升学生的行动能力是指能够展现出为社会接纳的常规社交行为的能力,包括语言及非语言的行为,主要有:(1)注重改善学生的常规社交行为;(2)帮助学生学会道歉;(3)指导学生如何赞赏别人和正确回应别人的赞赏,协助学生感受赞赏从中获得赞赏的快乐;(4)引导学生探讨宽恕的意义。A 项是提升学生分辨是非的能力,B 项是增强学生的自我效能感,D 项是提高学生的认知能力。故本题选 C。

46.**【答案】**A。**解析**:本题考查学校社会工作的内容——增强学生的自我效能感。自我效能感影响一个人的感受、思想、行为和做事的毅力。自我效能感较高的人,相信自己有能力胜任所承担的工作。在增强学生的自我效能感方面,学校社会工作的主要内容包括:(1)培养学生的自尊自信。引导学生辨识在不同领域里的自我效能感,体验自己在学业、社交、仪表和生活习惯方面的优势,获取自尊与自信。(2)挖掘和激发学生的能力。引导学生通过其自身的成功经验体验自我效能感,从以往的生活和学习中挖掘和寻找成功的事例。(3)协助学生确立切实可行的目标。(4)增强学生的自我效能感。协助学生提升学习方面的自我效能感,包括学习目标、困难或障碍、能力强或弱、提升学习成效的方法、时间管理,了解不同的学习策略,发掘适合个人的学习策略。(5)降低负面自我效能感。题目材料中学生的自信心需要提升,因此我们可以通过分享各自成功的经验来提升学生的自我效能感。故本题选 A。

47.**【答案】**D。**解析**:本题考查抗逆力理论和方法——抗逆力构成要素从构成要素上看抗逆力分为外部支持因素、内在优势因素、效能因素。外部支持因素:拥有正向的连接关系、坚定清晰的规范、关怀支持的环境、积极合理的期望、有意义的参与机会。内在优势因素:完美的个人形象感、积极乐观感。我们将观察自己而得到的结论和从别人那里得到的反馈称为自我形象,这对于青少年非常重要。积极的个人形象感是指个体对自我具有较强的认同感,能够接纳自我,同时具有高自尊以及高度自我价值感。乐观感即相信未来是光明和充满希望的。效能因素:人际技巧、解决问题能力、情绪管理目标制定。A、B 两项是外部支持因素,C 项是效能因素。故本题选 D。

48.**【答案】**C。**解析**:本题考查社区资源的链接方式。社区资源的链接方式:资源整合、资源共享、资源配置。(1)资源整合强调的是社区内各类组织在强调社会分工的同时,通过整合既有资源和争取更多资源,形成功能上的互补,来达到共同的目标。资源整合包括了社区组织之间协调、合作的过程。协调是指社区内组织和组织间的协调,通过协调过程强调共享工作环境(如场地设施)、联合决策和行动等;合作是社区内两个或多个组织以及参与者一起共事,彼此形成紧密联系和友好的关系,并建立起互惠措施,来达到共同的目标。(2)资源共享是指相邻社区都有资源,但资源的种类不同,如一个社区有丰富的场地资源,另一个社区有丰富的人力资源,为了改善社区的环境和促进社区的发展,相邻的社区通过共同合作的方式,各自获得自己的利益或达到自己的目的。(3)资源配置是指在社区服务过程中,社区社会工作者根据资源的不同特征,配置资源,采取组织、培训、咨询、合作等不同方法进行弹性使用,以保障资源能够被有效地协调和使用,发挥资源的最大效率。资源流通能够让社区组织提供的服务方案更具效率。社区社会工作者应通过计划、组织、领导、协调与沟通、控制与评估等过程有效管理种类繁多的资源。例如,社区居民骨干、志愿者、普通社区居民都是人力资源,应通过有组织、有目标、有计划的方式来利用这些人力资源,开展各种社区服务。题目中,培育社区骨干、志愿者有目的推进项目的行为,是资源配置的具体做法。故本题选 C。

49.【答案】B。解析：本题考查社区教育内容。社区教育的内容如下：(1)补偿式教育，即通过社区教育课程及系统的活动，补偿社区居民没有接受的正规教育的知识空间。例如，对只有初中文化程度的居民，提供高中程度的课程；对没有接受过大学教育的居民，提供一些大学课程和知识。补偿式教育通常采取非正规的教育方式，从居民的实际经验出发，提供必需的知识和技能。(2)控制式教育，即通过一些宣传教育活动，重点控制不守公德和秩序的行为，这种社区教育是以阻止性为主，通常不是树立正面的模范去宣传理想公民所应有的态度和表现。(3)发展式教育，这种社区教育着重于人的全面发展，重点挖掘居民在知识、行为、态度和价值观念等方面的个人潜能和积极性，协助居民体察社会，发现政策、制度的不完善，并聚集个人和集体力量，改善社会，创造平等和谐的社会。题目中老年人主要是在手机购物方面不太了解，社区工作者组织的培训就是提供了必要的课程和知识，属于补偿式教育。故本题选 B。

50.【答案】B。解析：本题考查社区参与的层次和形式。在实际生活中，社区问题往往非常复杂，不同的社区和不同的时机要采用不同的参与形式，具体有以下几种参与层次和形式：(1)告知。告知属于最低层次的参与。社区居民单方面获得上级对社区进行建设或改造的规划和信息，却没有任何机会改变既定规划。有关部门传递这些信息的目的通常是便于说服社区居民接受他们的观点和规划，重点是为了宣传。这种参与方式代表的是一种“自上而下”的沟通过程。(2)咨询。咨询比告知上升了一个层次。有关部门除了告诉基层社区、重要利益关系人和相关组织将要进行社区建设或改造的规划和信息，并进一步征求他们的意见，同时也会在规划修订过程中考虑他们提出的意见。(3)协商。社区进行建设和改造时，邀请受此影响的社区居民一起了解和讨论计划内容，推动居民成为决策过程中的一分子。不过，虽然居民被邀请参加了决策过程，但社区建设或改造的最初设计者通常会设定讨论议题的范围，限定其他参与者的决策权。(4)共同行动。在决策过程中，社区建设或改造的规划由大家共同决策，并在决策过程中分配任务，让大家共同分担执行责任，形成分工与合作。(5)社区居民自治。这是最高层次的参与形式。社区自己决定什么是本社区重要的事务、何时去做等议题，并负责执行这些决策。在这种情况下，社会管理者和专家只是提供信息和专业知识，帮助社区周详考虑、审慎决策。这种参与形式代表的是一种“自下而上”的培育过程。题目中社会工作者走访相关职能部门和物业公司，征求居民意见，属于咨询的方式。故本题选 B。

51.【答案】D。解析：本题考查社区需求分析。社区需求分析较为常用的方法是布雷德绍 1972 年提出的四种需要的类型：(1)感觉性需求，指社区居民或服务对象感受到或意识到，并用言语表述出来的需求；(2)表达性需求，指社区居民或服务对象把自身的感觉通过行动表达出来的需求，例如申请服务、排队等候服务等；(3)规范性需求，指由专家学者、专业人士、政府行政官员评估而决定的需求；(4)比较性需求，指社区居民或服务对象将所得到的服务与其他类似社区进行比较，而认为有所差别的需求。题干中村民是在对比邻村的基础上提出自己村里的需求，是比较性需求。故本题选 D。

52.【答案】A。解析：本题考查社区资源链接方式。资源共享是指相邻社区都有资源，但资源的种类不同，如一个社区有丰富的场地资源，另一个社区有丰富的人力资源，为了改善社区的环境和促进社区的发展，相邻的社区通过共同合作的方式，各自获得自己的利益或达到自己的目的。例如，两个社区居委会通过自愿性的合作协议开展一个“市民教育”课程，一个社区出场地，一个社区找授课教师，形成一个完整的课程计划，这就属于资源共享过程。在这个过程中，包含了几个重要的要素，如参与资源共享的社区至少有两个、彼此之间都有资源可以共享、彼此有合作的协议、资源共享的目标明确等。在资源共享过程中参与资源共享的社区至少是两个，而 B、C、D 三项都未提及“相邻社区”，A 项使用相邻社区的场地合作举办讲座，正是资源共享的方式。故本题选 A。

53.【答案】D。解析：本题考查公共卫生社会工作者的角色。公共卫生社会工作者接受过社会工作训练，在服务中担当多种角色，如直接服务提供者、研究者、咨询者、管理者、项目计划者、评估者和政策制定者。由题干中社会工作者小金制订了社区健康教育方案可知，其扮演的角色属于项目计划者。故本题选 D。

54.【答案】D。解析：本题考查艾滋病的依从治疗方案。对艾滋病患者的成功管理取决于患者依从治疗方案和对自己疾病负责的程度。因此，促使患者依从治疗方案成为社会工作者对艾滋病患者的主要职责。社会工作者服务内容包括医疗适应、疾病认知、心理情绪支援、家庭支援网络及出院照顾等方面。题目中，小张刚开始总是故意刁难医生，但是社会工作者小王主要是给他介绍相关的知识，了解治疗方案，提升他的依从度。

故本题选 D。

55.【答案】C。解析:本题考查精神卫生个案工作干预方法——认知行为疗法。精神卫生个案工作一直努力增进精神病患的社会功能,帮助个人挖掘自身潜能,在其社会生活中得到成长、建立自尊。认知行为疗法主要包括以下几个步骤:(1)详细讲述问题行为。这种行为问题是行为改变的核心,它显示了哪些行为需要被克服,哪些是未充分发展和需要被发展的行为。(2)收集数据。患者要学会评估、监督自己的行为,观察自己的感受将发生的征兆,分清他们的感受和行为。(3)设定目标。社会工作者与患者共同为其行为改变设定目标。(4)行为介入。明确能帮助患者达到目标的技能。(5)家庭作业。协助患者巩固在治疗中学到的技能,使治疗从一个阶段顺利过渡到另一个阶段。(6)行为改变的强化。促使患者充当自己采用新行为方式的强化者。(7)行为改变的认同。患者需在行为改变后赞许自己,将行为的改变归功于自己而非社会工作者。(8)防止故态复萌。改变一种习惯是非常困难的,为防止行为的故态复萌,可以事先规划如何灵活去处理。材料中小赵引导大刘认识到他的积极改变都是自己努力的结果,属于行为改变的认同。故本题选 C。

56.【答案】A。解析:本题考查舒缓疗护。舒缓疗护不同于临终关怀,它贯穿整个肿瘤的治疗过程。舒缓疗护是通过早期识别、积极评估、控制疼痛及治疗其他症状(包括身体、心理、社会、灵性的困扰),以预防与缓解身心痛苦,从而改善患者及其家人的生活质量的一门临床学科。舒缓疗护需要跨专业的团队合作为患者提供身、心、社、灵服务。社会工作者在肿瘤、癌症治疗与舒缓疗护过程中的主要服务内容有:(1)经济资源协助;(2)情绪心理辅导;(3)协调医患沟通;(4)社会福利咨询;(5)出院安置计划;(6)家属哀伤辅导等。题目中,周大爷主要是悲观消沉,因此,社会工作者要做的是疏导情绪。故本题选 A。

57.【答案】C。解析:本题考查急诊社会工作的服务内容。社会工作者根据医生提供的病患临床指标,针对特定疾病为病患进行社会心理功能评估,以发现病患的潜在需求。对于高风险个案,需要持续性的评估,了解病患疾病史、就医史、家庭史或生活史,掌握病患状态,不仅能够协助病患获得全面支持性服务,还可以为医护人员提供病患信息。故本题选 C。

58.【答案】B。解析:本题考查企业社会工作的服务内容。内容主要包括:职工福利服务、职工职业生涯规划、职工情绪管理、职工素质提升、职业安全与健康、职工休闲生活与服务、职工工作与生活平衡的服务、劳动关系协调、企业文化和职工文化建设、困难群体关怀、企业履行社会责任等。职业生涯探索的理念:在生涯规划的过程中,一方面要让成员有"全方位"的意识;另一方面要有"发展"的理念。因此,本小组的计划是依据以下相关理论设计,让成员可以明确自己在该阶段的状态,明确面临的困难,也了解自己的资源,周围的发展环境,从而对自我发展的优势和限制有清晰的认知,结合周围的各种资源,发挥自身潜能,实现自我的理想。故本题选 B。

59.【答案】A。解析:本题考查企业社会工作服务内容。企业社会工作服务的内容主要包括:职工福利服务、职工职业生涯规划、职工情绪管理、职工素质提升、职业安全与健康、职工休闲生活与服务、职工工作与生活平衡的服务、劳动关系协调、企业文化和职工文化建设、困难群体关怀、企业履行社会责任等。其中,保障职工工作与生活平衡的服务是指企业社会工作者关注职工的婚姻家庭、职工在工作以外的生活、女职工的特殊权益、职工的家庭成员、职工生活中的不便和困难等。为了让职工生活得更好,社会工作者协助企业制定政策,提供设施,采取具体措施为职工着想,解决职工的实际困难,解除后顾之忧,更好地为企业服务。故本题选 A。

60.【答案】C。解析:本题考查企业社会工作者的角色。社会工作者在介入职工的服务时承担着不同的角色,主要有咨询辅导者、促进者、联结者、调解者、教育者、协调者、倡导者。其中教育者为职工提供职业和生活相关的教育培训是企业社会工作者的一项重要工作。在进行这项服务活动时,企业社会工作者可以担当教育者的角色,设计并实施职业和生活发展相关的教育、培训方案。对职工及管理者进行相关知识培训,提高其应对问题的能力。题目中主要开展了亲子沟通知识的培训课程,体现的是教育者的角色。故本题选 C。

二、多项选择题

61.【答案】AE。解析:本题考查结案阶段的主要任务。结案阶段的主要任务包括:(1)总结评估整个工作过程,对计划目标的完成情况、介入效果进行总结和评估,并将结果与服务对象分享,报告给机构,审慎处理服务对象因结案带来的与分离有关的感受和情绪,做结案记录并写成结案报告。(2)巩固已有改变,包括以下三点内容:一是回顾工作过程;二是强化服务对象已有的改变;三是给服务对象积极支持。几位受暴妇女得知她们即将离开妇女庇护中心,出现了担心、焦虑等情绪反应时,社会工作者带领她们回顾总结了在中心度过的日子,告知她们服务已完成,并与她们讨论各自未来的生活计划。这起到了让服务对象做好结案准备的作用。因此A、E两项正确;(3)接触专业关系。(4)撰写结案记录。B项结案时间可以商量,但不得随意延长服务时间。故本题选AE。

62.**【答案】**CD。**解析:**本题考查评估工具的使用。对服务对象影响的评估包括:(1)服务对象满意度测量,做法是由服务对象用口头或书面形式,包括填写问卷来表达对社会工作介入效果的看法。(2)差别影响评分,这是一种更有结构性的评估方法。首先由服务对象对介入影响进行自我陈述,报告自己有哪些变化,然后分析区分出哪些是介入本身带来的变化,哪些是其他因素带来的变化。B、E两项是目标实现程度的测量评估方法;A项基线测量是评估方法,不是对服务对象影响的评估。故本题选CD。

63.**【答案】**BCE。**解析:**本题考查以家庭为中心社会工作服务。以家庭为中心方法的核心是以改善家庭育儿行为和环境为目标,采用家庭工作团队形式,以构建家庭在社区的支持网络为主要工作内容的儿童社会工作方式。以家庭为中心的儿童社会工作的主要内容包括三个方面:一是以家庭为单位,在社区开展家庭监护评估,筛选风险家庭。二是评估结果分析。三是组建家庭工作团队,包括以下两点:(1)界定儿童伤害的家庭风险类型和程度;(2)挖掘所有与家庭相关的社会支持网络,包括亲戚和社区里的资源,制订家庭支持服务计划。亲职教育属于补充和改善家庭监护状况,亲子关系辅导和婚姻辅导属于提供家庭支持服务。课后服务儿童友好社区建设是儿童友好社区建设倡导的方法。故本题选BCE。

64.**【答案】**ADE。**解析:**本题考查困境儿童帮扶。家庭寄养是指经过规定的程序,将出现了家庭监护永久或者临时缺失的儿童,如不满18周岁的孤儿、查找不到生父母的弃婴和儿童,委托给其他家庭养育的照料模式,题干中的小明不符合寄养的条件。机构养育是将家庭监护缺失儿童集中安置在儿童福利机构中,是由机构工作人员集体看护的一种照料模式,题干中的小明也不符合条件。面对来自农村的6岁脑瘫儿童小明,小明的父母为他的康复四处奔波,债台高筑,却毫无效果,他们对小明的康复及家庭的未来几近绝望。此时,社会工作者需要为小明的父母进行必要的心理辅导,帮助小明父母保持良好心态,故A项正确。与此同时,与相关部门联系,帮助小明家庭申请补助,缓解家庭困难,故D项正确。介绍小明的父母加入脑瘫儿童家长互助小组,通过参加小组活动学会基本的康复方法以及注意事项,利于小明的康复,故E项正确。故本题选ADE。

65.**【答案】**BCD。**解析:**本题考查协助青少年成长发展。协助青少年成长发展的内容包括:(1)思想引导;(2)习惯养成;(3)职业指导;(4)婚恋服务;(5)社交指导。故本题选BCD。

66.**【答案】**BC。**解析:**本题考查正式支持体系和非正式支持体系。正式支持体系主要是由政府的老年工作组织机构和涉老组织机构构成。如我国各级老龄工作委员会及其办事机构,政府办的社会福利院、敬老院、老年公寓、颐养院、护理院、临终关怀机构、社区老年中心等。非正式支持体系的构成通常分为三类:第一类是家庭成员(主要是子女)对父母的养老支持。第二类是亲属(兄弟姐妹及远亲、姻亲等)对老年人的支持。第三类是非亲属对老年人的支持,如邻居、朋友、同事、慈善机构、非政府组织、社区志愿服务等。正式的支持系统一般提供基本生活保障服务,尤其是为特殊困难老年人提供基本生活保障。非正式的支持系统一般提供经济支持、情感支持、生活照料、精神慰藉等服务。A、D、E三项中的社区居委会、老龄办和民政部门都属于正式支持体系。故本题选BC。

67.**【答案】**BD。**解析:**本题考查老年人入住养老机构不同阶段社会工作者应给予的针对性服务。等候入住养老院期间,老人常会对未来的生活感到迷茫,也会因入住可能带来的不确定性而焦虑,家人也可能会因为感觉放弃了老人而心生内疚。此时,社会工作者要与老人及其家人保持联络,消除他们心中的疑惑和不良情绪,帮助他们了解入住养老院不是单向过程,入住后仍有选择其他安排的机会,机构也会支持家人与老人保持联系、关爱老人。老人在等候期间可能会有一些特殊照护需要,社会工作者要动员和协调资源予以满足。A项是在申请和作决定阶段需要做的;C、E两项是准备入住和刚刚入住阶段需要做的;B、D两项是等候期间需要做的。故本题选BD。

68.**【答案】**ABC。**解析:**本题考查妇女增能。妇女增能是通过社会工作者和妇女之间的共同合作,让妇女有能力认识到自身的真实处境，引发她们对形成这种境况的社会因素进行思考，寻找解决的途径，并且通过采取具体的行动来改善处境。也就是说，让妇女学会掌握生活空间，发掘潜力提升动力，包括自我意识觉察（个人层次）、互助合作开拓资源与机会（人际层次）、摆脱或者改变受压迫的环境（环境层次）。妇女增能的主要方法包括：(1)透明化；(2)鼓励和肯定；(3)权力分析；(4)意识醒觉。通过阅读、小组讨论、经验分享以及观看影片等方式观察和了解妇女的弱势社会地位，为进一步改变建立必要的思想基础。(5)倡导政策改变。A、B两项通过培训的方式增加妇女自身参政能力，符合增能的方法；C项通过经验交流小组讨论可以提高妇女的参政意识，是增能方法的意识醒觉；D项是针对干部开展的活动，并非针对基层妇女本身，不符合题意；E项未能体现增加妇女的能力。故本题选ABC。

69.【答案】CD。解析：本题考查残疾人专业关系建立。残疾人专业关系建立具有特殊性，主要表现在：(1)信任是专业关系的基础。专业关系建立的基础是社会工作者与残疾人之间的信任，信任关系的建立取决于两个方面，即服务对象相信社会工作者有解决问题的能力，社会工作者相信服务对象具有改变的潜能。(2)专业关系的建立是一个过程。社会工作者对服务对象要有耐心，鼓励他们在沟通和行动中维护自身的利益。题干中没有提到老李自身的合法权益受到侵害。故本题选CD。

70.【答案】ABC。解析：本题考查矫正社会工作中服务对象的需要。服务对象的主要需要有四点：一是基本生存条件的保障需要；二是教育、就业权益的保障需要；三是正常家庭生活的需要；四是再社会化的服务需要。故小刚父母常因此事发生争吵，家庭关系十分紧张，小刚有正常家庭生活的需要，故A项正确。小刚因交通肇事被判处有期徒刑一年，缓刑一年，躲在家中足不出户，拒绝与外人交往，小刚有再社会化的需要，故B项正确。小刚高中毕业且没有工作，有教育、就业的需要，故C项正确。小刚高中毕业后一直没找到工作，靠父母养活，不存在基本生存条件的需要，故E项排除。故本题选ABC。

71.【答案】ACD。解析：本题考查优抚安置社会工作中的个案服务。个案介入旨在增强服务对象的自我能力，以应对新工作和新生活的压力。社会工作者主要担当同行者的角色，陪同服务对象走出困境，走过职业转向的特殊时期。个案介入的具体过程包括：(1)协助服务对象做好压力预防。社会工作者应力图获得接收安置单位全面而翔实的资讯，并准确地向服务对象描述。(2)协助服务对象做好减压工作。出于种种原因，部分服务对象不愿意向他人讲述自己所承受的压力。社会工作者应该帮助服务对象说出隐情，并协助认清其中的危险信号，从而预防这一类压力的产生。(3)协助服务对象构建社会支持网络，加强与同辈群体的联系，积极获取家庭、社区、正式与非正式组织资源，顺利度过军地转化的过渡期。故本题选ACD。

72.【答案】CE。解析：本题考查光荣院社会工作的内容。光荣院社会工作的内容包括：(1)做好服务对象入住前的评估和准备工作。(2)协助服务对象适应光荣院的新生活，发展积极的人际关系。(3)为服务对象提供个案心理辅导，如运用怀旧、生命回顾方面的技巧，帮助服务对象重塑自我，找回生命的意义。(4)通过策划、组织一些简单易学的活动，增进服务对象群体之间的交流，促进互帮互助。(5)协助服务对象提高自我管理和自我服务的能力，充分发挥个人的潜能。(6)鼓励服务对象参与力所能及的院舍活动。(7)引导服务对象正确看待死亡而不会焦虑和恐惧。(8)利用社区或社会资源为服务对象服务。(9)推动志愿服务并对志愿服务进行督导。(10)促进光荣院专业服务的发展和专业质量的提高。(11)影响社会及环境的决策。老张因伤致残，被安置在荣军医院，现在面对的问题是对医院环境陌生，内心孤独，迷茫。此时，社会工作者需要做的是帮助老张缓解这种孤独，故C项正确；E项也是缓解老张孤独情绪的有效方式，故E项正确。故本题选CE。

73.【答案】AC。解析：本题考查就业救助。就业救助服务内容包括：(1)转变就业观念；(2)自我认知调整；(3)职业技能培训；(4)链接就业资源。B项是教育救助，D项是医疗救助，E项是最低生活保障救助中的调节家庭关系。故本题选AC。

74.【答案】AB。解析：本题考查获取评估信息的方法。获取评估信息的方法有：(1)直接询问。同救助对象直接的交谈和沟通是社会工作者获得评估信息的主要来源。小张首先运用此方法详细了解了该家庭的债务情况、孩子的治疗情况，故B项正确。(2)家庭探访。社会工作者可以很直观地观察到救助对象的生活情境以及家庭成员之间的互动交流。小张进入该家庭了解其家人间的互动状况运用了此方法，故A项正确。(3)间接了解。社会工作者还要多方走访他们的朋友、亲戚、邻居、老师、同学、同事等，间接了解与救助对象相关联的信息。题干中无体现,故C项排除。(4)观察身体语言。在交谈过程中,社会工作者要善于观察救助对象的身体语言。通过这些线索能发现救助对象行为、思想上的一些特点,同时能够预估救助对象遇到问题的重要性以及对他们的影响程度。本题无体现,故D项排除。(5)使用量表。一些社会工作者在和救助对象交流之前都会先使用基本资料的表格,了解救助对象的姓名、家庭地址、通信方式、家庭结构、婚姻状况、问题描述等。题干中无体现,故E项排除。故本题选AB。

75.**【答案】**AE。**解析:**本题考查聚焦。聚焦技巧是指社会工作者帮助受助家庭成员收窄注意的焦点,将受助家庭成员的注意力集中在需要解决的问题上,以便对问题做出深入的探索,保证服务介入活动的效率。A项中"最希望看到的孩子改变"和E项中"根据重要程度排列一下希望孩子改变的形式"都是收窄注意焦点的做法,其余选项没有项体现这一点。故本题选AE。

76.**【答案】**CDE。**解析:**本题考查抗逆力构成要素。从构成结构上看,抗逆力由外部支持因素、内在优势、以及效能因素三部分构成。外部支持因素包括拥有正向的连接关系、坚定清晰的规范、关怀支持的环境、积极合理的期望、有意义的参与机会。内在优势因素包括完美的个人形象感、积极乐观感。我们将观察自己而得到的结论和从别人那里得到的反馈称为自我形象,这对于青少年非常重要。效能因素包括人际技巧、解决问题能力、情绪管理及目标确立等。A项属于效能因素,B项属于内在优势因素。故本题选CDE。

77.**【答案】**CE。**解析:**本题考查社区支援网络建立的策略。社区支援网络建立的策略主要有:(1)个人网络,主要是针对服务对象个人的现存人际关系及其所置身的环境内具有发展潜力的成员,例如家庭成员、朋友、邻居或者其他服务的提供者(如家政服务员)等,通过建立联系和提升助人能力,让这些成员来协助服务对象。(2)志愿者联系网络,用于社区中拥有极少个人联系的服务对象,将他们与可以提供帮助的志愿者建立一对一的帮助关系。(3)互助网络,把面对相同问题或具有相似兴趣或能力的人聚合在一起,帮助他们建立联系,促进他们互相帮助和互相支援。(4)邻里协助网络,社区社会工作者认为社区中的邻里、社区商店员工、物业公司职工、保洁员、保安员等在为服务对象提供支援上扮演着重要角色,并且可以用最自然、最快捷的方式,为服务对象提供支持。C项是互助网络,E项是志愿者联系网络。故本题选CE。

78.**【答案】**BCD。**解析:**本题考查慢性病出院前服务。社会工作者对糖尿病患者可以开展的服务包括:(1)在医疗适应方面。社会工作者需要协助患者了解病情和适应医疗方案;鼓励患者接受病情和治疗措施;鼓励患者向医护人员了解病情和治疗;同时向医护人员反映患者的需求,以此提高患者的治疗依从性。(2)在疾病认知方面。社会工作者需要对患者进行健康指导,包括疾病、治疗、康复及饮食等知识介绍;同时对患者疾病及治疗的认知不足及偏差作认知矫正。(3)在心理情绪支援方面。社会工作者需要为患者因疾病及治疗而引起的情绪困扰提供情绪支援。(4)在家庭支援网络层面。社会工作者可以为患者家属提供资源,解决家庭因疾病而引起的各类困扰;为患者家庭提供社会心理支援。(5)在出院照顾方面。社会工作者可以协助患者对疾病自我管理能力的学习;协助家属学习照顾患者的能力;链接社区及医疗资源,为患者制订出院计划,使患者出院后依然能得到良好照顾。社会工作者小王邀请医生再次向吕大爷和吕大妈详细讲解糖尿病与饮食和生活方式的关系,主要目的在于协助吕大爷对疾病自我管理能力的学习;协助吕大妈学习照顾患者的能力;链接社区及医疗资源,为吕大爷制订出院计划,使吕大爷出院后依然能得到良好照顾。故本题选BCD。

79.**【答案】**CE。**解析:**本题考查精神卫生领域社会工作服务内容。精神卫生领域社会工作主要内容包括:(1)针对住院患者而言。社会工作服务主要包括,①住院适应;②心理支持;③各类治疗方法整合。(2)针对精神病患者家属而言。社会工作服务主要包括,①减轻照顾者的压力;②获得精神疾病知识辅导和支持。(3)针对社区精神康复而言。社会工作服务主要包括,①普及精神健康知识;②开展精神疾病患者康复训练;③社区资源链接;④提供咨询;⑤开展转介工作。A、B两项属于转介服务,题干中不涉及转介的服务。精神康复社会工作涉及住院适应服务,但是本案例中没有体现案主的问题是来源于适应不良,故D项排除。故本题选CE。

80.**【答案】**ACD。**解析:**本题考查企业社会工作。A项通过开办压力舒缓工作坊可以帮助怀孕女工缓解焦虑情绪;B项孕期知识辅导是针对头胎没有怀孕经验的女性开展的服务,故B项排除;C项设置孕妇休息室属于硬件设施,有利于改善缓解孕期妇女的工作环境;D项开设孕期自助小组,女员工们可以在交流的过程中舒缓情绪,相互支持;E项说法不符合实际。故本题选ACD。

社会工作实务(初级)2018 年真题参考答案及解析

一、单项选择题

1.【答案】A。解析:本题考查社会工作通用过程模式中的接案。接案阶段的主要工作和步骤包括了解服务对象的求助原因和求助过程、初步评估服务对象的问题、决定是否接案、订立初步协议。故本题选 A。

2.【答案】D。解析:本题考查计划阶段设定目的和目标。正面目标陈述是指将服务对象要做的有益改变和成长作为目标的界定重点,强调服务对象的成长目标以及具体的指标。本题中 A、B、C 三项均属于负面目标陈述。故本题选 D。

3.【答案】C。解析:本题考查预估的任务。识别服务对象问题的客观因素即认识、了解问题情境中的主要因素,并对它们做深入研究。A、B、D 三项是服务对象对问题的实际感受,属于主观因素。故本题选 C。

4.【答案】D。解析:本题考查接案前的准备。了解服务对象的求助过程是为接案做准备。通过 D 项中的问题,社会工作者可以了解陈先生的求助过程。A、B、C 三项中的问题与陈先生的求助过程没有直接联系。故本题选 D。

5.【答案】D。解析:本题考查事实性沟通。在接案阶段通过面谈与服务对象进行事实性沟通的内容包括:了解服务对象的问题和需要,交流双方对服务对象的问题和社会工作机构的功能,以及社会工作者的角色的看法和期望。只有 D 项属于现实生活中的事实行为。故本题选 D。

6.【答案】B。解析:本题考查儿童社会工作的类型。四种儿童福利服务通过服务对象即可进行区分:保护性儿童福利服务的对象是遭受到人为伤害的儿童及其家庭;替代性儿童福利服务的对象是亲职不当和亲职缺失的儿童;支持性儿童福利服务的对象是全体儿童及其家庭,尤其是家庭监护状况良好的家庭;补充性儿童福利服务的对象是父母亲职能力不足的儿童及其家庭。根据题意,在小玲双亲亲职缺失的情况下,应该为其提供家庭收养、家庭寄养和机构养育或教养,属于替代性儿童福利服务。故本题选 B。

7.【答案】C。解析:本题考查留守儿童的问题。良好的家庭监护是儿童成长的基本保障。受到家庭监护问题影响的儿童群体包括留守儿童、流浪儿童、单亲家庭儿童、父母双双服刑儿童等。故本题选 C。

8.【答案】C。解析:本题考查儿童保护的服务内容。儿童保护的服务内容主要包括伤害预防服务和伤害应对服务。伤害应对服务是指儿童受到伤害后,为受到伤害的儿童提供家庭外安置服务的过程,多数时候是替代性服务。在本题中,为了保护小花的人身安全,社会工作者小王首先应当联系儿童福利机构,为小花提供家庭外安置服务的过程,多数时候是替代性服务。故本题选 C。

9.【答案】B。解析:本题考查儿童救助和儿童保护。小红的母亲被解除强制隔离戒毒,在将小红从儿童福利机构接回家生活前,应对其母亲进行监护能力评估。故本题选 B。

10.【答案】A。解析:本题考查亲职教育。社会工作者应为亲职不当的父母提供亲职教育并跟踪辅导,以帮助父母改正不当的教养理念和行为,改善亲职状况,为儿童健康成长提供基本保障。故本题选 A。

11.【答案】A。解析:本题考查青少年时期身心、社会和文化方面状态。根据艾德沃特对青少年时期身心、社会、文化状态的描述,在青少年早期阶段,其人际发展层面的交往对象由父母转至同辈。故本题选 A。

12.【答案】B。解析:本题考查青少年小组工作目标。青少年自我管理服务的目标包括:提升青少年自我决策和自我管理能力;协助青少年有效地自我约定且诚信地尽力执行;培养青少年勇于负责的态度来面对自己的生活;协助青少年如何正确地检视、查核自己的行为表现;懂得如何对自己的行为做有效的评估。故本题选 B。

13.【答案】C。解析:本题考查青少年犯罪预防。预防青少年犯罪的方法之一是正面联系,小李以合适成年人的身份为其提供帮教服务,加强对闲散青少年的接触和联系,提供有针对性的引导和帮扶,预防这些青少年做出越轨行为。故本题选 C。

14.【答案】A。解析:本题考查青少年自我探索。自我探索是青少年社会工作的重要服务手法之一。自我探索小组的具体目标包括认识自己的性格、优缺点及喜好,认识自我的价值观,了解自己在不同环境中扮演的角色及表现,初步明确自己将来的目标。故本题选 A。

15.【答案】A。解析:本题考查老年人的心理老化。智力分为结晶智力和液态智力。结晶智力是人们知识和经验的结晶产物,是通过语言、文字的提炼和积累而成的智力。液态智力是指空间关系和形象思维在视觉、听觉及感知基础上形成的智力。故本题选 A。

16.【答案】C。解析:本题考查老年人的需要。社会参与需要是指老年人需要通过广泛参与社会生活,特别是深度参与社会生活各个方面来表达意愿,维护权益,发挥作用。故本题选 C。

17.【答案】D。解析:本题考查老年人社会支持系统。正式支持体系涉及贫困求助、生活照料、危机干预、老年人权益保障等多方面的内容。它为老年人提供了基本的生活保障,特别是为老年人中的特殊困难群体提供了基本保障。故本题选 D。

18.【答案】B。解析:本题考查老年人精神问题处理。老年人的精神生活有五个方面的需要:(1)珍惜当下,包括欣赏自己当下的生活,明白时间的珍贵,因而能够学习享受生活;(2)找到往事的意义,以此建构生命的意义;(3)直面自己的局限,看到过往生活的缺憾;(4)协助接受生活中好的一面和不好的一面,寻求与相关人员和解和宽恕他人的方法,弥补缺憾;(5)拓展个人爱好和同情的圈子。故本题选 B。

19.【答案】D。解析:本题考查老年人小组工作注意事项。老年小组工作的注意事项之一是干预小组动力,保护小组成员免受伤害。在本题的小组工作过程中,社会工作者小张既要照顾周奶奶的情绪,也要尊重刘奶奶。故本题选 D。

20.【答案】D。解析:本题考查妇女的需要。妇女的需要有以下几点:(1)妇女生命权得到保障的需要;(2)妇女生殖健康的需要;(3)保障妇女的权益和发展的需要;(4)建立性别公正的政策、制度和社会环境的需要。故本题选 D。

21.【答案】C。解析:本题考查性别需求分析。实用性社会性别需求是指在社会生活中,妇女就其社会承认的角色而确定的需求,是妇女很实际的需要,如妇女需要食物、健康、就业等,在满足这些需要的过程中并不会挑战传统的性别角色和分工模式。战略性社会性别需求指的是挑战和改变由妇女在社会中的从属地位而产生的需要,涉及社会的分工模式、权利等,满足这类需求可以协助妇女取得更多的平等权利,改变现存的社会分工模式和角色,挑战妇女的从属地位。故本题选 C。

22.【答案】C。解析:本题考查性别视角的妇女社会工作方法。根据性别视角的家庭工作原则中尊重和接纳现实中家庭形式和婚姻形式的多样性,小王应协助小张重新界定问题,具体方法和技巧包括寻找妇女问题中个人能力与资源、环境等之间的关系及原因,协助认清个人无力感的具体形成过程。故本题选 C。

23.【答案】A。解析:本题考查妇女增能的方法。妇女增能是通过社会工作者和妇女之间的共同合作,让妇女有能力认识到自身的真实处境,引发她们对形成这种境况的社会因素进行思考,寻找解决的途径,并且通过采取具体的行动来改善处境。故本题选 A。

24.【答案】B。解析:本题考查性别角色分工分析。传统的、定型的社会性别观念规定了男人和女人不同的发展路径,而且男性优越于女性的性别定型认识阻碍了妇女的发展。因此,要打破传统定型的性别观念,开展评选“新好男人”活动最合适。故本题选 B。

25.【答案】A。解析:本题考查残疾人就业。残疾人就业社会福利的路径是以相对集中就业为主导,一部分就业能力相对较强的就进入福利企业,这是具有中国特色的“社会企业”,还有一部分就业能力比较弱的就进入过渡性就业场所——庇护工场。该残障人士服务机构的这项工作促进了残障人士的庇护性就业。故本题选 A。

26.【答案】C。解析:本题考查残疾人权利。残疾人环境友好权主要指残疾人享有无障碍环境的权利。消除社会性环境中阻碍残疾人参与的“物化”因素是环境友好的重要措施,主要包括物理环境的无障碍、信息交流环境无障碍、公共服务无障碍和政治参与无障碍等。故本题选 C。

27.【答案】B。解析:本题考查回归社会理论。回归社会理论是“去机构化”运动的代表性理论,强调社会工作者和残疾人服务对象的互动，强调重建服务对象社会关系和增加服务对象的能力。只有社区融合夏令营这一概念，可以实现工作人员与脑瘫儿童互动和社会关系重建。故本题选 B。

28.【答案】D。解析：本题考查社区康复。社会化的工作原则需要在政府统一领导下，多部门、多组织、多种人员共同参与广泛动员社会力量，充分利用康复机构资源中心的力量和各种社区资源，共同推进社区康复工作。故本题选 D。

29.【答案】A。解析：本题考查残疾人个案管理步骤。社会工作者小马应做的工作是界定服务对象需要解决的具体问题和优先顺序，分析解决这些问题时可用的资源，探讨服务对象使用资源时存在的障碍，确定具体的工作目标。故本题选 A。

30.【答案】C。解析：本题考查服刑人员的需要。矫正社会工作者要鼓励和协助服务对象构建和恢复正常的家庭生活，满足服务对象对正常家庭生活的需求，创造良好的家庭环境，促进服务对象更顺利地转变。故本题选 C。

31.【答案】A。解析：本题考查亲职教育。亲职教育即向儿童的父母和家庭传播科学育儿理念，并为他们提供具体的科学育儿实践指导和日常育儿问题咨询，有助于提升涉毒服务对象对孩子的监护能力。故本题选 A。

32.【答案】A。解析：本题考查矫正社会工作服务内容。矫正社会工作者采取更为主动的姿态去和服务对象建立关系，是矫正工作成功的第一步。因此，小温应该与张某建立专业关系，关心张某的生活，了解其需求，取得张某的信任。故本题选 A。

33.【答案】D。解析：本题考查矫正社会工作的工作方法。社会工作者小陈在发现了小军的真实目的后，不宜直接揭穿，最合适的做法是为小军提供个案辅导，进一步激发他的改变动机，让他认识到吸毒的危害，最终真正戒毒。故本题选 D。

34.【答案】C。解析：本题考查光荣院社会工作的服务内容。光荣院社会工作的内容包括十二项，其中包括协助服务对象适应光荣院的新生活，发展积极的人际关系。因此，老李首先应稳定小张的情绪，协助其远离危险、远离导致自杀等极端性的情绪反应，适应光荣院的新生活。故本题选 C。

35.【答案】C。解析：本题考查光荣院社会工作服务。接收社会老人入住光荣院必须要考虑优抚老人与社会老人的双方利益，C 项考虑到了融合两个群体。故本题选 C。

36.【答案】D。解析：本题考查军休社会工作方法。社交技能训练是指社会工作者与服务对象可以通过建立简短的任务来达到目标，在会面中不断练习新的社会技巧。故本题选 D。

37.【答案】C。解析：本题考查临时救助的服务内容。外展服务一般包括街头救助和全天候救助两种。街头救助是指借助救助巡逻车实施救助。故本题选 C。

38.【答案】D。解析：本题考查社会工作者对低保家庭的服务内容。社会工作者要积极帮助困难群体修复社会关系，建立社会支持网络，尤其是对街头的流浪、乞讨人员实施救助。促进社会融入是指社会工作者要为低保家庭创造参与社区活动的机会，鼓励他们参与社区的公益和文娱活动，帮助他们建立和其他社区居民的联系，互帮互助，承担一定的社会责任和义务，增强归属感和自信心。故本题选 D。

39.【答案】C。解析：本题考查受灾人员救助服务内容。社会工作机构和专业人员要积极运用社会工作的专业方法，通过团体工作及社区一定的责任和义务，增加他们的成员感、归属感和自信心。为受灾人员重建或修复社会关系，加强社会支持系统的力量。故本题选 C。

40.【答案】A。解析：本题考查住房救助服务内容。社会工作者在对老杨的家庭进行评估时，除了关注家庭经济状况外，还应了解老杨的家庭关系状况。如果评估后认为老杨符合救助条件，社会工作者应当帮助老杨准备相关材料，及时提出申请，以便县级人民政府保障部门优先给予住房保障。故本题选 A。

41.【答案】B。解析：本题考查获取服务对象信息的方法。间接了解是指为了更全面地了解救助对象的状况，社会工作者多方走访他们的朋友、亲戚、邻居、老师、同事等，间接了解与救助对象相关联的信息。故本题选 B。

42.【答案】B。解析：本题考查家庭系统理论。家庭系统理论有三个基本的观点：(1)家庭成员的问题是整个家庭不良的沟通交流方式导致的;(2)家庭所面临的危机既是挑战,也是机会;(3)因“问题”而导致的家庭功能失调能够得到有效解决。故本题选 B。

43.【答案】D。解析:本题考查家暴儿童的保护。社会工作者在开展救助的时候,最主要和需要优先考虑的是确保服务对象的安全,包括降低服务对象自己以及他人身体和心理可能受到的潜在伤害。本题中,为了确保小刚的人身安全,社会工作者小罗首先对小刚进行心理辅导,然后将其送往当地儿童福利院。故本题选 D。

44.【答案】D。解析:本题考查家庭干预常用技巧。“再标签”技巧是指社会工作者帮助受助家庭成员从更为积极的角度界定问题,改变受助家庭成员以往的消极态度和认识,从而促使受助家庭成员产生新的、积极的行为。故本题选 D。

45.【答案】C。解析:本题考查特殊行为问题学生。在发生校园暴力事件后,学校社会工作者应首先为受伤害的同学提供心理支持,帮助其恢复正常生活。故本题选 C。

46.【答案】C。解析:本题考查抗逆力操作基本步骤。“抗逆力”学校社会工作的操作方法包括六个步骤:(1)促进亲社会联结;(2)建立清晰一致的边界;(3)教授生活技能;(4)提供关怀与支持;(5)建立和表达高期望;(6)提供机会促进参与。其中(1)(2)(3)步属于危机缓冲系统,重在帮助学生面对危机与压力时做出调整;(4)(5)(6)步属于抗逆力建构系统,重在促进学生建构抗逆力。故本题选 C。

47.【答案】D。解析:本题考查亲职教育。小娟的情绪低落状况是由她妈妈不适当的管教方式引起的,所以,社会工作者小敏首先应采取的做法是与小娟的妈妈积极沟通,帮助其改进管教方式。故本题选 D。

48.【答案】C。解析:本题考查社区教育的分类。发展式教育着重于人的全面发展,重点挖掘居民在知识、行为、态度和价值观念等方面的个人潜能和积极性,协助居民体察社会,发现政策、制度的不完善,并聚集个人和集体的力量,改善社会,创造平等和谐的社会。故本题选 C。

49.【答案】D。解析:本题考查社区需求分析。规范性需求是指由专家学者、专业人士、政府行政官员评估而决定的需求。故本题选 D。

50.【答案】C。解析:本题考查社区教育主要内容。社区教育有家庭生活教育、公民教育、成人教育、健康教育。健康教育主要以社区为单位、向居民提供健康和预防疾病的知识。故本题选 C。

51.【答案】B。解析:本题考查社区参与。社区参与的层次和形式有告知、咨询、协商、共同行动和社区居民自治。共同行动是指在决策过程中,社区建设或改造的规划由大家共同决策,并在决策过程中分配任务,让大家共同分担执行责任,形成分工与合作。故本题选 B。

52.【答案】C。解析:本题考查社区工作实施阶段。在该活动的实施阶段,小宁需要做好的工作有预算管理、时间进度管理、服务品质管理、士气激励和提升。故本题选 C。

53.【答案】D。解析:本题考查医务社会工作病房适应服务。医务社会工作的内容主要包括协助病人及家属解决与疾病相关的情绪问题、获取更多的资源以及对医疗过程的适应等。社会工作者首先应安慰老张,缓解他紧张不安的情绪,协助他适应病房环境。故本题选 D。

54.【答案】B。解析:本题考查医务社会工作服务。患者面对腰椎穿刺手术时,往往会产生较大的负面心理压力。社会工作者小王用游戏治疗的方法降低了玲玲对医疗检查的恐惧。故本题选 B。

55.【答案】C。解析:本题考查医务社会工作住院服务。针对住院患者而言,社会工作服务主要包括住院适应、心理支持和各类治疗方法整合。本题中,医生已经对陈某进行了初步治疗,此时小吴的主要工作是为服务对象提供心理支持,帮助其分析发病的原因,鼓励他表达内心的想法,以利于下一步的治疗。故本题选 C。

56.【答案】C。解析:本题考查艾滋病社会工作服务。对于艾滋病患者,社会工作者的服务内容包括医疗适应、疾病认知、心理情绪支援、家庭支持网络及出院照顾等,为患者提供全面的服务。故本题选 C。

57.【答案】D。解析:本题考查应激障碍症社会工作服务。应激障碍症是指人在心理、生理上不能有效应对自身由于各种突如其来的、给人心理或生理带来重大影响的事件所导致的各种心理和生理反应。针对小刘出现的症状,小周应暂时将其安置到其他安静、舒适的封闭环境中,避免他再受到刺激。故本题选 D。

58.【答案】C。解析:本题考查职工工作与生活平衡服务。阿莲所面临的问题主要是无法同时兼顾照顾女儿和正常工作这两件事情，所以社会工作者小芳在为其进行了心理辅导之后，重要的是帮助她解决女儿的照顾问题。故本题选 C。

59.【答案】B。解析：本题考查小组分类。教育小组的主要目标是帮助成员学习新的知识与技巧，补充相关知识的不足，促使成员改变原来对自身问题的不正确看法及解决方式，从而实现小组成员的发展目标。故本题选 B。

60.【答案】D。解析：本题考查企业社会工作者的角色。作为咨询辅导者，企业社会工作者主要是为企业职工就职和生活问题提供咨询服务，对员工的需求、对工作环境和工作条件进行明确，协助其分辨困难，挖掘潜能和解决问题。本题中，社会工作者的做法属于咨询辅导者。故本题选 D。

二、多项选择题

61.【答案】BDE。解析：本题考查基线测量评估。建立基线的方法有三种：一是确定介入的目标；二是选择测量工具，包括直接观察和使用标准化问卷或量表；三是对目标行为进行测量并记录目标行为。故本题选 BDE。

62.【答案】BD。解析：本题考查结案阶段服务对象情绪处理。社会工作者要注意在结案期服务对象可能会有的负面反应，要审慎处理。具体方法包括以下几点：(1)在结案前与服务对象回顾一下介入工作的过程，以确定结案的时机是否已经成熟。故 D 项正确。(2)提前让服务对象知道结案时间，早些做好心理准备。(3)在结案阶段，社会工作者要逐渐减少与服务对象的接触次数，提醒服务对象要学会自立，给服务对象以心理支持，告诉他们有需要时社会工作者将继续提供协助。(4)社会工作者也要估计一些可能会破坏改变成果的因素，预防问题的产生，继续提供一些服务，并为服务对象提供能够对他们有帮助的资源网络，待稳定了服务对象的改变成果后，才能结束专业助人关系。故 B 项正确。(5)安排正式的结案活动，让服务对象交流各自的收获，以建设性的方式表达感受，相互鼓励，面向未来。故本题选 BD。

63.【答案】BE。解析：本题考查儿童的需要。儿童社会化需要包括四个方面：(1)培养儿童的基本生活技能，使儿童掌握吃饭、穿衣、保持个人清洁卫生、语言表达等人类发展的最初行为方式。(2)促使自我观念发展，使儿童能分清自我与非我两者的关系。(3)养成良好的生活习惯，使儿童逐渐懂得约束自己的行为，调整好个人与个人，个人与家庭、学校、社会等方面的关系。(4)培养良好的道德品质，使儿童逐步适应社会规范，具备社会公德；培养社会角色，使儿童随着年龄的增长，不断扮演适当的性别角色、游戏角色、学校角色以及社会角色等。故本题选 BE。

64.【答案】BDE。解析：本题考查监护能力的评估目标。家庭监护能力的监测和评估表包括：(1)基本生活照顾的能力；(2)安全保障能力；(3)情感传递能力；(4)提供认知刺激能力；(5)指导培养儿童社会生活的能力；(6)保持稳定持久人际关系的能力。故本题选 BDE。

65.【答案】ABD。解析：本题考查自我概念。自我概念可以涵盖三个层面：现实我(是真正的我)、理想我(是希望中的我)及客观我(是别人眼中的我)，只有这三个自我需要相互运作才能充分发挥其功能。故本题选 ABD。

66.【答案】BCE。解析：本题考查老年人基础性评估。社会工作者最常做的是面向老年人的基础性评估，这类评估一般是综合性的，除了收集老年人社会人口特征方面的资料，通常还会评估身体健康、心理和情绪方面的安康、社会功能、日常活动能力、经济状况和环境安全五个方面的状况。故本题选 BCE。

67.【答案】ACD。解析：本题考查老年人机构照顾。对于申请和做决定阶段的老年服务对象，社会工作者需要帮助他们了解本机构的运作管理方式，因此 A、C 两项正确；对入住者的要求、现有居住者的情况和生活安排，社会工作者让他们了解入住的好处和限制并尽可能在知情的情况下做出决定，因此 D 项正确。故本题选 ACD。

68.【答案】BCD。解析：本题考查妇女社会工作内容。由于传统的社会性别分工，母亲担负着重要的养育子女的任务。传统的、定型的社会性别观念规定了男人和女人不同的发展路径，而且男性优越于女性的性别定型认识阻碍了妇女的发展。本题中，一些年轻女性为了照顾孩子，回归家庭，成了全职妈妈，这种现象反映出传统的性别分工模式，因此 B 项正确。年轻女性养育孩子，打理家务，其丈夫在外工作，这种现象反映出刻板的性别角色定型，因此C项正确。年轻女性在家照顾孩子，不能外出工作，其丈夫成为家庭的经济支柱，年轻女性失去了就业的机会，这种现象反映出女性权益保护的需要，因此D项正确。故本题选BCD。

69.【答案】ABCE。**解析**：本题考查职业康复。职业康复是指通过一系列措施，稳定且合理地解决残疾人的就业问题，包括提供职业服务，如职业咨询、职业评估、职业指导、职业训练和有选择地安置工作等。国际劳工组织在1985年《残疾人职业康复的基本原则》中明确规定了职业康复的主要内容包括以下六个方面：掌握残疾人的身体、心理和职业能力状况，A项正确；就残疾人职业培训和就业的可能性进行指导，B项正确；提供必要的适应性培训、心理功能的调整以及正规的职业培训；引导从事适当的职业，E项正确；提供需要特殊安置的就业机会，C项正确；残疾人就业后的跟踪服务。故本题选ABCE。

70.【答案】AB。**解析**：本题考查矫正社会工作方法。矫正社会工作的目标就是让服务对象恢复正常的社会生活。本题中，社会工作者小王应着眼于发掘老张的优势与潜能，为老张开展服务，具体工作包括以下几点：(1)与老张一起找出其拥有的资源，并讨论解决方案；(2)与老张讨论未来的生活目标，为其制订改变计划。C、D、E三项与老张的优势和潜能联系不够紧密，不选择这三项。故本题选AB。

71.【答案】BCDE。**解析**：本题考查优抚安置生活工作服务对象特点。优抚安置社会工作服务对象的特点有覆盖范围广、军队情结深、需要层次多、问题压力重。故本题选BCDE。

72.【答案】DE。**解析**：军休社会工作的主要方法中，微观层面主要是推进军休老人和社会老人的融入；中观层面主要是推进军休社区与驻地社区的融入；宏观层面主要是推进军队保障与地方保障的融入。其中，A、C两项是微观层面的介入策略，帮助军休干部组织文体活动，进行生命回顾。B项是宏观层面的介入策略，推动军休干部安置保障和国家社会保障相接轨。D项发挥了社会工作者资源链接的优势，拓宽了社会服务的服务领域；E项利用军休干部的自身政治优势与周边的学生和单位员工分享革命光荣传统，提升“社会认同感”。这两项都是中观层面的介入。故本题选DE。

73.【答案】BCD。**解析**：本题考查教育救助。教育救助的具体方式有三种：(1)提供教育机会。(2)提供教育补助。在为贫困大学生提供生活救助的同时，社会工作者也可安排他们参与勤工俭学，在改善生活的同时锻炼能力、提高生活技能。A项是城市低保，不属于教育救助范畴。(3)心理能力建设。在儿童和青少年接受教育救助的过程中，社会工作者要关注他们的心理能力建设，给予积极正向的支持，鼓励青少年参与社区和学校的社团活动，多与同辈群体交往；引导青少年多用优势视角看待自己的生活境遇，在生活中获得成长。故本题选BCD。

74.【答案】ACDE。**解析**：本题考查就业救助。就业救助中的服务内容包括转变就业观念、自我认知调整、职业技能培训、链接就业资源。B项是教育救助。故本题选ACDE。

75.【答案】BCE。**解析**：本题考查家庭社会工作的实施步骤。家庭社会工作的实施步骤经历四个阶段：接触阶段、开始阶段、介入阶段和结束阶段。接触阶段是社会工作者与受助家庭成员初次见面，评估受助家庭成员需求，并且与受助家庭成员建立初步的信任合作关系的阶段，故B、E两项正确；开始阶段，社会工作者需要与受助家庭建立稳定、信任的合作关系，同时还需要与受助家庭成员一起制订服务介入的目标和服务活动的基本安排，故C项正确；每个家庭成员都有自己的能力和不足，只有准确评估家庭成员的能力和不足，才能设计有效的服务介入计划，因此A项错误。结束阶段，社会工作者与受助家庭成员协商结束服务活动的相关事项，并且退出服务活动的阶段。D项只考虑当前的问题，缺乏对日后的规划，在社会工作者结束服务后失独家庭依然容易陷入新的困难之中。故本题选BCE。

76.【答案】ADE。**解析**：本题考查学业困境问题。学校社会工作对学业陷入困境的小平的服务主要有四个方面：(1)个案服务，以服务对象的学业进步为中心任务，通过学生的家长、老师、同学等收集资料，判断其问题形成的原因，通过与学生沟通、协调，协助其制订解决此问题的个案服务方案；(2)团体互助，学生存在共性的问题可以采取小组工作的方法；(3)与任课教师合作，对那些有学习障碍、考试焦虑、读写困难的学生，协助其走出困境，A、D两项正确；(4)整合社会资源，对因家庭问题陷入学习困境的学生，学校社会工作者可与其家庭联系，请家人合作，帮助学生营造一个良好的学习环境，E项正确。故本题选ADE。

77.【答案】ACE。**解析**：本题考查社会工作活动方案策划。服务（活动）策划前的分析工作有服务对象分析(C项)、问题分析(E项)、服务(活动)的逻辑推进步骤分析(即界定和确认问题→确认要达到的目标→选定评估的指标→寻找各种可行的方案→计算每个方案的成本,包括人力、物力、时间,A选项正确→计算每个方案的成效→列举方案并进行比较分析)。故本题选ACE。

78.【答案】ABE。解析:本题考查社区居民参与策略。推动社区居民参与的策略有:(1)促进居民对参与价值的肯定,具体方法包括社区研讨会、座谈会、居民大会、社区展览会、教育讲座、记者招待会和公布社区调查结果等,故B项正确;(2)提升社区居民的参与意愿,故A项正确;(3)提高社区居民的参与能力,首先是进行参与知识和技巧的培训,可采用个别培训或小组训练的方法,故E项正确,提高表达、沟通、讨论等技巧,培养民众对自己的信心也是成功参与的重要环节。故本题选ABE。

79.【答案】ABCE。解析:本题考查医务社会工作出院服务。在出院照顾方面,社会工作者可以做的工作有:(1)协助患者对疾病自我管理能力的学习;(2)协助家属学习照顾患者的能力;(3)链接社区及医疗资源,为患者制订出院计划,使患者出院后依然能得到良好的照顾;(4)评估患者的情况,降低其出院后可能面临的风险。社会工作者不可能代替医生为患者提供治疗方案的咨询服务。故本题选ABCE。

80.【答案】ACE。解析:本题考查企业社会责任。企业社会责任是指企业在创造利润、对股东负责的同时,还应承担起对劳动者、消费者、环境、社区等利益相关方的责任,其核心是保护劳动者合法权益,包括不歧视职工、不使用童工、不使用强迫性劳动,创造安全卫生的工作环境等。B、D两项属于企业创造利润,A、C、E三项属于社会责任。故本题选ACE。

社会工作实务(初级)2017 年真题参考答案及解析

一、单项选择题

1.【答案】A。解析:本题考查社会工作实务通用过程中接案阶段的会谈部分。会谈的主要任务包括:界定服务对象的问题、澄清角色期望和义务、激励并促进服务对象进入角色、促进和诱导服务对象态度和行为的改变、达成初步协议、决定工作进程等。会谈是接案阶段的一个重要步骤。本题中社会工作者小王了解李奶奶面对的具体困难,双方约定初步协议,属于接案阶段的主要任务。故本题选 A。

2.【答案】B。解析:本题考查社会工作实务通用过程的预估阶段。预估的任务有以下几点:(1)识别服务对象问题的客观因素,具体包括服务对象的背景资料、服务对象所处的环境或与其生活有关的重要系统的资料、问题发生与持续的时间、服务对象为解决问题所做的努力,使用过的处理问题的方法等;(2)识别服务对象问题的主观因素;(3)识别服务对象问题的成因及使问题延续的因素;(4)识别服务对象及环境的积极因素;(5)决定提供服务的方式和内容。题干中社会工作者小侯了解刘先生与刘太太的生活情况属于识别服务对象所处的生活环境;倾听他们对目前生活处境的感受属于识别服务对象的主观因素;了解刘先生和刘太太的教育背景、专长和再就业经历属于识别服务对象及环境的积极因素;向居委会和刘先生的邻居了解其与邻里的关系属于了解服务对象与生活相关的重要系统的资料。故本题选 B。

3.【答案】B。解析:本题考查会谈的主要任务。会谈的主要任务包括以下几点:(1)界定服务对象的问题;(2)澄清角色期望和义务;(3)激励并促进服务对象进入角色;(4)促进和诱导服务对象态度和行为的转变;(5)达成初步协议;(6)决定工作进程。A、C 两项属于界定服务对象的问题,D 项的提问应在建立专业关系后提出,B 项的提问能有效地增强小李解决问题的动机和意愿。故本题选 B。

4.【答案】C。解析:本题考查预估阶段的目的和任务。预估的任务之一就是要识别服务对象环境中的积极因素。本题问的是"帮助李奶奶识别和善用环境中的积极因素",就是看李奶奶周围的能够帮助她并产生积极效果的因素都有哪些。C 项,"李奶奶曾经得到的帮助"就是环境中的一种积极正向的因素。A 项,"李奶奶的背景资料"中既有积极因素的存在也有消极因素的存在,所以排除。B、D 两项均属无关选项。故本题选 C。

5.【答案】A。解析:本题考查结案后的跟进服务。结案并不意味着社会工作服务就结束了,社会工作者要在服务结束后的一段时期内定期对服务对象进行回访和跟踪,了解他们的情况和服务需要,这就是跟进服务。跟进服务的实施方法有四点:(1)电话跟进;(2)个别会面;(3)集体会面;(4)跟进服务对象的社会支持网络。故本题选 A。

6.【答案】B。解析:本题考查儿童友好社区建设倡导内容中的完善社区基本建设。儿童友好社区建设倡导的内容不仅包括友好的社区环境布局,也包括社区文化建设。主要内容包括:(1)完善社区基本建设;(2)建设安全、益智的儿童游戏场所和设施;(3)健全社区儿童和家庭服务体系;(4)创新社区儿童参与工作机制。如果要保障社区儿童和家庭获得上述服务,就需要社区培育和发展小型的专业社区服务机构,包括儿童发展服务机构、儿童福利服务机构、儿童保护服务机构、儿童紧急庇护场所等。故本题选 B。

7.【答案】B。解析:本题考查救助和保护儿童中的机构养育服务。机构养育,也被称为集体养育,或者院舍养育。它是将家庭监护缺失儿童集中安置在儿童福利机构中,是由机构工作人员集体看护的一种照料模式。机构养育或集体养育服务指社会工作者运用专业的知识、方法,为院内适合集体养育的儿童提供集体养育的安置服务。社会工作者需要为机构集体养育的儿童尽可能地创造一种家庭的生活环境。故本题选 B。

8.【答案】A。解析:本题考查儿童保护服务。这类服务的对象是遭受到人为伤害,包括虐待、忽视、剥削和暴力伤害的儿童及其家庭,内容主要包括伤害预防和伤害应对服务。在本题中,服务对象发生危险,小张应本着生命第一的原则马上联系急救或警方,确保服务对象的安全。故本题选 A。

9.【答案】A。解析:本题考查儿童收养服务。对潜在收养家庭开展家庭调查评估,通过专业社会工作者的实地走访和多渠道的信息收集,对潜在收养家庭的家庭环境、家庭成员互动,尤其是家庭育儿等方面进行全面的调查,评估其是否适合收养福利机构的儿童以及适合收养什么样的儿童。故本题选 A。

10.【答案】B。解析:本题考查儿童社会工作的类型。补充类服务的对象是父母亲职能力不足的儿童及其家庭,内容主要包括为经济困难家庭链接资源,为儿童提供经济补助;为时间和精力不足的父母提供托育服务;为新生儿及其父母提供健康育儿资讯和技能培训服务。这类服务的目的是通过弥补父母亲职能力的不足,改善父母的亲职状况,以满足儿童成长的需要。故本题选 B。

11.【答案】D。解析:本题考查促进青少年人际交往的社会工作方法中的艾瑞克·伯恩的沟通分析论。艾瑞克·伯恩的沟通分析论为社会工作者开展人际沟通与相处技巧训练提供了较好的理论基础。“自我状态觉察训练”是伯恩沟通分析理论的典型活动之一。活动内容包括:两人一组,配对演练,先在地上画三个分别标有 P、A、C 的圆圈,表示三种不同的自我状态,然后请两位成员出来就一讨论主题当众对话演练;两位中不论哪一位,当说话语气属指使、命令、谩骂、斥责时,则立即跳到 P 的圈内;当语气成熟理性,情绪稳定地面对问题、解决问题时,则跳到 A 的圈内;当语气属情绪化、孩子气,或有委屈、抱怨等行为表现时,则跳到 C 的圈内。活动的目的就是让成员学习在讲话的当下能立即辨识和觉察自己所处的自我状态,而后改进自己的表达方式。故本题选 D。

12.【答案】D。解析:本题考查改善青少年家庭关系的社会工作方法中的构建和睦亲子关系。为调和青少年家庭的亲子关系,亲子并行小组是社会工作者经常运用的服务方法。题干中体现的是亲子关系之间的问题。A、B、C 三项均不符合题意。故本题选 D。

13.【答案】D。解析:本题考查促进青少年个体发展的社会工作方法。青少年期的核心任务是完成“辨识角色”,发展的重点是“自我、角色与地位”。辨识认定论可以作为社会工作者了解青少年发展与适应类型的一种依据。社会工作者需要通过服务让青少年本人、家庭、学校、社会等了解和理解,青少年在自我追寻上遭遇困惑,对人生、发展等产生疑惑,这是其投入生活、全心全意信守承诺的必要过程。对待人生发展中必须经历曲折的人生成长,对于辨识混淆的青少年,更需要协助他们全心全意地投入学习环境中,多引导他们辨识与认定自我状况,经过不断尝试和选择,建立其对自我的承诺。根据韦恩斯坦(Weinsein)的“自我探索历程”,可以帮助青少年通过“自我概念量表”测试、“生命环”活动、“自画像”、“生命线”等活动开展自我认识与探索活动。故本题选 D。

14.【答案】C。解析:本题考查促进青少年个体发展的社会工作方法中的生涯选择配合论。生涯选择配合论是生涯规划的重要理论基础。伍德认为生涯规划的先决条件是必须要先对自己有充分的认识与了解,包括自己的能力、兴趣、人格和需求与价值观等,也就是要先能掌控自己的内在世界之后,才开始探索外在的工作世界、了解职业所需的能力、职业的分类与内容、职业所需的特质及各类职业的报酬率等。在了解了自己及以外的职业环境之后,再看看两者可以做怎样的发挥和配合,主要有几点:(1)自己的能力与职业所需的能力配合;(2)兴趣与职业的分类与内容配合;(3)人格与职业所需的特质配合;(4)需求与价值观与各类职业的报酬率配合。故本题选 C。

15.【答案】B。解析:本题考查老年人特点中的心理老化。智力分为结晶智力和液态智力,结晶智力是人们知识和经验的结晶产物,是通过语言、文字的提炼和积累而成的智力。液态智力是指空间关系和形象思维在视觉、听觉及感知基础上形成的智力,它受制于各种感觉、运动等系统功能的影响。老年人的结晶智力比年轻人要多,实际上是日常学习和生活积累的结果。故本题选 B。

16.【答案】B。解析:本题考查老年社会工作中用家庭思维建立家庭支持。家庭思维指的是把老年人看成是复杂的多代关系系统的一部分。这一关系系统对老年人的生活有重大影响,是老年人与他人交往并获得支持的基本来源。照顾老年人的工作会面临许多压力,如照顾关系缺乏互惠性、与社会隔离、照顾工作繁重等。社会工作者可以开办照顾者支持小组,维系住照顾者,给他们提供情绪上的支持和具体的建议,让照顾事宜效率更高,更有收获。故本题选 B。

17.【答案】A。解析:本题考查老年人小组工作的特点。其主要包括几点:(1)老年人与健康的儿童、青少年或年轻成人不同，他们有身体上各种的不便和知觉方面的限制，因此在开办小组的时候就要有相应的调整。如在空间安排和使用辅助器具上要做特别的考虑。(2)在老年人小组中，带领者可能自始至终都要扮演一个比较积极的角色。小组带领者可能要投入额外的时间与小组成员建立个人关系，老年人可能需要社会工作者的持续鼓励才能参加最初的小组聚会和以后的小组活动。(3)老年人由于其身心健康状况，可能在小组中的表现比较被动，其头脑中可以都是个人问题，这使得老年人小组工作的节奏比年轻人的小组慢许多。对小组带领者来说，要学会欣赏成员点滴的进步。故本题选A。

18.【答案】C。解析：本题考查养老机构照顾阶段与社会工作者的角色。社会工作者在老年人濒临死亡时首先要做的是提供情感支持。协助老年人及其家人处理伴随濒临死亡而带来的多种复杂的情绪，敞开心扉，处理未了的事宜。故本题选C。

19.【答案】C。解析：本题考查处理老年特殊问题中的自杀评估。张奶奶藏有安眠药，还表示修改遗嘱，说明张奶奶具有自杀倾向，需要紧急介入，对张奶奶进行自杀风险评估。故本题选C。

20.【答案】D。解析：本题考查妇女社会工作主要方法中的性别需求分析。实用性社会性别需求是指在社会生活中，妇女就其社会承认的角色而确定的需求，尽管这种需求是由于社会分工及妇女的从属地位引起的，不具有对社会性别的挑战性，但这些需求是妇女很实际的需要，如妇女需要食物、健康、就业等，在满足这些需要的过程中并不会挑战传统的性别角色和分工模式。战略性社会性别需求指的是挑战和改变由妇女在社会中的从属地位而产生的需要。这类需要涉及社会的分工模式、权利等，满足这类需求可以协助妇女获得更多的平等权利，改变现存的社会分工模式和角色，挑战妇女的从属地位。故本题选D。

21.【答案】C。解析：本题考查性别视角下的妇女社会工作方法。性别视角的妇女社会工作方法的关键是性别平等，强调男性在家庭、子女照顾方面应该和女性具有同样的职责。A、B、D三项都在强调吴女士该如何解决问题，忽视了离婚后照顾子女的职责应该由双方共同承担，离异后的丈夫不能置身事外，所以性别视角强调丈夫照顾女儿的职责。故本题选C。

22.【答案】D。解析：本题考查针对妇女贫困问题的工作。中国农村妇女解决贫困的干预策略：一是来自国家层面的政策支持，预防贫困的出现以及对贫困的政策支持和资金扶持；二是作为妇联和民间组织用小额贷款和农村综合发展等形式缓解妇女的贫困状况。这些措施不仅增加了妇女的收入、改善了妇女的经济状况，更是从妇女的能力入手，增加妇女抵御市场风险的能力和提高妇女的综合素质。扶贫是一个农村综合发展的结果，是妇女能力建设的过程。故本题选D。

23.【答案】B。解析：本题考查针对妇女生殖健康的工作。小丽忙于生计，缺席这次讲座，说明小丽生殖健康方面的意识不强，需要提升生殖健康保健意识和能力。故本题选B。

24.【答案】B。解析：本题考查妇女增能方法中的干预目标。妇女增能的目的是通过社会工作者和妇女之间的共同合作，让妇女有能力认识到自身的真实处境，引发她们对形成这种境况的社会因素进行思考，寻找解决的途径，并且通过采取具体的行动来改善处境。具体目标包括四点：(1)意识提升。树立关于妇女状况、歧视、权利和机会的意识，并且把它作为迈向性别平等的第一步。一旦建立妇女的集体意识，就会产生群体身份认同和人多力量大的感觉。(2)增强能力、发展技能，尤其是计划、决策、组织、管理、开展活动以及与周围他人和机构打交道等方面的能力。(3)参与并扩展在家庭、社区和社会方面的支配和决策的力量。(4)行动。采取具体的行为获得两性间的平等权利。故本题选B。

25.【答案】B。解析：本题考查残疾人社会工作中个案管理的主要步骤。残疾人个案管理服务是专门提供给那些正处于多种问题且需要多种专业助人者的服务对象的一种既分工又合作的协同服务。残疾服务对象可能会有一系列的服务需求，包含医疗护理、个人护理、交通困境解决、教育培训、职业恢复、日常娱乐、住房改造、营养支持等，这些服务是一个整体，个案管理的方法就是将整体服务中的各部分整合起来，使之成为一个持续服务的协调性的服务过程。个案管理的特点：一是由社会工作者整合协调不同专业服务和资源为某个或某种残疾人提供全面性的服务；二是增强残疾人获取资源并运用资源网络的能力，提升对社会环境的适应能力。社会工作者在个案管理中的角色是“资源整合者、价值倡导者、服务咨询者”。故本题选B。

26.【答案】D。解析：本题考查残疾人的权利和基本需求。残疾人环境友好权主要指残疾人享有无障碍环境的权利。消除社会性环境中阻碍残疾人参与的“物化”因素是环境友好的重要措施，主要包括物理环境（各类建筑物、道路和交通设施等）无障碍、信息交流环境无障碍、公共服务无障碍和政治参与无障碍等。故本题选D。

27.【答案】B。解析：本题考查为残疾人提供康复服务。职业康复是残疾人全面康复中的重要环节，是为残疾人获得并保持适当的职业，使其重新参与社会生活而进行帮助的方式，也是残疾人社会工作的一种特殊方法。职业康复的流程：第一，咨询；第二，评估；第三，培训；第四，就业指导。故本题选B。

28.【答案】D。解析：本题考查残疾人专业关系建立的特殊性。专业关系建立的基础是社会工作者与残疾人之间的信任，信任关系的建立取决于两个方面，即服务对象相信社会工作者有解决问题的能力和社会工作者相信服务对象具有改变的潜能。残疾人会怀疑社会工作者能否理解残疾及残疾人的能力。针对此种怀疑，社会工作者需要接纳和尊重残疾人，表达同感。同感是社会工作者基于对残疾人权利的理解，敏感地感知服务对象的内心情感并且把这种理解传递给服务对象，表达出“我可以像你一样设身处地地理解你的感受”的态度。社会工作者要敏感于自己专业实践的表现，避免以“居高临下”的“同情”态度对待服务对象。故本题选D。

29.【答案】A。解析：本题考查残疾人面临的主要问题。残疾人面临的主要问题包括物质层面的困难、精神层面的困难和社会交往的困难。残疾人及其家庭收入少开支大，相比较而言，残疾人及其家庭的经济困难程度比较大。本题中，老刘因车祸失去左腿，无法正常工作，家庭陷入困境，社会工作者应该首先协助其申请低保，缓解家庭的经济压力。故本题选A。

30.【答案】D。解析：本题考查社区矫正中的社会工作间接方法。安排矫正对象参加社区公益劳动，是目前社区矫正工作常用的做法。但是参加劳动的目的并非仅仅是惩罚和补偿，更重要的是要在安排劳动时考虑到思想帮教和心理矫正的功能发挥。题目中的做法不仅有利于服刑人员服务于社区，也有利于服刑人员借此进行自我思想教育。故本题选D。

31.【答案】C。解析：本题考查矫正社会工作中服务对象的需要。家庭是人们生活的基本场所，也是人们得到生命滋养的源泉。矫正社会工作者要鼓励和协助服务对象构建和恢复正常的家庭生活，这既是为了满足服务对象对于正常家庭生活的需求，也是为了创造良好家庭环境，促进服务对象顺利转变。题干中，社会工作者协助服务对象改善与父母的紧张关系，属于满足服务对象获得正常家庭生活的需要。故本题选C。

32.【答案】D。解析：本题考查矫正社会工作的功能。矫正社会工作人员通过运用专业的理论、知识、方法和技巧，使犯罪嫌疑人或者具有犯罪倾向的违法人员得到生理上、心理上、思想上和行为上的矫正治疗，从而重新融入社会，成为正常成员。题目中，杨某认为是自己运气不好才被判刑的，其观念存在错误，他没有意识到从事诈骗活动是错误的行为，更没有认识到诈骗活动对人民群众的危害。所以只有改变其根本观念，才能促使其重新融入社会。因此，应采用认知行为治疗的方法。故本题选D。

33.【答案】C。解析：本题考查矫正社会工作的服务功能。矫正社会工作从本质上讲是司法体系中的社会福利服务，其服务对象是特殊社会困难群体——犯罪嫌疑人或违法人员。矫正社会工作的服务贯穿整个刑事司法过程，其内容涵盖生活照料、经济支持、疾病医治、心理辅导、就学就业指导、家庭关系调适等。服务手段包括直接的专业服务、转介性的间接服务等。故本题选C。

34.【答案】C。解析：本题考查光荣院社会工作中的介入策略。在服务对象离世后，社会工作可采用理性情绪治疗法，协助同辈群体对“创伤性丧失”做出适当的情绪反应，及时调整不良的情绪困扰，减轻未被解决的哀伤压力造成的潜在影响，协助服务对象接受丧失，经历哀痛，处理依附情结，进而度过哀伤时期，尽早重新开始正常生活。社会工作者可以采用一些小组工作技巧：(1)在小组中分享逝者的故事及死亡时的情境；(2)在小组内分享逝者的照片和生命回顾手册；(3)在小组内留出专门的时间表达失去同伴的感受；(4)学习放松方法和身体健康锻炼的方法；(5)谈谈他们对死亡和来生的看法。故本题选C。

35.【答案】D。解析：本题考查军休社会工作主要方法中的介入策略。军休社会工作介入策略包括三点：(1)微观层面，推进军休老人与社会老人融合；(2)中观层面，推进军休社区与驻地社区融合；(3)宏观层面，推进军队保障与地方保障融合。A、C两项属于宏观层面的介入；B项“构建社会支持系统”属于微观层面的介人；D 项“提升驻地社区对军休干部的社会认同”属于中观层面的介入。故本题选 D。

36.【答案】B。解析：本题考查光荣院社会工作的内容。由于光荣院存在自然减员，收养条件的优抚对象不断减少，为充分利用现有的基础设施、设备和人员，有些光荣院开始了接收社会老人的探索。如何推进孤老优抚对象与社会老人的融合，是社会工作者面临的一个新课题。光荣院的孤老优抚对象对社会老人有明显的抵触情绪，社会工作者小毛首先要做的是引导孤老优抚对象接纳社会老人。故本题选 B。

37.【答案】D。解析：本题考查社会救助社会工作中评估的主要特点。社会工作者小王在接触每一个新的服务对象时，都要有意识地“倒空”自己，不能凭借以往类似的经验过早得出结论。同时，其专业知识基础应扎实，这样才能通过专业的视角从生活的表象看到问题的实质。故本题选 D。

38.【答案】A。解析：本题考查临时救助中的服务内容。虽然外展服务和机构救助都有对街头流浪、乞讨人员的救助，但区别在于机构救助除了给予基本生活的安置，还会告知其如何向救助管理机构求助。在本题中，救助站社会工作者向流浪乞讨人员发放全市救助站的地址、电话等信息，意在告知流浪者如何向救助管理机构求助。故本题选 A。

39.【答案】A。解析：本题考查临时救助。社会工作者在开展救助的时候，最主要和优先考虑的是确保服务对象的安全，包括降低服务对象自己及他人身体和心理可能存在的潜在伤害。本题中，小梅把自己关在房间里，不吃不喝，也不和任何人说话，有想不开自残自杀的危险倾向，因此社会工作者首先应该确保小梅的人身安全。故本题选 A。

40.【答案】C。解析：本题考查社会救助的工作原则。尊重需求既有来自内部的自我尊重，也有来自外部社会环境的尊重和认可。救助流浪乞讨人员时，社会工作者要尽量救助他们，也要尊重他们的自我决定。故本题选 C。

41.【答案】A。解析：本题考查受灾人员救助的服务内容。其主要包括四点：(1)协助安置救灾人员；(2)及时开展危机干预；(3)修复社会支持系统；(4)社区重建与发展。自然灾害发生后，社会工作专业机构和专业人员应当积极参与疏散、转移和安置等工作，并随时开展针对受灾人员的危机干预工作。故本题选 A。

42.【答案】C。解析：本题考查家庭社会工作的重要理论和概念。家庭系统理论是家庭社会工作中运用最广、最受欢迎的理论，它已成为很多家庭社会工作服务模式的理论基础，为家庭社会工作评估和干预家庭功能提供了基本的理论逻辑框架。家庭系统理论有三个基本的观点：(1)家庭成员的问题是由整个家庭不良的沟通交流方式导致的；(2)家庭所面临的危机既是挑战，也是机会；(3)因“问题”而导致的家庭功能失调能够得到有效解决。题目中，小强出现问题的原因在于家庭父母双方的沟通不良。故本题选 C。

43.【答案】A。解析：本题考查家庭社会工作的基本原则。家庭处境化原则假设，家庭是家庭成员日常生活的场景，它要求社会工作者在观察和评估家庭成员的需求时，把家庭成员放在家庭的日常生活中，观察和了解家庭成员之间、家庭成员与周围环境之间的互动交流状况，关注家庭成员的日常生活。只有建立在家庭自然生活场景中的观察和评估，才能准确把握家庭成员的真实需求，并且提供符合实际家庭处境的解决方案。故本题选 A。

44.【答案】C。解析：本题考查家庭干预的常用技巧。聚焦是指社会工作者帮助受助家庭成员收窄注意的焦点，将受助家庭成员的注意力集中在需要解决的问题上，以便对问题做出深入的探索，保证服务介入活动的效果。题干社会工作者需要协助王女士根据严重程度给问题排序，集中精力优先解决重要的问题。故本题选 C。

45.【答案】C。解析：本题考查提升学生的行动能力。题干体现了社会工作者小王在引导黄同学探讨宽恕的意义，让他明白真心原谅别人的重要性，并鼓励他用宽恕的态度去对待身边的人。最终希望他明白，责怪别人和以有仇必报的心态处理事情，不但不能解决问题，反而会伤害自己。故本题选 C。

46.【答案】B。解析：本题考查抗逆力理论和方法。学校是培养抗逆力的重要环境，能促使学生学习和发展各方面的技能从而更好地生活，具体包括六点：(1)促进亲社会联结；(2)建立清楚一致的行为和规范；(3)教授生活技能；(4)提供关怀与支持；(5)建立和表达高期望；(6)提供机会，促进参与。关怀与支持是抗逆力形成的关键因素，缺少关怀的人几乎不可能克服逆境。关怀不只是亲人才能提供，老师、邻居、社会工作者、同辈伙伴，甚至宠物都可以提供。题目中，小李的爷爷奶奶非常疼爱他，老师和同学都十分喜欢他，他们为小李提供了关怀与支持。故本题选 B。

47.【答案】B。**解析**：本题考查满足部分学生特殊需求的学校社会工作。社会工作者通过小华了解到其目前不喜欢上数学课的原因是老师教育方式的问题，故介入的焦点是老师的教育方式。故本题选 B。

48.【答案】C。**解析**：本题考查社区教育的内容。社区教育从服务功能角度可分为家庭教育、公民教育、成人教育、健康教育四类。公民教育的目标是让公民能够面对当今日益多样化，甚至不断发生冲突的社会，做好充分准备，在未来能够有效参与社会、经济、政治的生活。这方面社区教育的重点对象是青少年，主要是期望他们能够通过社区平台了解、接纳社会现象和问题，为解决社会问题做好准备。公民教育也是我国社区教育的重点内容，主要强调要以社区为依托，以全体社区成员尤其是社区青少年为对象，以提高全民素质和培养“四有”新人为宗旨。故本题选 C。

49.【答案】B。**解析**：本题考查社区社会工作过程中的社区需求分析。社区需求分析较为常用的方法是布雷德绍(J. Bradshaw)于 1972 年提出的四种需要的类型：(1)感觉性需求；(2)表达性需求；(3)规范性需求；(4)比较性需求。其中，规范性需求指由专家学者、专业人士、政府行政官员评估而决定的需求。题目中，机构邀请相关领域的专家进行需求评估，属于规范性需求。故本题选 B。

50.【答案】B。**解析**：本题考查社区社会工作的主要方法——推动居民参与。社区社会工作中，社区参与的层次和形式有：告知、咨询、协商、共同行动、社区居民自治。其中，“咨询”比“告知”上升了一个层次。有关部门除了告诉基层社区、重要利益关系人和相关组织将要进行社区建设或改造的规划和信息，并进一步征求他们的意见，同时也会在规划修订过程中考虑他们提出的意见。题目中，社会工作者将计划张贴在社区的重要位置，目的是征求居民意见，其做法符合“咨询”的特点。故本题选 B。

51.【答案】B。**解析**：本题考查社区社会工作的主要方法。社区支援网络建立的策略主要有四点：(1)个人网络；(2)志愿者联系网络；(3)互助网络；(4)邻里协助网络。社区社会工作者认为社区中的邻里、社区商店员工、物业公司职工、保洁员、保安员等在为服务对象提供支援上扮演着重要角色，并且可以用最自然、最快捷的方式为服务对象提供支持。具体做法是社区社会工作者通过举办各种活动召集和推动邻里了解服务对象，强化邻里和服务对象之间的联系，发展互助性支持，有效降低正规服务的烙印效果。故本题选 B。

52.【答案】D。**解析**：本题考查社区服务(活动)方案策划。服务(活动)的逻辑推进步骤分析：界定和确认问题→确认要达到的目标→选定评估的指标→寻找各种可行的方案→计算每个方案的成本(包括人力、物力、时间)→预估每个方案的成效→列举方案并进行比较分析。故本题选 D。

53.【答案】C。**解析**：本题考查急诊室的社会工作。急诊室的患者发病急、变化快、来得突然，患者及其家属心理恐慌，容易面临巨大压力，产生焦虑、抑郁、恐惧等剧烈情绪变化。急诊室开展的社会工作服务主要是对患者及其家属进行心理辅导、哀伤辅导等支持性服务，关注他们的心理、社会需求，缓解他们的心理危机。故面对老王的情况，小赵首先应该采取的措施是舒缓老王的情绪，促进其对疾病治疗的适应。故本题选 C。

54.【答案】B。**解析**：本题考查妇女儿童医务社会工作。在医务社会工作中，社会工作者用个案或者小组的方法，帮助病患和照顾者处理情绪上的问题，提升照顾者照顾患者的能力，也可采用家庭治疗来处理家庭成员关系方面的问题。另外也可以整合相应的社区资源来帮助照顾者减轻照护或者经济方面的压力，建构照顾者的支持系统。题干针对这些家长的问题与需要，医务社会工作者适宜的做法就是提升家长照顾患儿的能力。故本题选 B。

55.【答案】C。**解析**：本题考查医疗机构与疾病治疗领域社会工作的常用方法。慢性疾病患者及长期照顾者因疾病而产生的压力来自个人、家庭、工作(学业)和社会等方面。由于不恰当的压力给人们的身心会带来不同程度的伤害和影响，影响疾病的治疗和康复，所以压力管理是社会工作的主要服务内容。压力管理要结合心理教育，为患者及家属提供心理情绪支持、链接社会支持，舒缓患者及家属的压力；以冥想为基础的减压课程、心理疗法、锻炼和放松训练等也是比较常用的方法。故本题选 C。

56.【答案】B。**解析**：本题考查疾病治疗领域社会工作的具体应用。题干中，小明的困惑在于不知如何让家人和伴侣知晓此事，A、D 两项是小明对自己病情的态度及看法，故排除；C 项是小明告知其家人后，社会工作者需要做的事，也排除。故本题选 B。

57.【答案】D。解析：本题考查急诊室的社会工作。A 项题目中未涉及；B 项，一般是在案主出现危机情况或者案主本人无自主能力情况时使用；C 项，不要掉入问题的陷阱，社会工作者作为医患之间的桥梁不能因为医生说患者需要什么手术或检查就劝说案主接受该服务，而是要在和案主充分沟通的情况下协助双方达成治疗方案的共识。故本题选 D。

58.【答案】C。解析：本题考查企业社会工作服务的提供者。企业社会工作者在介入职工的服务时承担着不同的角色：(1)咨询辅导者；(2)促进者；(3)联结者；(4)调解者；(5)教育者；(6)协调者；(7)倡导者。促进者是指如果职工面临职业或生活困扰，企业社会工作者应及时给予支持和鼓励，帮助他们分析面临的问题和困境，确认问题的原因，协助他们发掘自身的潜力和资源，促使其更有效地解决问题，从无助和无能的状态中解脱出来，从而增强其生产适应性和生活适应性。作为促进者的企业社会工作者提供的服务就是促进职工问题的解决和应对职业和生活问题能力的提升。故本题选 C。

59.【答案】D。解析：本题考查小组工作在企业社会工作中的运用。在开展小组工作之前，需要做相应的准备工作。准备工作之一是确定小组工作的目标，而只有在分析组员职业发展迷茫的原因和需求之后才可以确定小组工作的目标。故本题选 D。

60.【答案】A。解析：本题考查企业社会工作服务内容中的职业安全与健康。社会工作者应协助因工受伤或患病的职工争取合理的补偿，维护职工的合法利益。社会工作者在制订服务方案时，首先要清晰界定服务对象的需求。在本题中，服务对象的主要问题是与企业之间的劳资纠纷。故本题选 A。

二、多项选择题

61.【答案】ABC。解析：本题考查基线测量评估。建立基线的方法有三种：一是确定介入的目标，例如，服务对象的行为、思想、感觉、社会关系或社会环境的变化及指标；二是选择测量工具，包括直接观察或使用标准化问卷或量表；三是对目标行为进行测量并记录目标行为。故本题选 ABC。

62.【答案】CDE。解析：本题考查结案反应的处理方法。由于结案意味着社会工作专业关系的终止，意味着服务对象要回到自己的生活世界中，也意味着之后社会工作者与服务对象就要停止接触，不再有社会工作者的陪伴，因此终止专业关系可能给服务对象带来“分离焦虑”等感受，即会对这种即将到来的结案产生负面反应。社会工作者要注意在结案期服务对象可能会有的负面反应，并要在结案阶段审慎处理它们。具体方法如下：(1)在结案前与服务对象回顾一下介入工作的过程，以确定结案的时机是否已经成熟。(2)提前让服务对象知道结案时间，早些做好心理准备。方法是鼓励服务对象与社会工作者公开讨论结案问题，并告诉他们结案可能使他们感到难以接受。社会工作者要以同感的态度向服务对象传达愿意与他们讨论他们的反应、理解他们的心情等信息，以减少负面情绪。(3)在结案阶段，社会工作者要逐渐减少与服务对象的接触，提醒服务对象要学会自立，给服务对象以心理支持，告诉他们有需要时社会工作者将继续为其提供协助。(4)社会工作者也要估计一些可能会破坏改变成果的因素，预防问题的产生，继续提供一些服务，并为服务对象提供能够对他们有帮助的资源网络，待稳定了服务对象的改变成果后，再结束专业助人关系。(5)安排正式的结案活动，让服务对象交流各自的收获，以建设性的方式表达感受，相互鼓励，面向未来。故本题选 CDE。

63.【答案】ABE。解析：本题考查传播儿童健康理念和知识。亲职教育即向儿童的父母和家庭传播科学育儿理念，并为他们提供具体的科学育儿实践指导和日常育儿问题咨询。具体内容包括三点：(1)科学育儿的理念，即儿童权利和现代儿童观；(2)科学育儿的知识，即儿童生理、心理人格和社会行为发展的知识；(3)科学育儿的技能，包括观察的技能、沟通的技能、引导的技能等。故本题选 ABE。

64.【答案】ACDE。解析：本题考查儿童社会工作的主要方法。朋辈群体、亲人、老师都是与支持网络的一部分，而 B 项属于直接介入服务。故本题选 ACDE。

65.【答案】ABDE。解析：本题考查促进青少年个体发展的社会工作方法。协助青少年开展自我探索，是青少年社会工作的重要服务手法之一。自我认识与自我探索服务的主要目标如下：(1)帮助青少年更清楚地认识自己未来发展的可能性；(2)协助青少年发掘内在的潜能，并使之得到充分的发挥；(3)通过青少年间的互动与分享，强化其自我表达的能力；(4)提升青少年自我觉察和觉察他人需要的能力；(5)强调青少年间彼此回馈和反应的重要性,即不仅能帮助个人的自我成长,也能帮助他人成长;(6)协助青少年能够自我接纳、自我完善,直至自我实现。故本题选 ABDE。

66.**【答案】**BCE。**解析**:本题考查老年人的需要。题目中,广泛参与社会生活体现了老年人对社会参与的需要;保持健康的生活方式体现了老年人对健康维护的需要;享有和谐安全宜居的家庭氛围和社区环境体现了老年人对居家安全的需要。故本题选 BCE。

67.**【答案】**AE。**解析**:本题考查老年人机构照顾。在等候期间,老年人常会对将来的生活感觉不踏实,也会因入住可能会带来的不确定性问题而焦虑,其家人也可能会因感觉放弃了老年人而心生愧疚。社会工作者要与老年人及其家人保持联络,消除他们心中的疑惑和不良情绪,帮助他们了解老年人在入住养老机构后,老人仍可以和家人进行沟通,机构支持家人依然与老年人保持联系,关爱老年人。老年人在等候期间可能会有一些特殊照护需求,社会工作者要动员和协调资源予以满足。故本题选 AE。

68.**【答案】**ACE。**解析**:本题考查针对伤害妇女行为的干预。《中华人民共和国反家庭暴力法》的颁布和实施,是为了预防和制止家庭暴力,保护家庭成员的合法权益,维护平等、和睦、文明的家庭关系,促进家庭和谐、社会稳定,促进形成性别公正的社会环境和氛围。所以,该法能够有效保障妇女的生命权,维护妇女的权益和发展。另外,该法对保护妇女生殖健康没有直接的作用,其最直接的目的也不是促进性别公平,因此 B 项不选。故本题选 ACE。

69.**【答案】**ABCD。**解析**:本题考查开展社区康复的原则和内容。社区康复的原则主要有以下六点:(1)社会化的工作原则;(2)低成本、广覆盖的原则;(3)因地制宜的原则;(4)因陋就简的原则;(5)因势利导的原则;(6)康复对象及其家庭积极参与的原则。在上述各项原则中,因地制宜、因陋就简和因势利导是最基本的原则,简称为"三因原则",是社区康复的根本指导原则。故本题选 ABCD。

70.**【答案】**BCD。**解析**:本题考查司法判决前的社会工作。判决前的调查报告包括三个部分:(1)犯罪事实的记录。其中,缓刑官对犯罪嫌疑人关于犯罪的供述和辩解,以及警察或被害人的陈述等都要加以记载。(2)前科。要求对以前被逮捕及犯罪情况的详尽说明及评价。(3)本人的生活史。记载家庭、受教育程度、工作经历、身体精神状况、宗教、兴趣、社会活动、服役、财产状况等。社会工作者要客观准确地写出报告,除了与犯罪嫌疑人交谈外,还要对与其相关的许多人,如家人、邻居、同学、同事、朋友、警察、受害人等进行广泛交谈。故本题选 BCD。

71.**【答案】**ABC。**解析**:本题考查军转复退军人安置社会工作的主要方法。小组介入旨在帮助面对同类问题或共同需求的组员,建立同辈群体支援网络,推进社会再适应。介入步骤包括三点:(1)小组初期做好心态调适。社会工作者作为引导者,主要是帮助组员通过寻找组内的共同点来拉近关系、建立认同感,从而调整彼此的心态。(2)小组中期进行环境探知。这一阶段主要是让军转复退军人增加对个体和所处环境的了解,从而有针对性地进行改善提升,在此基础上,帮助组员更好地进行职业选择和准备。(3)小组末期做好职业准备。职业准备主要是心理准备和知识技能两方面。故本题选 ABC。

72.**【答案】**ABC。**解析**:本题考查医务社会工作的内容。医务社会工作者向主治医生和小江了解状况是为了建立专业关系,询问小江受伤后的治疗和心理状况主要是为了对小江进行状况的评估并稳定小江的情绪。故本题选 ABC。

73.**【答案】**ABE。**解析**:本题考查教育救助中的服务内容。国家通过教育救助的方式保障贫困家庭学生的基本学习和生活需求,帮助他们完成学业。根据不同教育阶段的需求,教育救助的内容主要包括减免相关费用、发放助学金、给予生活补助、安排勤工助学、对学生心理能力建设等。一些地区或学校给贫困学生发放学习用品、校服,或提供免费午餐等,也属于教育救助范畴。C、D 两项不属于教育救助的范畴,故排除。故本题选 ABE。

74.**【答案】**BCD。**解析**:本题考查最低生活保障中的服务内容。在促进服务对象的社会融合与社会支持时,社会工作者需要为服务对象创造机会参与社区活动,增进他们与其他居民的交流,扩大他们的交往范围,帮助他们积极融入正常的社会生活中。如社会工作者可以鼓励社区中的低保对象参与社区的文体活动和志愿活动,帮助他们参加社区的各种居民组织,增加互相了解,为社区发展献计献策,增强他们的自信心,提升他们社区参与的意识,从而让低保家庭融入社区、融入社会。其中 A、E 两项是协助服务对象提升反贫困的能力,即帮助贫困家庭和个人发掘社会资源,提高生存能力,培养工作技能等。故本题选 BCD。

75.**【答案】**CDE。**解析:**本题考查家庭社会工作的主要内容。根据家庭生命周期理论,在学龄家庭阶段,家庭需要承担的任务包括三点:(1)培养子女的独立性;(2)对学校等新机构和新社会成员保持开放的态度;(3)接纳家庭角色的变化。故本题选 CDE。

76.**【答案】**ABC。**解析:**本题考查个案管理方法在学校社会工作中的运用。D、E 两项属于社区工作的范畴,A、B、C 三项属于个案工作方法。故本题选 ABC。

77.**【答案】**BDE。**解析:**本题考查社区社会工作的过程。社区服务(活动)方案成效评估的方法有两种:一是可以采取定量的方法,即通过事先设计的问卷,采用问卷调查法收集社区居民和服务对象参与服务(活动)后的满意度;二是可以采用定性的方法,即通过深度访谈、观察、文件档案整理分析来评价社区服务(活动)方案的成效。在社区服务(活动)方案的评估中,评估的主要目的是了解社区服务(活动)是否达到了预定的目标,社区居民或服务对象的满意度如何,在服务(活动)推行过程中存在的优点和缺点。因此,评估的主要对象应该是居民,评估的方式是问卷、访谈等,因此 A、C 两项排除。故本题选 BDE。

78.**【答案】**CDE。**解析:**本题考查社区社会工作的过程。社区服务(活动)方案的执行包括四点:(1)预算管理;(2)时间进度管理;(3)服务品质管理;(4)士气鼓励和提升。A 项是服务活动前的分析工作,B 项是服务活动前的计划制订,A、B 两项都属于服务方案策划阶段的工作;C 项是对服务(活动)成效进行评估,D 项是对志愿者进行表彰和鼓励,E 项是预算管理,C、D、E 三项都属于社区服务(活动)方案执行阶段。故本题选 CDE。

79.**【答案】**BCDE。**解析:**本题考查医疗机构与疾病治疗领域社会工作常用方法。治疗依从性的主要步骤和方法有四点:(1)评估和界定依从治疗的问题。(2)制定治疗方案。(3)促进行为改变。为了促进行为改变,可以尝试三类方法,一是促进行为的改变,社会工作者可以使用协助患者将“治疗目标转化为行为目标”“鼓励患者使用自我管理的方法”“教会患者预防高危状况”三种方法协助患者改变以往的行为;二是激活社会支持,加强和拓展患者家庭内部和外部的支持网络;三是促进家庭成员共同承担责任,譬如鼓励家庭成员之间分享各自的情绪以加强情绪支持。(4)维持患者的治疗依从性。维持技巧包括教授患者如何应对失误,跟进患者,随时提供支持等。B 项的做法属于来自家庭内部的支持,C、D 两项的做法属于拓展家庭外部的支持网络,E 项的做法属于鼓励患者使用自我管理的方法。故本题选 BCDE。

80.**【答案】**AE。**解析:**本题考查企业社会工作的内容。题干问的是保护职工合法权益的任务,只有 A、E 两项符合要求。故本题选 AE。

社会工作实务(初级)2016 年真题参考答案及解析

一、单项选择题

1.**【答案】**A。**解析:**本题考查接案的步骤及核心技巧。“接案”是社会工作助人活动的开端,是社会工作者与潜在服务对象开始接触、了解其需要、帮助其逐渐成为服务对象并接受社会工作服务的过程。小王在与小红的接触过程中,初步了解其情况,属于接案阶段。故本题选 A。

2.**【答案】**B。**解析:**本题考查接案的步骤及核心技巧。根据服务对象的来源可将服务对象分为自愿型服务对象、非自愿型服务对象、现有服务对象和潜在服务对象。其中,潜在服务对象是指有可能发展成为但尚未成为服务对象的个人或群体。本题中王女士向社会工作者寻求帮助,希望改善自己与儿子的关系,这时她的儿子小强虽然尚未成为服务对象,但是有可能发展成为服务对象,属于潜在服务对象。故本题选 B。

3.**【答案】**D。**解析:**本题考查接案的步骤及核心技巧中的会谈。社会工作者在与服务对象的个案会谈中,要引导服务对象将感受具体化,只有了解王女士丈夫的具体行为表现,才能帮助王女士找到问题的根源,以便更有效地解决问题。故本题选 D。

4.**【答案】**D。**解析:**本题考查服务计划中设定目的和目标。社会工作者在制定服务目标时,目标陈述要明白易懂,重在促进服务对象的成长,目标要可测量、具有操作性和现实性。本题中,延长王女士情绪平稳的时间符合制定服务目标时的要求。故本题选 D。

5.**【答案】**C。**解析:**本题考查结案时服务对象的反应及处理方式。服务对象在结案时往往会出现一些否认、倒退、抱怨、讨价还价等负面反应。小郑的行为是结案时对社会工作者过分依赖的表现,当社会工作者与他的专业关系即将终止时,他有了“分离焦虑”的感受。这时社会工作者需要认真倾听,表示理解其感受,帮助他摆脱负面情绪,以促成顺利结案。故本题选 C。

6.**【答案】**D。**解析:**本题考查儿童社会工作的主要内容——提供家庭支持服务。亲职辅导是指根据家长需要提供做好父母的指导和教育工作,一般可采用个别辅导、家长自助小组和亲子互动团体等方式进行。其目标是帮助父母提高亲职能力,做个好家长。故本题选 D。

7.**【答案】**B。**解析:**本题考查儿童发展的需要。偏远农村社区的儿童教育资源匮乏,基础设施较为落后,不利于儿童的发展。社会工作者在当地设立社区儿童中心,配备玩具、图书等,并定期组织游戏等娱乐活动,有利于弥补儿童教育和智力开发等方面的不足,促进儿童的发展。故本题选 B。

8.**【答案】**B。**解析:**本题考查儿童社会工作的特点。小张经常打骂女儿的行为侵犯了女儿的合法权利,对女儿的身心健康造成了严重的影响,依据儿童权利保护的价值理念,社会工作者小邓的介入,是为了劝止小张的打骂行为,体现了对儿童权利的保护和实现。故本题选 B。

9.**【答案】**C。**解析:**本题考查儿童社会工作中的以家庭为中心的方法。良好的家庭监护是儿童成长的基本保障,小芳以掩护为目的带着儿子买毒品的行为导致她对儿子的家庭监护存在很大的问题,所以应当首先评估小芳的行为对儿子的风险程度。如果该行为不影响其履行监护权,那么她对子女的监护权是不予剥夺的,应尽量避免母子分离。故本题选 C。

10.**【答案】**A。**解析:**本题考查儿童需要中生存的需要。儿童的需要主要包括生存需要、发展需要、受保护需要和社会化需要。其中,生存需要占据最首要的地位。本题中,社会工作者小林的做法保证了儿童的安全和健康,体现了注重儿童生存需要的内容。故本题选 A。

11.**【答案】**B。**解析:**本题考查促进青少年人际交往的社会工作方法。艾瑞克·伯恩的沟通分析理论将人们互动过程中分为三种自我状态,即儿童式、父母式、成人式。其中,父母式的自我状态是指个人内化了父母或父母型人物的思想观念、行为表现、语言表达及态度等而形成,其行为特征多属指使性的、权威的、命令的、谩骂的或批评的。语言表达中则充满“你应该”“你必须”“不可以”等字眼。本题中，小明不听同学的想法和建议，表现得较强势，符合父母式自我状态的特点。故本题选 B。

12.【答案】D。解析：本题考查改善青少年家庭关系的社会工作方法。使用“我-讯息”技巧，即训练父母学习以“我”开头来传达讯息与子女沟通。使用“我-讯息”技巧能传达父母的需求，展现父母对子女的同理心，使子女知道自己的行为适当与否，能正直、真诚、诚实地反映父母的内在感受，子女也能以此方式与父母沟通，不会伤害亲子情感或造成冲突。其重点有说出父母本身的感受、说出为何有此感受、说出为何父母对孩子的某些行为感到不高兴。D 项符合该模式的特点。故本题选 D。

13.【答案】C。解析：本题考查改善青少年家庭关系的社会工作方法。由于本次活动的目的是打破隔阂，改善亲子关系，因此应该将重点放在家长与子女共同参与活动上，在活动中加强沟通，增进理解，缓解紧张的亲子关系，故 A、B 两项错误。在增进亲子关系中，小组活动比讲座的效果更理想，因此 C 项更有助于服务目标的实现。故本题选 C。

14.【答案】C。解析：本题考查促进青少年个体发展的社会工作方法。生涯选择配合论包含两方面的内容，这两方面的内容是一一对应的。一方面是个人的内在世界：能力、兴趣、人格、需求与价值观。另一方面是外在的工作世界：职业所需的能力、职业的分类和内容、职业所需的特质及各类职业报酬率。其中，兴趣对应的是职业的分类和内容。故本题选 C。

15.【答案】B。解析：本题考查老年社区工作中老年社区工作方案。老年人的服务类型一般分为居家服务、社区中心服务、社区老人照顾机构服务。其中居家服务主要为老人提供各类围绕居家生活的支持性服务，尽可能延长老人在自己熟悉的家庭环境中的生活时间，同时通过适当的工作安排防范各种风险，保障老人的生活质量。刘老伯由于缺乏别人的照料，居家环境较差，因此较为适合的是为其提供居家照顾，帮助其料理家务，改善其居住环境。故本题选 B。

16.【答案】B。解析：本题考查老年人特点中的心理老化。对许多老年人来说，记东西的能力并没有随着年老而有太多减退，但处理形成记忆信息的能力却有了改变。年老的人，知觉速度下降，处理信息的速度要比年轻时慢，因而会影响记忆力。故本题选 B。

17.【答案】C。解析：本题考查老年个案工作的注意事项。长期做相同服务对象的工作，服务对象的情况又没有太大的改善，可能会让人感到倦怠，找不到工作的意义和价值。小陈在做出了诸多努力之后，老人失智的情况并未得到改善，小陈开始怀疑自己做出的努力是否有价值，是工作倦怠的表现。故本题选 C。

18.【答案】B。解析：本题考查处理老年特殊问题中的自杀问题。社会工作者在发现张老伯积攒安眠药且可能自杀时，首先要遵循生命最大的原则，立即进行危机介入，拿走过量的安眠药，及时避免张老伯吞服安眠药自杀。故本题选 B。

19.【答案】A。解析：本题考查老年人问题和需求评估的目的与方法。按照王大爷的情况，其日常生活应当是需要人来照料的，但是由于他比较独立，认为自己有自我照顾的能力，所以社会工作者在为其服务时，也应尊重服务对象自己的意志，做到老人自立与他人协助之间的需求的平衡。故本题选 A。

20.【答案】B。解析：本题考查妇女的需要。我国目前已基本形成了以《中华人民共和国宪法》为依据，以《中华人民共和国妇女权益保障法》为主体，包括《中华人民共和国劳动法》《女职工劳动保护规定》《女职工禁忌劳动范围的规定》《关于女职工生育待遇若干问题的通知》等法律法规在内的关于女性工作权利的法律保障体系，故 B 项正确。故本题选 B。

21.【答案】C。解析：本题考查推进性别平等的工作。社会对男女两性的刻板要求就是人们对男性或女性角色特征的固有印象和预期，它表明了人们对性别角色的期望和看法。该中学的招生广告，强调了对男生和女生不同的培养方向，反映了社会上对男孩和女孩的性别角色有不同的预期。故本题选 C。

22.【答案】C。解析：本题考查妇女的婚姻和家庭工作。由于传统的社会性别分工，母亲担负着重要的养育子女的任务。当孩子教育出现问题的时候，家庭和社会将责任归因于母亲行为的不当或者母亲素质不高。妇女社会工作重点不在指导女性当好一个母亲的技巧上，而是要强调父亲的参与和家人的配合，重视父亲在亲子关系、儿童教育中所承担的责任。社会工作者小顾应该帮助刘女士加强与丈夫间的沟通和互动，协调夫妻在孩子教育方面的任务,增强王先生在教育儿子方面的担当,减轻刘女士的思想压力。故本题选 C。

23.【答案】C。解析:本题考查针对妇女生殖健康工作中的干预策略。社会工作者既要帮助这些患者解决实际的健康问题,又要遵循保密原则为她们做好保密工作。联系医务人员为她们做健康教育和咨询是最为合理的服务措施。故本题选 C。

24.【答案】D。解析:本题考查妇女增能中的干预方法。干预方法主要有:(1)透明化;(2)鼓励和肯定;(3)权利分析;(4)意识觉醒;(5)倡导者政策改变。在社会工作者介入之前,这些女工并没有认识到自身所处的贫困、再就业难、社会支持网络不足和缺乏自信的生活状态,其实是一种弱势地位的表现。社会工作者小赵在对她们进行介入的过程中,首先通过一系列活动让她们意识到自己所处在的是一个弱势地位,唤醒她们对自身处境的认识,这属于意识觉醒的范畴。故本题选 D。

25.【答案】D。解析:本题考查残疾人的权利和基本需求。残疾人的合法权益包括康复权、教育权、劳动权、文化生活权、社会福利权、环境友好权。其中,环境友好权主要指残疾人享有平等社会生活,享受无障碍环境的权利。盲人老钱带导盲犬乘坐公交车应该得到其他乘客的包容和谅解,应该与正常公民一样,平等地享有各种公共设施、公共服务等权利。故本题选 D。

26.【答案】B。解析:本题考查残疾人社会工作。职业康复是残疾人社会工作的主要内容之一,指通过一系列措施,稳定且合理地解决残疾人的就业问题,包括提供职业服务,如职业咨询、职业评估、职业指导、职业训练和有选择地安置工作等。故本题选 B。

27.【答案】D。解析:本题考查残疾人社会工作的目标和功能。功能的中观层面包括:(1)推动残疾人组织和为残疾人服务的社会组织的发展;(2)推动社区性残疾人社会支持系统的发展,是一种动用社区资源的创新性服务方式。题目要求从中观层面介入,只有 D 项符合。A、B 两项是宏观层面,C 项是微观层面。故本题选 D。

28.【答案】C。解析:本题考查残疾人社会工作的主要方法。个案管理是指由社会工作专业人员为服务对象统筹服务活动的过程,是为处于多重问题之中且需要多种助人服务同时介入的案主提供协助的过程。本题中所涉及的内容属于个案管理的范畴。故本题选 C。

29.【答案】C。解析:本题考查企业社会工作服务内容。社会责任理论认为,自由是伴随着义务的。老王的单位在生产经营的同时,应该承担起安全教育和安全管理的社会责任,以确保员工生命安全。在生产过程中发生事故,造成员工伤残,反映出该单位在安全教育和安全管理方面存在缺失。故本题选 C。

30.【答案】A。解析:本题考查矫正社会工作中服务对象的需要。再社会化是指用补偿教育或强制方式对个人实行与其原有的社会化过程不同的再教化过程。长期服刑人员不适应出狱后的生活,小林通过模拟情境的训练提升服务对象的人际交往能力,这是一种帮助他们再社会化的方法。故本题选 A。

31.【答案】A。解析:本题考查矫正社会工作中服务对象的特点。小王在得知自己感染了艾滋病后,沮丧绝望,将自己锁在家中,情绪处于崩溃状态。社会工作者应首先帮助他处理负面情绪,恢复对生活的希望,增强信心,待他情绪稳定后,再开展相关的治疗活动。故本题选 A。

32.【答案】B。解析:本题考查矫正社会工作。优势视角理论是指社会工作者所做的一切,在某种程度上要立足于发现、寻求、探索及利用案主的优势和资源,协助他们达到自己的目标,实现他们的梦想。社会工作者与大李讨论目前生活的积极因素,增强其戒毒信心,符合优势视角理论的方法。故本题选 B。

33.【答案】A。解析:本题考查个案工作方法在社区矫正中的运用。本题中,社会工作者面临是否为大李保密以及是否告诉大李的老板和家人他复吸的问题,这就要求社会工作者在提供服务时要妥善处理法制和人情的冲突。大李的复吸行为会给他在开车的过程中带来极其恶劣的影响,社会工作者有责任告诉他这种行为会带来的严重后果,劝导他及时戒毒,以避免毒驾行为的发生。故本题选 A。

34.【答案】A。解析:本题考查军休社会工作的主要方法。认知重构是指社会工作者与服务对象一道将错误的或非理性的认知变为可接受的、理性的认知来缓解当前危机。老吴从部队回到地方后,在心理上产生了落差,认为自己被部队抛弃。社会工作者应引导老吴回忆在部队时的贡献,重新认识自身的价值,消除以前不理性的认知,燃起对当下生活的信心和希望。故本题选 A。

35.【答案】A。解析:本题考查光荣院社会工作的主要方法。介入策略分为人生回顾和哀伤辅导。张大爷对现在的生活失去希望,产生了错误的认知,认为人老了就没有用了。社会工作者应该引导张大爷回顾过去的人生经历,使其树立对人生价值全新的认识,重拾希望。故本题选 A。

36.【答案】C。解析:本题考查退伍军人安置社会工作的主要方法。小组后期的工作内容为职业准备。A、B、D 三项属于提高组员自身认识的工作,应为小组前期阶段的内容。C 项为组员链接职业培训资源能够提升组员的职业技能和职业素质,需要建立在对自身的职业期望形成正确认识的基础之上,所以属于后期的工作内容。故本题选 C。

37.【答案】B。解析:本题考查医疗救助中的服务工作。社会工作者要帮助救助对象了解治疗和康复的资源,寻找当地医院以及社区医院的资源,使得救助对象在医院能得到及时的治疗,并在回到社区后能继续治疗和康复。本题中,小王在术后返回社区后,还需要社区的医疗资源为其提供继续治疗和康复的服务。所以社会工作者最适宜的做法就是帮助小王了解社区的医疗资源,协助小王得到及时的治疗和康复。故本题选 B。

38.【答案】B。解析:本题考查社区社会工作的目标。安置区中居民间因公用设施和环境卫生问题常出现矛盾,采用参与式的社会工作方法,最适宜的就是让居民全部参与到解决问题的行动中来,增强他们的责任意识,与他们共同讨论,共商解决方案。由此可见,B 项最合适。故本题选 B。

39.【答案】D。解析:本题考查最低生活保障中的服务内容。社会工作者需要为低保家庭创造机会参与社区活动,增进他们与其他居民的交流,扩大他们的交往范围,帮助他们积极融入正常的社会生活。本题中,看护"四点半学堂"的孩子和上门探访独居老人,正是为低保对象创造参与社区公益活动的机会,帮助他们建立和其他社区居民的联系,目的是促进低保人员的社会融入,所以 D 项正确。故本题选 D。

40.【答案】C。解析:本题考查社会救助中危机干预的步骤。危机干预的步骤是:定义危机中的问题,确保服务对象的生命安全,提供持续性支持,检验各种可能的选择,制订方案,形成共识。其中"确保服务对象的生命安全"指的是社会工作者开展救助的时候,需优先考虑的是要确保服务对象的安全,包括减少服务对象自己以及对他人身体和心理可能存在的潜在伤害。本题中,服务对象在家庭受灾后,又遭遇丈夫的家庭暴力,根据上述危机干预理论,社会工作者首先应确保服务对象的生命安全。故本题选 C。

41.【答案】B。解析:本题考查家庭系统理论的核心要素。家庭系统理论的核心要素有六个,分别是:(1)整个家庭大于所有家庭成员之和。整个家庭不是家庭成员的简单相加,而是一个运行的系统。(2)家庭系统需要维持改变与稳定之间的平衡。家庭处于稳定和改变的变换之中,家庭系统负责控制二者的平衡。(3)家庭成员的变化会影响其他家庭成员。家庭系统是一个整体,内部的家庭成员相互影响、相互促进。(4)家庭成员的行为相互影响。在家庭系统中,孩子的行为影响父母,父母的行为也会影响孩子。(5)系统与系统之间相互关联,如夫妻归属于家庭系统,家庭系统又归属于社区系统。(6)家庭系统会按照既定的规则运行。本题中,运用的是家庭成员的行为遵循循环影响的原则。故本题选 B。

42.【答案】D。解析:本题考查儿童社会工作中补充和改善家庭监护状况。亲职教育是指社会工作者为亲职行为不当的父母提供亲职教育,并跟踪辅导,以帮助父母纠正不当的教养理念和行为,改善亲职状况,为儿童健康成长提供基本保障。小龙的父亲对小龙的教育方式简单粗暴,存在很大的问题,因此应该将改善小龙父亲的教育方式放在首要地位,引导他使用正确的教育方式。故本题选 D。

43.【答案】D。解析:本题考查家庭社会工作的主要内容。经过评估,丽英的丈夫打人是因他自身的工作压力大导致的情绪不稳定,根源在丽英的丈夫,所以工作的重点应放在他身上。因此社会工作者要为其提供专业的心理辅导,帮助其学习如何有效控制情绪。故本题选 D。

44.【答案】C。解析:本题考查家庭社会工作的重要理论和概念。家庭生命周期理论认为一个家庭呈现出从形成到解体的循环运动的过程,在不同发展阶段的任务各不相同。在子女独立家庭阶段,其任务和要求为:(1)调整家庭界限以满足青少年的独立要求;(2)接纳和增强子女追求自立的要求。在小南结婚之后,小南母亲大包大揽式的行为,忽视了小南夫妻这个小家庭独立和成长的需要,社会工作者在进行介入的时候,要帮助小南母亲认识并接纳子女自立的需要。故本题选 C。

45.【答案】D。解析:本题考查满足所有学生一般需要的学校社会工作。引导学生减少扭曲思想对自我效能感的负面影响，学习识破四种常见的扭曲思想，一是“非黑即白”，即用是或不是这样“绝对”的思想影响人；二是“灰色眼镜”，即使人看一件事情时只着眼于负面或令人感到沮丧的地方，而忽略其他好的方面；三是“以偏概全”，即使人把个别事件或贬低自我的想法无限放大；四是“透视心意”，即使人单凭直觉猜测别人的想法和用心，还信以为真。小丽因为老师没有回应她的微笑，就推断老师不喜欢自己，这种推测只是依靠自己的主观猜测而来，并不是事实，属于透视心意。故本题选 D。

46.【答案】B。解析：本题考查增强学生情绪控制和表达能力。转换想法分为三个步骤：一是分辨与判断是否存在有非理性想法，即判断这些想法是否符合事实，是否造成困扰；二是对非理性想法进行驳斥；三是重建合理想法。晓涛主观地认为别人看不起他，这其实是一种消极的非理性的想法，晓涛自己并没有意识到这一点。所以社会工作者小秦首先应引导其分辨和判断自己存在的非理性想法，然后才能重建合理想法。故本题选 B。

47.【答案】C。解析：本题考查促进学生社会联结的方法。学校社会工作者可以采用以下三个方法促进学生的社会联结：一是组织学生活动，使学生之间多接触、多交流，相互学习，彼此鼓励，建立健康的同辈关系；二是创造机会吸引父母参与学校工作，使孩子与父母在共同工作中加强联结；三是在教育和教学环节中促进师生沟通，增进信任，加强关系，形成和谐民主的师生关系。小秦设计的三种小组工作计划符合上述三个步骤。故本题选 C。

48.【答案】B。解析：本题考查控制式教育的内容。控制式教育是通过一些宣传教育活动，重点控制不守公德和秩序的行为，这种社区教育以阻止为主。例如，通过一些宣传标语告知居民不应乱扔垃圾、过马路要遵守交通规则、不吸毒、不应在公共场所吸烟等。本题中“光盘行动”倡导社区居民养成“爱惜粮食，勤俭持家”的良好行为习惯，属于控制式教育。故本题选 B。

49.【答案】C。解析：本题考查社区服务（活动）方案执行的内容。社区服务（活动）方案的执行阶段分为：(1)筹备阶段；(2)服务或活动阶段；(3)结束阶段。筹备阶段主要进行的是人、财、物的配置及服务（活动）的宣传和推广工作。服务或活动阶段主要开展的工作有预算管理、时间进度管理、服务品质管理、士气激励和提升。根据题目要求，培训主题讲座已进行到服务或活动阶段，除了注重服务的品质和时间进度管理外，还应关注预算管理、士气激励和提升。故本题选 C。

50.【答案】A。解析：本题考查结果评估的内容。结果评估是检视计划介入的理想结果以及这些结果实现的程度及其影响。对讲座的成效进行结果评估，应当收集的资料是居民掌握禁毒知识的程度。故本题选 A。

51.【答案】B。解析：本题考查社区参与的形式和层次。协商是在社区进行建设和改造时，邀请受此影响的社区居民一起了解和讨论计划内容，推动居民成为决策过程中的一分子。不过，虽然居民被邀请参加了决策过程，但社区建设或改造的最初设计者通常会设定讨论议题的范围，限定其他参与者的决策权。本题中，社区居委会邀请受影响的社区居民参与讨论“拆的时间节点、范围设定和程序规范”等问题，社区参与层次是典型的协商。故本题选 B。

52.【答案】A。解析：本题考查推动社区居民参与的策略。从材料中可知，该社区居民对于社区公共事务比较热心，能够主动参与并积极发言，但是最后却没能达成共识，反映出社区居民参与社区公共事务的能力还有待提高，社会工作者应帮助社区居民提高参与能力。故本题选 A。

53.【答案】C。解析：本题考查认知行为治疗法。由于个别患者存在认知的偏差，导致其出现情绪问题和社会适应问题，因此采用认知行为疗法是比较有效的方法之一。本题中，老李认为自己的病没治好，老伴走了，子女指望不上，生活没盼头，这属于认知方面的偏差问题；不按时服药，乱发脾气是认知偏差导致的情绪、行为和社会适应问题。因此，医务社会工作者提供的最合适的服务应该是认知行为治疗。故本题选 C。

54.【答案】C。解析：本题考查急诊室社会工作的服务内容。急诊室社会工作服务内容中支持病患及其家庭的内容是：(1)急诊服务是面向所有病人，但急诊资源有限，社会工作者必须在了解病人的病情与病程、家庭经济状况、社会支持系统的基础上，整合社会资源，协助病患及其家属。(2)当病人到急诊求诊时，其家属同样也面临重大压力。社会工作者可针对患者家属情绪做适当处理，即使病人无法如愿留在该院接受治疗，其家属也可以做有效的处理。对于无法在急诊室处理的问题，可以转介做追踪处理。(3)帮助病人及其家属获取各种社会资源与社会支持。很多急诊病人是遭遇重大灾难的人员,他们在急诊过程中往往缺乏心理、经济及社会的支持。社会工作者必须帮助他们获取各种社会资源。故本题选 C。

55.【答案】D。解析:本题考查医务社会工作。A、B、C 三项都以患者或家属角度出发,属于微观层面,只有 D 项是从宏观层面介入。故本题选 D。

56.【答案】D。解析:本题考查医疗机构与疾病治疗领域社会工作常用方法。舒缓疗护病房的功能是为现有医疗技术无法治愈的病症患者提供积极的整体照护,使他们能够在医护人员的指导下和其家属的照料下,以维持基本生命体征、改善生活质量为主,并以控制疼痛及有关症状为工作重点,关注患者心理及精神需要,从而给予症状缓解和心理护理。本题中的小惠手术失败病情恶化,社会工作者能做的就是协助家属完成小惠的心愿。故本题选 D。

57.【答案】D。解析:本题考查医务社会工作。社会工作者在医患关系中要充当沟通的桥梁,在出现医患矛盾时,要帮助医患双方进行有效的沟通和交流,使患者对医生和医院加深理解和信任。社会工作者应解除老吴对医生的误会,缓解其不满情绪。故本题选 D。

58.【答案】B。解析:本题考查企业社会工作服务内容。企业为员工提供幼儿照顾、家庭和婚姻辅导、休闲娱乐等服务,能够帮助平衡员工家庭生活和工作之间的关系,B 项正确。该题最主要的迷惑项是 A 项,改善劳动关系主要是在关乎劳动权益的问题方面,比如拖欠工资、带薪休假等问题,而该企业的这些策划都是基于生活和家庭的服务,与改善劳动关系不符。故本题选 B。

59.【答案】C。解析:本题考查企业社会工作服务内容。企业员工对工作过程中的安全隐患存在侥幸心理,不按工作规程要求采取措施,正是缺乏安全意识的表现。所以社会工作者应为职工开展职业安全教育培训,提升职工的安全工作意识,消除其侥幸心理。故本题选 C。

60.【答案】B。解析:本题考查小组工作在企业社会工作中的运用。企业社会工作中,支持小组的主要目标是协助成员应对充满压力的生活事件,并使其恢复原有的应对能力。在支持小组中,最重要的是小组成员的关系建构、互相交流和互相支持。本案例中员工出现的懈怠现象,符合支持小组的工作特征。故本题选 B。

二、多项选择题

61.【答案】ACD。解析:本题考查接案的步骤与核心技巧。社会工作服务机构走进社区,为贫困家庭提供服务,这些对象就是外展的服务对象。社会工作者鼓励那些有困难的居民接受帮助,这些有困难的居民就是潜在的服务对象。主动来机构寻求服务的社区居民属于主动求助的服务对象。故本题选 ACD。

62.【答案】ABCD。解析:本题考查会谈。A、B、C、D 四项都是需要在会谈开始的时候进行的活动。服务目标是在社会工作的计划阶段设置的,所以 E 项错误。故本题选 ABCD。

63.【答案】ACE。解析:本题考查儿童社会工作。社会工作专业元素就是需要体现出社会工作的专业价值观、理念及手法。A、C、E 三项都体现了社会工作助人活动的专业性,B、D 两项只是简单的照顾管理,没有反映出社会工作的专业性。故本题选 ACE。

64.【答案】ABE。解析:本题考查家庭社会工作。A、B、E 三项的内容与家庭有关,也是在评估中要考查的。C 项、D 项与家庭环境无关。C 项属于社区环境的内容,D 项属于同辈群体环境的内容。A、B、E 三项属于家庭环境的内容。故本题选 ABE。

65.【答案】ABCE。解析:本题考查服务青少年成长发展中的习惯养成。青少年自我管理服务的目标主要包括以下几方面:提升青少年自我决策和自我管理的能力;协助青少年有效地自我约定且诚信地尽力执行;培养青少年勇于负责的态度来面对自己的生活;协助青少年正确地检视、核查自己的行为表现;懂得对自己的行为做有效的评估。提升青少年的自我认知能力在青少年自我管理服务目标的内容中没有体现。故本题选 ABCE。

66.【答案】ABC。解析:本题考查老年人的特点中的心理老化。A、B、C 三项都有助于提高老年人学习电脑知识的信心。D 项对老年人提高学习电脑知识的信心并无帮助,E 项是无关项。故本题选 ABC。

67.【答案】ACDE。解析:本题考查老年人社区照顾。居家养老服务是指以家庭为核心、以社区为依托、以专业化服务为依靠,为居住在家的老年人提供以解决日常生活困难及生活照料为主要内容的社会化服务。社会工作者在提供居家养老服务时,应该根据不同状况老年人的实际情况,采取多种途径,提供多种不同的服务形式,A、D 两项正确。促进代际融合有助于加强对中风老人的精神照料,是居家养老的内容之一,C 项正确。在对中风老人个人和家庭提供居家养老的服务中,不仅要关注微观层面,同时也要关注社区、社会等中观层面,加强医疗、救助、社会政策等方面资源的链接和整合,故 E 项正确,B 项错误。故本题选 ACDE。

68.【答案】BCDE。**解析**:本题考查针对妇女暴力的干预原则。妇女遭受家庭暴力的干预原则主要包括:接纳受害妇女描述的问题而不是责怪受害者;尊重受害妇女的人格独立,提升她们的自信心;关注受害妇女的安全;与受害妇女建立信任、真诚的专业关系。由此可见,B、C、D、E 四项正确。故本题选 BCDE。

69.【答案】BCE。**解析**:本题考查开展社区康复的原则和内容。题目的描述并没有涉及专家,A 项错误。与当地民政、卫生、教育等部门合作,动员社区资源建立村级社区康复站,有助于残疾人就近获得锻炼,体现了因地制宜的原则,B 项正确。社会工作者协助残疾人家庭自制康复器具,体现了康复家庭积极参与的原则和因陋就简的原则,C、E 两项正确。社区康复主要是帮助残疾人全面康复,实现回归社会生活的主流,是以康复发展为主,D 项错误。故本题选 BCE。

70.【答案】DE。**解析**:本题考查社区矫正中的社会工作间接方法。社会工作间接介入是一种中观和宏观的改变环境的工作,是指以个人、家庭、小组、组织和社区甚至更大的社会系统为关注对象,通过介入服务对象以外的其他系统间接帮助他们。D、E 两项是社会工作者通过对吸毒人员所在的社区进行介入,改变社区环境,属于间接介入。直接介入是指以个人、家庭和小群体为关注对象,针对个人、家庭和小群体采取的直接行动。直接介入的重点在于改变家庭或小群体内的人际交往,或改变个人、家庭和小群体与其环境中的个人和社会系统的互动方式。A、B、C 三项是针对老张及其家人所进行的直接介入。故本题选 DE。

71.【答案】CE。**解析**:本题考查优抚安置社会工作服务对象的特点及需要。由于服务对象流动性大、服务时间短暂,烈士褒扬和军供社会工作难以形成固定的工作关系,难以建立专业工作关系。故本题选 CE。

72.【答案】ABCD。**解析**:本题考查优抚医院社会工作的主要方法。危机介入的基本原则包括及时处理、限定目标、输入希望、提供支持、恢复自尊、培养自主能力。E 项不是危机介入的基本原则。故本题选 ABCD。

73.【答案】CE。**解析**:本题考查满足部分学生特殊需求的学校社会工作。在儿童和青少年接受教育救助的过程中,社会工作者要关注他们的心理能力建设,给予积极正向的支持,鼓励青少年参与社区和学校的社团活动,多与同辈群体交往;引导青少年多用优势视角看待自己的生活境遇,在生活中获得成长。B 项应当是鼓励贫困学生参与学校的社团活动,而非是安排,因此 B 项排除。社会工作者小张筹划活动的目的是进行心理建设,A、D 两项的做法是在解决贫困大学生的经济困难问题,不符合题干叙述的目的,因此 A、D 两项排除。故本题选 CE。

74.【答案】ABCD。**解析**:本题考查社会救助社会工作中如何获得评估信息。评估的手段主要包括:(1)直接询问;(2)家庭探访;(3)间接了解;(4)观察身体语言;(5)使用量表。A 项属于直接沟通询问,C 项属于间接询问,B、D 两项属于观察法。E 项人格测量量表主要用于人才选拔或评价,因此不合适。故本题选 ABCD。

75.【答案】ACE。**解析**:本题考查农村社区社会工作的主要内容。对于发展型社会工作理念,"发展"是重中之重,在社会工作干预方式上更侧重于增强贫困社区自身的自我发展上,运用多种手段满足贫困人口多方面的需要,特别是针对有潜能的贫困人口,提高他们的能力。A、C、E 三项的方式不仅有助于促进当地经济的发展,更有助于促进当地自我发展潜能的挖掘。故本题选 ACE。

76.【答案】ABD。**解析**:本题考查学校社会工作中抗逆力理论和方法。抗逆力的基本思想是个人或者家庭虽然面临比正常情况严重的问题和危险,但能够很好地适应所面临的危机状态,并达到比预想结果积极的发展状态。抗逆力由外部支持因素、内在优势因素及效能因素三部分组成。外部支持因素包括拥有正向的连接关系、坚定清晰的规范、关怀支持的环境、积极合理的期望、有意义的参与机会。内在优势因素包括完美的个人形象感、积极乐观感。效能因素包括人际技巧、解决问题能力、情绪管理及目标订定等。"优点大轰炸"体现了内在优势因素,"学业压力应对"体现了外部支持因素,"建立良好人际关系"体现了效能因素。C、E 两项不是抗逆力的要素。故本题选 ABD。

77.【答案】AD。**解析**:本题考查促进社区居民对参与价值的肯定。推动社区居民参与的策略之一是"促进社区居民对参与价值的肯定”。通过社区教育和社区宣传,唤醒居民对社区问题的关注,改变他们对社区的冷漠态度,加强其对参与成效的信心。具体方法包括社区研讨会、座谈会、居民大会、社区展览会、教育讲座、记者招待会和公布社区调查结果等。本题中,“举办社区历史图片展,调动居民参与社区文化建设”有助于提升社区居民对参与价值的肯定,因此 A 项正确。此外,社区居民参与社区事务的兴趣在于这些事务与他们的切身利益是否紧密相关,如果参与对其生活质量改善不大,他们也不会参与。因此,社会工作者可以策划志愿服务项目,促进居民参与邻里互助,这样可以使居民参与到与自己的切身利益的邻里互助项目中,有助于提升社区居民对参与价值的肯定,因此 D 项正确。B、C、E 三项是提高社区居民的参与能力的,要注意区别。故本题选 AD。

78.**【答案】**ABCD。**解析**:本题考查评估自身的能力。评估自身的能力主要是评估提供服务的机构及其工作人员的能力。机构的能力主要是人、财、物的配置能力和合理的时间安排;工作人员的能力则是指其具有专业知识、技能等。评估的内容包括机构及其工作人员对外所面临的机会和挑战,对内容所存在的优势和不足,并要根据这些评估制订合乎实际、切实可行的服务计划。如果能力不足,可以寻求外来协助或更改原有的目标。故本题选 ABCD。

79.**【答案】**ABCE。**解析**:本题考查医务社会工作。治疗依从性的主要步骤和方法:(1)评估和界定依从治疗的问题;(2)制订治疗方案;(3)为了促进行为改变,可以尝试以下三类方法,一是促进行为的改变,社会工作者可以使用协助患者将“治疗目标转化为行为目标”“鼓励患者使用自我管理的方法”“教会患者预防高危状况”这三种方法协助患者改变以往的行为;二是激活社会支持,加强和拓展患者家庭内部和外部的支持网络;三是促进家庭成员共同承担责任,譬如鼓励家庭成员之间分享各自的情绪以加强情绪支持。(4)维持患者的依从。维持技巧包括教授如何应对失误;跟进患者,随时提供支持等。因此,A、B、C、E 四项属于增进治疗依从性的内容,D 项是无关项。故本题选 ABCE。

80.**【答案】**ABCD。**解析**:本题考查企业社会工作服务内容。企业的部分职工面临下岗的风险,因而会有心理压力和一些负面情绪。失业后的职工又面临再就业的困难。所以社会工作者的工作内容要集中在情绪疏导和就业培训等方面。A、C、D 三项有助于缓解下岗职工的负面情绪,协调企业和职工之间的关系。B 项有助于提高下岗职工的再就业能力。E 项反而会增加职工的心理压力和焦虑感。故本题选 ABCD。

社会工作实务(初级)2015年真题参考答案及解析

一、单项选择题

1.【答案】A。解析:本题考查社会工作实务的通用过程。当服务对象遇到困难前来社会工作服务机构求助时,负责接待的社会工作者所做的工作就是社会工作过程中的第一个阶段,即"接案"。"接案"是社会工作助人活动的开端,是社会工作者与潜在服务对象开始接触,了解其需要,帮助其逐渐成为服务对象并接受社会工作服务的过程,也是社会工作者与潜在的服务对象通过沟通达成共同解决问题初步协议的整个助人过程的开始。故本题选A。

2.【答案】B。解析:本题考查服务对象的分类。那些主动求助和转介及外展而来的、已经使用社会工作者提供的资源或正在接受社会工作者协助的服务对象,被称为现有服务对象;那些尚未使用或接受社会工作者协助和资源帮助,但未来可能需要服务资源和协助的服务对象,即潜在服务对象。外展的服务对象是指那些既不是自己主动求助,也不是由他人或机构转介而来的服务对象,而是由社会工作者主动接触并使他们接受服务的人。本题中小花属于现有服务对象。故本题选B。

3.【答案】A。解析:本题考查问题的界定。服务对象自己对问题的看法是界定问题时最重要的起点,因此,在使用沟通技巧与服务对象会谈时,服务对象关心的问题、他们的困惑即界定问题的入手点,即从询问服务对象对自己的问题的看法来界定问题。故本题选A。

4.【答案】D。解析:本题考查评估。要想知道经过介入行动后服务对象是否达到了目标,目标的实现是否是社会工作介入行动努力的结果,需要通过系统地收集介入工作、程序和介入效果的资料来对社会工作的介入及其介入成果进行分析,以发现问题,改进工作,从而更好地满足服务对象的需要。故本题选D。

5.【答案】B。解析:本题考查基线测量。基线测量是在介入开始时对服务对象的状况进行测量,建立一个基线作为对介入行动效果进行衡量的标准基线,以评估介入前后的变化,以此判断介入目标实现的程度。只有B项可以评估测量。故本题选B。

6.【答案】C。解析:本题考查制订服务计划的方法。首先,以具体、可操作的指标定义目标,以利于目标的执行。B、D两项过于空泛,不利于执行,排除。其次,目标陈述要放在介入工作期望建立的积极、正面的态度和行为上,而不是将消除负面态度和行为作为目标进行陈述。如果将目标放在这些负面目标上,会使服务对象因这些日常习惯不断被提起而感到沮丧。所以,有益的做法是将正向态度和行为作为目标陈述,即将服务对象要做的有益改变和成长作为目标的界定重点,强调服务对象的成长目标以及具体的指标。排除A项。故本题选C。

7.【答案】B。解析:本题考查儿童成长发展的特点。儿童的社会心理发展也具有顺序性。从积极人格培养的角度来看,婴儿时期的儿童需要完成信任人格的培养;幼儿时期的儿童需要完成自主人格的培养;学前阶段的儿童需要完成勤奋人格的培训。这些社会心理人格的培养,必须在儿童成长发展的某一个阶段完成,这些阶段无法变更顺序。故本题选B。

8.【答案】B。解析:本题考查儿童社会工作的类型。其主要包括:(1)支持性儿童福利服务,这类服务的对象是全体儿童及其家庭,尤其是家庭监护状况良好的家庭;(2)补充性儿童福利服务,这类服务的对象是父母亲职能力不足的儿童及其家庭;(3)替代性儿童福利服务,这类服务的对象是亲职不当和亲职缺失的儿童;(4)儿童保护服务,这类服务的对象是遭受人为伤害,包括虐待、忽视、剥削和暴力伤害的儿童及其家庭,内容主要包括伤害预防和伤害应对服务。题干中的服务内容属于儿童保护服务。故本题选B。

9.【答案】C。解析:本题考查救助和保护儿童中家庭寄养服务。家庭寄养服务是指社会工作者运用儿童社会工作的专业知识、方法为永久或者临时失去了家庭监护的儿童选择合适的寄养家庭,并完成寄养安置的服务过程。家庭寄养服务是指社会工作者运用儿童社会工作的专业知识、方法为永久或者临时失去家庭监护的儿童选择合适的寄养家庭,并完成寄养安置的服务过程。本题中,小刚属于家庭监护临时缺失的儿童,应为其寻找寄养家庭。故本题选 C。

10.【答案】D。**解析**:本题考查儿童成长需要的监测与评估。儿童成长需要的监测与评估包括:健康状况、教育状况、情绪和行为培养状况、身份认同的状况、获得建立关系的能力的状况、公共形象呈现的状况、自我照顾的技能。故本题选 D。

11.【答案】C。**解析**:本题考查儿童家庭寄养。儿童家庭寄养的跟踪是指负责儿童寄养工作的机构定期进入寄养家庭走访,了解和评估寄养家庭的监护状况以及儿童生活和成长状况,及时发现问题,及时给予支持,以保证寄养儿童得到适当的生活照顾和成长指导。题干中,小李应该为家长提供培训,进一步明确寄养家庭的责任和权利,促进儿童的全面发展。故本题选 C。

12.【答案】D。**解析**:本题考查改善青少年家庭关系的社会工作方法。按照过程取向家庭功能模式的论点,亲子关系紧张,是家庭在任务完成、角色作用、沟通、情感表达、控制和价值观等方面出现了功能失调。青少年的问题行为与家庭功能失调直接相关。为调和青少年家庭的亲子关系,亲子并行小组是社会工作者经常运用的服务方法。故本题选 D。

13.【答案】A。**解析**:本题考查青少年社会工作的主要内容。社会工作的服务内容主要包括服务青少年成长发展、维护青少年合法权益、预防青少年违法犯罪。服务青少年成长发展包括:思想引导、习惯养成、职业指导、婚恋服务、社交指导。维护青少年合法权益包括:困难帮扶、权益保护、法律服务、心理疏导。预防青少年违法犯罪包括:正面联系、临界预防、行为矫治、社会观护。题干中体现的职业指导、婚恋服务都属于促进青少年成长发展的社会工作范畴。故本题选 A。

14.【答案】C。**解析**:本题考查促进青少年个体发展的社会工作方法。伍德的生涯选择配合论是生涯规划的重要理论基础。伍德认为生涯规划的先决条件是必须要先对自己有充分的认识与了解,包括自己的能力、兴趣、人格、需求与价值观等,也就是要先能掌控自己的内在世界之后,再开始探索外在的工作世界、了解职业所需的能力、职业的分类与内容、职业所需的特质及各类职业的报酬率等。故本题选 C。

15.【答案】C。**解析**:本题考查促进青少年人际交往的社会工作方法。"父母、成人、儿童"自我状态觉察训练:当说话语气属指使、命令、谩骂、斥责时,则立即跳到"父母"的圈内;当语气成熟理性,情绪稳定地面对问题、解决问题时,则跳到"成人"的圈内;当语气属情绪化、孩子气,或有委屈、抱怨等行为表现时,则跳到"儿童"的圈内。换句话说,让成员学习在讲话的当下能立即辨识和觉察自己所处的自我状态为何,而后知道改进自己的表达方式。故本题选 C。

16.【答案】B。**解析**:本题考查养老机构中社会工作者的工作内容。社会工作者在为服务对象提供服务的过程中,要始终秉持着社会工作价值观的操作原则。尊重案主自决,倾听服务对象的意见。故本题选 B。

17.【答案】B。**解析**:本题考查老年社会工作中的建立社会支持网络的内容。非正式支持体系的构成通常分为三类:第一类是家庭成员(主要是子女)对父母的养老支持;第二类是亲属(兄弟姐妹及远亲、姻亲等)对老年人的支持;第三类是非亲属对老年人的支持,如邻居、朋友、同事、慈善机构、非政府组织、社区志愿服务等。故本题选 B。

18.【答案】D。**解析**:本题考查促进青少年社会参与和加强青少年社会观护的社会工作方法。赫胥的"社会连接理论"认为个人与社会的联系可以阻止个人进行违反社会准则的越轨与犯罪行为,而当此种联系弱化时,个人就会无约束地随即进行犯罪行为。因此,更加侧重于引导服务对象更多地参与社会活动,激发其正面成长的动力。故本题选 D。

19.【答案】D。**解析**:本题考查建立支持网络中的家庭思维。家庭思维指的是把老年人看成是复杂的多代关系系统的一部分。这一关系系统对老年人的生活有重大影响,是老年人与他人交往并获得支持的基本来源。诸如配偶、父母、祖父母、兄弟姐妹之类的家庭角色是老年人自我概念的重要组成部分,即使是与这些角色相联系的特定功能已经终止,它们还是会影响老年人的所思所想。所以,当张大爷的女儿面临生活压力时,社会工作者应该给予帮助和支持,减轻她的负担。故本题选 D。

20.【答案】A。解析:本题考查社区照顾服务的内容。老年人社区照顾的服务内容通常包括:咨询与转介、志愿者服务、代际融合、老年教育、老年休闲娱乐、老年就业、收入保障、营养与餐饮、健康照顾与生活安康、心理健康、出行、住房、个案管理、居家照顾、照顾人支持等。A 选项涉及营养与餐饮。故本题选 A。

21.【答案】D。解析:本题考查老年小组工作的注意事项。在小组带领者的呵护下,小组成员会在彼此身上发现力量并成为彼此的支持性治疗媒介。但是,小组也可能会变得有破坏性,让老年人在情绪上感到极其焦灼不安,小组成员有可能在不自觉的情况下会变成实施心理虐待的“暴徒”。小组带领者要适时解决小组内的冲突,或者做出解散小组的决定。小组不应为了存在下去而无视对成员的责任,而是应该保护小组成员免受伤害。故本题选 D。

22.【答案】A。解析:本题考查婚姻和家庭关系的调试。妇女在婚姻家庭生活中遇到的婆媳关系问题通常围绕孙辈教育,对老人赡养、孝顺等方面,是社会性问题在家庭中的反映,将婆媳矛盾看成是婆媳个人的素质问题,这样的看法忽视了传统性别制度(从夫居、养儿防老)是导致婆媳容易产生矛盾的深层根源。故本题选 A。

23.【答案】C。解析:本题考查针对妇女生殖健康的工作。具有社会性别敏感性的生殖健康政策应该是男女共同承担生育健康的责任和风险,而不仅仅是女性。只有 C 项中的“夫妇”体现出了男女共同承担。故本题选 C。

24.【答案】B。解析:本题考查妇女的需要。男孩偏好导致女婴的生命权利被剥夺,涉及女性生命权利的保障问题。故本题选 B。

25.【答案】D。解析:本题考查残疾人的环境友好权。残疾人的合法权益包括康复权、教育权、劳动权、文化生活权、社会福利权、环境友好权。其中,残疾人环境友好权主要指为残疾人享有平等社会生活创造无障碍环境的权利。盲人老孙带导盲犬乘坐公交车应该得到其他乘客的包容和谅解,应该与正常公民一样平等地享有各种公共设施、公共服务等。而题干中的事件说明残疾人的环境友好权没有得到保障。故本题选 D。

26.【答案】A。解析:本题考查开展社区康复的原则与内容。其主要包括:(1)低成本、广覆盖的原则,社区康复应针对病、伤、残者对康复需求和资源状况,采用低投入、高回报、高效益、广覆盖的方法,就近就地开展家庭康复服务;(2)因地制宜的原则,社区康复应依据社区的社会背景、经济水平、文化习俗、康复技术资源状况和康复对象需求等实际因地制宜,采取适合本地的社区康复模式开展工作;(3)因陋就简的原则,社区的资源是有限的,尤其是广大农村,缺医少药,交通不便,康复条件较差,设备远比城市的简陋,要在尽可能动员社区力量的基础上因陋就简,使社区大多数康复对象享有康复服务;(4)因势利导的原则,所谓“因势利导”,重点在于把握“势”的变化。这个“势”包括整个社会环境的“大势”,也包括社区范围内的政治、经济、医疗卫生、文化教育等的形势。题干中体现的是因地制宜的原则。故本题选 A。

27.【答案】C。解析:本题考查职业康复方法。职业康复方法包括咨询、评估、培训、就业指导。职业康复方法的第一个环节是职业咨询,其目的是在接案后针对残疾人的特殊情况及与就业相关的问题,进行综合考察,帮助残疾人解决职业中出现的问题。故本题选 C。

28.【答案】A。解析:本题考查社区矫正中的社会工作。根据社会工作“助人自助”的原则,社会工作者在为服务对象提供帮助的过程中,应尊重服务对象的意见,与服务对象共同分析、解决问题。故本题选 A。

29.【答案】B。解析:本题考查矫正社会工作中服务对象的特点和需要。矫正社会工作的目标是帮助服务对象通过自身能力来维持其基本生存条件。因此,教育、就业权益的保障显得尤为重要,要通过帮助其接受较好的教育,实现有效就业的目的。题干中体现的是对服务对象就业权益的保障。故本题选 B。

30.【答案】B。解析:本题考查老年人的特点及需求。我国老年工作的根本目标是促进“老有所养、老有所医、老有所教、老有所学、老有所为、老有所乐”。题干中体现的是老有所为的内容。故本题选 B。

31.【答案】D。解析:本题考查军转复退军人安置社会工作的主要内容。根据题干叙述,老刘孤身一人,腿脚不便,出不了门,实际上他也渴望与他人交往,渴望参与社会活动。故而此时社会工作者的首要任务是协助老刘满足其社会交往的需要。故本题选 D。

32.【答案】D。解析:本题考查军转复退军人安置社会工作服务对象的需要。主要包括就业权益保障的需要和社会再适应的心理调适需要。题干中体现的是就业权利的保障。故本题选 D。

33.【答案】D。解析:本题考查军休社会工作中认知和情绪问题的处理。如何协调军休干部识别自己的非理性信念、重建理性认知、改变负面情绪、树立积极健康的修养观、接受组织安排的现实、主动融入社区和社会,是社会工作者的介入重点。本题中,针对老李的情况,其介入的关键是改变老李“被部队抛弃”的非理性信念。故本题选 D。

34.【答案】C。解析:本题考查矫正社会工作中专业关系的建立。与服务对象建立良好的专业关系,矫正社会工作者要采取更为主动的姿态去和服务对象建立关系,这是矫正工作成功的第一步。C 项能够体现出社会工作者对服务对象的尊重、接纳和关怀。故本题选 C。

35.【答案】C。解析:本题考查学校社会工作。社会工作者应始终坚持自我决定、知情同意、尊重隐私、接纳等原则。题干中,学校要求以演讲的形式说明学生的贫困状况,破坏了社会工作专业领域中尊重隐私的原则。故本题选 C。

36.【答案】A。解析:本题考查就业救助的内容。就业救助的服务内容有:转变就业观念、自我认知调整、职业技能培训、链接就业资源。受自身能力和知识技能所限,以及社会资源缺乏,救助对象在参与就业过程中可能会遇到挫折和挑战,不能及时就业或者就业岗位不能完全符合自己的就业意愿的问题。社会工作者要协助救助对象认真分析就业形势和自身的优势与不足,调整自己的认知和心态,以更加务实和乐观的心态积极就业。这是自我认知调整的服务内容。故本题选 A。

37.【答案】B。解析:本题考查特困人员供养的服务内容。特困人员是弱势群体中的弱势。他们没有生活来源,没有劳动能力,也没有法定赡养人、抚养人、扶养人可以依靠。对于这部分群体,首先要为他们提供基本的生活条件,改善其生存状况。特困人员享受的服务内容有提供基本生活条件、提供日常生活照料、提供疾病治疗、办理丧葬事宜。题干中针对赵大爷的情况,最能帮助其解决生活困难的是特困人员供养。故本题选 B。

38.【答案】A。解析:本题考查临时救助中的机构救助。机构救助包括基本生活安置以及行为思想引导与矫正。流浪乞讨人员没有基本的生活条件,生存缺乏保障。救助机构首先要做的就是给予生活上的合理安排,关注其健康问题。除了物质上的救助,还要开展教育,对其行为和心理进行疏导,消除其懒惰和依赖社会的想法,纠正偏差行为,帮助其分析自身的长处和弱点,鼓励他们独立自强,走出困境。故本题选 A。

39.【答案】B。解析:本题考查家庭社会工作的实施步骤。为了准确评估受助家庭的问题,社会工作者在此阶段需要倾听每一位家庭成员的解释,理解每一位家庭成员的要求,并且在界定问题时,让每一位家庭成员的观察视角和要求也包含在里面,尊重每一位家庭成员的真实感受。故本题选 B。

40.【答案】C。解析:本题考查家庭系统理论。家庭系统理论认为:家庭作为一个整体大于各部分之和、家庭系统努力维持改变和稳定之间的平衡、家庭系统中一位成员的改变影响所有其他家庭成员、家庭成员的行为遵循循环影响的原则。故本题选 C。

41.【答案】A。解析:本题考查家庭结构图。家庭结构图中:□表示男性; ○表示女性; ——表示婚姻关系;—//— 表示离婚关系;—/— 表示分居关系;----表示同居关系。家庭结构图的绘制应遵循三项基本原则:一是长辈在上,晚辈在下;二是同辈关系中,年长的在左,年幼的在右;三是夫妻关系中,男的在左,女的在右。故本题选 A。

42.【答案】D。解析:本题考查改善亲子关系的服务。家庭行为学习是根据行为学习理论的原理,对家庭中的年轻子女在成长过程中遇到的行为问题进行干预的服务。家庭行为学习要求社会工作者首先与父母亲建立良好的合作关系,在指导孩子学习新行为的同时,鼓励父母亲在孩子做出适当的行为时给予奖励,对于孩子做出的不当行为则予以惩罚,帮助父母亲指导孩子。故本题选 D。

43.【答案】A。解析:本题考查家庭干预的常用技巧。再标签技巧是指社会工作者帮助受助家庭成员从更为积极的角度界定问题,改变受助家庭成员以往的消极态度和认识,从而促使受助家庭成员产生新的、积极的行为。只有 A 项符合积极的提问角度。故本题选 A。

44.【答案】A。解析:本题考查家庭系统理论。家庭系统理论认为:家庭成员的问题是整个家庭不良的沟通交流方式导致的;家庭所面临的危机既是机会,也是挑战;因“问题”而导致的家庭功能失调能够得到有效解决。社会工作者要让整个家庭成员看到“问题”与家庭成员沟通交流方式之间的关联,并设法改变这样的沟通交流方式,让家庭成员从相互责备的恶性循环中摆脱出来,就能有效解决家庭功能的失调。题干中,夫妻的关系影响到了女儿。故本题选 A。

45.【答案】A。解析:本题考查增强学生自我效能感。自我效能感影响一个人的感受、思想、行为和做事的毅力。自我效能感较高的人,相信自己有能力胜任所承担的工作。在增强学生的自我效能方面,学校社会工作的主要内容包括:(1)培养学生的自尊自信,引导学生辨识在不同领域里的自我效能感,体验自己在学业、社交、仪表和生活习惯方面的优势,拥有自尊与自信;(2)挖掘和激发学生的能力;(3)协助学生订立切实可行的目标;(4)增强学生的自我效能感;(5)降低负面自我效能。本题中的做法是增强学生自我效能的表现。故本题选 A。

46.【答案】C。解析:本题考查增强学生自我效能感。四种常见的扭曲思想:一是“非黑即白”,用是或不是这样“绝对”的思想影响人;二是“灰色眼镜”,使人看一件事情时只着眼于负面或令人感到沮丧的地方,而忽略其他好的方面;三是“以偏概全”,使人把个别事件或贬低自我的想法无限放大;四是“透视心意”,使人单凭直觉猜测别人的想法和用心,还信以为真。题干中一个学生由于英语不好而否认了全部的自己,属于以偏概全的扭曲思想。故本题选 C。

47.【答案】A。解析:本题考查影响学生成长的因素。影响学生的社会生态系统包括家庭、朋辈群体、学校、社区等。题干中,对小刚起重要影响作用的是几个要好的伙伴。故本题选 A。

48.【答案】C。解析:本题考查个案管理的过程。个案管理过程中的评估包括学生评估和服务系统传输评估。对学生的评估可以从学生的生活状况、情绪状况和学习状况来进行前后比较。对服务系统传输评估可以通过学生及其家庭对其社会支持网络的利用率以及资源与需求对接的程度来判定。故本题选 C。

49.【答案】C。解析:本题考查增强学生情绪控制和表达能力的方法。“转换想法”分为三个步骤:一是分辨与判断是否存有非理性想法,依据是这些想法是否符合事实,是否造成困扰;二是对非理性想法进行驳斥,既能以客观事实为基础进行逻辑性驳斥,又能以事实为证据做实证性驳斥;三是重建合理想法,驳斥非理性想法之后,需重建以客观事实为基础,用证据去分析或推论的理性想法。故本题选 C。

50.【答案】A。解析:本题考查社区资源的链接方式。主要包括资源整合、资源共享和资源配置。资源整合强调的是社区内各类组织在强调社会分工的同时,通过整合既有资源和争取更多资源,形成功能上的互补与互依,达到共同的目标。资源共享是指相邻社区都有资源,但资源的种类不同,为了改善社区的环境和促进社区的发展,相邻的社区通过共同合作的方式,各自获得自己的利益或达到自己的目的。资源配置是指在社区服务过程中,社区社会工作者根据资源的不同特征,配置资源,采取组织、培训、咨询、合作等不同方法进行弹性使用,以保障资源能够被有效地协调和使用,发挥资源的最大效率。题干中体现的是资源的整合。故本题选 A。

51.【答案】C。解析:本题考查推动居民参与中社区参与的层次和形式。告知属于最低层次的参与。社区居民单方面获得上级对社区进行建设或改造的规划和信息,却没有任何机会改变既定规划。这是一种“自上而下”的沟通过程。咨询比告知上升了一个层次。有关部门除了告诉基层社区、重要利益关系人和相关组织将要进行社区建设或改造的规划和信息,并进一步征求他们的意见,同时也会在规划修订过程中考虑他们提出的意见。协商是指在社区进行建设和改造时,邀请受此影响的社区居民一起了解和讨论计划内容,推动居民成为决策过程中的一分子。共同行动是指在决策过程中,社区建设或改造的规划由大家共同决策,并在决策过程中分配任务,让大家共同分担执行责任,形成分工与合作。故本题选 C。

52.【答案】D。解析:本题考查社区需求分析。主要分为四种类型:(1)感觉性需求,指社区居民或服务对象感受到或意识到,并用言语表述出来的需要;(2)表达性需求,指社区居民或服务对象把自身的感觉通过行动表达出来的需要,例如申请服务、排队等候服务等;(3)规范性需求,指由专家学者、专业人士、政府行政官员评估而决定的需求;(4)比较性需求,指社区居民或服务对象将所得到的服务与其他类似社区进行比较,而认为有所差别的需要。故本题选 D。

53.【答案】B。解析:本题考查社区社会工作。社会工作者要解决服务对象的困难和问题及需要资源。这些资源包括物品、劳务服务等。社会工作者需要联络政府有关部门、福利服务机构的负责人或同事、志愿者组织以及广大社会群体,向他们争取服务对象所需要的资源,并将它们传递到服务对象手中以解决问题。题干中,社会工作者联系专家为社区居民开展讲座,缓解了大家的恐慌。故本题选 B。

54.【**答案**】B。**解析**:本题考查临终关怀的主要内容。对绝症患者的临终关怀是尊重生命、重视生活品质的体现,它包括减轻患者的痛苦、协助患者及其家属面对并接纳死亡、提供居家和住院服务以及丧亲后的哀伤辅导等。本题中,老张是一位癌症晚期患者,社会工作者的做法属于临终关怀的服务内容。故本题选 B。

55.【**答案**】C。**解析**:本题考查社会工作者在精神卫生领域的作用。针对社区精神康复而言,社区工作服务主要包括:(1)普及精神健康知识;(2)开展精神疾病康复训练;(3)社区资源链接;(4)提供咨询;(5)开展转介工作。赵女士准备出院,回到社区接受社区康复服务,首先应当保证其治疗的连续性。A、B、D 三项可稍后进行,C 项为最佳选项。故本题选 C。

56.【**答案**】A。**解析**:本题考查医务社会工作特点中的以病人为中心。医务社会工作者是医疗卫生服务系统中的一员,他秉承社会工作的理念,在医疗卫生系统中开展社会工作服务,与医疗卫生系统的服务融为一体。医务社会工作者在医疗团队中链接各方资源,以服务对象为中心进行专业服务。医务社会工作者在“以病人为中心”的医疗团队中,从患者的角度出发,为患者排忧解难。故本题选 A。

57.【**答案**】B。**解析**:本题考查急诊室的社会工作。急症室社会工作服务内容中提到当医护人员忙于工作、身心疲惫的时候,社会工作者可以提供一些心理辅导支持性服务,帮助他们克服情绪低落所带来的工作倦怠。题干中,急需要帮助的李主任无法正常工作,是因为压力过大,所以要舒缓其压力。故本题选 B。

58.【**答案**】A。**解析**:本题考查企业社会工作服务的内容。社会工作者小林通过小组工作帮助他们辨识理想与现实的差距、自我发展的路径,正是为职工提供了职业生涯辅导,帮助职工进行自我职业生涯设计,促进职工职业生涯的发展。故本题选 A。

59.【**答案**】D。**解析**:本题考查企业社会工作者的角色。咨询辅导者:社会工作者会帮助职工明确其所工作的环境和条件,厘清其需求,弄清其所担忧的问题,寻找各种解决方法和途径,发展职工自身应对环境的能力。教育者:企业社会工作者可以担当教育者的角色,设计并实施职业和生活发展相关的教育、培训方案。对职工及管理者进行相关知识培训,提高其应对问题的能力。协调者:主要是针对职工在职业活动过程中遭遇的危机和冲突,并与主管部门进行沟通协调,澄清症因,明晰双方的权利义务,维护职工的利益,确保各方利益相关者的和谐关系和企业的和谐发展。倡导者:一是倡导企业贯彻法律法规维护职工权益,承担起应有的社会责任;二是倡导职工主动积极地维护自身的合法权益,为避免职业伤害而积极行动。故本题选 D。

60.【**答案**】A。**解析**:本题考查企业社会工作的主要方法。解决问题首先要找到问题的根源,企业职工流失比较严重,应当首先评估职工流失原因与服务需求,对症下药。故本题选 A。

二、多项选择题

61.【**答案**】BCD。**解析**:本题考查结案阶段的主要任务。结案并不是说社会工作者绝对不再与服务对象接触,而是不再提供服务,因此 A 项错误。在结案阶段社会工作者要逐渐减少与服务对象的接触,因此 E 项错误。故本题选 BCD。

62.【**答案**】ACD。**解析**:本题考查接案会谈的准备工作。在会谈前,服务对象资料的准备包括:事先研读服务对象的资料,了解其是否接受过服务;了解他们的身体和精神健康状况;走访社区,通过服务对象的社会网络来了解服务对象在个人和社会处境两方面的情况;了解服务对象是否有特殊事项需要谨慎小心处理。故本题选 ACD。

63.【**答案**】BC。**解析**:本题考查结案时服务对象的负面反应。倒退——恢复到以前的状态,以此拖延结案的到来;依赖——对社会工作者过分依靠;否认——不愿承认已到结案期,避免讨论关于结案的话题,表现为不准时参加社会工作者的工作会谈、会谈时心不在焉等;抱怨——对社会工作者不满意;愤怒——表现为对社会工作者不满,批评、攻击和挑战其他人。本题中,李奶奶害怕小李不再来看她,会谈时心不在焉,体现了依赖、否认的反应。故本题选 BC。

64.【**答案**】ABCE。**解析**:本题考查儿童友好社区建设倡导的内容。儿童友好社区建设倡导的内容包括:

(1)完善社区基本建设;(2)建设安全、益智的儿童游戏场所和设施;(3)健全社区儿童和家庭服务体系。(4)创新社区儿童参与工作机制。D项中的网吧和游戏机房不利于儿童的健康成长和发展。故本题选ABCE。

65.**【答案】**ABC。**解析**:本题考查罗杰斯“自我概念”涵盖的内容。“自我概念”可以涵盖三个层面:现实我(是真正的我)、理想我(是希望中的我)及客观我(是别人眼中的我),这三个自我需要能相互运作充分发挥其功能,健康自我才得以出现。故本题选ABC。

66.**【答案】**CDE。**解析**:本题考查养老服务机构照顾阶段与社会工作者的角色。在老人办理入院预约登记时,社会工作者的服务内容包括辅导、研究和评估、物理环境、经济状况、家庭网络、健康、自我照顾能力、生活方式、宗教信仰、教育水平。故本题选CDE

67.**【答案】**BE。**解析**:本题考查老年人正式社会支持网络的构成。老年人正式支持体系主要是由政府的老年工作组织机构和涉老组织机构构成,如我国各级老龄工作委员会及其办事机构,政府办的社会福利院、敬老院、老年公寓、颐养院、护理院、临终关怀机构、社区老年中心等。故本题选BE。

68.**【答案】**BCD。**解析**:本题考查妇女社会工作中的倡导。倡导指的是为了确保社会公正,站在服务对象或者受助团体的立场上,直接从事代表、捍卫、支持受助个人或者团体的利益的活动过程。倡导的前提是妇女个人存在着困难和社会保障制度的缺乏以及政策和法律保障不力等。因此,倡导的目的就是改变政策、法律和制度。从微观上而言,倡导是为了满足服务对象的需求;从宏观上来说,倡导就是采取游说、政策建议和运用传媒等方式进行政策建议。故本题选BCD。

69.**【答案】**BD。**解析**:本题考查增能的概念。增能是指一个人感觉有一种自我控制的能力,尊重自己、充满自信,并且相信自己有能力改变现状。A项中的主题与“男女平等”关联不大,因此A项排除;排戏的过程并不是以社区工作者为主导的过程,而是积极发挥服务对象的主动性和创造性的过程,因此C、E两项排除。故本题选BD。

70.**【答案】**ACE。**解析**:本题考查受虐妇女综合征的特征。受虐妇女综合征的特征包括低自尊、暴力循环和暴力正常化。故本题选ACE。

71.**【答案】**BE。**解析**:本题考查残疾预防工作的内容。一级预防是指预防残疾性伤害和残疾的发生,通过实施免疫接种、围生期保健、预防性咨询、减少暴力预防交通意外、加强公共场所安全、避免引发伤病的危险因素或危险源、指导健康的生活方式、提倡合理行为及精神卫生、安全防护照顾等措施。A项属于二级预防,C、D两项属于三级预防。故本题选BE。

72.**【答案】**ABCD。**解析**:本题考查矫正社会工作的内容。矫正社会工作的主要内容包括司法判决前的社会工作、监禁场所中的社会工作、社区矫正中的社会工作、刑满释放后的社会工作以及针对涉毒人员的社会工作介入。故本题选ABCD。

73.**【答案】**BCDE。**解析**:本题考查危机干预的内容。优抚医院社会工作中,危机干预介入过程中,要注重:(1)输入希望,提供精神支持与宣泄渠道,让迷茫、无助的服务对象重燃对生活的渴望、人生的希望;(2)提供支持,加强资源链接,积极联络亲属,充分利用服务对象自身拥有的资源,协助解决当前问题,共同努力克服危机;(3)恢复自尊,了解服务对象对自己的看法,协助其重塑自信、自我增能,并在其改而变的过程中给予适度激励,以乐观的精神感染服务对象,在整个服务过程中尽可能地传递正能量;(4)培养自主能力,帮助服务对象恢复和发展功能,减少依赖,增强自主,克服危机。故本题选BCDE。

74.**【答案】**AC。**解析**:本题考查保密原则。为服务对象保密原则是社会工作专业价值观的重要体现。即便是小方这样特殊的服务对象,他们也有与生俱来的尊重,也有权利保全自己的隐私且拥有不被外人干扰的生活空间。成长经历、微信账号、性倾向与戒毒关联不大,而且属于私人信息,根据保密原则,不宜向他人透露。选本题选AC。

75.**【答案】**ACDE。**解析**:本题考查军转复退军人安置社会工作的介入策略。在为军转复退军人开展小组工作的过程中,小组初期主要是心态调适。社会工作者作为一个引导者,主要是帮助组员调整心态。小组中期主要是让军转复退军人增加对个体和所处环境的了解。具体内容包括,为组员进行职业生涯规划,带领组员进行自我职业性格分析;介绍当前的社会大背景和就业环境,重点介绍退役军人安置制度改革以及应对措施，促进理念转变、能力提升。小组末期是职业准备阶段。具体内容包括，为组员介绍就业信息查询途径、就业咨询网站，连接职业培训资源，让他们可以接受更为全面、系统、有针对性的职业教育；邀请职业介绍师为组员讲授择业技巧等。故本题选 ACDE。

76.【答案】BE。**解析**：本题考查抗逆力的构成要素。主要有：（1）外部支持因素，包括拥有正向的联结关系、坚定清晰的规范、关怀支持的环境、积极合理的期望、有意义的参与机会；（2）内在优势因素，包括完美的个人形象感、积极乐观感；（3）效能因素，包括人际技巧、解决问题能力、情绪管理及目标订定等。故本题选 BE。

77.【答案】BCD。**解析**：本题考查生态系统理论。生态系统理论假设，影响个人发展的环境可分为微观系统、中观系统、外部系统及宏观系统。其中，微观系统是指个人直接面对面接触和交往而组成的系统，它对个人的影响最直接、最频繁，构成个人最重要的生活场所。像小红的家庭、同伴、学校就是这样的微观系统。故本题选 BCD。

78.【答案】ABCD。**解析**：本题考查家庭社会工作的步骤。在开始阶段，社会工作者的主要任务包括：与受助家庭成员建立稳定的合作关系、全面评估受助家庭成员的问题以及明确服务介入的目标和基本要求。题干中 A、B、C、D 四项都属于该家庭社会工作者的评估内容。故本题选 ABCD。

79.【答案】ACDE。**解析**：本题考查增强学生情绪控制和表达能力。要培养和强化学生控制和表达情绪的能力，主要技巧如下：识辨自己的情绪；识辨他人的情绪；运用不同的词语和方法表达情绪；对他人的情绪经验有同理心和同情心；了解个人内在情绪与外在表达的必然差异；以健康的方法处理负面情绪；了解情绪交流是建立深厚人际关系的一部分；加强个人对情绪的自我效能感。故本题选 ACDE。

80.【答案】ABDE。**解析**：本题考查疾病治疗领域的社会工作。糖尿病患者对于疾病的认知及对于疾病和治疗的适应是其两项重要需求，同时糖尿病患者也有心理情绪支援、家庭支援网络及出院照顾等方面的需求。社会工作者所提供的服务内容包括：（1）在医疗适应方面。社会工作者需要协助患者对于病情或医疗的了解和适应；鼓励患者接受病情和治疗措施；鼓励患者向医护人员了解病情和治疗；同时向医护人员反映患者的需求，以此提高患者的治疗依从性。（2）在疾病认知方面。社会工作者需要对患者进行健康指导，包括疾病、治疗、康复及饮食等知识介绍；同时对患者疾病及治疗的认知不足及偏差作认知矫正。（3）在心理情绪支援方面。社会工作者需要为患者因疾病及治疗而引起的情绪困扰提供情绪支援。（4）在家庭支援网络层面。社会工作者可以为患者家属提供资源，解决家庭因疾病而引起的各类困扰；为患者家庭提供社会心理支援。（5）在出院照顾方面。社会工作者可以协助患者对疾病进行自我管理能力的学习；协助家属学习照顾患者的能力；链接社区及医疗资源，为患者制订出院计划，使患者出院后依然能得到良好照顾。故本题选 ABDE。

社会工作实务(初级)2014年真题参考答案及解析

一、单项选择题

1.【答案】A。解析:本题考查接案中了解服务对象的来源和类型。按照寻求服务时的意愿,可将服务对象分为自愿型服务对象和非自愿型服务对象。自愿型服务对象是指那些认识到需要协助而自己主动向社会工作者求助的以及由他人介绍而接触社会服务机构并愿意成为其服务对象的人。非自愿型服务对象是指那些由政府、法院或其他有权利的部门或个人(包括父母、老师等)将需要协助的服务对象转介给社会工作的服务机构,以协助其解决问题的服务对象。本题中,小郑希望重新就业,其本身有意愿成为职业康复机构的服务对象,应属于自愿型服务对象。故本题选A。

2.【答案】A。解析:本题考查接案前的准备。为了顺利进行接案会谈,需要做好接案前的准备,做好会谈的准备和拟定初次会谈提纲就是其中之一。其主要分为:(1)服务对象资料的准备,包括事先研读服务对象资料,了解其是否接受过服务,了解他们的身体和精神健康状况,走访社区,通过服务对象的社会网络了解服务对象个人和社会处境两方面的情况,了解服务对象是否有特殊事项需要谨慎小心处理;(2)拟定初次面谈的提纲。本题中小李的做法正属于接案准备。故本题选A。

3.【答案】B。解析:本题考查接案中了解服务对象的来源和类型。那些尚未使用或接受社会工作协助和社会工作资源帮助,但未来可能需要服务资源和协助的服务对象,即是潜在服务对象。本题中小红属于潜在服务对象。故本题选B。

4.【答案】B。解析:本题考查接案的步骤及核心技巧中的会谈。所谓治疗性沟通(或具有治疗效果的沟通)是指通过人与人的交往,使一个人能够达到对其他人进行帮助的目的的一种人际沟通。在接案面谈时,社会工作者有意识地与服务对象进行的治疗性沟通具有以下功能:(1)提供支持;(2)减轻服务对象因求助而带来的内心焦虑;(3)协助服务对象建立对自己和解决问题的正确想法;(4)促成服务对象为解决问题采取有效的行动。故本题选B。

5.【答案】D。解析:本题考查评估的方法——咨询。为获得服务对象的准确资料,社会工作者也常向其他专业人士咨询,以求对服务对象的问题有全面、正确、科学的认识。本题中,华姐向心理专家和精神科医生请教如何准确评估小亮的问题与需要的做法,属于咨询的方法。故本题选D。

6.【答案】B。解析:本题考查儿童的特点和需要。儿童社会工作是根据儿童的生理、心理特点和成长、发展的需要来开展的。儿童社会工作成为独立的一种社会工作实务领域,是由于其所服务的对象有其自身特定的需求以及有别于其他社会群体的特点。本题中,儿童服务中心计划为不同阶段的儿童及家长提供不同的服务正是依据儿童发展特点而设计的。故本题选B。

7.【答案】B。解析:本题考查多元智能理论。根据多元智能理论,学校在发展学生具备各方面智能的同时,必须留意每一个学生只会在某一两方面的智能特别突出,而学生未能在其他方面追上进度时,不要让学生因此受到责备。当学生在某些课程上表现不尽如人意时,社会工作者也予以接纳,其依据的服务理念正是多元智能理论。故本题选B。

8.【答案】A。解析:本题考查对受虐儿童的社会工作介入方法。对受虐儿童的辅导是儿童社会工作介入的第一步,它首先考虑的是儿童的安全,进而协助儿童沟通及表达他们的感觉。故本题选A。

9.【答案】B。解析:本题考查保护服务对象的隐私。社会工作者应保护服务对象的隐私,未经服务对象同意或允许,社会工作者不得向第三者透露涉及服务对象个人身份资料和其他可能危害服务对象权益的隐私信息。社会工作者建议把资助款汇到孤儿学生的银行卡里,并且在日常学校生活中不对他们做特殊安排,充分体现了社会工作中保护孤儿隐私的原则。故本题选B。

10.【答案】C。解析:本题考查儿童的生存需要。儿童失去了父母,无人抚养,处于生存、发展的困境中,首先要采取多种形式妥善安置他们。故本题选 C。

11.【答案】C。解析:本题考查个人需求取向。其主要是指服务方案的设计是回应服务对象的需要。因此在整个服务方案的策划过程中,社会工作者是发起者和推动者,通过与服务对象建立关系,然后发动服务对象挖掘自己的需求。本题中的服务对象为高一新生,因此应让学生表达其需求。故本题选 C。

12.【答案】D。解析:本题考查社会工作方法在青少年服务中运用的整合性。社会资源的综合性决定了社会工作方法的整合性。本题中,社会工作者除了充分调动"失学失业"青少年个人以及家庭的资源功能外,还要在社区开展各类资源动员活动,如走访职介部门、社区就业援助部门、青少年活动中心等,也要向有关政府部门建议创造更具支持性的青少年发展环境。以上这些正式或非正式的资源系统的整合,对于社会工作专业方法的综合运用提出了很高的要求。故本题选 D。

13.【答案】D。解析:本题考查对具有攻击行为学生的服务内容。具有攻击行为的学生有社会认知缺陷的问题,他们对人际互动情境中的讯息归因、问题解决策略方面都出现僵化。此时的青少年情绪控制能力不如成人,在遭遇情绪不稳定、挫折或攻击时,往往会失控而施行暴力,以发泄自己不愉快的情绪。他们缺乏适当的沟通技巧,说话常不经修饰脱口而出,甚至习惯以骂人的方式互动,令人感到难堪而引发冲突。所以,首先应舒缓其冲动的情绪,然后与其共同分析解决问题的办法。故本题选 D。

14.【答案】C。解析:本题考查治疗性青少年社会工作。治疗性青少年社会工作包括以下内容:(1)提供就学或生活补助,以帮助有困难家庭的青少年正常成长;(2)提供被忽略或虐待的青少年的保护服务;(3)提供安全保护、收容服务以及不适合家庭居住的青少年安置服务;(4)提供在身体、情绪、精神方面功能失调以及社会人际适应不良等方面的治疗服务;(5)提供犯罪青少年以及过失青少年的矫正服务,尤其注重社区层面的服务提供。A、B、D 三项均为预防性青少年社会工作。故本题选 C。

15.【答案】C。解析:本题考查游戏技巧小组。游戏技巧小组的目的是在享乐的同时学会一套游戏技巧。该小组一般有顾问、教练和老师,有比较明确的任务导向,也有相互学习互动的机会,通过学习、游戏、演出等小组活动,促使青少年实现成长,并让青少年在服务他人的过程中感受自身潜能并获得自信。本题中的小组即为游戏技巧小组。故本题选 C。

16.【答案】D。解析:本题考查老年人社会角色的变化。角色理论认为当个体经历老化过程所带来的变化时,他们会丧失象征中年的社会角色和社会关系。例如,他们会因为退休而失去职业角色,需接纳象征晚年的新社会角色和关系,如做祖父母。这一理论认为成功的老年人在很大程度上取决于对角色变化和角色丧失的调整适应情况。故本题选 D。

17.【答案】B。解析:本题考查处理老年特殊问题中的丧亲问题。李奶奶面临的是丧亲问题,直接面对濒临死亡和丧亲的现实是做老年人社会工作不可避免的一部分。个人在接受自己不可避免的死亡或他人的死亡时会经历由否认期、愤怒期、讨价还价期、抑郁期、接受期组成的心路历程。哀伤辅导是针对近期丧失亲人的人,协助他们完成哀悼的服务。首先要给受助者提供情感支持,协助老人和家人处理伴随死亡而带来的多种复杂情绪。故本题选 B。

18.【答案】D。解析:本题考查社会工作者做老年社会工作时应注意的事项。做老年社会工作会面临许多艰难的人生问题,如疾病、伤残、死亡等。长期做这些服务对象的工作,可能会让人感到倦怠,社会工作者应当敏锐地体察自己的情绪状态,及早发现工作耗竭的征兆,并采取减压措施。可以通过找同事和其他专业人员咨询和督导来缓解自己工作上的压力。故本题选 D。

19.【答案】D。解析:本题考查推动社会性别主流化的工作。所谓社会性别是指在一个特定的社会中由社会形成的有关男性和女性的群体特征、角色、活动及责任等。传统的、定型的社会性别观念规定了男人和女人的不同的发展路径,而且男性优越于女性的性别认识阻碍了妇女的发展。因此,打破传统的社会性别定型认识、重新反思和认识社会性别,这对妇女的发展、男女平等的实现都具有深刻的意义。故本题选 D。

20.【答案】B。解析:本题考查针对妇女暴力的干预原则。针对妇女暴力的干预原则包括:(1)接纳受害妇女的问题而不是责怪受害者;(2)尊重受害妇女的人格独立,提升她们的自信心;(3)关注受害妇女安全;

(4)与受害妇女建立信任、真诚的专业关系。本题中,小谭的丈夫有家庭暴力,社会工作者首先应为小谭母女提供庇护所并确保其安全。故本题选 B。

21.**【答案】**A。**解析**:本题考查协助相同处境的妇女建立支持小组。协助类似小丽处境的妇女建立支持小组时,需注意以下三点:(1)建立小组要兼顾妇女的两种需求,即实用性性别需求和战略性性别需求;(2)小组活动的时间和场地一定要根据妇女的情况而定;(3)社会工作者和妇女的平等关系。社会工作者要警惕自己在小组中的身份以及由此带来的不平等,将自己的心放到小组中去,而不是把自己作为一个冷静的、领导小组活动的专家。故本题选 A。

22.**【答案】**C。**解析**:本题考查开展社区康复的原则。因陋就简的原则,即社区的资源是有限的,要使社区大多数康复对象享有康复服务,必须在尽可能动员社会力量的基础上因陋就简,使康复人员、康复对象及其亲友自制康复训练器械,充分利用传统的医学知识,采用易懂、易学、易会的实用技术,使康复成为普遍理解、便于推广应用的服务措施。故本题选 C。

23.**【答案】**C。**解析**:本题考查开展社区康复的内容。社区康复的内容为:一是开展残疾的预防;二是开展康复评定;三是开展全面康复服务。"爱心敲门""电话问安热线"是构建残障人士预防性社会工作介入模式的途径,属于 C 项的内容。故本题选 C。

24.**【答案】**C。**解析**:本题考查矫正社会工作中服务对象的需要。服务对象的需要包括:(1)基本生存条件的保障需要;(2)教育、就业权益的保障需要;(3)正常家庭生活的需要;(4)再社会化的服务需要。矫正社会工作通过矫正计划措施的实施,促进服务对象恢复和重建其严重缺失的社会功能,使其成为社会正常的成员。社会工作者要在专业价值观指引下,运用社会工作理论、知识和方法、技术,为服务对象及其家人,在审判、监禁、社区矫正、刑释或强制戒毒期间,提供思想教育、心理辅导、行为纠正、信息咨询、就业培训、生活照顾以及社会环境改善等方面的服务,使受助者消除犯罪心理结构,修正行为模式,适应社会生活。故本题选 C。

25.**【答案】**D。**解析**:本题考查优势视角理论。优势视角理论相信,每一个人都有"优点",都有向健康方向发展的潜能,即便是曾经违法犯罪的矫正对象也如此。从这一视角出发,社会工作者更多地将精力放在发现、发挥和发展矫正对象的"优势"方面。社会工作者小王鼓励矫正对象发挥自己的特长,组建艺术治疗小组,属于优势视角理论。故本题选 D。

26.**【答案】**B。**解析**:本题考查矫正社会工作的基本价值理念。基本价值理念包括:(1)接纳;(2)可塑性;(3)个别化。社会工作对人的基本看法就是,相信每一个人在一定条件下都是可以改变的,也相信人具有可塑性。在这种信念指引下,社会工作者才相信可以运用专业的方法和技巧,帮助受助对象改变其与生活不相适应的思想观念、生活态度、行为方式等,达到恢复其社会功能、重新成为正常社会成员的目标。故本题选 B。

27.**【答案】**A。**解析**:本题考查个案工作方法在社区矫正中的运用。非自愿型服务对象,指那些被政府、法院或其他有权利的部门或个人转介给社会工作的服务机构的需要协助的服务对象。社区矫正服务对象属于非自愿型服务对象,是被动接受矫正服务帮助的,这种特性使得他们在接受服务时通常会存在或表现出某些抗拒情绪和行为。故社会工作者首先应做的是改善专业关系。故本题选 A。

28.**【答案】**D。**解析**:本题考查行为治疗的方法。敢于自表训练是一种社交技能训练,通过运用指导、回馈、模仿、角色扮演、社会性奖励、家庭联系等方法,使当事人勇于表达自己的感受和想法。故本题选 D。

29.**【答案】**B。**解析**:本题考查理性情绪治疗模式。社会工作者对小张应使用理性情绪治疗模式,要对其情绪、行为困扰背后的非理性信念进行探寻和识别。主要技巧包括:(1)反应感受;(2)角色扮演;(3)冒险。社会工作者在解决小张的问题时,首先就是要对其进行情绪疏导,让其表达自己的感受,改变轻生的念头。同时为其提供物质资助,协助其申请临时救助。故本题选 B。

30.**【答案】**C。**解析**:本题考查对于刑满释放后的社会工作。对大多数从戒毒所出来的人员来说,最大的问题就是如何生存,如何抬起头来面对生活。社区矫正就是要用亲情、友情关爱,以接纳的价值理念对待这群特殊的人,让他们从心理上戒断毒瘾,走上社会。所以要帮助小方建立起她的社会支持系统,让家人了解她的感受和想法,以获得谅解,使其重新适应戒毒之后的生活。故本题选 C。

31.**【答案】**D。**解析**:本题考查优抚安置社会工作服务对象的需要。光荣院社会工作服务对象的需要主要包括:(1)健康维护的需要;(2)婚姻家庭的需要;(3)社会参与的需要,孤老优抚对象非常渴望与他人交往,渴望发挥自己的作用;(4)社会尊重的需要,常年相对封闭的院舍加深了一些孤老优抚对象觉得自己"被社会遗弃了"的感觉,他们非常渴望得到别人的尊敬、重视和赞赏。本题中,社会工作者请这些伤残退役军人外出为中小学师生做事迹报告,加强他们与社会的联系,为他们提供了社会支持。故本题选 D。

32.【答案】A。解析:本题考查社会工作者的职责。社会工作者是首先向服务对象提供服务的人,面对的是有困难的弱势群体,所以提供物质、劳务和心理方面的服务和帮助是社会工作者的首要职责。在许多情况下是要通过联络其他人、政府或服务机构才能实现的。本题中,社会工作者代表服务对象向医院反映他们的需求,是服务对象的代言人。故本题选 A。

33.【答案】D。解析:本题考查优抚安置社会工作服务对象的需要。军休社会工作服务对象的需要主要有:(1)军队情结;(2)社会尊重;(3)健康维护;(4)多元养老;(5)社会参与。军休干部在离开职位、退出现役之时,也就离开了职位和职业所赋予的各种权利和义务,从而产生心理上社会地位向下流动的现象。本题中,老钱来到人生地不熟的甲市,整天"宅"在家里,感到失落与茫然,首先要帮其恢复社会功能,建立起社会支持网络。故本题选 D。

34.【答案】D。解析:本题考查优抚医院社会工作的总体内容。优抚医院社会工作,要协助处理服务对象与医疗系统的关系,提供相关的医疗资讯,提供相关的医疗及福利的电话咨询,个案处理及转介等。本题中,对于担心将来没有医疗保障的小李,社会工作者应协助其了解地方医疗保障政策。故本题选 D。

35.【答案】D。解析:本题考查优抚医院社会工作的主要方法。精神问题的解决方法——寻求当下生命的意义。社会工作者在为优抚安置对象提供社会工作服务时,要引导服务对象找到往事的意义以及曾经的军旅生涯经历来建构生命的意义。引导服务对象珍惜"现在"的重要性,包括欣赏时间的珍贵以及真实地活在离开部队后的当下,"学习享受活着",协助其重燃对生活的希望。情绪低落、行为退缩的小徐日渐对当下的生活有一种无力感和无意义感,所以要帮他找到当下生命的意义以及探索和表达对生命的信念的方法。故本题选 D。

36.【答案】A。解析:本题考查最低生活保障中的服务内容。生活贫困或者遭遇不幸的个人或家庭缺乏参与社会活动的机会和资源,被排斥在正常的社会交往之外,其社会生活往往被边缘化。社会工作者需要为服务对象创造机会参与社区活动,增进他们与其他居民的交流,扩大他们的交往范围,帮助他们积极融入正常的社会活动中。比如,社会工作者可以鼓励社区中的低保家庭参与社区的文体活动和志愿活动,帮助他们参加社区的各种居民组织,增加相互了解,为社区发展献计献策,从而让低保家庭能融入社区、融入社会。故本题选 A。

37.【答案】A。解析:本题考查流浪乞讨人员救助原则。民政部联合有关部委发布的《关于进一步加强城市街头流浪乞讨人员救助管理和流浪未成年人解救保护工作的通知》,坚持"先救治,后救助"的原则,配合医疗机构做好街头流浪乞讨人员中的危重病人、精神病人、危险传染病病人的救治工作。故本题选 A。

38.【答案】C。解析:本题考查受灾人员救助中的服务内容。其包括:(1)协助安置受灾人员;(2)及时开展危机干预;(3)修复社会支持系统;(4)社区重建与发展。A、B 两项属于协助安置受灾人员的工作,D 项属于及时开展危机干预的工作,又因为某社会工作援助团队已在灾区服务两年,此时应该进行的是灾后重建的工作,C 项符合这一工作。故本题选 C。

39.【答案】B。解析:本题考查社会救助中协助服务对象提升反贫困的能力。社会工作者应协助服务对象制订最有利的反贫困策略,除了给予政策范围内的救助外,社会工作者还需要帮助贫困家庭和个人发掘社会资源,提高生存能力,培养工作技能,改善生活质量,彻底摆脱贫困。故本题选 B。

40.【答案】D。解析:本题考查地区发展模式。地区发展模式以社区为基础,强调居民共同参与,强调有效利用和整合资源以及通过自下而上的民主方式,决定社区事务和社区发展方向。故本题选 D。

41.【答案】A。解析:本题考查精神卫生领域社会工作常用方法。精神病患者及其家属的社会评估主要包括:(1)家庭,评估家庭成员间关系的性质、互动的方式及敏感的家庭问题;(2)社会支持;(3)社会环境。本题中,小勇每次在医院治疗效果都很理想,但回到家病情就会反复,说明其家庭环境出现了问题,所以应首先对其家庭状况作出评估。故本题选 A。

42.**【答案】**C。**解析**:本题考查家庭系统理论。家庭系统理论的核心是家庭系统,而要正确理解家庭系统的概念,就需要进一步把握家庭系统概念的六大核心要素:(1)家庭作为一个整体大于各部分之和;(2)家庭系统努力维持改变和稳定之间的平衡;(3)家庭系统中一位成员的改变影响所有其他成员;(4)家庭成员的行为遵循相互影响的循环因果的原则;(5)每个家庭系统既包含很多次系统,又归属于更大的社会系统;(6)家庭系统依据已经建立的规则运行。本题中,小丽与大强夫妻之间的矛盾比较突出,涉及家庭暴力,所以社会工作者应首先介入小丽和大强夫妻次系统。故本题选 C。

43.**【答案】**D。**解析**:本题考查家庭成员增能原则。家庭成员增能原则假设,每个家庭成员都有自己解决困难的能力,帮助家庭成员克服困难的有效方式是增强他们克服困难的能力。帮助家庭成员增能原则要求社会工作者在帮助家庭成员解决问题的过程中,鼓励家庭成员积极参与问题的解决过程,增强家庭成员自身的能力,提高他们的自信力和独立能力。故本题选 D。

44.**【答案】**D。**解析**:本题考查家庭个别化原则。家庭个别化原则认为,每个家庭都是独特的,都有自己的生活环境和沟通交流的方式。社会工作者只有从受助家庭所处的特殊处境和方式着手,才有可能把握受助家庭成员的真实需要,提供符合受助家庭成员要求的服务。而小宁仅仅将这个家庭当作一个典型的单亲家庭来看待,妨碍了他对受助家庭需求的评估和理解。故本题选 D。

45.**【答案】**C。**解析**:本题考查家庭评估的常用方法。家庭结构图中:□表示男性,○表示女性,——表示婚姻关系,—/ /— 表示离婚关系,—/— 表示分居关系,----表示同居关系。家庭结构图的绘制遵循三项基本的原则:(1)长辈在上,晚辈在下;(2)同辈关系中,年长的在左,年幼的在右;(3)夫妻关系中,男的在左,女的在右。故本题选 C。

46.**【答案】**A。**解析**:本题考查学校社会工作中抗逆力的理论来源。内在优势因素包括完美的个人形象感、积极乐观感。积极的个人形象是指个体对自我具有较强的认同感,能够接纳自我,同时具有高自尊以及高度自我价值感。本题中,小秦开展服务的目的就是增强这些青少年的内在优势。故本题选 A。

47.**【答案】**D。**解析**:本题考查满足部分学生特殊需求的学校社会工作。学校社会工作者在对学生进行人际关系方面的辅导时,可以通过小组工作或个案工作的方法进行辅导。学校社会工作者可以侧重从以下四个方面入手:(1)帮助学生自我觉察,帮助成员觉察自己日常沟通行为的"自我状态",引导学生对自我有更深刻的了解和认识;(2)提高学生个性品质;(3)促进学生养成技能;(4)协助学生自我成长。本题中,社会工作者小赵帮助受欺负的学生改善人际关系,工作目标应聚焦在帮助这些学生学会自我觉察。故本题选 D。

48.**【答案】**A。**解析**:本题考查学校社会工作中的自我认知。自我认知也叫自我意识,是个体对自己存在的觉察,包括对自己的行为和心理状态的认知。自我认知包括认识自己的价值观、人生方向和目标,认识自己的性格特征,认清自己的优势和劣势,觉察自我的情绪变化、原因等。故本题选 A。

49.**【答案】**D。**解析**:本题考查增强学生自我效能感。自我效能感指个体对自己是否有能力完成某一行为所进行的推测与判断。这种理论认为,即便人的行为没有对自己产生强化,但由于人对行为结果所能带来的功效产生期望,可能会主动性地进行那一活动。故本题选 D。

50.**【答案】**C。**解析**:本题考查学生的学业发展和生涯规划。学校社会工作针对学生的学业发展和生涯规划进行辅导时,主要通过小组工作的方式,让学生在参与中成长。小组设计包括以下几个方面:(1)明确生涯目标;(2)注重能力培养;(3)结合学习生活;(4)提高学习方法。故本题选 C。

51.**【答案】**B。**解析**:本题考查社区教育的实施取向。主要有两个取向:一是学校本位的社区教育,即根据学校的条件和需要,发展与社区教育的合作,以达到培养学生社区归属感、公民意识等教育目标,同时也让社区居民有享用学校设施及参与活动的机会,其实施主体是教育机构和教育工作者;二是社区工作本位的教育,即以建立社区居民的互助关系为基础,鼓励居民参与社区公共事务,提高社区居民的觉悟,进而改善其生活质量,建设一个相互尊重和团结的社区,其实施主体是社会福利机构和社会工作者。故本题选 B。

52.**【答案】**B。**解析**:本题考查社区社会工作方法中推动居民参与。在社区参与的层次和形式中,告知属于最低层次的参与,社区咨询比"告知"上升了一个层次。有关部门除了告诉基层社区、重要利益关系人和相关组织将要进行社区建设或改造的规划信息，并进一步征求他们的意见，同时也会在规划修订过程中考虑他们提出的意见。本题中，该社区的做法属于咨询。故本题选 B。

53.【答案】C。解析：本题考查社区社会工作过程中的社区分析。规范性需求是指由专家学者、专业人士、政府行政官员评估而决定的需要。C 项残联工作人员属于专业人士，所以 C 项正确。故本题选 C。

54.【答案】A。解析：本题考查社区服务（活动）方案策划。服务（活动）方案策划前的分析工作，首先要进行的是服务对象分析。故本题选 A。

55.【答案】A。解析：本题考查社区服务（活动）方案评估。定量的方法，即通过事先设计的问卷，采用问卷调查法，收集社区居民和服务对象参与服务（活动）后的满意度。故本题选 A。

56.【答案】B。解析：本题考查社区社会工作中控制式教育。控制式教育是指通过一些宣传教育的活动，重点控制不守公德和秩序的行为。这种社区教育是以阻止性为主，通常是树立正面的模范去宣传公民应有的态度和表现。故本题选 B。

57.【答案】A。解析：本题考查社会工作者以调解者的身份处理医患关系。从医患关系的角度看医院社会工作的内容，社会工作者以调解者的身份处理医患关系。尽管医务社会工作者是医疗团队的一员，但其专业价值的要求决定了医务社会工作者需要为患者服务，在医患关系的处理上要充分考虑患者的需求和利益。因此，由医务社会工作者扮演调解者的角色处理医患关系，这样的安排会更恰当，更能保证患者利益。故本题选 A。

58.【答案】B。解析：本题考查医务社会工作者的宏观层面的服务。医务社会工作者的专业角色既有宏观层面的政策倡导与健康宣传活动，又有中观层面的社区健康和职业健康，还有微观层面的病人照顾等。B 项属于宏观层面的服务。故本题选 B。

59.【答案】B。解析：本题考查精神卫生领域社会工作常用方法。精神疾病不仅给患者造成生理和心理的困扰，同时也使患者的社会功能退缩，如因患精神疾病无法上学、上班等。医务社会工作者可以通过探访、咨询等方法帮助精神疾病患者联系家庭、学校和有关机构，为他们重新回归社会做好各种必要的准备。故本题选 B。

60.【答案】C。解析：本题考查女性病患的医务社会工作方法。张女士在术后除了继续进行药物治疗以外，还要进行心理治疗。目前张女士的情绪因手术而变得异常焦虑，社会工作者首先要做的就是帮其疏导情绪，减轻焦虑。故本题选 C。

二、多项选择题

61.【答案】AB。解析：本题考查介入的分类。直接介入是指以个人、家庭和小群体为对象，针对个人、家庭和小群体采取的直接行动。其重点在于改变家庭或小群体内的人际交往，或改变个人、家庭和小群体与其环境中的个人和社会系统的互动方式。小红处于与家人关系比较紧张的困境当中，与母亲沟通存在困难。针对小红的问题直接介入的策略有：(1)帮助其学习人际沟通技巧，让小红扮演母亲的角色，体会母亲的想法；(2)鼓励服务对象主动与母亲进行交流沟通。故本题选 AB。

62.【答案】ABCD。解析：本题考查结案反应的处理方法。结案反应的处理方法包括：(1)在结案前与服务对象回顾一下介入工作的过程，以确定结案的时机是否已经成熟；(2)提前让服务对象知道结案时间，早些做好心理准备；(3)在结案阶段社会工作者要逐渐减少与服务对象的接触，提醒服务对象要学会自立；(4)社会工作者也要估计一些可能破坏改变成果的因素，预防问题的产生，继续提供一些服务，并为服务对象提供能够对他们有帮助的资源网络；(5)安排正式的结案活动，让服务对象分享各自的收获。故本题选 ABCD。

63.【答案】ABC。解析：本题考查制订服务计划的原则。在制订服务计划时，要注意以服务对象为中心，让服务对象参与计划的制订。这样才能让服务对象拥有自我成长、体验自尊和解决问题做出努力的机会。因此 E 项排除。本题中，社会工作者的目的是为服务对象增能，因此 D 项排除。故本题选 ABC。

64.【答案】AE。解析：本题考查儿童社会工作。需要的评估包括两个部分，一是确定目标对象；二是了解目标对象的特征和问题。故本题选 AE。

65.【答案】BC。解析：本题考查青少年社会工作的主要内容。青少年社会工作的主要内容包括：(1)发展性青少年社会工作,即能够发展社会资源和青少年潜能,使青少年的生活能力得到增强的社会工作服务;(2)预防性的青少年社会工作,即通过社会工作的各类服务,对一些潜在的、阻碍社会功能有效发挥的条件和情境进行早期发现和控制;(3)治疗性的青少年社会工作,即运用各类专业方法,协助青少年恢复处于崩溃边缘的社会功能。故本题选 BC。

66.【答案】AB。解析:本题考查青少年的特点和需要。16 岁的小峰患上皮肤病,自信心很低,说明他对自己的身体和容貌非常在意。高考失利,整日躲在家里,不想继续上学,也不想工作,表明他需要为自己未来的职业生涯做准备。故本题选 AB。

67.【答案】ACD。解析:本题考查老年社会工作中的建立社会支持网络。社会网络由正式和非正式支持系统组成。正式的社会系统包括社会工作者、医生、律师和其他专业的助人者,非正式的系统包括家庭、朋友、同事、邻居等。故本题选 ACD。

68.【答案】ABCD。解析:本题考查老年小组工作的注意事项。社会工作者开展服务要遵循保密原则,E 项实时播放小组进程,有违保密原则,故不恰当。A、B、C、D 四项均是恰当的做法。故本题选 ABCD。

69.【答案】ACD。解析:本题考查针对妇女暴力的干预原则和策略。针对妇女暴力的干预原则主要包括:(1)接纳受害妇女描述的问题而不是责怪她们;(2)尊重受害妇女的人格独立,提升她们的信心;(3)关注受害妇女的安全;(4)与受害妇女建立信任、真诚的专业关系。故本题选 ACD。

70.【答案】ABC。解析:本题考查针对妇女的生殖健康的工作。针对妇女的生殖健康问题,需要宏观的政策推动和微观的妇女健康权利的教育以及实际干预行动相结合。推动各级政府切实贯彻《中国妇女发展纲要》中对妇女生殖健康规定的指标;并且在微观层面上进行社区综合治理,打破沉默文化,重视妇女的生殖健康权利,提供健康服务所需的资源等。针对妇女的生殖健康开展综合干预,是妇女社会工作的重要内容。故本题选 ABC。

71.【答案】ABCD。解析:本题考查残疾人社会工作中社会康复的措施。社会康复的具体措施包括:(1)协助政府机构制定法律、法规和各种政策来保护残疾人的合法权益,使其享有同健全人一样的物质生活条件和文化成果。(2)保障残疾人生存的权利,使其在住房、食物、婚姻家庭方面得到公平的待遇,有适合其生存的必需条件,因此 D 项正确。(3)为残疾人自身的发展提供帮助,使其有接受教育和培训的机会,提高其生活自理能力、就业能力和参与社会的能力。(4)消除家庭中、社区里和社会上的物理性障碍,使残疾人获得生活起居的方便,并享受社会的公共设施服务。(5)大力提倡和实现人道主义精神,消除社会上对残疾人的歧视和偏见,激励残疾人的自强自立精神,建立一种和谐的社会生活环境,因此 B 项正确。(6)组织残疾人与健全人一起参加社会文化、体育和娱乐活动,支持残疾人自己的社团活动,通过交往,形成全社会理解、尊重、关心和帮助残疾人的良好风尚。(7)帮助残疾人实现经济自立,或提高其经济自立能力,保障其在经济生活中不受歧视,因此 A 项正确。(8)鼓励和促进残疾人参与社会的政治活动,保障其政治权利,因此 C 项正确。E 项属于职业康复方法,故不当选。故本题选 ABCD。

72.【答案】ADE。解析:本题考查针对涉毒人员的社会工作介入。本题中,服务对象小张被责令社区戒毒三年,社会工作者要做的是帮助其在社区成功戒毒。A、D、E 三项均是适当的做法。小张家人的看法并不能代表小张,故 C 项排除。B 项与小张戒毒关系不大,故 B 项排除。故本题选 ADE。

73.【答案】ABDE。解析:本题考查司法判决前的社会工作。社会工作者要客观准确地写出报告,除了与犯罪嫌疑人交谈外,还要对与其相关的许多人,如家人、邻居、同学、同事、朋友、警察、受害人等进行广泛的交谈。为了避嫌,社会工作者不应与法官交谈,因此 C 项排除。故本题选 ABDE。

74.【答案】BCE。解析:本题考查军休社会工作的主要方法。本题中,老赵开始很难适应从军队干部到平民的角色转换,导致情绪低落,到后来参加老年人互助小组活动,心情逐渐开朗,社会工作者运用了情绪疏导的办法。在小组中,老赵结识了很多朋友,结伴去给中小学生讲革命传统故事,有时还去爬山,激发了生活的热情。社会工作者协助他充分利用和发掘自身和外部的正式和非正式社会支持网络。故本题选 BCE。

75.【答案】ABC。解析:本题考查受灾人员救助中的服务内容。受灾人员救助的服务内容包括:(1)协助安置受灾人员;(2)及时开展危机干预;(3)修复社会支持系统;(4)社区重建与发展。故 A、B、C 三项正确,D、

E 两项属于灾后重建的工作方法。故本题选 ABC。

76.【答案】AE。解析:本题考查家庭社会工作的实施步骤。根据会谈记录进行评估可得到的基本信息有:(1)家庭成员的问题,如儿子成绩差,经常撒谎、逃学;(2)家庭成员的互动方式为夫妻俩吵架互不相让,儿子把身子缩成一团,转过头,闭上了眼睛。故本题选 AE。

77.【答案】BCDE。解析:本题考查家庭系统理论。(1)家庭成员的问题是由整个家庭的不良沟通交流方式导致的。不能把家庭的问题归结为某个或者某些家庭成员导致的,而应把问题放在整个家庭的环境中。故 A 项错误。(2)家庭面临的危机既是机会,也是挑战。对"问题"作出回应,同时也会影响家庭中的其他成员,要求其他成员做出相应的调整。如果家庭成员仍旧运用以往无效的问题解决方式,就会加深"问题"。(3)因"问题"而导致的家庭功能的失调能够有效解决。如果社会工作者能够让整个家庭成员看到"问题"与家庭成员沟通交流方式之间的关联,并且设法打断这样的沟通方式,让家庭成员从相互责备的互动循环方式中摆脱出来,就能有效解决家庭功能的失调。故本题选 BCDE。

78.【答案】ACDE。解析:本题考查改善亲子关系的服务。家庭行为学习是根据行为学习理论的原理,对家庭中的年轻子女在成长过程中遇到的行为问题进行干预的服务。家庭行为学习要求社会工作者首先与父母建立良好的合作关系,指导父母亲在孩子做出适应的行为时给予奖励,而在孩子作出不当的行为时给予惩罚,并关注父母亲指导孩子学习新的行为方式,改善父母亲与孩子之间的沟通交流。故本题选 ACDE。

79.【答案】ABD。解析:本题考查家庭生命周期理论。根据家庭生命周期理论,小贝夫妻俩处于学前子女家庭阶段,此时的任务和要求是:(1)学习父亲和母亲的角色;(2)调整夫妻的关系。故本题选 ABD。

80.【答案】BCD。解析:本题考查服务或活动阶段的工作内容。服务实施阶段主要开展的工作有预算管理、时间进度管理、服务品质管理、士气激励和提升。一是预算管理,一方面要记录清楚收入,另一方面要记录清楚支出。二是时间进度管理。三是服务品质管理,是指专业社会工作者对服务的可信度、及时性、保证度、同理心以及设施设备的管理,以确保服务的质量。四是士气激励和提升。这里是对提供服务和开展活动的专业社会工作者和志愿者的激励和士气提升,具体方式有通过光荣榜等形式表彰。故本题选 BCD。

社会工作实务(初级)2013年真题参考答案及解析

一、单项选择题

1.【答案】A。解析:本题考查社会工作通用过程中接案的概念。接案是社会工作者与潜在服务对象开始接触,了解其需要,帮助其逐渐成为服务对象并接受社会工作服务的过程。故本题选A。

2.【答案】D。解析:本题考查接案过程中,对服务对象类型的认定。服务对象分为自愿型服务对象和非自愿型服务对象。自愿型服务对象是指那些认识到需要协助而自己主动向社会工作者求助的以及由他人介绍而接触社会服务机构并愿意成为其服务对象的人。本题中,蒋女士在病友的介绍下成为社会工作者小王的服务对象,属于自愿型服务对象。故本题选D。

3.【答案】A。解析:本题考查预估的概念。预估是依据既定情境中的事实与特点推论出有关服务对象问题含义的暂时性结论的逻辑过程。换句话说,预估就是收集资料和认定问题的过程,是把所有有关服务对象的资料组织起来使其具有意义的专业实践活动,其目的在于为制订科学的介入计划打好基础。故本题选A。

4.【答案】C。解析:本题考查接案的步骤。在接案的准备阶段,要了解服务对象的来源和类型。服务对象的来源有三种情况:(1)主动求助者;(2)由他人介绍或机构转介来的;(3)由社会工作者通过外展工作而发展成为服务对象的。本题中,有任课老师提出小刚上课捣乱,故秦老师主动向小李寻求帮助,小刚就成了小李的服务对象。故本题选C。

5.【答案】A。解析:本题考查接案阶段收集服务对象资料的方法。直接询问的方式包括会谈和问卷。问卷是非常有用的收集资料的工具,特别是在社区工作中,利用问卷可以收集社区需要、问题和居民意愿的资料。故本题选A。

6.【答案】D。解析:本题考查社会工作通用过程中介入的分类。帮助服务对象可以有很多不同的介入点,包括直接接入、间接介入和综合介入。其中,间接介入是指以个人、家庭、小组、组织和社区以至更大的社会系统为关注对象,由社会工作者代表服务对象采取行动,通过介入服务对象以外的其他系统间接帮助他们。故本题选D。

7.【答案】C。解析:本题考查评估的方法。基线测量是在介入开始时对服务对象的状况进行测量,建立一个基线作为对介入行政效果进行衡量的标准基线,以评估介入前后的变化,以此评判介入目标实现的程度。基线测量方法可以应用于对个人、家庭、小组或者社区的工作介入评估,通过对服务对象介入前、介入中和介入后的观察和研究,比较服务提供前后发生的变化。所以本题中应测量员工参加小组前后的顾客投诉情况来评估小组工作成果。故本题选C。

8.【答案】C 。解析:本题考查儿童社会工作方法中的特殊性。在儿童社会工作中,社会工作者要特别注意在具体的实践中通过专业的助人活动,帮助儿童发现其问题的所在,提高儿童自决的能力,在为儿童提供自决机会的前提下,帮助他们实现成长。本题中,社会工作者要通过引导让学生自觉培养良好的听课习惯,这是儿童社会工作的理想目标。故本题选C。

9.【答案】C。解析:本题考查儿童社会工作的方法中,评估方法的应用。在儿童社会工作中,评估量表包括智力量表、行为量表、社会期望量表、自我意识量表和儿童受虐量表。阿亨巴赫儿童行为量表主要用来识别和评价具有行为和情绪问题的高危儿童,但并不能给出心理障碍的诊断,该表所测查的社会能力主要包含儿童的体育运动能力、社会交往情况和在校学习状况。故本题选C。

10.【答案】B。解析:本题考查儿童社会工作的层面。宏观层面的儿童社会工作主要包括:(1)参与有关各项保障和维护儿童基本权益的政策和法律的制定与完善,并配合其宣传和实施;(2)参与保障并推动适合儿童需要的教育事业的发展和完善,监督儿童受教育权的实现;(3)参与保障并推动儿童卫生保健事业的发展和完善,参与保障社会面向儿童的信息和资讯提供,并努力使其符合社会整体对儿童的期望目标;(4)积极地整合各方面资源,推动儿童的观点表达和加强儿童对社会事务的参与。社会工作者参与宏观层面儿童社会工作的方式有:(1)参与制定和实施法律、政策;(2)组织对儿童状况的调研,并向政府及社会提交报告;(3)参与公众焦点事件的分析,并向决策机构提供专业建议等。本题中属于宏观层面的服务为B项。故本题选B。

11.【答案】D。解析:本题考查儿童社会工作的方法。儿童小组工作是指一种通过小组过程及小组社会工作者的协助,使小组中的儿童能够获得小组经验、产生行为改变和恢复正常功能以及与他人和周围环境达成有效的调适,最终促进个人及小组发展的专业服务活动。本题中B、C两项不符合儿童小组工作方法,A、D两项符合,但是对于儿童来说,有游戏的需要,参加活动、游戏等更容易使孩子们互相融洽,所以相比之下,D项更合适。故本题选D。

12.【答案】D。解析:本题考查传播儿童健康成长理念和知识。亲职教育即向儿童的父母和家庭传播科学育儿理念,并为他们提供具体的科学育儿实践指导和日常育儿问题咨询。具体内容如下:(1)科学的育儿理念;(2)科学育儿的知识;(3)科学育儿的技能,观察的技能、沟通的技能、引导的技能等。分析选项可知,D项的服务属于亲职教育。故本题选D。

13.【答案】C。解析:本题考查受虐儿童的社会工作介入方法。对受虐儿童的辅导是儿童社会工作介入的第一步,优先考虑的是儿童的安全,进而协助儿童沟通及表达他们的感觉。故本题选C。

14.【答案】D。解析:本题考查沙盘游戏方法的步骤。儿童在摆放沙盘世界时所奉行的是"非语言的治疗"原则,治疗师尽可能保持一种守护性和陪伴性地观察和记录,并努力让儿童自己和沙盘交流。故本题选D。

15.【答案】C。解析:本题考查青少年社会工作的主要内容。青少年社会工作的主要内容包括发展性、预防性和治疗性社会工作。预防性青少年社会工作的主要内容包括:(1)改善青少年家庭生活环境,为青少年家庭提供服务,提供青少年父母亲子教育的机会,以增进父母教导青少年的技巧;(2)改善青少年学校生活环境,增加学校对不适应学业学生的学业辅导、技艺训练、发展补充性课程及相应活动;(3)改善青少年社区生活环境,加强社区各组织在青少年社会工作中的合作,整合各类社区资源,为青少年发展提供良好的社会支持;(4)探索建立学校、家庭、社区良性互动的青少年社会工作服务模式;(5)倡导有效的青少年服务和发展政策等。本题中,社会工作者实施"大哥哥大姐姐"项目目的在于改善青少年的学校生活环境。故本题选C。

16.【答案】B。解析:本题考查青少年社会工作的主要内容中个人层面社会工作的运用。本题中,小琴长期被父母贴标签,产生过度的自卑感,从而产生人际适应困难。社会工作者老王应采用理性情绪治疗法,让小琴对自己有正确的认识、评价,接受自己,能坦然自处。故本题选B。

17.【答案】C。解析:本题考查青少年的特点与需要。关于青少年的特点,除了生理、心理等方面外,文化角度是青少年研究的重要视角。有学者将青少年文化分成四种类型,也可以作为对青少年行为及其特点的一种分类。(1)正直青年,指那些循规蹈矩的青少年,他们似乎不需要经历什么冲击或反叛行为便可过渡至成年期。(2)问题青年,指那些有越轨行为甚至犯罪倾向的青少年,他们不守纪律、爱游荡、性滥交、吸毒、惹是生非的行为被视为社会问题。(3)文化叛逆青年,这类青少年不甘平凡,喜欢标新立异,追求独特的文化或生活品位,建立自己的一套生活方式。(4)政治偏激青年,他们好打抱不平,认同并采取激进的行动,以追求某些理想或社会取向。本题中,小强的行为符合文化叛逆青少年的类型。故本题选C。

18.【答案】C。解析:本题考查青少年社会工作的服务原则。青少年社会工作要遵循以下服务原则:(1)尊重青少年的价值与尊严;(2)接纳与关爱青少年;(3)注重青少年的个别需求;(4)协助青少年具备适应社会变化不断成长的能力。青少年社会工作的服务原则应尊重青少年自身的价值观,接纳、关爱青少年。本题中应该持尊重小红选择的态度,鼓励她分析拒绝的理由。故本题选C。

19.【答案】D。解析:本题考查青少年社会工作的主要内容。青少年社会工作的主要内容包括发展性、预防性和治疗性青少年社会工作。发展性青少年社会工作主要包括:(1)提供青少年闲暇场所;(2)举办并设计各种活动,使青少年学习并建立正确的人生目标,做事负责任的态度,领导及创造能力;(3)提供国内外时事信息的服务,使青少年了解世界发展趋势,并明确自己所应当扮演的角色;(4)提供青少年发展中的生理、心理、情绪、行为、人际交往、社会适应等各方面的知识性辅导服务,增进人际关系、法律常识、性教育、生殖保健的知识与技巧;(5)提供就业信息及就业辅导服务,以拓展青少年的综合能力等。A 项属于治疗性青少年服务;B、C 两项属于预防性青少年社会工作;属于发展性青少年服务的为 D 项,组织青少年户外拓展项目,举办活动,增强青少年能力。故本题选 D。

20.【答案】C。解析:本题考查促进青少年个体发展的社会工作方法中的自我探索。协助青少年开展自我探索,是青少年社会工作的重要服务手法之一。自我认知和自我探索的服务目标如下:(1)帮助青少年更清楚地认识自己及未来发展的可能性;(2)协助青少年发掘内在的潜能,并使之得到充分的发挥;(3)通过青少年之间的互动与分享,强化其自我表达的能力;(4)提升青少年自我觉察和觉察他人需要的能力;(5)强调青少年间彼此回馈和反应的重要性,不仅帮助了个人的自我成长,也帮助了他人成长;(6)协助青少年能够自我接纳、自我完成,终至自我实现。故本题选 C。

21.【答案】A。解析:本题考查养老照顾的内容。养老机构照顾有两种模式:园艺模式和仓储模式。在园艺模式中,首要任务是满足老人未得到满足的需要,开发老人的能量和未得以实现的能力。园艺模式所提供的照顾是以人为本的,重点是老人的社会和感情要求。在仓储模式中,照顾机构的首要任务是延长人的寿命,重点是为老人提供一个安全的居住环境、合适的饮食、良好的健康和医疗服务。本题中,B、C、D 三项均属于仓储模式,只有 A 项属于园艺模式。故本题选 A。

22.【答案】D。解析:本题考查老年人小组工作的注意事项。老年人小组工作的注意事项:(1)尊重自决权;(2)平衡对小组和个人所负的责任;(3)尊重保密权;(4)干预小组动力,保护小组成员免受伤害。本题中,小王应该尊重张奶奶的自决权。故本题选 D。

23.【答案】B。解析:本题考查处理老年特殊问题中的自杀。社会工作者需要意识到与老人自杀有关的风险因素,并通过直接的、间接的和行为上的线索加以评估。老人直接说“我要了结自己”和“有时我真想结束一切”,并不是随便说说以引人关注,而是直接的线索,表明他正在考虑终止自己的生命。A 项,超剂量购买并藏匿安眠药,属于行为线索,但有这种行为本身并不一定表明就有自杀倾向,所以,A 项并不是风险系数最高的。D 项属于间接线索。这些话是直接要求肯定他们的生命也有价值,这是老人在绝望地呼救,相比之下,风险系数并没有直接线索高。C 项并不一定能成为行为线索,也不能表明老人有自杀倾向。故本题选 B。

24.【答案】B。解析:本题考查妇女的需要。妇女有生命权得到保障的需要,生殖健康的需要,权益和发展得到保障的需要,建立性别公正的政策、制度和社会环境的需要。贯彻和落实《中华人民共和国妇女权益保障法》以及其他各个法律中对妇女权益的维护是当前妇女社会工作的艰巨任务。为保障妇女的权益和发展的需要,社会要维护妇女的特殊权益,促进妇女在就业、教育、参政等方面的平等待遇,改善妇女的贫困状态,保护妇女不再遭受家庭暴力、性侵犯、被拐卖等威胁。所以,本题中《禁止拐卖妇女儿童行动计划》属于妇女权益和发展得到保障的需要。故本题选 B。

25.【答案】D。解析:本题考查妇女社会工作中性别需求分析。摩塞把妇女的需求分为实用性社会性别需求和战略性社会性别需求。实用性社会性别需求是指在社会生活中妇女就其社会承认的角色而确定的需要,这些需求是妇女很实际的需要,如妇女需要食物、健康、就业等。因此 A、B、C 三项均属于实用性需求。战略性社会性别需求指的是挑战和改变由妇女在社会中的从属地位而产生的需要,这类需要涉及社会的分工模式、权利等。满足这类需求可以协助妇女取得更多的平等权利,改变现存的社会分工模式和角色,挑战妇女的从属地位。所以,妇女参政议政属于战略性社会性别需求。故本题选 D。

26.【答案】C。解析:本题考查妇女社会工作方法中妇女增能的方法。妇女增能是通过社会工作者和妇女之间的共同合作,让妇女有能力认识到自身的真实处境,引发她们对形成这种境况的社会因素进行思考,寻找解决的途径,并且通过参加具体的行动来改善处境。本题中,社会工作者运用赋权的方法,应该与女员工共同制定目标。故本题选 C。

27.【答案】B。解析:本题考查残疾人社会工作的主要内容与方法。残疾人社会工作中,维护残疾人的合法权益是一项重要内容。残疾人的法律政策咨询中,意外伤害赔偿问题是比较突出的问题之一。因各种意外伤害致残的人数与日俱增,伤残者中农民进城打工者占有很大比例。社会工作者在开展这类特殊服务时,首先要处理好工伤的认定问题,同时要适当进行转介服务,协助有关的调查工作。本题中,小李首先要协助小王申请工伤认定。故本题选 B。

28.【答案】C。解析:本题考查社会康复的措施。根据社会康复的内涵,开展具体工作的措施包括:(1)协助政府机构制定法律、法规和各种政策来保护残疾人的合法权益;(2)保障残疾人生存的权利;(3)为残疾人自身的发展提供帮助,使其有接受教育和培训的机会,提高其生活自理能力、就业能力和参与社会的能力;(4)消除家庭中、社区里和社会上的物理性障碍,使残疾人获得生活起居的方便;(5)大力提倡和实现人道主义精神,消除社会上对残疾人的歧视和偏见;(6)组织残疾人与健全人一起参加社会文化、体育和娱乐活动;(7)帮助残疾人实现经济自立,或提高其经济自立能力;(8)鼓励和促进残疾人参与社会的政治生活,保障其政治权利。本题中,让轻度智障的儿童进入普通学校随班就读属于社会康复的内容。故本题选 C。

29.【答案】D。解析:本题考查残疾人社会工作的内容。残疾人社会工作,不仅要增强残疾人的服务和应对生活环境的能力,同时也要改善社会对残疾人士的偏见和歧视态度,让残疾人获得社会支持。本题中,社会工作服务机构面向社区居民开展了一系列活动,带领不同年龄段的居民体验失明、失聪、肢残等多种失能感受。让健康人能够亲身体验到残疾人的生活处境,能够直接增进社区居民对残疾人的理解。其他几个项目都是在社区居民获得亲身感受后,再通过其他改善措施推进社区康复工作的开展,属于间接作用。故本题选 D。

30.【答案】D。解析:本题考查矫正社会工作的方法。在矫正社会工作中,矫正对象的需要包括基本生存条件的保障需要,教育、就业权益的保障需要,再社会化的服务需要。其中再社会化的服务需要是指矫正社会工作通过矫正计划措施的实施,促进矫正对象恢复和重建其严重缺失的社会功能,使其拥有正常社会生活。社会工作者要在专业价值观指导下,运用社会工作的理论、知识、方法和技术,为罪犯及其家人,在审判、监督、社区矫正或刑释期间,提供思想教育、心理辅导、行为纠正、信息咨询、就业培训、生活照顾以及社会环境改善等方面的服务,使罪犯消除犯罪心理结构,修正行为模式,适应社会生活。本题中,小王服刑多年即将刑满释放,对外界不甚了解,对释放后的生活没有信心,其完成再社会化的需求主要是拓展刑满释放后适应新环境的能力,提升人际交往能力,拓展人际网络。故本题选 D。

31.【答案】B。解析:本题考查矫正社会工作方法中理性发展治疗模式的运用。非理性信念的检查技巧,即对服务对象情绪、行为困扰背后的非理性信念进行探索和识别的具体方法。主要包括:(1)反映感受。让服务对象具体描述自己的情绪、行为以及各种感受,从而识别出背后的非理性信念。(2)角色扮演。让服务对象扮演特定的角色,重新体会当时场景中的情绪和行为,了解情绪和行为背后的非理性信念。(3)冒险。让服务对象从事自己所担心害怕的事,从而使情绪、行为背后的非理性信念呈现出来。(4)识别。根据非理性信念的抽象、普遍和绝对等不符合实际的具体特征分析、了解服务对象情绪、行为背后的非理性信念。所以本题中符合非理性情绪检查技巧的为 B 项。故本题选 B。

32.【答案】D。解析:本题考查优抚医院社会工作的主要方法。危机是由于个人生活中的紧急或突发事件使个人原有的满意状态有所改变,出现不平衡,或者失去稳定的一种状态。优抚安置领域常见的危机情境有多种情况,如离开部队、突发性伤残、长期的慢性病折磨、面临新的人际关系、艰难的事业选择、缺乏社会支持、相对封闭的环境、失业、死亡。危机干预模型为社会工作者的服务提供了一个有用的实务基础,帮助服务对象处理严重的情境性事件或发展性的生命转折。危机干预模式是围绕服务对象的危机而展开的调适和治疗工作。本题中,张大爷是一位一级伤残的优抚对象。近日,因老伴心脏病突发离世,张大爷出现了心理危机;生理上,张大爷两天没吃饭,身体虚弱。社会工作者小王立即联系优抚医院的医生为张大爷检查身体,并一直陪伴在其身边,安抚他的情绪,这属于及时的危机干预。故本题选 D。

33.【答案】B。解析:本题考查优抚安置社会工作的主要方法。在理性情绪行为疗法过程中,社会工作者充当着咨询者和教育者的角色,其实质是要引导服务对象树立一种豁达的人生态度。故本题选 B。

34.【答案】A。解析:本题考查社会救助社会工作的主要作用。社会救助社会工作的一个作用是协助服务对象申请合适的救助项目。社会救助政策类型多,涉及项目广,内容非常丰富。服务对象属于社会弱势群体,个体能力有限,对于申请救助的程序和拟申请的救助类型不一定充分了解。这就要求社会工作者帮助服务对象正确分析自身的状况,对照政策做出是否符合申请要求的判断,最后在政策范围内申请合适的救助项目。本题干中社会工作者为大军申请的短期临时救助属于政策范围内合适的救助项目。故本题选 A。

35.【答案】A。解析：本题考查光荣院社会工作的内容。光荣院社会工作的内容广泛，其中主要包括为服务对象提供个案心理辅导，运用怀旧、生命回顾方面的技巧，帮助服务对象重塑自我，找回生命的意义。A 项符合，其他选项均不属于光荣院社会工作的内容。故本题选 A。

36.【答案】A。解析：本题考查儿童社会工作的方法。儿童辅导有许多方法或模式，如行为治疗法、当事人中心治疗法、社会技巧训练等。但是，由于儿童年龄较小，许多困惑或遭受的伤害难以用语言表述出来和表达清楚，所以，过于理性或复杂的治疗模式有时候并不能获得理想的辅导效果。针对儿童的身心特点和年龄特点，可以运用游戏治疗模式进行儿童辅导。本题中，小花是流浪儿童，并且身上有多处新旧伤痕，但小花始终不肯开口，社会工作者第一步应该做的是通过游戏模式让小花吐露心声，了解小花的情况。故本题选 A。

37.【答案】A。解析：本题考查社区工作方法中社会工作者的主要任务。题干中说的是“社区反贫困能力建设”，B、D 两项服务对象都没有参与，违背了“能力建设要求服务对象参与”的原则；C 项，服务对象虽然参与了，但是服务的内容是“各种社会关系”，并没有围绕“反贫困”的目标；A 项，既通过合作社促进经济发展，也实现了“反贫困”的目的，促进了社区领袖的能力提升。故本题选 A。

38.【答案】D。解析：本题考查流浪乞讨救助社会工作的主要内容。流浪儿童是流浪乞讨人群中的弱势群体，是特殊的救助对象。对流浪儿童的救助包括：(1)动员社会力量，预防流浪儿童的出现；(2)根据儿童身心特点，建立全方位的救助体系，包括从物质救助到教育救助、从机构救助到回归家庭与社会、安置与跟踪服务。所以本题不属于流浪儿童救助服务的为 D 项“合法收养”。故本题选 D。

39.【答案】D。解析：本题考查家庭社会工作与家庭治疗的关系。提起家庭社会工作，很容易让人想起家庭治疗。这两个概念既有联系又有区别，很容易混淆。它们的不同主要体现四个方面：(1)起源不同；(2)关注焦点不同；(3)工作理念不同；(4)专业关系不同。家庭社会工作与家庭治疗的联系主要体现在三个方面：(1)服务领域相互影响；(2)服务模式相互影响；(3)工作人员的相互影响。故本题选 D。

40.【答案】C。解析：本题考查家庭社会工作中家庭生命周期理论。家庭生命周期包括八个阶段。本题中大李夫妇家庭处于第四个阶段，即青少年家庭阶段。在这个家庭阶段中，家庭面临的任务和要求是：调整家庭界限满足青少年的独立要求；适应家庭成员对个人自主性的新的要求。故本题选 C。

41.【答案】D。解析：本题考查家庭与家庭社会工作。家庭结构的转变不是简单的结构变化，同时意味着家庭成员之间互动交流关系的转变以及家庭成员的需要的改变。作为社会工作者，需要将家庭结构的改变与家庭成员互动关系的转变以及家庭成员需要的变化连接起来，并且将这些变化放在家庭的自然生活场景中考察。本题中，女儿的厌食症与夫妻间一直闹离婚，大力很少回家导致的家庭结构的转变有很大关系，所以社会工作者干预的主要目标应是调整家庭结构，协助夫妻俩帮助女儿走出困境。故本题选 D。

42.【答案】B。解析：本题考查家庭干预的常用技巧。聚焦技巧是指社会工作者帮助受助家庭成员收窄注意的焦点，将受助家庭成员的注意力集中在需要解决的问题上，以便对问题做出深入的探索，保证服务介入活动的效率。本题中的夫妻对孩子有许多不满和抱怨，社工通过聚焦技巧，希望能找到需要解决问题的焦点问题，所以最合适的问法是 B 项，“你们对孩子有许多不满，让我们从最让你们头痛的地方开始”。故本题选 B。

43.【答案】A。解析：本题考查家庭评估的常用方法。在家庭结构图中，□表示男性；○表示女性；——表示婚姻关系；—//— 表示离婚关系；—/— 表示分居关系；----表示同居关系。家庭结构图的绘制遵循三项基本的原则：(1)长辈在上，晚辈在下；(2)同辈关系中，年长的在左，年幼的在右；(3)夫妻关系中，男的在左，女的在右。故本题选 A。

44.【答案】D。解析：本题考查家庭社会工作的基本内容。家庭行为学习是改善亲子关系的服务方法之一。家庭行为学习要求社会工作者首先与父母亲建立良好的合作关系，指导父母亲在孩子做出适当的行为时给予奖励，而在孩子做出不当的行为时给予惩罚，帮助父母亲指导孩子学习新的行为方式，改善父母与孩子之间的沟通交流。故本题选 D。

45.【答案】C。解析：本题考查家庭干预的常用技巧。再标签技巧是指社会工作者帮助受助家庭成员从更为积极的角度界定问题，改变受助家庭成员以往的消极态度和认识，从而促使受助家庭成员产生新的积极的行为。题干中社会工作者通过引导使夫妻两人思考和发现儿子“大大咧咧”的优点（积极面），而不是仅仅看到儿子“大大咧咧，对什么都不上心”，来最终改变他们对儿子的消极态度。故本题选 C。

46.【答案】C。解析：本题考查学校社会工作中团体辅导方法的组织与运用。团体辅导方法应遵循的理念和原则包括：(1)自愿原则；(2)按需开展；(3)小组同质性与异质性的平衡；(4)关注共性需要；(5)突出活动主题；(6)学生为主，教师推动；(7)联系课程，有所突破；(8)方案设计体现动感；(9)富有真情，触动情感；(10)循循善诱，减少说教。故本题选 C。

47.【答案】A。解析：本题考查学校社会工作中抗逆力的效能因素。效能因素包括人际技巧、解决问题的能力、情绪管理及目标订立等。故本题选 A。

48.【答案】D。解析：本题考查满足部分学生特殊需求的学校社会工作。学校社会工作者在面对陷入生活困境的学生时，可以从四个方面入手，其中包括发展支持系统，即学校社会工作者可以采用小组工作方法，把相似家庭背景的学生组成一个互助或成长小组，让他们相互支持、相互学习，共同探讨解决问题的方法。本题中打工子弟学校的学生因为刚到城市，生活习惯不同，出现了生活困境。D 项开办自我成长小组属于发展支持系统，通过相互支持、学习，解决学习差、压力大的问题，最终提升他们的自我认识能力。故本题选 D。

49.【答案】B。解析：本题考查培养学生抗逆力的方法和基本步骤。学校培养学生抗逆力的操作性环节包括以下六个步骤：(1)促进亲社会联结；(2)建立清晰、稳定的边界；(3)教授生活技能；(4)提供关怀与支持；(5)建立和表达高的期望；(6)提供机会，促进参与。其中，提供关怀与支持是指提供无条件的、绝对的、积极的关注与鼓励，这种关心不一定是来自家人，也可以是来自老师、邻居或其他群体。本题中，老师对小芳的学习和生活上的照顾提供了关怀与支持。故本题选 B。

50.【答案】B。解析：本题考查社区社会救助工作的主要模式。社区工作的模式有地区发展、社会策划、社会行动、社区照顾等。在开展社区社会救助工作时，一般采用多种模式综合运用的方法。社会策划强调解决社区内部的实质性问题，比如下岗失业人员就业、住房、精神健康、停车难等问题。本题中，社会工作者与相关政府部门取得联系，开设便民餐车和家电维修点，既改善了小区便民设施少的状况，又开发了就业岗位，是一个成功的社会策划。故本题选 B。

51.【答案】B。解析：本题考查社区社会工作的主要方法中的推动居民参与。在推动居民参与中，社区参与的层次和形式共有五个方面：告知、咨询、协商、共同行动和社区自治。其中，协商是指社区进行建设和改造时，邀请受此影响的社区居民一起了解和讨论计划内容，推动居民成为决策过程中的一分子。本题中，当地政府与受影响的居民一起商讨改造计划就是协商的层次和形式。故本题选 B。

52.【答案】A。解析：本题考查社区社会工作的主要方法中的资源链接。社区资源链接的方式主要包括资源整合、资源共享和资源配置。资源共享是指相邻社区都有资源，但资源的种类不同。为了改善社区的环境和促进社区的发展，相邻的社区通过共同合作的方式，各自获得自己的利益或达到自己的目的。本题中，乙社区调动了甲社区的场地和配套经费，乙社区的社会工作者来提供社区课后辅导服务，最终达成合作协议，符合资源共享原则。故本题选 A。

53.【答案】C。解析：本题考查社区社会工作的过程中的社区分析。社区需求分析主要有四种类型：(1)感觉性的需求，指社区居民或服务对象感受到或意识到，并用言语表述出来的需要；(2)表达性需要，指社区居民或服务对象把自身的感觉通过行动表达出来的需要；(3)规范性需要，指由专家学者、专业人士、政府行政官员评估而决定的需要；(4)比较性的需要，指社区居民或服务对象将所得到的服务与其他类似社区进行比较而认为有所差别的需求。故本题选 C。

54.【答案】A。解析：本题考查社区社会工作的主要方法中的建立社区支持网络。建立社区支持网络包括个人网络、志愿者联系网络、互助网络和邻居协助网络。互助网络是指把面对相同问题或具有相似兴趣、能力的人聚合在一起，帮助他们建立联系，促进他们互相帮助、互相支援。具体做法是：社会工作者为那些有共同问题、相同背景和兴趣的服务对象建立起朋辈支持小组或互助小组，加强同伴之间的支持，促进信息分享和经验交流，增强其解决问题的能力。本题中，空巢和独居老人生活上具有相同的问题，所以社会工作者将其组织起来，建立社区老人支持小组，加强相互间的交流，增强他们解决问题的能力。故本题选 A。

55.【答案】C。解析：本题考查社区社会工作的主要方法中的推动居民参与。在推动社区居民参与时，策

后，妻子离家出走。目前顾某与父母、儿子共同生活，父母年老多病，儿子辍学在家，家庭生活困难。顾某有基本生存条件保障的需求，顾某无固定职业，有就业权益的保障需要，同时，顾某需要接受良好教育，实现自新、自强、自立的目标。顾某家庭关系紧张，也有改善家庭关系的需要。故本题选 ABCE。

74.**【答案】**ABCD。**解析**：本题考查社会救助社会工作的主要内容。在以基本生活救助为主的社会救助社会工作中，社会工作者可以参与社会救助政策的制定、实施与评估开展工作，具体包括：(1)社会救助政策的制定。救助政策和有关实施规定也需要适时的修订和调整，同时需要填补社会救助现有政策尚未涉及的领域，因此 B 项正确。(2)政策实施与评估。社会救助政策的实施是将救助理念和救助规定转化为具体救助行为的过程，社会工作者是救助政策实施的具体执行者，从审查贫困家庭的救助申请到家庭经济状况调查，从邻里访问到单位走访，从帮助申请到救助款物发放，每一个环节都需要社会救助工作者去落实。因此 C、D 两项正确。社会救助工作需要熟悉相关政策并学会灵活运用，并按照统一的国家和地方标准实施救助，同时还要考虑贫困群体的个体差异性，运用分类施保等特殊规定保障其基本生活。除了现金给付之外，社会救助社会工作者还需要协调各类救助资源，综合使用政府救助、慈善捐赠、企业见面等方法，多角度、多层次满足救助对象的实际生活需要。因此 A 项正确。E 项灵活制定标准，说法错误。故本题选 ABCD。

75.**【答案】**ACDE。**解析**：本题考查灾害人员救助中的服务内容。服务内容包括：(1)协助安置受灾人员；(2)及时开展危机干预；(3)修复支持系统；(4)社区重建与发展。B 项属于灾后重建，不符合第一时间开展救助的内容。故本题选 ACDE。

76.**【答案】**ABCD。**解析**：本题考查家庭干预的常用技巧。家庭干预的常用技巧包括观察技巧、聚焦技巧、例子使用技巧、再标签技巧。家庭结构图是家庭评估的常用技巧，不属于家庭干预的技巧。故本题选 ABCD。

77.**【答案】**ACD。**解析**：本题考查家庭社会工作的基本原则。家庭处境化原则是家庭社会工作的基本原则之一。家庭处境化原则假设家庭是家庭成员生活的自然场景，它要求社会工作者在观察和评估家庭成员的需要时把家庭成员放在家庭的日常生活中，观察和了解家庭成员之间以及家庭成员与周围环境之间的互动交流状况，关注家庭成员的日常生活。只有建立在家庭自然生活场景中的观察和评估，才能准确把握家庭成员的真实需要，从而提供能够符合实际家庭处境的解决方案。故本题选 ACD。

78.**【答案】**AE。**解析**：本题考查小组设计的内容。小组设计包括以下四个方面内容：(1)明确生涯目标；(2)注重能力培养；(3)结合学习生活，包括学会学习，树立终身学习的意识，掌握适合自己的学习方法；(4)提高学习方法。故本题选 AE。

79.**【答案】**AC。**解析**：本题考查社区服务(活动)方案的评估。评估内容包括方案成效评估和方案过程评估。本题活动结束后进行评估属于方案成效评估。方案成效评估的方法有两种：(1)可以采取定量的方法，即通过事先设计的问卷，采用问卷调查法，收集社区居民和服务对象参与服务(活动)后的满意度；(2)可以采用定性的方法，即通过深度访谈、观察、文件档案整理分析来评价社区服务(活动)方案的成效。方法中已提到评估内容，即采用问卷调查法，收集社区居民和服务对象参与服务(活动)后的满意度，故 A 项正确。C 项中，社区居民对相关知识的知晓率也是对为期一年的健康教育活动在社区开展的深度调查，也属于成效评估内容，故也符合题意。故本题选 AC。

80.**【答案】**BCDE。**解析**：本题考查社区社会工作的内容。社区参与有五个层次和形式，其中包括协商。社区进行建设和改造时，邀请受此影响的社区居民一起了解和讨论计划内容，推动居民成为决策过程中的一分子，因此 D 项正确。在推动社区居民参与的策略中，一个策略是提升社区居民的参与意愿。一方面充分考虑家人和亲友对参与意愿的正负影响，邀请和鼓励他们同时参与，或尽量减少其负面的影响；另一方面要考虑到居民参与意愿很大程度决定于所参与的社区事务是否与他们的生活或利益密切相关。本题中要考虑到社区居民的生活和利益，社会工作者恰当的做法是消除居民心中对垃圾焚烧是否会污染空气的疑虑，可以通过请专业人士现场解答的方式实现，同时在矛盾存在时，与企业协商，安置社区下岗人员，带给这些人员合适的利益，也会减少甚至化解矛盾，因此 B、C 两项正确。另一个策略是提高社会居民的参与能力，包括进行参与知识和技巧的培训。选项中，社会工作者可以通过宣传教育提升居民通过合法渠道维护自身利益的能力，因此 E 项正确。故本题选 BCDE。

社会工作实务(初级)2012年真题参考答案及解析

一、单项选择题

1.【**答案**】A。**解析**:本题考查社会工作服务对象的类型。服务对象分为现有服务对象与潜在服务对象。那些主动求助和转介及外展而来的,已经使用社会工作者提供的资源或正在接受社会工作者协助的服务对象,被称为现有服务对象;那些尚未接受社会工作协助和尚未使用社会工作资源,但未来可能需要社会工作者提供服务资源和协助的服务对象,即潜在服务对象。本题中,小明在未来可能需要社会工作者的帮助,所以他是潜在的服务对象。故本题选A。

2.【**答案**】B。**解析**:本题考查介入的分类。间接介入是指以个人、家庭、小组、组织和社区甚至更大的社会系统为关注对象,由社会工作者代表服务对象采取行动,通过介入服务对象以外的其他系统间接帮助他们。本题中,属于间接介入的是让老师给小红介绍学习伙伴。故本题选B。

3.【**答案**】D。**解析**:本题考查接案的步骤与核心技巧之一——面谈。接案面谈的首要任务是界定服务对象的问题。社会工作者需要注意的是,服务对象自己对问题的看法是界定问题时最重要的起点。因此,在使用沟通技巧与服务对象面谈时,服务对象所关心的问题、他们的困惑即界定问题的入手点。从询问服务对象自己对问题的看法来界定问题,可以让社会工作者了解服务对象希望改变的是什么。在本题的案例中,社会工作者询问服务对象问题产生的原因正是为了界定问题。故本题选D。

4.【**答案**】D。**解析**:本题考查社会工作通用过程模式中计划阶段,制订服务计划的方法。制订服务计划的第一步就是要设定目的和目标,在设定目的和目标的过程中,目标的陈述要简单易懂、积极正向,目标要可测量、具有操作性和现实性。本题中A、C两项没有正面表述,B项不可测量。故本题选D。

5.【**答案**】C。**解析**:本题考查儿童社会工作的理论基础。行为和学习理论认为儿童的学习模式有三种:(1)古典制约。古典制约的学习模式涉及儿童的外部刺激与反应之间的关联。(2)操作制约。操作制约的学习模式是指在适当的反应出现时给予奖励的一种学习和行为反应方式。(3)观察学习。观察学习是指人们仅仅通过观察别人(榜样)的行为就能学会某种行为,又称替代学习、模仿学习,即人的一切社会学行为都是在社会环境的影响下,通过对他人示范行为及其结果的观察学习而得以形成的。儿童还以观察的方式进行学习,并与制约的学习模式相互增加与互补。本题中,儿童每次吃水果前被要求洗手,久而久之,形成了吃水果就要洗手的刺激关联,属于古典制约模式。故本题选C。

6.【**答案**】A。**解析**:本题考查社会工作者的角色。社会工作者在专业活动中,担任着多种角色,如服务提供者、支持者、教育者、中间人、调控者等。对特殊儿童的服务中,支持性服务的重点是充分运用环境的力量,通过环境培育的方法来促进儿童发展。故本题选A。

7.【**答案**】A。**解析**:本题考查受虐儿童的社会工作服务。对受虐儿童的辅导是儿童社会工作介入的第一步,它优先考虑的是儿童的安全,进而协助儿童表达他们的感觉。除此之外,社会工作者还需要与家庭、学校、医院、司法部门、公安部门、儿童和青少年保护机构、社区有关力量及社会资源密切配合起来,对受虐儿童予以积极地介入。本题案例中,小李首要考虑的应该是儿童的安全,他应立即向公安机关报告,以此保证儿童的安全。故本题选A。

8.【**答案**】C。**解析**:本题考查儿童社会工作的介入行动。介入行动应围绕着介入目标进行,同时也要考虑到服务对象的个别化和自身特点。题目案例中,小王因认为救助保护中心不管他而感到焦虑不安,这与小王曾经被遗弃的经历密切相关,所以社会工作者介入的重点应是帮助小王处理曾被遗弃的内心冲突。故本题选C。

9.【**答案**】A。**解析**:本题考查儿童社会工作的主要内容。社会工作者直接为儿童及其家庭提供的各项服务中，包括支持性服务。支持性服务是指通过提高儿童所处环境的功能，强化照料者的能力。以促进儿童的发展。本题案例中，该女孩养父过世，养母因技能有限，收入不高，无力安排女孩进行早教治疗，因此，社会工作者可以开展支持性服务，向其养母提供经济方面的帮助。此外，对儿童境遇中存在的某些薄弱环节或者缺失环节，可以通过专业介入、开展补充性服务等解决。另外，本题案例中，女孩被诊断为智力发育迟缓，社会工作者应该向其养母提供康复等方面的帮助。故本题选 A。

10.【答案】B。解析：本题考查青少年行为及其特点的分类。青少年行为及其特点的分类：(1)正直青年，即那些循规蹈矩的青少年，他们似乎不需要经历什么冲击或反叛行为便可过渡至成年期。(2)问题青年，即那些有越轨行为甚至犯罪倾向的青少年，他们不守纪律、爱游荡、性滥交、吸毒、惹是生非的行为被视为社会问题。(3)文化叛逆青年，这类青少年不甘平凡，喜欢标新立异，追求独特的文化或生活品位，有自己的一套生活方式。(4)政治偏激青年，他们好打抱不平，认同并采取激进的行动，以追求某些理想或社会取向。本题中的青年虽然有政治偏激青年好“打抱不平”的特点，但他们更喜欢标新立异，将女性化装扮的照片放到校园橱窗及微博上，认同并建立自己的独特生活方式。故本题选 B。

11.【答案】A。解析：本题考查发展性青少年社会工作的主要特点。发展性的青少年社会工作主要内容之一是提供青少年发展中的生理、心理、情绪、行为、人际交往、社会适应等各方面的知识性辅导服务，增进人际关系、法律常识、性教育、生理保健的知识与能力。本题中，社会工作者在开展青少年服务时应坚持发展性视角。故本题选 A。

12.【答案】A。解析：本题考查个人需求取向。个人需求取向主要是指服务方案的设计是回应服务对象的需要。因此在整个服务方案的策划过程中，社会工作者是发起者和推动者，通过与服务对象建立关系，然后发动服务对象挖掘自己的需求。社会工作者和服务对象应共同收集各类服务信息，并在分析各类信息的基础上形成符合服务对象需要的各类服务方案。在该类活动策划工作中，服务对象的自我发现、自我挖掘和改变是第一位的；服务对象是整个活动方案策划的主体；服务对象在整个策划过程中所获得的收获大于最终形成的活动方案。个人需求为取向的活动策划，是服务对象自主意识提升和能力增强的过程。本题中，小王适宜采取的做法是邀请这些学生到社区活动中心，让他们讨论具体的活动计划。故本题选 A。

13.【答案】B。解析：本题考查家庭社会工作的开展方法。家庭社会工作是以社会工作方法或理论为基础，以家庭为中心及维护家庭完整为目标。家庭社会工作视家庭为一个整体，所进行的服务要顾及家庭中每一个成员的需求。其中，解决的问题过程包括对整体家庭及各家庭成员的需要预估、介入及评估等。本题中，小彬的父母从小对他宠爱有加，使得小彬不受管束，而小彬考试失败，父母狠狠责骂他，致使小彬受到打击。这反映出小彬父母的管教方式存在问题，所以社会工作者应该帮助小彬父母反思他们管教孩子的方式，改善家庭成员的互动关系。故本题选 B。

14.【答案】B。解析：本题考查老年人最常见的认知和情绪问题。抑郁症、痴呆症、谵妄和焦虑症是老年人最常见的认知和情绪问题。抑郁症主要影响老年人的情绪和情感。痴呆症影响老年人的认知和智力功能。谵妄类似痴呆症，但它发病突然，并且有生理方面的原因，这些生理方面的问题往往都可以逆转。焦虑症的典型特点是过度忧虑，有非理性的恐惧，并抱怨躯体不适，但并非所有焦虑行为都能发展为焦虑症，一般来说老年人可能只具有焦虑行为。故本题选 B。

15.【答案】B。解析：本题考查处理老年人的特殊问题。疏于照顾老年人既包括主动也包括被动地让老年人得不到所需要的照顾，从而导致老年人的身体、情绪或心理方面的健康衰退。本题中，王奶奶因为子女工作忙而没有得到应有的照顾，而且王奶奶患有重度痴呆症，需要更周全的照顾，所以社会工作者应该关注和预防王奶奶疏于照顾或被虐待。故本题选 B。

16.【答案】B。解析：本题考查老年社会工作的服务内容。健康促进服务即为老年人提供的与身心健康直接有关的治疗、康复、预防等方面的服务，主要内容包括健康风险评估、例行体检、营养咨询与教育、有关慢性病的健康教育推广活动、处理酗酒和滥用药物问题、协助进行压力管理、开展锻炼身体方案、采取防范措施以控制在家中受伤、提供精神健康服务、推广预防性服务、提供跟年龄有关的疾病的信息、提供老年学咨询、提供有关社会服务和后续性健康服务的咨询等。A、C、D 三项都属于与健康照顾有关的服务，所以 B 项正确。故本题选 B。

17.【答案】B。解析：本题考查性别分析方法中的性别需求分析。实用性社会性别需求是指在社会生活中妇女就其社会承认的角色而确定的需要，尽管这种需求是由社会分工及妇女的从属地位引起的，不具有对社会性别的挑战性，但这些需要是妇女很实际的需要，如妇女需要干净的水、健康、就业等，在满足这些需要的过程中并不会挑战传统的性别角色和分工模式。因此，实用性需要的满足依旧延续传统的分工模式和角色。战略性社会性别需求指的是挑战和改变由妇女在社会中的从属地位而产生的需要，这类需要涉及社会的分工模式、权利等，满足这类需求可以协助妇女取得更多的平等权利，改变现存的社会分工模式和角色，挑战妇女的从属地位。本题中，沼气改造项目满足了妇女的实用性社会性别需求。故本题选 B。

18.【答案】D。解析：本题考查社会性别观念。社会性别是指在一个特定的社会中由社会形成的有关男性和女性的群体特征、角色、活动及责任等，是由后天社会建构而成。传统的、定性的社会性别观念规定了男人和女人的不同的发展路径，而且男性优越于女性的性别定性认识阻碍了妇女的发展。因此，打破传统的社会性别定性认识，重新反思和认识社会性别，这对妇女的发展、男女平等的实现都具有深刻的含义。故本题选 D。

19.【答案】B。解析：本题考查妇女的生存和发展问题。妇女贫困是妇女生存和发展问题之一。针对妇女的贫困状况，一方面需要政府的各项政策和措施的支持，以加大扶贫的力度；另一方面需要妇联和民间组织运用小额贷款和农村综合发展等形式缓解妇女的贫困状况。这些措施不仅能增加妇女的收入，改善妇女的经济状况，而且还从妇女的能力入手，帮助妇女增强抵御市场风险的能力，提高妇女的综合素质。根据本题中妇女的问题，社会工作者应该帮助贫困妇女学习致富技术。另外，妇女白天要忙于农活、家务等，所以晚上的时间比较合适。故本题选 B。

20.【答案】A。解析：本题考查针对妇女暴力的干预原则和策略。针对妇女暴力的干预原则包括：(1)接纳受害妇女描述的问题而不是责怪受害者；(2)尊重受害妇女的人格独立，提升她们的自信心；(3)关注受害妇女的安全；(4)与受害妇女建立信任、真诚的专业关系。本题中，社会工作者首先应该送吴女士就医并确保其安全。故本题选 A。

21.【答案】D。解析：本题考查开展残疾预防的内容。三级预防是我国目前采用的主要方式：一级预防是预防致残性伤害和残疾的发生，如进行免疫接种、围生期保健、预防性卫生咨询，减少暴力，预防交通意外，加强公共场所的安全等，A、B 两项属于一级预防；二级预防是防止伤害后出现残疾，如提供残疾早期筛查，早期发现、早诊断、早治疗等措施，C 项属于二级预防；三级预防是采取相应措施，预防残疾后产生各种障碍，通过运动治疗、作业治疗、语言治疗、心理治疗等康复功能训练方法改善功能，预防或减轻残疾，D 项属于三级预防。故本题选 D。

22.【答案】D。解析：本题考查社区康复的内容。社区康复是指在城乡社区水平基础上，积极调动和协调社区内有关部门和人员，包括残疾人及其家属，充分开发和利用社区的资源，在医疗、教育、职业和社会等方面，为残疾人及其他康复对象提供有效、可行、经济的全面康复服务，从而促进他们在社会生活及家庭生活中的自尊、自信、自强、自立，积极参与社会生活。本题中，D 项属于社区康复内容。故本题选 D。

23.【答案】A。解析：本题考查法律援助的特殊条件。法律援助的特殊条件主要是根据《中华人民共和国刑事诉讼法》第三十四条规定的。从残疾人角度来说，盲、聋、哑三种残疾人成为刑事被告人或犯罪嫌疑人，自己没有委托辩护律师的，应当获得法律援助。本题中，若小红没有委托辩护律师，应当获得法律援助。故本题选 A。

24.【答案】C。解析：本题考查维护残疾人的合法权益。《中华人民共和国残疾人保障法》规定，国家和社会应逐步创造良好的环境，改善残疾人参与社会生活的条件，大力提倡和实现人道主义精神，消除社会上对残疾人的歧视和偏见，激励残疾人的自强自立精神，建立一种和谐的社会生活环境。本题中，社会工作者宜采取的做法是在员工中开展残疾人权益宣教工作，消除员工对残疾员工的歧视。故本题选 C。

25.【答案】B。解析：本题考查矫正社会工作的基本价值理念——可塑性。社会工作者相信人在一定条件下都是可以改变的，即相信人具有可塑性。在这样的信念指引下，社会工作者才相信可以运用专业的方法和技巧，帮助受助对象改变与其社会生活不相适应的思想观念、生活态度、行为方式等，达到恢复其社会功能、重新成为正常社会成员的目标。故本题选 B。

26.【答案】C。解析：本题考查认知理论。认知理论是以认知心理学为基础形成和发展起来的一种社会工作理论。它着力于改变人的行为，但它把关注的焦点放在促使人产生行为的内心世界上。与精神分析理论不同，它认为人的行为主要是受制于理性思考，而不是潜意识中的本能。它认为，人的不良行为主要产生于认知上的错误或理性思维能力的缺乏，社会工作者的主要任务就是帮助其获得对世界的正确认知或完善理性思考的能力，从而使行为能得到正确的、理性的引导。本题中，针对小张的情况，小王应帮助小张改变看待同学们的态度，努力学习，赢得尊重。故本题选 C。

27.【答案】B。解析：本题考查矫正社会工作的主要方法。矫正社会工作的主要方法之一是致力于改善矫正对象偏差心理和行为，主要包括行为治疗方法和理性情绪治疗模式。理性情绪治疗模式对人的心理失调机制进行了深入分析。理性情绪治疗模式指出，服务对象的认知、情绪和反应受到服务对象的信念系统的影响，如果服务对象用一些非理性的信念看待引发事件，这种非理性信念就会促使服务对象情绪和行为上出现困扰。本题中，矫正对象小李易冲动，而对于其妻子与其他男性举止亲密的行为，如果小李用非理性的信念看待，必然会冲动，甚至造成不好的后果。所以，社会工作者应当与小李进行交流，对其可能出现的情绪冲动进行预防训练，排除非理性信念的干扰。故本题选 B。

28.【答案】B。解析：本题考查矫正社会工作的理论基础。矫正社会工作的理论基础包括行为主义理论、认知理论、标签理论、优势视角、“社会-心理”视角。认知理论认为，人的不良行为主要产生于认知上的错误或理性思维能力的缺乏，社会工作者的主要任务就是要帮助其获得对世界的正确认知或完善理性思考的能力，从而使行为能得到正确的、理性的引导。本题中，小李的这种情况可以采用认知理论来解释，社会工作者帮助其获得正确的认识。故本题选 B。

29.【答案】B。解析：本题考查矫正对象的需要。矫正对象的需要具体包括：基本生存条件的保障需要、教育、就业权益的保障、再社会化的服务需要。本题中，小军戒毒成功后，其母亲改嫁后一直无人管他，所以应帮助小军恢复正常生活，即最先需要解决的是小军基本生活保障的需要。故本题选 B。

30.【答案】A。解析：本题考查理性情绪治疗模式。理性情绪治疗模式指出，服务对象的认知、情绪和行为的反应受到服务对象的信念系统的影响。如果服务对象用一些非理性的信念看待引发事件，这种非理性信念就会促使服务对象情绪和行为上出现困扰。本题中，小芳认为有人要害她时，社会工作者应该通过对小芳情绪不稳定、前言不搭后语的非理性信念进行质疑和辨论，对她的情绪进行治疗，进而改变她的非理性信念。故本题选 A。

31.【答案】D。解析：本题考查优抚安置社会工作服务对象中，军转复退军人安置社会工作服务对象的需要。军转复退军人安置社会工作服务对象的需要主要集中在就业方面，即就业权益保障的需要。随着与军转复退军人安置密切相关的各项改革逐步深入，政府可控的安置军转复退军人就业的空间越来越小、渠道越来越窄，造成了军转复退军人待分配时间越来越长、在岗时间越来越短、安置后的上岗率越来越低、上岗后的福利待遇保障越来越难。本题中，实施的自主就业退役士兵教育赞助政策满足的是提高退役士兵就业能力的需要。故本题选 D。

32.【答案】D。解析：本题考查优抚安置对象社会工作中，建立专门小组工作方法的内容。专门小组分为现实辨识小组、动机激发小组、社交与娱乐小组、支持小组、治疗小组五个类型。其中支持小组用来帮助服务对象在富于支持性的小组环境中度过生活转变带来的惊涛骇浪，诸如突发伤残、确诊患了慢性病或者变换居住的地方、身边院友的离世。通过支持小组，服务对象可以学会把负面的感受表达出来，同时建立新的应对技巧，处理因生活转变带来的一些新的挑战。而社会工作者的主要角色是通过鼓励成员间建立纽带，给他们提供支持，促进他们互助。本题中，社会工作者组织的小组是支持小组。故本题选 D。

33.【答案】C。解析：本题考查社会工作者对军休干部接收安置后的工作。社会工作者对军休社会工作的服务管理内容之一是协助军休干部力所能及发挥余热，实现“老有所教”“老有所为”。本题中，社会工作者协助军休干部实现了“老有所为”的功能。故本题选 C。

34.【答案】A。解析:本题考查优抚安置社会工作的定义。优待是指按照国家规定对优抚对象从政治上、经济上给予的优厚待遇,有广义和狭义之分。广义的优待是指国家和社会对服现役的义务兵家属和抚恤补助对象发放优待金以及在治病、交通、住房、就业、入学、入托、生活困难补助、救济、贷款、邮政、供应、参观游览等方面提供的优惠待遇;狭义的优待仅指国家发给义务兵家属和抚恤补助对象的优待金。题中的政策属于优待措施。故本题选A。

35.【答案】C。解析:本题考查优抚安置对象社会工作中,建立专门小组工作方法的相关内容。动机激发小组瞄准的是仍然有良好的辨识能力,但是却对现在和将来的事情失去了兴趣的服务对象。主要通过刺激他们的感官,帮助他们建立社会关系,在现有能力的基础上学习新技能,使服务对象焕发活力,重新加入主流生活中。本题中,最适宜的活动是请小组成员讨论提出绿化光荣院的方案。故本题选C。

36.【答案】C。解析:本题考查专项救助社会工作的内容。专项救助通常包括三类:教育救助、医疗救助和住房救助。本题中,社会工作者只能参与制定教育救助政策,促进政府加大对教育救助的投入,而并不能制定教育救助的政策,因此A项错误;社会工作者可以帮助患者通过社会保险机构报销相应的医疗费用,因此B项错误;社会工作者要帮助贫困家庭熟悉当地的住房救助政策和申请程序,并与必要的机构进行协调,使服务范围内符合条件的贫困家庭都能获得住房救助,故C项正确;灾害救助不属于专项救助社会工作的内容,故D项错误。故本题选C。

37.【答案】B。解析:本题考查社会救助社会工作中的社区工作。在这一领域,社会工作者的主要任务包括改善社区环境、发展社会网络、促进能力建设。发展社会网络是指社会工作者针对社会救助对象自身素质较低、社会关系不健全、获取社会资源的能力差等情况,除了给予政策范围内的积极救助外,还要帮助救助对象拓展社会交往,修复或者建立各类社会关系,比如邻里、朋友、亲戚的关系等,使得救助对象能获得一些物质和感情的支持。社会工作者还需要联系一些专业组织、志愿者组织等,尽量为救助对象提供更多的服务、资源和信息等。本题中,社会工作者动员爱心人士与贫困家庭的青少年结对子,分享创业经验,提供实习机会,体现了发展社会网络的功能。故本题选B。

38.【答案】C。解析:本题考查对流浪儿童群体开展社会救助。救助站是为流浪儿童提供临时性救助的场所,为儿童回归家庭和社会创造了机会和条件。在回归过程中,社会工作者可以采用机构类家庭和家庭寄养等方式,为流浪儿童创造家庭环境,使他们更快学会人际交往,熟悉家庭规范。故本题选C。

39.【答案】C。解析:本题考查社会救助社会工作中,专项社会救助的内容。专项社会救助主要是为了解决困难家庭的特定问题,是对基本生活救助的重要补充。专项社会救助主要包括教育救助、医疗救助、住房救助和司法救助等。这些项目具有重叠性,某些群体或者某类家庭有可能享受到几类救助。本题中,最低生活保障和失业救助属于基本生活救助,不属于专项社会救助工作的内容,社会工作者可以协助老张家申请的专项社会救助是教育救助和医疗救助。故本题选C。

40.【答案】B。解析:本题考查生态系统理论中的中观系统。生态系统理论把家庭放在关系复杂的多重系统中来考察,将影响个体发展的环境可分为微观系统、中观系统、外部系统和宏观系统四个系统。其中中观系统是个体积极参与的两个或多个微观系统之间的互动关系。例如,对儿童来说,家庭和学校关系就是非常重要的中观系统,儿童在家庭生活与学校生活之间的顺利转换是其健康成长过程中不可忽视的方面。本题中,小秦计划依据生态系统理论探索小丽的家庭与学校之间的互动关系,这是小丽生长环境的中观系统。故本题选B。

41.【答案】A。解析:本题考查家庭系统理论。家庭系统理论是家庭社会工作中运用最广、最受欢迎的理论,它已成为很多家庭社会工作服务模式的理论基础,为家庭社会工作者提供了评估和干预家庭功能的基本框架。所有的家庭都是一个社会系统,家庭成员之间相互依赖、相互影响。家庭成员的“问题”是由整个家庭不良的沟通交流方式导致的。本题中,小张的做法依据的是家庭系统理论。故本题选A。

42.【答案】C。解析:本题考查家庭干预的常用技巧。家庭干预技巧包括观察技巧、聚焦技巧、例子使用技巧、再标签技巧等。其中,聚焦技巧是指社会工作者帮助受助家庭成员收窄注意的焦点,将受助家庭成员的注意力集中在需要解决的问题上,以便对问题做出深入的探索,保证服务介入活动的效率。本题中,社会工作者应为张女士分析最需要解决的问题,帮助其收窄注意的焦点。故本题选 C。

43.【答案】A。解析:本题考查家庭社会工作的基本内容。家庭社会工作包括改善亲子关系的服务和改善夫妻关系的服务。其中,婚姻辅导是常见的改善夫妻关系的服务活动。婚姻辅导,顾名思义,就是针对夫妻的婚姻状况而开展的服务活动,涉及夫妻角色的界定、扮演以及相互之间沟通交流方式的改善等。本题中,针对小王夫妻的情况,社会工作者设计的婚姻辅导活动的主要目的应为鼓励小王夫妻扮演对方的角色,理解彼此的需要。故本题选 A。

44.【答案】C。解析:本题考查家庭干预的常用技巧——再标签技巧。再标签技巧是指社会工作者帮助受助家庭成员从更为积极的角度界定问题,改变受助家庭成员以往的消极态度和认识,从而促使受助家庭成员产生新的积极行为。本题中,小秦回答的内容反映出其采用的家庭干预技巧是再标签。故本题选 C。

45.【答案】C。解析:本题考查抗逆力的构成要素。从构成要素来看,抗逆力由外部支持因素(I have)、内在优势因素(I am)和效能因素(I can)三部分组成。故本题选 C。

46.【答案】D。解析:本题考查学校社会工作中个案管理方法。学校社会工作的主要对象是学生。在中国,影响学生的社会生态系统包括家庭、朋辈群体、学校、社区等。学校社会工作承袭了传统社会工作的各种方法和技巧,不仅能考虑到学生在学校的处境和遇到的问题,而且学生的家庭问题和所在的社区问题也在其管理之下。而在个案管理中,要避免学校个案工作"德育化",避免个案工作"心理化"。故本题选 D。

47.【答案】A。解析:本题考查学校社会工作中,团体辅导方法的组织与运用。团体辅导时社会工作者承担穿针引线的角色,把活动的主角让给学生,通过激活青少年渴望成长的强烈愿望营造团体辅导的动力。活动思路为"你该成长—我要成长""学习别人—探索自我""成为别人—塑造自己""由外而内—由内而外"。本题中,A 项体现了"学生为主,社会工作者推动"的思路。故本题选 A。

48.【答案】A。解析:本题考查学校社会工作中,团体辅导方法的理念与原则。对有意愿参加团体辅导的学生可以进行个别会谈,了解学生个体的需求和目标,从而进行双向选择。选择的原则:首先要看学生是否在这个规划的团体辅导中有需求,学生个人的目标与团体辅导的目的是否一致;其次还要考虑学生的个人条件,根据团体辅导的性质和目的,对学生的年龄、性别、同辈关系,甚至性格、民族、健康状况等进行考虑。本题中,A 项为社会工作者在对组员的筛选中宜采用的方法。故本题选 A。

49.【答案】D。解析:本题考查社区社会工作的过程中,社区服务(活动)方案评估这一步骤的内容。社区服务(活动)方案的评估内容包括方案成效评估和方案过程评估。社区服务(活动)方案过程评估一般只能采取定性评估法,重点是总结方案设计情况以及方案筹备、进行和结束等阶段的基本情况。本题中,A、B、C 三项均属于成效评估,D 项属于过程评估。故本题选 D。

50.【答案】B。解析:本题考查社区社会工作中,社区参与的层次和形式。社区参与层次从低到高分别为,告知、咨询、协商、共同行动、社区居民自治。其中,咨询比告知上升了一个层次,是指有关部门除了告诉基层社区、重要利益关系人和相关组织将要进行社区建设或改造的规划和信息,并进一步征求他们的意见之外,同时也会在规划修订过程中考虑他们提出的意见的参与形式。本题中,当地政府将该村改造计划讨论稿在村中公示,向村民及驻村单位征求意见,以便修订改造计划,此做法属于社区参与形式中的咨询。故本题选 B。

51.【答案】C。解析:本题考查建立社区支持网络的内容。建立邻居协助网络的具体做法:社会工作者通过举办各种活动召集和推动邻居了解服务对象,强化邻里和服务对象之间的联系,发展互助性支持,有效降低正规服务的烙印效果。本题中,社会工作者运用的工作是建立邻居协助网络。故本题选 C。

52.【答案】B。解析:本题考查资源共享的内容。资源共享是指相邻社区都有资源,但资源的种类不同,参与资源共享的社区至少有两个、彼此之间都有资源可以共享、彼此有合作的协议、资源共享的目标明确等,为了改善社区的环境和促进社区的发展,相邻的社区通过共同合作的方式,各自获得自己的利益或达到自己的目的。本题中,B 项最直接体现资源共享理念。故本题选 B。

53.【答案】C。解析:本题考查社区服务(活动)方案执行。社区服务(活动)方案执行阶段中,主要开展的工作包括预算管理、时间进度管理、服务品质管理、士气激励和提升。士气激励和提升是对提供服务和开展活动的专业社会工作者和志愿者的激励和士气提升,主要目的是增强其成就感,让其感觉到自己的工作和付出是有价值的。具体方法是通过口头表扬、墙报表扬等形式,公布每个人的工作进展和成绩,通过光荣榜等形式表彰优秀社会工作者和优秀志愿者的工作成绩。A、B 两项属于执行前的需求分析和方案制定阶段的内容,C 项属于士气激励和提升方面的工作,属于社区服务执行过程中的工作,D 项属于执行后的评估分析。故本题选 C。

54.【答案】B。解析:本题考查社区服务(活动)方案执行的阶段——时间进度管理。时间进度管理首先是整个服务(活动)安排的期限管理,如在一周完成或在一个月内完成,其次是服务(活动)各个阶段的进展时间管理,再次是服务(活动)进行环节的时间管理,如志愿者精神培训要求 45 分钟完成,其中热身游戏要求 3 分钟完成等。本题中,只有 B 项符合时间进度管理方法,A 项属于预算管理,C 项属于服务品质管理,D 项属于士气激励和提升。故本题选 B。

55.【答案】D。解析:本题考查服务(活动)策划的过程中的社区需求。服务(活动)策划的过程中的第一步是确认社区需求,即通过规范性的需求、感受性的需求、表达性的需求和比较性的需求来界定社区需求。本题中,项目策划过程中存在的主要问题就是服务与需求不匹配。故本题选 D。

56.【答案】B。解析:本题考查狭义医务社会工作的定义。狭义的医务社会工作是指在医疗保健机构中围绕疾病的诊断、治疗与康复过程所展开的社会工作专业服务,其内容主要包括协助病人及其家属解决与疾病相关的情绪问题、获取更多的资源以及对医疗过程的适应等。开展“心理-社会”服务符合狭义的医务社会工作的内容。故本题选 B。

57.【答案】C。解析:本题考查精神健康社会工作的主要方法。对于经过医院治疗可以出院的患者,医务社会工作者需要制订患者出院后的康复计划,帮助患者联系社区精神康复机构,使服务相衔接,以实现帮助患者维护健康、恢复社会功能的目标,并且为患者回归社会做准备。本题中,小马应优先考虑为小张联系社区精神康复机构,衔接治疗和康复服务。故本题选 C。

58.【答案】C。解析:本题考查外展服务。外展服务是指医务社会工作者扩展医院的有关服务,走进社区开展活动,如肿瘤科的社会工作者到学校开展教育性活动,帮助学校理解患肿瘤学生的需求,从而改善学校的管理。社会工作者也可以为烧伤儿童、癌症儿童在医院外组织夏令营等休闲活动,协助他们增进同辈的交往,提高其社会适应能力。本题中,社会工作者走进附近的社区和学校,开展有关白血病知识的讲座和宣传,这项服务属于医院社会工作中的外展服务。故本题选 C。

59.【答案】B。解析:本题考查临终关怀的工作方法。辅导临终患者家属,亲人的过世也会给患者的家属造成巨大的打击,医务社会工作者不仅需要关注临终患者本身,同时还需要帮助临终患者的家属疏导悲伤的情绪。医务社会工作者可以针对临终患者家属的情况开展哀伤辅导。在麻木僵化阶段,应该保护悲伤者,提供实际协助,允许并且接受情感的爆发,鼓励参与悲痛仪式。本题中,社会工作者适宜的做法是协助老张宣泄悲伤情绪,并准备好处理其失控的情绪。故本题选 B。

60.【答案】A。解析:本题考查对传染病的预防和控制。根据传染性疾病的传播特点,社会工作者可以协助医疗服务人员对传染性疾病进行预防和控制,包括传染源管理、切断传播途径、保护易感人群等。具体包括:(1)协助管理传染源,对隔离人员进行心理疏导;(2)切断传播途径,倡导健康生活方式;(3)保护易感人群,协助进行预防接种。其中,B、C、D 三项均为社会工作者协助医疗服务人员进行的,社会工作者主要承担的工作是倡导健康的生活方式。故本题选 A。

二、多项选择题

61.【答案】DE。解析:本题考查构建行动计划。当工作目标设定后,接下来社会工作者需要与服务对象制订一套行动计划来实现目标。构建行动计划包括两方面:一是选择介入系统,二是选择介入行动。故本题选 DE。

62.【答案】AB。解析:本题考查接案过程中收集资料的方法。收集资料的方法和途径有:(1)询问。直接向服务对象询问,通过面对面会谈收集资料,可以为决定介入与干预的方法提供依据。所以,会谈与询问是社会工作者获取服务对象资料的最基本工具。除了向服务对象本人询问外,还可向与服务对象有关的系统查询。(2)咨询。为获得服务对象的准确资料,社会工作者也常向其他专业人士咨询,以求对服务对象的问题有全面、正确、科学的认识,包括对工作适应有困难的服务对象,社会工作者可转介他们去做职业评估、心理评估,从而获得对服务对象个人资料的全面了解。(3)观察。通过实地观察,可以增加社会工作者对服务对象及其社会环境的了解,增加对问题的实感,使所收集的资料更准确。(4)利用已有资料。这主要是利用机构的服务对象的档案资料、工作报告、调查报告及政府机构所提供的有关问题与政策的资料。故本题选 AB。

63.【答案】ACD。**解析**:本题考查预估的基本步骤与过程。预估的基本步骤与过程之一是探究服务对象的情况、问题与需要,包括:(1)描述服务对象的问题与需要;(2)描述问题是如何发生的;(3)描述服务对象的处境及生活于其中的社会系统的情况;(4)探究服务对象不能解决问题的原因;(5)描述服务对象的发展阶段;(6)描述并鉴定服务对象的资源状况。本题中的记录包含了服务对象的情况、问题与需要,问题发生过程,服务对象的处境。故本题选 ACD。

64.【答案】BCD。**解析**:本题考查替代性服务。替代性服务是指通过改变儿童生存环境对儿童进行保护,如对极度危险家庭监护权的剥夺、流浪儿童的救助等。目前开展得最多的替代性服务是对孤儿、弃儿的养育服务,可分为:(1)儿童福利院安置,或称院内救助、机构养护等;(2)家庭寄养;(3)收养。所以 B、C、D 三项符合要求。故本题选 BCD。

65.【答案】ACDE。**解析**:本题考查青少年社会工作的内容。本题中,某社区青少年工作面临多项任务:针对亲子冲突较多,需要开展改善亲子关系的教育活动;青少年学历低,将来找不到好工作,需要开展提升青少年职业意识和技能的职业交流;社区青少年经常出没网吧或游戏厅,整天无所事事,属于偏差行为,需要组织纠正青少年偏差行为的小组;针对社区青少年可能会被某些不怀好意的人带坏、走上犯罪的道路,应该建立预防青少年犯罪的社区网络,所以 A、C、D、E 四项正确。故本题选 ACDE。

66.【答案】ABD。**解析**:本题考查妇女社会工作中妇女赋权。赋权是指使一个人感觉有一种自我控制的能力,尊重自己、充满自信,并且相信自己有能力改变现状的过程。赋权的干预目标包括:(1)意识提升,树立关于妇女状况、歧视以及权利和机会的意识,并且把它作为迈向两性平等的第一步。一旦建立妇女的集体意识,就会产生群体身份认同和人多力量大的感觉,A 项体现了这一范畴。(2)增强能力、发展技能,尤其是计划、决策、组织、管理、开展活动以及与周围他人和机构打交道等方面的能力,B 项的做法体现了这一范畴。(3)参与并扩展在家庭、社区和社会方面的支配和决策的力量,D 项的做法体现了这一内容。(4)行动,采取具体的行为以获得两性间的平等。赋权的干预方法包括透明化、鼓励和肯定、权利分析、意识觉醒、倡导政策改变等。本题中,A、B、D 三项运用了妇女赋权的方法。故本题选 ABD。

67.【答案】AB。**解析**:本题考查妇女的需要。妇女的需要之一是生殖健康的需要,由于妇女有着特殊的生理特点——"四期",因此妇女健康和安全不仅关系到妇女自身的生存和发展,而且也影响到子孙后代以及整个家庭和社会的总体健康水平。针对妇女生殖健康的需要,该纺织企业可以开展 A、B 两项的活动。故本题选 AB。

68.【答案】BCDE。**解析**:本题考查性别视角的社会工作方法。从性别视角看,单亲母亲家庭是一种现实存在的正常的家庭形式,其并不是单亲母亲个人的问题,而是社会因素导致的,应该关注单身母亲在应对问题时表现出来的能力和智慧不足问题,而不是把她们视为可怜的弱者。基于此,性别视角的社会工作方法有:(1)建立平等的协作关系;(2)协助妇女重新界定问题,提升意识;(3)挖掘自身潜能,联络周围资源,解决面对的问题;(4)协助类似处境的妇女建立支持小组。本题中 B、C、D、E 四项体现了性别视角。故本题选 BCDE。

69.【答案】ABDE。**解析**:本题考查残疾人社会工作中社区康复。社区康复的内容包括:(1)开展残疾的预防。残疾预防是在发生伤、病、残之前,预防其发生或减轻其功能障碍程度的措施。修建方便残疾人日常生活的无障碍设施,并保证这些设施能安全使用。开展全面康复服务。利用"全国助残日""国际残疾人日"、节假日、双休日等为残疾人服务,如利用社区资源以及"志愿者"开展工作等,A、B、E 三项属于这一方面的活动。(2)开展康复评定。(3)开展全面康复服务,D 属于这一方面的活动。故本题选 ABDE。

70.【答案】ABCD。**解析**:本题考查残疾人的社会支持网络。利用社会支持网络开展工作,是社会工作的重要思想方法。对残疾人来说,这个问题十分必要,十分突出。因为残疾人存在的困难与其他弱势群体不同,他们的困难除了经济、教育、就业和生活中的住房、医疗、交通等问题外,经常困扰他们还有身体行动不便或听力、语言、视力障碍造成的社会交往不利。所以,残疾人特别需要社会各界主动地给予帮助,尤其是城市社区服务网络和农村初级卫生保健网络对他们的支持。在社会支持网络中,家庭、亲友与邻里、民间非营利组织、城市社区服务体系、农村新型合作医疗体系及政府和志愿者都是重要的组成部分。本题中,A、B、C、D 四项有助于发挥残疾人社会支持系统的功能。故本题选 ABCD。

71.【答案】ABCE。**解析**:本题考查监禁场所中的社会工作。监禁场所中的社会工作包括:(1)协助服刑人员适应监禁场所生活,包括帮助服刑人员熟悉监狱环境、协助服刑人员戒除不健康的生活习惯、协助服刑人员解决生活困难、预防服刑人员间犯罪观念和行为的交叉感染,A、B、C 三项属于协助服刑人员适应监禁场所生活的内容。(2)为在监服刑人员提供专业咨询服务。(3)帮助在监服刑人员加强与社会的联系,以恢复重建其社会功能,E 项属于帮助在监服刑人员加强与社会的联系的内容。故本题选 ABCE。

72.【答案】ADE。**解析**:本题考查优抚安置社会工作的主要方法。在精神问题的解决方法中,人生回顾的目的:(1)要引导服务对象珍惜"现在"的重要性,包括明白时间的珍贵以及真实地活在离开部队后的当下,学习享受当下的生活;(2)要引导服务对象找到往事的意义,以曾经的军旅生涯经历来建构生命的意义,这是人生回顾过程的重要作用;(3)在人生回顾的过程中,帮助服务对象直面自己的局限;(4)引导服务对象坦然接受生活中好的一面和不好的一面,重新激活疏远的关系,寻求与自己、与他人的和解;(5)引导服务对象拓展个人爱和同情的圈子,力所能及地关怀他人、服务社会。故本题选 ADE。

73.【答案】AC。**解析**:优抚医院服务对象的需要主要包括以下方面:(1)治疗、康复需要;(2)基本生存需要;(3)家庭生活需要,A 项属于这一需要;(4)社会交往需要;(5)社会尊重需要。C 项,小申有自杀念头,社会工作者应该进行危机介入。B 项,在优抚安置社会工作中,悲伤辅导是针对烈属的工作。D 项,小申住在荣誉军人康复院,不需要再进行安置。E 项,任何时候社会工作者都应该将服务对象的生命放在重要位置,尊重自决应该排在生命安全之后。故本题选 AC。

74.【答案】ACE。**解析**:本题考查刑满释放后的社会工作,同时也考查了社会工作预估阶段的内容。预估内容应包括以下几个方面:(1)描述服务对象的问题与需要;(2)描述问题是如何发生的;(3)描述服务对象的处境及生活于其中的社会系统的情况;(4)探究服务对象不能解决问题的原因;(5)描述服务对象的发展阶段;(6)描述并鉴定服务对象的资源状况。根据老张刑满释放以及申请低保的具体情况,社会工作者应评估 A、C、E 三项的内容。故本题选 ACE。

75.【答案】ACD。**解析**:本题考查灾害救助社会工作的主要内容。灾后重建的内容包括:(1)开展社区人居环境重建。评估社区房屋、公共设施、生命线工程的重建需求;组织受灾群众参与恢复重建活动,征集受灾群众意见,向地方政府提出社区重建规划建议;协助地方政府监督管理重建工程建设进展。(2)恢复社会生活秩序。协助组织重建社区管理组织系统以及社区的医疗、教学、文化娱乐、基本生活物资供给等社会服务系统;组织策划专题活动,重建邻里关系。参与社会救助活动,安排困难群众基本生活。(3)复苏社区的经济秩序。B、E 两项工作属于灾害紧急救援过程中的工作,不属于灾后重建。故本题选 ACD。

76.【答案】BD。**解析**:本题考查家庭社会工作的实施步骤中社会工作者的角色。家庭社会工作者在介入阶段主要承担着支持者、教育者、咨询者、使能者和资源的调动者等不同角色。支持者的角色要求社会工作者在了解受助家庭成员资源限制的同时,认识和调动受助家庭成员的能力,并在此基础上与受助家庭成员建立积极、信任的合作关系,推动受助家庭成员发生积极的改变。教育者的角色要求社会工作者把受助家庭成员面临的困难视为某些生活知识和技能的不足,而不是受助家庭成员自身的缺陷,并且向受助家庭成员讲授有关的知识和提供必要的技能训练。使能者的角色要求社会工作者为受助家庭成员提供相关服务机构的服务信息,帮助受助家庭成员了解和使用相关机构的服务,增强受助家庭成员的能力。本题中,社会工作者小李与智障人士家庭建立了积极的信任关系体现了支持者角色;她经常向这些家庭的成员讲授相关知识,指导他们掌握相关技能体现了教育者角色;她向这些家庭的成员提供多种信息体现了使能者角色。故本题选 BD。

77.【答案】ABD。**解析**:本题考查心理困境学生。在学校中,学生常见的心理困境有沮丧、压抑、冷漠、孤独和浮躁。学校社会工作者在面对此类心理困境的学生时可以通过个案工作的方式,与他们进行交流,帮助他们缓解内心压力、舒缓情绪,从而恢复正常的学校生活。题干中小明存在苦恼、伤心等情绪体验,不良情绪来源于其母亲不恰当的教育方式。针对小明的困境生活工作者可以通过 A、B、D 三项来改善小明母子之间的沟通方式。故本题选 ABD。

78.【**答案**】ABCD。**解析**:本题考查学校小组工作。学校小组工作要适当采取和运用开放的态度和方法,不仅针对小组目标的确定,也针对小组活动内容的制订;同时鼓励学生参与,充分调动学生的积极性,使学生更加认同小组,更加愿意参与小组活动,从而有利于小组目标的实现。小组工作计划要注意灵活应变,小组工作相比较起来有不稳定性和情境性,学校社会工作者要视实际情况,灵活变动计划,使得小组工作效果达到最佳。小组的活动设计一定要充分考虑学生的特点,既要适合学生的年龄、兴趣、爱好等,又要适合小组的性质、目标,这样才能保证小组目标的顺利实现。故本题选 ABCD。

79.【**答案**】AB。**解析**:本题考查社区需求的分类及内容。社区需求主要包括以下四种:(1)感觉性需求,指社区居民或服务对象感受到或意识到,并用言语表述出来的需要,A、B 两项属于此类需求;(2)表达性需求,指社区居民或服务对象把自身的感觉通过行动表达出来的需要,如申请服务、排队等候服务等;(3)规范性需求,指由专家学者、专业人士、政府行政官员评估而决定的需要,C、E 两项体现了这一需求;(4)比较性需求,指社区居民或服务对象将所得到的服务与其他类似社区进行比较而认为有所差别的需求。D 项属于此类需求。故本题选 AB。

80.【**答案**】CDE。**解析**:本题考查家庭暴力的干预。家庭暴力的干预是针对家庭中的暴力现象而开展的服务活动,通常涉及妇女和儿童权益的保护。其中,受虐儿童是指被其父母、近亲或任何对该儿童有责任者,或与儿童居住于同一住所的任何人采取一些行为而遭受伤害甚至死亡的儿童。本题中,5 岁男孩身上有多处旧伤,很可能是家庭暴力所致,所以社会工作者应首先确认该男孩生活环境中是否存在受虐待的风险,走访男孩父母、亲戚、邻居、居委会和幼儿园了解男孩的成长经历和家庭环境,并发现和评估成长环境中的风险因素。故本题选 CDE。

社会工作实务(初级)全真模拟试卷(一)参考答案及解析

一、单项选择题

1.【**答案**】D。**解析**:本题考查服务对象的来源和类型。自愿型的服务对象是指那些认识到需要协助而自己主动向社会工作者求助并愿意成为服务对象的人。非自愿型的服务对象是指经他人介绍,被动接受服务的人。转介的服务对象是由他人介绍或机构转介来的人。外展的服务对象是由社会工作者主动接触并使他们接受服务的人。本题中,社会工作者主动与果果接触,并尝试让果果接受专业的服务,因此果果是外展的服务对象。故本题选 D。

2.【**答案**】A。**解析**:本题考查社会工作实务的通用过程。接案是社会工作助人活动的开端,是社会工作者接触潜在服务对象,了解潜在服务对象的问题和需要,帮助其逐渐成为服务对象并接受社会工作服务的过程,也是社会工作者与潜在的服务对象通过沟通,达成共同解决问题、形成初步协议的整个助人过程的开始。本题中,社会工作者老冯对范女士的问题进行评估,确定需要解决的具体问题,属于接案阶段需要完成的工作。故本题选 A。

3.【**答案**】A。**解析**:本题考查选择介入行动的原则。介入行动要体现以人为本的原则,从服务对象的需要和利益出发,并且在决定介入行动时要有服务对象的参与。故本题选 A。

4.【**答案**】C。**解析**:本题考查会谈的技巧。会谈的技巧包括主动介绍自己 、通过“治疗性沟通”了解服务对象的需要和问题、倾听。C 项中的角色扮演是收集资料的方式,不是会谈的技巧。故本题选 C。

5.【**答案**】B。**解析**:本题考查基线测量评估。A 项中对服务对象影响的评估包括服务对象满意度测量和差别影响评分,服务对象满意度测量的做法是由服务对象用口头或书面的形式,包括填写问卷来表达对社会工作介入效果的看法。差别影响评分的做法是首先由服务对象对介入影响进行自我陈述,报告自己有哪些变化,然后分析,区分出哪些是介入本身带来的变化,哪些是其他因素带来的变化。B 项中的基线测量评估是在介入开始时对服务对象的状况进行测量,建立一个基线作为对介入行动效果进行衡量的标准基线,以评估介入前后的变化,以此判断介入目标实现的程度。C 项中的任务完成情况的测量评估,在实际工作中,服务对象的目标被分解成许多具体的行动和任务,因此,通过探究对象和社会工作者完成哪些既定的介入任务,也能确定介入的影响。D 项中目标实现的测量评估是对介入目标的评估,其评估工具和测量方法包括目标核对表、个人目标尺度测量。故本题选 B。

6.【**答案**】D。**解析**:本题考查社会工作领域中关于儿童的辨析。在社会工作领域中,“儿童”和“未成年人”是通用的,并且在学科内领域划分中,采用“儿童社会工作”的表述,服务对象专指未满 18 周岁的自然人,聚焦其社会福利和保护服务的分支领域。故本题选 D。

7.【**答案**】C。**解析**:本题考查儿童社会工作实务的原则。儿童社会工作的原则就是儿童社会工作者提供专业行为的依据和准则,主要包括优先原则、利益最大原则、最小伤害原则、平等参与原则、生态系统原则。其中,在生态系统原则的要求下,社会工作者应重视家庭的作用,运用生态系统的观点,从儿童自身及其与家庭、朋辈群体、社区、学校、服务机构等的互动关系中分析儿童问题,识别所需资源,提供专业服务,促进儿童发展。故本题选 C。

8.【**答案**】B。**解析**:本题考查儿童社会工作服务的内容与整体流程。在实际服务过程中,儿童社会工作服务具有一个整体流程,主要包括社区儿童福利服务和儿童保护预防服务、儿童保护的发现报告和伤害评估服务、失依儿童的替代照料和康复回归服务。其中儿童保护的发现报告服务是指将发现的儿童保护案件报告所在地公安机关和国家儿童保护体系中的未成年人保护中心,以便能够及时制止儿童侵害行为,为受害儿童开展伤害状况评估,并以此为依据完成监护处置环节的工作,对受害儿童是否需要脱离家庭环境进入国家替代照顾体系作出判断。题干中的情况是小刚已经受到了暴力伤害,社会工作者应该提供的是儿童保护的发现报告和伤害评估服务。故本题选 B。

9.**【答案】**A。**解析:**本题考查以家庭为中心方法的主要实务内容。以家庭为单位进行的服务需要评估,即从儿童成长安全视角进行的家庭监测和评估,内容包括儿童健康成长需要、家庭监护能力及综合环境三个方面。儿童健康成长需要的监测和评估包括健康状况、教育状况、情绪和行为培养状况、身份认同的状况、获得建立关系的能力的状况、公共形象呈现的状况、自我照顾的技能。家庭监护能力的监测和评估包括基本生活照顾的能力、安全保障能力、情感传递能力、提供认知刺激能力、指导培养儿童社会生活的能力、保持稳定持久的人际关系的能力。综合环境的监测和评估包括家庭社会历史、扩展家庭、住房条件、就业状况、家庭收入,以及家庭的社会融入和利用社区资源的状况。分析选项可知,B、C、D 三项属于对小艳综合环境的监测和评估,因此 B、C、D 三项排除。A 项中的安全保障能力,其监测和评估的主要内容包括儿童生活环境的安全、父母保护儿童免遭人为伤害的行为、父母对自然灾害的预防以及识别家庭内外危险和灾难的能力。故本题选 A。

10.**【答案】**C。**解析:**本题考查青少年时期身心、社会和文化方面的状态。根据艾德沃特对青少年时期身心、社会、文化状况的描述,青少年在情绪发展层面,开始从父母处独立自主,得到自我修炼的个人认定状态,并且情绪自主。故本题选 C。

11.**【答案】**D。**解析:**本题考查青少年的特点。从心理发展的角度,青少年心理发展是在其社会生活环境和自身社会实践活动中完成的,因此青少年的智力、情绪和情感、自我意识、性格、性意识、成长和发展性需求等方面呈现出主体与客体的互动、动荡与稳定的结合、突变与渐变的统一的诸多特点。故本题选 D。

12.**【答案】**B。**解析:**本题考查青少年社会工作的原则。青少年社会工作的原则包括主体性原则、发展性原则和整体性原则。发展性原则强调坚持用发展的眼光看待和理解青少年,强调青少年自身蕴含的发展潜力和成长的内在动力,重视经济社会发展对青少年福利的影响。本题中,社会工作者小红在服务过程中,引导小聪的父母理解小聪的行为,并相信小聪可以发生改变,体现了发展性原则。故本题选 B。

13.**【答案】**C。**解析:**本题考查青少年成长发展方面的专业服务。青少年成长发展方面的专业服务包括思想引导、习惯养成、职业指导、婚恋服务和社交指导。A 项中的思想引导是为青少年提供思想道德教育辅导,引导青少年积极践行社会主义核心价值体系,形成正确的世界观、人生观、价值观。B 项中的习惯养成是为青少年提供正确的行为指导和良好的习惯训练,帮助青少年形成正确的生活、学习和行为习惯。C 项中的职业指导是为青少年提供就业信息服务,组织开展就业技能培训,帮助青少年培养正确的就业能力并提高就业技能。D 项中的婚恋服务是引导青少年树立正确的婚恋观,帮助其解决思想上、情绪上的困扰,为有需要的青少年组织开展婚恋交友活动。本题中,社会工作者小华为有需要的青少年提供就业信息,组织开展就业技能培训,这些做法属于职业指导的服务内容。故本题选 C。

14.**【答案】**C。**解析:**本题考查父母效能训练模式的三个重点。父母效能训练模式的三个重点如下:(1)积极倾听,即训练父母的倾听能力,以便父母成为子女的心理辅导员。该技巧主要包括:能接纳子女、能从子女观点看问题、能尊重子女的自主性、能让子女承担自己问题的责任、提供子女探索自己问题的机会、关怀但不批判。(2)使用“我-讯息”,即训练父母学习以“我”为开头来传达讯息与子女沟通。使用“我-讯息”能传达父母的需求,展现对子女的同理心,使子女知道自己的行为适当与否,能正直、真诚地反映父母的内在感受,子女也能以此方式与父母沟通,不会伤害亲子情感或造成冲突。其重点有:说出父母本身的感受、说出为何有此感受、说出为何父母对孩子的某些行为不高兴。(3)积极沟通,即训练父母学习如何与子女积极沟通。主要技巧包括:接纳,让子女自由表达思想观念与情感;专注,能专心致志地聆听子女心声;使用沉默技巧,适当沉默,不必多话;寻找共识,不必受限于小问题,排除障碍,避免分心、做白日梦,并把不必要的东西排除,避免矛盾,清楚表达思想观念,不要混淆,不急促、不催赶,有耐心地沟通。本题中,社会工作者协助小肖的父母以“我”为开头来传达信息并与小肖沟通,使小肖知道自己的行为是否恰当,也让小肖知道父母的担心和感受。这些做法是在协助小肖父母使用“我-讯息”。故本题选 C。

15.**【答案】**A。**解析:**本题考查社会观护的内容。近年来,由社会工作者介入的少年司法社会观护服务,在全国已普遍开展,服务形式主要有设立“合适成年人”制度、社会调查制度等,依托社会观护服务站和社会观护基地，社会工作者为有需要的青少年群体开展司法保护和司法社会工作服务。故本题选 A。

16.【答案】B。解析：本题考查老年人的特点。老年人处于人生的最后一个阶段，老化是其显著的特点，主要表现在三个方面：生理老化、心理老化和社会角色变化。生理老化是指当人的各种器官发育到成熟期后，会逐渐地丧失其功能，这种丧失功能的现象就是生理老化。心理老化是指老年人个人器官变化的过程，包括知觉、智力、解决问题、理解过程、学习及在学习过程、内驱力以及情绪等方面能力的改变，由此产生的反应迟钝现象。社会角色变化是指当个体经历老化过程所带来的变化时，他们会丧失象征中年的社会角色和社会关系，如他们会因为退休而失去职业角色，需接纳象征晚年的新社会角色和关系，如做祖父母。本题中，老赵的学习速度和进展变得缓慢，是一种反应迟钝的现象，属于心理老化。故本题选 B。

17.【答案】B。解析：本题考查老年社会工作应注意的事项。老年社会工作应注意的事项为价值观问题、移情与工作倦怠问题。做老年人工作会面临许多艰难的人生问题，如疾病、伤残、死亡等，社会工作者会不由自主地想到自己的晚年，对处理这些问题感到焦虑和沉重。而个人以往与老年人打交道的经历，特别是跟家中老年人的交往也可能会让自己对老年服务对象抱有特殊的感情，这种现象称为对老年人的反移情现象。有可能会表现为对老年人特别不好，缺乏耐心和关怀，也有可能表现为对老年人过度保护，想要“拯救”老年人。本题中，小峰觉得自己就是这些老年人的亲人，每天都应该好好对待他们，正属于反移情现象。故本题选 B。

18.【答案】C。解析：本题考查老年人的需要。老年人有八大需要，分别是健康维护、社会参与、居家安全、经济保障、就业休闲、婚姻家庭、善终安排、一条龙照顾服务。其中，婚姻家庭的需要对一些独自生活的老年人来说较为明显。伴侣和家庭支持系统对于老年人获得良好的生命质量和生活质量具有十分重要的意义，老年人有追求和维持美好的婚姻家庭生活的需要。本题中，老亓想要找一个老伴儿的想法，反映了老年人对婚姻家庭的需要。故本题选 C。

19.【答案】D。解析：本题考查自杀评估。在评估老年人的自杀风险时，可以从三个方面进行评估：(1)直接线索。老年人若直接说“我要了结自己”或者“有时我真想结束一切”，并不是随便说说引人关注，它是直接的线索，表明其正在考虑终止自己的生命。如果老年人有这类直接表达的话，那么就要进一步筛查其自杀倾向，包括老年人是否有具体的计划和实施计划的途径，如果有的话，那么就要马上采取行动。老年人正在考虑的自杀手段越致命，其实施方案的可能性就越大，完成自杀企图的风险就越高。(2)间接线索。有时老年人会借用一些问题看所爱之人的反应，如“没了我，你会过得好些”或者“这些日子，我太麻烦人了”。这些话是直接要求肯定他们的生命有价值，他们对某人来说很重要。尽管家人和社会工作者可能觉得这样的话让人恼怒，但是这是老年人在绝望地呼救，要重视，不能视而不见。(3)行为线索。有些老年人没有提供任何口头线索，他们决定结束自己的生命，并且不愿意和别人沟通。这些老年人常常会在行为上流露出一些倾向，这些应该被视为警示信号。这些自杀倾向可以是企图自杀或者过去自杀过、储存药物、出人意料地留遗嘱或修改遗嘱、突然开始筹划葬礼安排、突然把贵重物品送人、非本人性格特点的不在意自己或不做家务、长期情绪焦灼动荡或抑郁却突然变得安稳、平和。故本题选 D。

20.【答案】A。本题考查老年人社区照顾的服务内容。本题中，社会工作者小王为张老伯的照顾安排都是在社区进行的，因此属于社区照顾。故本题选 A。

21.【答案】D。解析：本题考查老年个案工作的内容。老年社会工作除了一般性的方法外，在工作的各阶段还有一些其他的要点需要关注。在接案阶段，需要与老人进行良好的沟通。在预估阶段，要特别注意老人身体、心理、社会方面的功能状况评估。故本题选 D。

22.【答案】D。解析：本题考查妇女社会工作的目标。开展妇女社会工作需要遵循一些独特的目标和原则，中间目标之一是提升性别意识，促进女性自省、自信和自我认同。故本题选 D。

23.【答案】A。解析：本题考查针对妇女就业问题的工作内容。本题中，微微作为劳动者的合法权益受到了侵害，因此，社会工作者介入的重点应当是协助服务对象维护其合法权益。故本题选 A。

24.【答案】B。解析：本题考查妇女的需要。《中华人民共和国妇女权益保障法》规定，妇女在经期、孕期、产期和哺乳期享受特殊保护。本题中，某社会工作服务机构对妇女的特殊措施，涉及妇女的孕期、哺乳期，这是对妇女的特殊保护和照顾，满足了妇女特殊保护的需要。妇女的特殊保护主要表现在妇女的“四期”，即经期、孕期、产期和哺乳期。故本题选 B。

25.【答案】D。解析:本题考查对婚姻暴力的误区。对婚姻暴力的误区如下:(1)两口子打架是"家务事""私事";(2)是暴力性格所致;(3)是丈夫喝醉了酒或者在外边承受的压力太大所致;(4)是受害者的不当行为引起的。故本题选 D。

26.【答案】D。解析:本题考查实施妇女赋权的原则。实施妇女赋权的原则包括鼓励和肯定 、将妇女作为主体、意识觉醒、权力分析、倡导政策改变。在意识觉醒这一原则中,社会工作者通过阅读、小组讨论、经验分享及观看影片等方式观察和了解妇女的社会地位,为改变创造条件。故本题选 D。

27.【答案】A。解析:本题考查残疾人社会工作的理论视角。残疾人问题绝不是残疾人个人的责任,必然要运用社会的力量来解决。例如,环境污染、不安全的食品和劳动强度过大等都会导致新生儿残疾。故本题选 A。

28.【答案】A。解析:本题考查职业康复的流程。职业康复的流程为职业咨询、职业评估、职业培训、职业指导。因此,在职业康复服务中,社会工作者首先要做的就是职业咨询。故本题选 A。

29.【答案】D。解析:本题考查社区康复的内容。社区康复是指在城乡社区水平基础上,积极调动和协调社区内有关部门和人员,包括残疾人及其家属,充分开发和利用社区的资源,在医疗、教育、职业和社会等方面,为残疾人及其他康复对象提供有效、可行、经济的全面康复服务,从而促进他们在社会生活及家庭生活中自尊、自信、自强、自立,积极参与社会生活。本题中,属于社区康复内容的是居委会安排王先生在他居住的社区做保洁工作。故本题选 D。

30.【答案】D。解析:本题考查残疾人社会工作的服务内容。残疾人社会工作的重要内容之一就是帮助残疾人实现就业权,推动职业康复体系的形成,完善就业保护政策,反对残疾人就业领域中的社会歧视。故本题选 D。

31.【答案】D。解析:本题考查矫正社会工作的特点。矫正社会工作的特点:(1)特殊性,即为社会特殊群体提供的福利服务;(2)复杂性,即强制性监管与人性化服务交织相伴;(3)长期性,即服务期限与刑罚执行期限基本一致。(4)专业性,即法律专业与社会工作专业相结合。故本题选 D。

32.【答案】B。解析:本题考查矫正社会工作服务对象的特点。矫正社会工作服务对象具有冲动好斗的人格特征、具有自卑消沉的心理特征、具有与社会严重脱节的社会特征、具有困难重重的生活特征。本题中,小伟婚姻的变化、工作的失去、母亲的生病、哥们儿的冷漠,这一系列变化都说明小伟面临困难重重的生活压力。故本题选 B。

33.【答案】D。解析:本题考查司法判决前的社会工作。社会工作者在案件审理过程中的主要工作职责是通过与受助者(犯罪嫌疑人)及其家属和周围社区的接触了解,写出一份有关犯罪嫌疑人背景的审前调查报告并提交法庭作审判参考。故本题选 D。

34.【答案】D。解析:本题考查军休社会工作的介入重点。随着社会地位发生的相对变动,尽管军休干部的基本生活无忧,但他们将自己的利益得失与军队和地方管理的离退休干部等"同辈群体"进行对比时,依然会有强烈的相对剥夺感,攀比和失衡犹如一枚硬币的两面,如影随形地相伴在部分军休干部的晚年生活中。他们往往将自己的这些不良情绪归结于环境事件——由军队到地方,认为军队把"财富"当成了"包袱"、普遍"带着情绪在生活"。如何协助他们识别自己的非理性信念、重建理性认知、改变负面情绪、树立积极健康的休养观、接受组织安排的现实、主动融入社区和社会。因此,认知和情绪问题的处理是社会工作者的介入重点。故本题选 D。

35.【答案】C。解析:本题考查职业康复的流程。职业评估属于职业康复流程的第二个阶段,主要是评定残疾人的工作能力和适应职业的可能性。故本题选 C。

36.【答案】A。解析:本题考查军休社会工作的主要方法——语言运用的技巧。语言运用的技巧包括:(1)合作的语言。(2)所有权的语言。社会工作者给予服务对象应有的信任,鼓励服务对象多运用词语"我",相信服务对象可以运用自身的优势与力量来促成生活中的改变,而不是相信改变只可以借助外力发生。社会工作者在表述时多使用"你今天来到这里,想要完成什么呢"而不是"什么问题让你来到这里"。(3)可能性的语言。(4)解决方法的语言。(5)说明与澄清的语言。故本题选 A。

37.【答案】B。解析:本题考查军休社会工作的介入策略。在处理服务对象认知情绪问题的同时,还要积极推进军民融合、军地融合,多视角、多层次地满足服务对象的需要,协助其构建幸福的晚年生活。具体的介入策略:(1)在微观层面上,要推进军休老人与社会老人的融合;在中观层面上,要推进军休社区与驻地社区的融合;在宏观层面上,要推进军队保障与地方保障的融合。本题中,题目问的是社会工作者小彭在中观层面的服务,应该就是社区层面。此外,本题中提到的"为了更好地配合社区建设和社区治理的创新"也在强调社区层面。故本题选 B。

38.【答案】C。解析:本题考查建立专业关系的过程。专业关系的建立是一个过程,社会工作者要有耐心,鼓励服务对象在沟通和行动中维护自身的利益。同时,社会工作者面对中重度肢体残疾者、精神分裂症患者或临终病人时,因准备不充分而产生恐惧等心理,社会工作者要具备良好的自我觉察和自我反思的能力。C 项的做法有利于社会工作者与小伟建立专业关系。故本题选 C。

39.【答案】A。解析:本题考查军休社会工作的功能。本题中,社会工作者组织老干部志愿工作队的做法正是为了发挥军休干部才干,促进其社会实践参与。故本题选 A。

40.【答案】C。解析:本题考查评估信息的获取办法。在社会救助社会工作中,评估信息的获取方法包括:(1)直接询问。(2)家庭探访。社会工作者可以很直接地观察到救助对象的生活情境以及家庭成员之间的互动交流,如家居生活、家里的空间大小、周边邻里关系和社区环境、家具摆设等;同时还可以与其他重要的家庭成员沟通了解他们的想法和感受。(3)间接了解。(4)观察身体语言。(5)使用量表。故本题选 C。

41.【答案】C。解析:本题考查萨提亚家庭治疗模式的内容。萨提亚家庭治疗模式的假设主要包括对人的理解、对困难的理解和对家庭的理解,因此 A 项错误。萨提亚家庭治疗模式相信人是拥有快乐生活的各种能力和资源的、相信导致人出现问题的原因是其错误的应对方式、相信对每个人来说家庭都是非常重要的,因此 B 项错误,C 项正确。萨提亚家庭治疗模式要求社会工作者在治疗过程中不是关注家庭成员的症状表现,而是注重考察家庭成员的困难应对方式,通过改善家庭成员的沟通方式和家庭规则,增强家庭成员的自尊和自我价值感。故本题选 C。

42.【答案】B。解析:本题考查矫正社会工作针对罪犯的功能。矫正社会工作针对罪犯的功能与作用包括服务功能,内容涵盖生活照料、经济支持、疾病医治、心理辅导、就学和就业指导、家庭关系调适等。本题中,洋洋作为一名学生,主要应接受就学辅导。故本题选 B。

43.【答案】A。解析:本题考查专业关系的建立。社会工作者小王应当帮助小明建立与社会工作者小张的专业关系,这样才有利于服务对象的发展,增强矫正的针对性和实效性。故本题选 A。

44.【答案】D。解析:本题考查老年人家庭阶段所面临的任务和要求。老年人家庭阶段的任务和要求包括:(1)学习与成人子女及孙子女沟通交流;(2)学习应对衰老带来的困难;(3)维持生活的尊严、意义和独立。D 项是中年夫妇家庭阶段所面临的任务和要求,因此 D 项排除。故本题选 D。

45.【答案】B。解析:本题考查非理性信念的技巧。非理性信念的检查技巧,即对服务对象情绪、行为困扰背后的非理性信念进行探寻和识别的具体方法。它主要包括:(1)反映感受。让服务对象具体描述自己的情绪、行为以及各种感受。(2)角色扮演。让服务对象扮演特定的角色,重新体会当时场景中的情绪和行为。(3)冒险。让服务对象从事自己所担心害怕的事,从而使情绪、行为背后的非理性信念呈现出来。(4)识别。根据非理性信念的抽象、普遍和绝对等不符合实际的具体特征分析、了解服务对象情绪、行为背后的非理性信念。B 项,社会工作者增加对犯罪行为讨论的做法,可以让小组成员认识到自己的非理性信念。故本题选 B。

46.【答案】B。解析:本题考查家庭的类型。根据家庭的结构特征,可以把现代生活中的家庭分为六种类型:核心家庭、主干家庭、联合家庭、领养家庭、寄养家庭和单亲家庭等。主干家庭是由父母和一对已婚子女组成的家庭。本题中,小胡的父母与小胡夫妻组成了家庭,属于主干家庭。故本题选 B。

47.【答案】D。解析:本题考查家庭系统理论的基本观点。家庭系统理论的基本观点包括:(1)转变看待问题的角度,家庭遭遇的危机既是挑战,也是机会。家庭成员要善于发现问题背后的机会,主动调整沟通方式,为解决问题提供新的机会。(2)转变家庭沟通的方式,改善家庭的沟通方式可以有效解决家庭功能失调的问题。家庭成员的问题不仅不是独立存在的,还与其他家庭成员有关联。(3)转变理解问题的立场,整个家庭不良的沟通方式会导致某一家庭成员出现问题。家庭成员的问题应该放在整个家庭系统中去分析。本题中,小君可以积极为老崔提供就业服务,但是要认识到老崔失业是造成家庭问题的主要原因,但不是老崔家庭的问题。故本题选 D。

48.**【答案】**C。**解析**:本题考查家庭社会工作的服务内容。家庭社会工作包括改善亲子关系的服务和改善夫妻关系的服务。婚姻辅导是常见的改善夫妻关系的服务活动。婚姻辅导,顾名思义,就是针对夫妻的婚姻状况而开展的服务活动,涉及夫妻角色的界定、扮演以及相互之间沟通交流方式的改善等。本题中,属于改善夫妻关系的服务为婚姻辅导。故本题选 C。

49.**【答案】**C。**解析**:本题考查家庭评估的常用方法——家庭结构图。家庭结构图是社会工作者常用的家庭评估工具。家庭结构图的绘制遵循三项基本的原则:长辈在上,晚辈在下;同辈关系中,年长的在左,年幼的在右;夫妻关系中,男的在左,女的在右;在结构图中,□表示男性,○代表女性,——代表结婚关系,—/ /— 代表离婚关系,—/— 代表分居关系,----代表同居关系。故本题选 C。

50.**【答案】**B。**解析**:本题考查家庭干预的常用技巧——再标签技巧。再标签技巧是指社会工作者帮助受助家庭成员从更为积极的角度界定问题,改变受助家庭成员以往的消极态度和认识,从而促使受助家庭成员产生新的积极行为。本题中,社会工作者引导小力的家长从积极的方面思考小力的行为,运用了再标签技巧,合适的问法为 B。故本题选 B。

51.**【答案】**C。**解析**:本题考查家庭无障碍环境改造的工作。在开展残疾人家庭无障碍环境改造工作中,社会工作者应做到:(1)学习有关知识,了解市场情况;(2)尊重服务对象的自决,实事求是地解决问题;(3)与有关部门充分协商,取得支持;(4)强调因地制宜和因陋就简的原则,根据服务对象的需求具体处理。当服务对象请求对家庭居室进行无障碍环境改造的时候,社会工作者在接案后应立即开展工作,一方面要深入家庭进行实地观察,认真听取服务对象的意见;另一方面要和工程技术人员联系,与服务对象共同制订改造方案。故本题选 C。

52.**【答案】**A。**解析**:本题考查理性情绪治疗模式。理性情绪治疗模式指出,服务对象的认知、情绪和行为的反应受到服务对象信念系统的影响。如果服务对象用一些非理性的信念看待引发事件,这种非理性信念就会促使服务对象在情绪和行为上出现困扰。因此,社会工作者发现小方不理性地认为有人要害她时,应该对她的情绪进行治疗,改变她的思考方式。故本题选 A。

53.**【答案】**A。**解析**:本题考查社区社会工作的目标。从社会工作专业角度出发,社区社会工作有一些具体的目标:(1)促进居民参与,解决社区问题;(2)改善社区关系,提升社区意识;(3)挖掘社区资源,满足社区需求。本题中,社会工作者小多做宣传工作,引导社区居民一起解决社区环境问题,这体现了促进居民参与,解决社区问题的目标。故本题选 A。

54.**【答案】**A。**解析**:本题考查社区参与的层次和形式。社区参与的层次和形式为告知、咨询、协商、共同行动和社区居民自治。告知属于最低层次的参与。社区居民单方面获得上级对社区进行建设或改造的规划和信息,却没有任何机会去改变既定规划。有关部门传递这些信息的目的通常是便于说服社区居民接受他们的观点和规划,重点是为了宣传。这种参与方式代表的是一种“自上而下”的沟通过程。咨询比告知上升了一个层次。有关部门除了告诉基层社区、重要利益关系人和相关组织将要进行社区建设或改造的规划和信息,并进一步征求他们的意见,同时也会在规划修订过程中考虑他们提出的意见。协商是在社区进行建设和改造时,邀请受此影响的社区居民一起了解和讨论计划内容,推动居民成为决策过程中的一分子。不过,虽然居民被邀请参加了决策过程,但社区建设或改造的最初设计者通常会设定讨论议题的范围,限定其他参与者的决策权。共同行动是在决策过程中,社区建设或改造的规划由大家共同决策,并在决策过程中分配任务,让大家共同分担执行责任,形成分工与合作。社区居民自治是最高层次的参与形式。本题中,相关的工作人员将这一计划介绍给社区居民,让社区居民知晓并接受这项计划,体现的是告知这种形式。故本题选 A。

55.**【答案】**A。**解析**:本题考查介入的原则。针对服务对象系统的特殊性采取不同的介入行动才能有助于解决问题。例如,对于艾滋病患者来说,并不是所有艾滋病患者的家庭都排斥他们,故对不同的服务对象社会工作者要有个别化的介入行动。故本题选 A。

56.【答案】C。解析：本题考查个案管理的介入步骤。针对慢性疾病患者与长期照顾者，社会工作者主要从以下三个方面进行个案管理：(1)社会心理评估；(2)压力管理；(3)治疗依从性管理。社会心理评估是指社会工作者需对患者的社会心理状况、医疗适应、家庭社会支持系统及经济状况等做全面的评估，发掘患者各方面的需求及优势。在此基础上，社会工作者提供相应服务以适应患者及其家属的需要。故本题选 C。

57.【答案】B。解析：本题考查社区就业服务的内容。在社区就业服务中，包括的内容有开发社区就业岗位、鼓励多种形式就业；宣传和执行落实再就业优惠政策；开展社区就业服务和就业培训、解决社区下岗和失业人员的社会保险接续等实际困难。本题中的多项措施的目的和作用在于鼓励多种形式的就业。故本题选 B。

58.【答案】D。解析：本题考查服务或活动阶段的工作。在方案执行进入服务或活动阶段时，主要开展的工作有预算管理、时间进度管理、服务品质管理和士气激励与提升。本题中，A、B、C 三项属于这一阶段的内容，D 项属于方案结束阶段的内容。故本题选 D。

59.【答案】C。解析：本题考查医务社会工作的特点。医务社会工作的特点包括与医疗卫生体系相融合；以服务对象的健康为主导；"以病人为中心"的理念；服务规范的专业化。希波克拉底说过："了解什么样的人得了病比了解一个人得了什么病更重要。"医务社会工作者在"以病人为中心"的医疗团队中，从患者的角度出发，为患者的康复寻求各种资源的合理配置，发挥它们重要的作用。故本题选 C。

60.【答案】A。解析：本题考查企业社会工作服务对象的来源。企业社会工作服务对象的来源包括厂医转介的职工、管理部门工作人员发现并介绍的职工、职工家属或亲友介绍的职工、社会工作者主动发现的职工、自己主动寻求帮助的职工等。本题中，小飞的丈夫向社会工作者介绍了小飞的情况，希望能使小飞得到帮助，这一来源属于职工家属或亲友介绍的职工。故本题选 A。

二、多项选择题

61.【答案】ABCD。解析：本题考查选择介入系统。在社会工作的助人活动中，关注的对象包括介入行动要改变的人和系统。要使小刚家庭变得和睦，需要改变的包括小刚的家庭、小刚父母的关系、父子之间的关系，而这些关系中最需要改变的是小刚的父亲，因为他是产生问题的主要原因。故本题选 ABCD。

62.【答案】ACDE。解析：本题考查面谈的资料准备。初次面谈服务对象资料准备：(1)事先研读服务对象资料，了解其是否接受过服务；(2)了解他们的身体和精神健康状况；(3)走访社区，通过服务对象的社会网络，了解服务对象个人和社会处境两个方面的情况；(4)了解服务对象是否有特殊事项需要谨慎小心处理。故本题选 ACDE。

63.【答案】ABDE。解析：本题考查初步协议的内容。社会工作者与服务对象经过初步接触，对对方已有一个基本的了解，此时即可达成一个初步协议。初步协议的内容包括：(1)机构和社会工作者可以提供的服务；(2)对服务对象问题的初步界定；(3)相互的角色期望及暂定的工作时间长度。故本题选 ABDE。

64.【答案】ABC。解析：本题考查支持性儿童福利服务的内容。支持性儿童福利服务的内容包括：(1)为儿童及其家庭提供的个别化咨询辅导；(2)为儿童提供休闲娱乐的服务；(3)为准妈妈提供的咨询以及协助办理新生儿户籍登记服务。D、E 两项是补充性儿童福利服务的内容，因此 D、E 两项排除。故本题选 ABC。

65.【答案】BCDE。解析：本题考查沟通分析论的内容。沟通分析论的内容包括：(1)人格结构分析。每个人都是由三个独立的自我状态，即父母、成人、儿童组合而成的一个个体，三者交互作用，会呈现个人的行为表现。(2)沟通分析。人与人之间的沟通通常有互补式、交叉式、暧昧式三种形式。(3)脚本分析。每个人从早年开始，因受父母及成长环境的影响，就已写定了自己的"生命脚本"，每个人乃是依据这一脚本去计划自己的生活。由每个人的"生命脚本"衍生出每个人所拥有的"心理地位"，又被称为"生活地位"。(4)游戏分析。卡普曼戏剧三角论把人们在沟通中的角色分为三类。压迫者指永远想处于领导地位、一直想指挥别人，超越别人者；拯救者指当别人受到欺负，你会主动去帮助别人者；牺牲者指常觉得自己是一个被欺负的人，是个可怜的无助者。故本题选 BCDE。

66.【答案】ABCD。解析：本题考查接案的准备工作。接案的准备工作包括以下内容：服务对象资料的准备(包括事先研读服务对象的资料,了解其是否接受过服务;了解他们的身体和精神健康状况;走访社区,通过服务对象的社会网络来了解服务对象个人和社会处境两方面的情况;了解服务对象是否有特殊事项需要谨慎小心处理)和拟定初次面谈的提纲。故本题选 ABCD。

67.【答案】ABCD。**解析**:本题考查家庭寄养服务和儿童收养服务的相关内容。家庭寄养可以分为临时寄养和永久寄养两大类,家庭寄养服务一般是为被收养或者能够回归原生家庭的儿童提供过渡性养育服务,因此 A 项正确。儿童收养服务是为不同程度身心障碍儿童成年之前提供的养育服务,因此 B 项正确。儿童收养服务的跟踪支持有一定的时限性,家庭寄养服务的跟踪以离开寄养家庭为准,因此 C、D 两项正确。除去寄养转收养或者其他意外事故,一般寄养结案的时间为寄养儿童年满 18 岁之时,因此 E 项错误。故本题选 ABCD。

68.【答案】ABCD。**解析**:本题考查针对单亲母亲家庭的服务。单亲母亲家庭常常面临的主要问题有亲子关系和孩子教育、单亲母亲的贫困化、就业困难、再婚困难、社会对单亲母亲的歧视和偏见以及缺乏针对单亲母亲家庭的社会保障等。故本题选 ABCD。

69.【答案】ABE。**解析**:本题考查为留守妇女提供的服务。留守妇女是指丈夫出去打工而自己留在家中承担农业生产并照顾孩子和家庭的农村妇女。由于丈夫在家中缺位,妇女们承担了所有的农活以及照顾孩子和家庭的责任,妇女的生活负担和精神负担加重。另外,由于夫妻长期分离,也导致夫妻感情和家庭出现危机,甚至针对留守妇女的性侵等犯罪案件也不断增多。故本题选 ABE。

70.【答案】ABCE。**解析**:本题考查理解残疾人及其家庭内心感知的相关内容。残疾和障碍的发生在心理状态上会出现这几个阶段:一是暂时性震惊状态;二是否认状态,产生沮丧、怀疑等情绪和心理体验,并在心理上出现“被剥夺感”和“依赖感”;三是焦虑和恐惧的状态,感觉到自己对很多东西慢慢失去控制;四是出现愤怒和沮丧状态,产生无助感,甚至出现攻击性行为;五是走向认同状态,接受残疾的事实,慢慢适应与残疾相伴的生活方式。故本题选 ABCE。

71.【答案】ABD。**解析**:本题考查社区康复的内容。社区康复的内容包括:(1)开展残疾的预防。残疾预防是在发生伤、病、残之前,预防其发生或减轻其功能障碍程度的措施。修建方便残疾人日常生活的无障碍设施,关心残疾人的心理健康。A 项属于这一方面的活动。(2)开展康复评定。B 项属于这一方面的活动。(3)开展全面康复服务。D 项属于这一方面的工作。故本题选 ABD。

72.【答案】ABCD。**解析**:本题考查刑满释放后的社会工作。小李已经刑满释放,对他应该提供刑满释放人员的矫正社会工作。社会工作者在这一工作中应该提供住宿场所;提供就业、就学辅导;提供生活辅导和医疗保健转介服务;提供物质基础。本题中,小李除了上述的服务需求外,妻子不接受他,他需要改善与妻子的关系。故本题选 ABCD。

73.【答案】ACD。**解析**:本题考查光荣院社会工作服务对象的需要。光荣院社会工作服务对象的需要包括健康维护的需要、婚姻家庭的需要、社会参与的需要和社会尊重的需要。老高很少与他人交往,有社会参与的需要,因此 C 项正确;胃病复发,有健康维护的需要,因此 A 项正确;没有人重视,有社会尊重的需要,因此 D 项正确。故本题选 ACD。

74.【答案】ABCD。**解析**:本题考查服务对象的类型。军休社会工作的内容主要包括:(1)协助军休干部实现角色转换,做好心理关怀和精神服务;(2)协助军休干部适应军休服务管理机构里的新生活,发展新的人际关系,树立积极健康的休养观;(3)协助军休干部认识老龄化的过程,适应晚年生活;(4)协助军休干部发挥自身政治、经验、智力优势,力所能及地服务社会;(5)协助整合社会资源、拓深服务内容、拓宽服务领域、提高工作水平、提升生活质量;(6)协助依法维护军休干部的合法权益;(7)协助推动相关政策的制定和完善,在政策规定范围内实现军休干部利益最大化;(8)协助做好工作人员的情绪疏导和压力释放工作;(9)培训工作人员,促进专业服务的发展和服务质量的提高;(10)推动志愿服务并对志愿服务进行督导。本题中,军休老人通过参加文艺活动,实现了从军队干部到社区居民的角色转变,也实现了工作与军休的角色转变;而军休老人协助治安巡逻,并且发挥了自身特长服务社会;通过服务,军休老人结交了新伙伴,扩展了人际关系。故本题选 ABCD。

75.【答案】CE。**解析**:本题考查专项社会救助的内容。专项社会救助主要是为了解决困难家庭的特定问题,并针对这一问题进行的救助,是对基本生活救助的重要补充。专项社会救助主要包括教育救助、医疗救助、住房救助和司法救助等。本题中，为晓静一家提供的救助属于专项救助的医疗服务和法律援助。故本题选 CE。

76.【答案】ABCD。解析：本题考查“结对子”朋辈助力法的工作步骤。“结对子”朋辈助力法的工作步骤：(1)确定帮扶主题。首先要明确帮扶目的是综合的全面成长，还是具体的某一方面的素质提升，进而确定帮扶主题。如数学成绩提升帮扶结对子、英语会话结对子、帮扶留守儿童或困境家庭学生结对子等。(2)合理配对。在配对时，除了考虑强弱的因素，还要考虑学生的性别、个性、之前彼此的关系、家庭情况、居住的便利性等其他因素。(3)举行结对仪式。仪式是内容的支撑，仪式对当事人具有积极的暗示作用和制约性，可以根据各方面的条件及学生的情况，设计有特色的仪式活动。(4)协助制订行动计划。如果有可能，社会工作者参与每对学生的行动计划的设计，并监督计划的执行。(5)建立合理可行的奖励机制，激励学生进步与成长。故本题选 ABCD。

77.【答案】ABC。解析：本题考查学校社会工作对学生家庭困境的介入。学生的家庭困境主要指特殊的家庭状况给学生带来的负面影响，如低保家庭、单亲家庭、再婚家庭、残疾人家庭等。社会工作者可以提供的服务内容有：(1)提供情感支持。社会工作者运用抗逆力理论，发现学生的资源与优势，激发他们的生命动力，用自身力量应对困难的行业挑战，最终超越自己。通过个案辅导的接纳、同感、尊重等工作技巧，社会工作者引导学生表达感受、宣泄情绪。(2)发展支持系统。社会工作者组织相互合作的活动，培养学生的合作能力和解决问题的能力，此外，还可以培养学生之间的友情，从而形成社会支持系统，共同成长。社会工作者为相似家庭背景的学生提供自我成长主题小组服务，引导组员分享感受，相互支持和学习，彼此增能。社会工作者组织有差异的家庭组成小组，在互动中消除彼此芥蒂，分享不同的生活经验，体验尊重与理解。(3)链接社会资源。社会工作者主动与相关组织建立联系，为困境家庭的学生链接福利资源，帮助其改善家庭境况。社会工作者及时反馈困境家庭状况及其对未成年子女的影响，帮助相关部门及时调整福利政策以满足服务对象的需求。故本题选 ABC。

78.【答案】BCDE。解析：本题考查活动阶段的工作内容。活动阶段的工作内容包括预算管理、时间进度管理、服务品质管理、士气激励和提升等四项内容。B 项的做法属于预算管理，C 项的做法属于时间进度管理，D 项的做法属于服务品质管理，E 项的做法属于士气激励和提升。故本题选 BCDE。

79.【答案】ABC。解析：本题考查舒缓疗护的主要做法。舒缓疗护的主要做法包括：(1)获取信息和资源。(2)调解家庭问题并提供支持，协助家庭满足需求、处理想法和感受。(3)协调并组织协助病患的个案会议，让家庭成员一起表达他们的需求、关注点和愿望。(4)提供转介服务，帮助患者和家庭获得社会支持和帮助，同时协助照顾者得到休息的机会。(5)协助病人及其家庭参与到服务计划中，提出问题，作出决策，以澄清需求并排列出重要事项。故本题选 ABC。

80.【答案】CDE。解析：本题考查企业中的社会工作小组。企业中小组的类型有：(1)兴趣、娱乐小组主要是让职工学习娱乐的技巧，进而丰富职工的休闲生活，增加职工的生活乐趣；(2)成长小组主要是让职工发现自身的问题，发挥个人潜能以寻求解决问题的方法，进而促进职工发生正向改变；(3)支持小组是让小组组员之间相互支持，进而协助职工直面充满压力的生活事件，恢复其原有的应对能力；(4)教育小组主要是帮助职工学习新的知识和技巧，弥补相关知识的不足，进而实现职工的发展目标；(5)治疗小组主要是协助职工改变自己的行为，进而改善职工在生理、心理方面的问题。本题中，针对不熟悉自动化操作，技能水平不高，缺乏求职技能与技巧的问题，可以开展的小组是 C、D、E 三项。故本题选 CDE。

社会工作实务(初级)全真模拟试卷(二)参考答案及解析

一、单项选择题

1.**【答案】**C。**解析:**本题考查服务对象的类型。自愿型服务对象是服务对象主动寻求社会工作者的帮助,求助动机较强,社会工作者与服务对象容易达成一致意见。非自愿型服务对象是由他人或机构转介而来、被动接受帮助的服务对象。这类服务对象不容易与社会工作者建立信任关系,对社会工作者的要求也较高。现有服务对象是正在接受社会工作者帮助的服务对象。潜在服务对象是尚未接受社会工作者的帮助,但未来可能需要帮助的服务对象。故本题选 C。

2.**【答案】**D。**解析:**本题考查会谈的主要任务。会谈的主要任务是界定服务对象的问题、澄清角色期望和义务、激励并促成服务对象进入角色、促进和诱导服务对象态度和行为的改变、达成初步协议、决定工作进程。可见,界定问题是会谈的主要任务之一。故本题选 D。

3.**【答案】**C。**解析:**本题考查选择介入行动的原则。社会工作者选择介入行动的原则包括:(1)以人为本、服务对象自决;(2)个别化;(3)考虑服务对象的发展阶段和他们的特点;(4)与服务对象相互依赖;(5)瞄准服务目标;(6)考虑经济。其中,以人为本、服务对象自决的原则要求社会工作者的介入行动体现以人为本的原则,从服务对象的需要和利益出发,并且在决定介入行动时要有服务对象的参与。由服务对象决策和参与的介入行动将会使他们有更强烈的愿望去承担责任和完成任务。故本题选 C。

4.**【答案】**A。**解析:**本题考查儿童社会工作的类型。儿童社会工作的类型有:(1)支持性儿童福利服务;(2)补充性儿童福利服务;(3)替代性儿童福利服务;(4)儿童保护服务。其中,补充性儿童福利服务的对象是父母亲职能力不足的儿童和家庭,主要内容是为经济困难家庭链接资源,为儿童提供经济补助;为时间和精力不足的父母提供托育服务;为新生儿及其父母提供健康育儿资讯与技能培训服务。故本题选 A。

5.**【答案】**D。**解析:**本题考查面谈的技巧。面谈中的倾听不仅是为了了解情况,也是为了建立专业关系,鼓励对方更加开放自己,使社会工作者能更多地了解情况。因此,倾听最重要的是理解对方所传达的内容和情感,不排斥、不歧视,把自己放在对方的位置上来思考,鼓励其宣泄情绪,帮助其澄清自己的想法。故本题选 D。

6.**【答案】**C。**解析:**本题考查军休社会工作的内容。军休社会工作的内容主要包括:(1)协助军休干部实现角色转换,做好心理关怀和精神服务;(2)协助军休干部适应军休服务管理机构里的新生活,发展新的人际关系,树立积极健康的休养观;(3)协助军休干部认识老龄化的过程,适应晚年生活。本题中,老李感到失落,时常怀念部队的美好时光。针对这种情况,社会工作者应该先帮助老李实现角色转换,做好情绪疏导工作。故本题选 C。

7.**【答案】**A。**解析:**本题考查军转复退军人安置社会工作的特别内容。军转复退军人由军营到地方,已有的定式发生了变化,在截然不同的新环境中,如何尽快地适应角色转变,开始新的生活和工作,是需要社会工作者重点关注的。因此,社会再适应是社会工作者介入的重点。故本题选 A。

8.**【答案】**B。**解析:**本题考查军休社会工作的服务管理内容。社会工作者对军休社会工作的服务管理内容之一是协助军休干部力所能及地发挥余热,实现"老有所教""老有所为"。本题中,社会工作者协助军休干部实现了"老有所为"。故本题选 B。

9.**【答案】**A。**解析:**本题考查儿童的需要。儿童的需要有生存的需要、发展的需要、受保护的需要和社会化的需要。生存的需要包括生命存在的需要和社会存在的需要。生命存在的需要是儿童获得基本生活照料的需要。社会存在的需要是儿童获得社会身份,包括姓名、户籍和国籍的需要。故本题选 A。

10.**【答案】**A。**解析:**本题考查家庭监护的问题。儿童保护中的家庭监护问题,是指因为父母育儿理念和育儿行为偏差,给未成年子女带来伤害的问题,与前文描述的儿童问题多有关联。它一般可以分为监护不足、监护不当和监护缺失三大类型，不同类型的监护状况给未成年子女带来的权益侵害的类型不同。例如，家庭贫困、单亲家庭等，监护状况多数情况下呈现为监护不足，给未成年子女带来的风险是被忽视的风险；家长对子女管教过于严厉或者溺爱，或者存在家暴现象，则呈现为监护不当，给未成年子女带来的风险是被虐待的风险，包括情感虐待和肢体虐待；家长因服刑、吸毒、外出务工等双双不在未成年子女身边，呈现为监护缺失，给未成年子女带来的风险是被忽视和被他人侵害。故本题选 A。

11.【答案】C。解析：本题考查青少年社会工作的原则。青少年社会工作的原则包括主体性原则、发展性原则和整体性原则。主体性原则强调尊重青少年主体地位，承认与接纳青少年的独特性与差异性，充分照顾青少年的特点和需要，开展有针对性的服务。本题中，社会工作者小徐在服务过程中，充分照顾小胡的特点和需要，开展有针对性的服务。体现了主体性原则。故本题选 C。

12.【答案】D。解析：本题考查“自我概念”的三个层面。“自我概念”可以涵盖三个层面：现实我（是真正的我）、理想我（是希望中的我）及客观我（是别人眼中的我），这三个自我需要相互运作，充分发挥其功能，健康自我才得以出现。故本题选 D。

13.【答案】D。解析：本题考查青少年社会工作的服务原则。青少年是一个充满活力的群体，青少年社会工作必须遵循以下原则：尊重青少年的价值与尊严、接纳与关爱青少年、注重青少年的个别需求、协助青少年具备适应社会变化不断成长的能力。当前的社会是个快速变化的社会，家庭变迁、人口迁移、就业压力、升学竞争等都对青少年造成了很大的冲击，社会工作者在开展服务的过程中，要充分掌握社会发展脉络，配合青少年的社会适应性需要，通过给予青少年必要的辅导和协助，帮助他们建立适应社会的能力。这是协助青少年具备适应社会变化不断成长的能力原则的要求。本题中，小王为小强提供的服务正体现了这一原则。故本题选 D。

14.【答案】D。解析：本题考查青少年社会工作的介入方法。青少年社会工作的介入方法如下：(1)危机介入，通过多专业合作的方式进行综合援助。主要针对可能危及青少年自身和他人生命安全的问题而实施的紧急干预策略。(2)家庭治疗，以家庭为单位，促进家庭内在系统的改变，优化青少年的成长环境。主要用于改善并重建青少年和家庭组员之间的关系，实现家庭组员的良性互动。(3)外展服务，深入青少年经常出入的场所，了解青少年的需求和问题，并预防可能发生的风险。主要针对很少参与主流活动并易受影响的青少年。(4)历奇辅导，带领青少年进入低冒险区，通过体验性的活动，促进青少年自我探索、自我觉察与自我成长。主要是帮助青少年提高自信、提升自尊、培养团队合作精神。(5)朋辈辅导，为志趣相投、年龄相当的青少年创造交流和互动的机会。主要是帮助青少年改善朋辈关系、建立朋辈支持。(6)向导服务，由专业的志愿者为青少年提供“一对一”的长期陪伴。主要适用于引导青少年树立正向的价值观和养成健康积极的行为习惯。故本题选 D。

15.【答案】A。解析：本题考查老年社会工作应注意的事项。老年社会工作应注意的事项有价值观问题、移情与工作倦怠问题等。移情是服务对象将自己过去对生活中某些重要人物的情感或态度投射到社会工作者身上的过程。反移情包括社会工作者对服务对象的情感和态度，反移情是社会工作者把对生活中某个重要人物的情感、态度和属性转移到了服务对象的身上。社会工作者与老年人打交道的经历，特别是跟家中老年人的交往也可能会导致对老年服务对象抱有特殊的感情，出现反移情。这可能会表现为对老年人特别不好，缺乏耐心和关怀，也可能表现为对老年人过度保护，想要“拯救”老人。本题中，社会工作者将自己的情感带到了服务中，对宋奶奶加倍关注，这种情况属于反移情。故本题选 A。

16.【答案】D。解析：本题考查流浪儿童救助服务的内容。流浪儿童救助服务的内容包括从物质救助到教育救助、从机构救助到回归家庭与社会、安置与跟踪服务。故本题选 D。

17.【答案】C。解析：本题考查家庭社会工作与家庭治疗的区别。家庭治疗关注的是整个家庭，主要集中在家庭本身的结构和互动关系上，特别是家庭成员之间的权力关系。家庭社会工作关注的是家庭成员之间的沟通和交流，成员在不同层面的互动交流，不仅关系整个家庭，也关系家庭中的每个人和家庭中的次系统。故本题选 C。

18.【答案】D。解析：本题考查社会工作者的角色。社会工作者在介入阶段所扮演的角色包括支持者、教育者、咨询者、使能者和资源调动者。支持者是通过对家庭成员的支持,促进其发生改变的角色;教育者是对受助家庭教授有关生活知识和提供必要的生活技能训练的角色;咨询者为家庭成员提供必要的咨询;使能者是帮助增强家庭成员运用资源解决问题的能力的角色;资源调动者是运用各种资源为受助家庭建立和扩展其社会支持网络的角色。故本题选 D。

19.【答案】B。解析:本题考查老年小组工作的特点。尽管运用小组方法开展老年人社会工作有其优势,但是在这一人群中运用小组方法时仍有一些独特之处值得提醒。(1)老年人与健康的儿童、青少年或年轻成人不同,他们有各种身体上的不便和知觉方面的限制,因此在开办小组的时候就要有相应的调整。如在空间安排和使用辅助器具上要作特别的考虑,因此 A 项正确。(2)老年人由于其身心健康状况,可能在小组中的表现比较被动,其头脑中可能都是个人问题,这使得老年人小组工作的节奏比年轻人的小组慢许多。对小组带领者来说,要学会欣赏成员点滴的进步,因此 B 项错误,C 项正确。(3)在老年人小组中,带领者可能自始至终都要扮演一个比较积极的角色。小组带领者可能要投入额外的时间与小组成员建立个人关系,老人可能需要社会工作者的持续鼓励才能参加最初的小组聚会和以后的小组活动,因此 D 项正确。故本题选 B。

20.【答案】D。解析:本题考查学校社会工作。学校社会工作是政府、社会各方面力量或私人经由专业社会工作者运用社会工作的理论、方法与技术,对正规或非正规教育体系中全体学生,特别是处境困难的学生提供的专业服务。学校社会工作以学生为本,注重全面成长,与学校其他工作的工作重点不同。故本题选 D。

21.【答案】C。解析:本题考查妇女暴力的干预原则和策略。妇女暴力的干预原则为:(1)关注受害妇女的安全;(2)施暴者对其行为负责并终止暴力行为;(3)与受害妇女建立信任、真诚的专业关系;(4)接纳受害妇女描述的问题,而不是责怪受害者;(5)尊重受害妇女的人格独立,提升她们的自信心。本题中,为了小段及其孩子的安全,社会工作者应该为他们提供庇护场所,并确保其安全。故本题选 C。

22.【答案】D。解析:本题考查妇女社会工作的内容。在妇女社会工作中,应用社会工作的个案、小组和社区工作方法时,一定要加入性别视角,遵循妇女社会工作的实践原则。故本题选 D。

23.【答案】A。解析:本题考查社会性别敏感的要求。社会性别敏感的生殖健康政策应该是男女双方共同承担生育健康的责任和风险,而不仅仅是女性。B、C、D 三项只强调了女性,是不正确的,因此 B、C、D 三项排除。故本题选 A。

24.【答案】C。解析:本题考查妇女暴力的干预原则。针对妇女暴力的干预原则有:(1)接纳受害妇女描述的问题而不是责怪受害者;(2)尊重受害妇女的人格独立,提升她们的自信心;(3)关注受害妇女的安全;(4)与受害妇女建立信任、真诚的专业关系。干预策略中包括:(1)促进相关立法以及完善相关法律;(2)为受暴妇女提供各种形式的服务;(3)建立受暴妇女支持小组;(4)开展反对妇女暴力问题的综合干预。本题中,小黄是被拐卖妇女,但是随着岁月的流逝,小黄已经不愿意离开村庄,此时,社会工作者应该遵循尊重受害妇女的人格独立、接纳受害妇女的问题的原则,尊重小黄的决定。故本题选 C。

25.【答案】A。解析:本题考查妇女的社会性别需求。摩基把妇女的需求分为实用性社会性别需求和战略性社会性别需求。实用性社会性别需求是指在社会生活中,妇女就其社会承认的角色而确定的需求,尽管这种需求是由社会分工及妇女的从属地位引起的,不具有对社会性别的挑战性,但这些需求是妇女很实际的需要,如妇女需要食物、健康、就业等,在满足这些需要的过程中并不会挑战传统的性别角色和分工模式。因此,实用性需求的满足依旧延续传统的分工模式和角色。战略性社会性别需求指的是由妇女在社会中的从属地位而产生的需要。这类需求涉及社会的分工模式、权利等,满足这类需求可以协助妇女取得更多的平等权利,改变现存的社会分工模式和角色,挑战妇女的从属地位。本题中,厕所改建项目满足了妇女的实用性社会性别需求。故本题选 A。

26.【答案】D。解析:本题考查妇女社会工作的主要方法。在妇女社会工作中,同样适用社会工作的个案工作、小组工作和社区工作等基本方法。只是在使用这些方法的时候,一定要具有社会性别敏感性,遵循妇女社会工作的实践原则。故本题选 D。

27.【答案】D。解析:本题考查残疾人的权利和基本需求。残疾人的权利和基本需求主要包含康复权、教育权、劳动权、文化生活权、社会福利权和环境友好权。故本题选 D。

28.【答案】B。解析：本题考查职业康复的流程。职业康复的流程是：(1)职业咨询；(2)职业评估；(3)职业培训；(4)就业指导。A 项属于职业康复的第二个环节，即职业评估；B 项属于职业康复的第一个环节，即职业咨询；C 项属于职业康复的第三个环节，即职业培训；D 项属于职业康复的第四个环节，即就业指导。本题让选择的是社会工作者提供职业康复服务首先做的是哪项工作。故本题选 B。

29.【答案】D。解析：本题考查个案管理的主要工作步骤。个案管理的主要工作步骤：(1)建立关系。(2)评估阶段。(3)制订服务方案。(4)获得整合性的资源。此阶段要注重服务对象内在资源的发掘，同时找出服务对象内在障碍的本质，发现对抗内在障碍的内在资源，发动内在资源，并在此基础上形成行动。(5)整合实施。(6)结束阶段。故本题选 D。

30.【答案】A。解析：本题考查监禁场所中的社会工作。协助服刑对象适应监禁场所生活包括：(1)帮助服务对象熟悉监狱环境。矫正社会工作者对刚刚进入监狱(尤其是初次进入监狱)服刑的服务对象提供的服务，主要是协助他们适应监禁场所的生活，减少或消除对法院判决和监禁生活的抗拒，促使他们痛下决心改过自新。(2)协助服务对象戒除不健康的生活习惯。(3)协助服务对象解决生活困难。(4)预防服务对象间犯罪观念和行为的交叉感染。故本题选 A。

31.【答案】D。解析：本题考查社区矫正的任务。社区矫正的任务包括按照法律、法规和章程的规定，加强对社区服刑人员的管理和监督，确保刑法的顺利实施；通过多种形式加强对社区服刑人员的思想教育、法制教育、社会公德教育，矫正其不良心理和行为，使他们改过自新，弃恶从善，成为守法公民；帮助社区服刑人员解决在就业、生活、法律、心理等方面遇到的困难和问题，促进其顺利适应社会生活。故本题选 D。

32.【答案】B。解析：本题考查矫正社会工作的特点。矫正社会工作具有四个特点：一是特殊性，即为社会特殊群体提供的服务；二是复杂性，即强制性监管与人性化服务交织相伴；三是长期性，即服务期限与刑罚执行期限基本一致；四是专业性，即法律专业与社会工作专业相结合。故本题选 B。

33.【答案】B。解析：本题考查监禁场所中的社会工作。在监禁场所中，矫正社会工作者所能提供的专业服务包括：协助服刑人员适应监禁场所生活、为在监服刑人员提供专业咨询服务、帮助在监服刑人员加强与社会的联系。其中，协助服刑人员适应监禁场所生活主要包括：帮助服刑人员熟悉监狱环境、协助服刑人员戒除不健康的生活习惯、协助服刑人员解决生活困难、预防服刑人员间犯罪观念和行为的交叉感染。在预防服刑人员间犯罪观念和行为的交叉感染时，一方面可以依据判决文书及心理、行为测评结果，对服刑人员进行严格的分类管理；另一方面要提醒新入狱服刑人员慎交朋友，保持行为端正等。所以本题中进行分类管理的目的在于防止服刑人员间犯罪观念和行为的交叉感染。故本题选 B。

34.【答案】C。解析：本题考查光荣院社会工作的特别内容。光荣院社会工作的特别内容包括：(1)疏于照顾问题；(2)药物滥用与药物依赖问题；(3)性与亲密关系的处理。本题中，服务对象老吕有成家的想法，并且有性需求。这时，社会工作者小琴面临的问题是性与亲密关系的处理。故本题选 C。

35.【答案】A。解析：本题考查军休社会工作的内容。军休社会工作的内容主要包括：(1)协助军休干部实现角色转换，做好心理关怀和精神服务；(2)协助军休干部适应军休服务管理机构里的新生活，发展新的人际关系，树立积极健康的休养观；(3)协助军休干部认识老龄化的过程，适应晚年生活等。本题中，社会工作者针对徐老伯感到生活单调、时常怀念部队的美好时光的情况，关键是要帮助徐老伯实现角色转换，做好情绪疏导工作。故本题选 A。

36.【答案】D。解析：本题考查优抚安置社会工作的内容。优抚安置社会工作服务对象的身份阶层在社会转型中产生了前所未有的分化。由现职到离职、由军队到地方、由军人到老百姓，尤其是由健全人到残疾退役军人，服务对象在实现角色模式转换的过程中，由于对新旧角色认识不清、理解不一，往往造成心理失衡、行为失范。对个人身份地位的敏感、焦虑、紧张、失落与无奈是优抚安置社会工作服务对象比较普遍的心态特征。运用认知行为理论的视角可以帮助服务对象识别导致情绪不适和问题行为的有缺陷的思维模式，推进适应角色转变。本题中，小胜因为伤残，导致产生失落感和被抛弃感，还产生了不该参军的非理性信念。此时，社会工作者最需要的是帮助小胜认识并消除自己的非理性信念，树立正确的客观认知，积极面对当下的生活。故本题选 D。

37.【答案】D。解析:本题考查回顾人生经历的内容。精神要素(对自我的超越、对意义的求索和与他人的联结感)在许多方面是优抚安置社会工作服务对象面临的主要心理和社会挑战。社会工作者在为优抚安置对象提供社会工作服务时,要力求做到以下几点:(1)要引导服务对象珍惜现在;(2)引导服务对象找到往事的意义;(3)在人生回顾的过程中,帮助服务对象直面自己的局限;(4)引导服务对象坦然接受生活中好的一面和不好的一面;(5)引导服务对象拓展个人爱好和同情的圈子,力所能及地关怀他人、服务社会。本题中,为王军官找到生命的意义,最可行的方法是通过回顾过往的经历,建构起王军官对当下的珍惜。故本题选 D。

38.【答案】C。解析:本题考查社会救助社会工作的理论基础。社会救助社会工作的理论基础包括增能理论和优势视角。优势视角理论认为应该从社会救助对象所经历及所处的弱势地位出发,发掘他们自身的优势和潜能,寻找帮助他们摆脱弱势地位的新途径。社会救助社会工作的目的就是帮助服务对象发现自身优势,增进自身能力。本题中,符合这一视角的是 C 项,通过挖掘居民的长处和优势,提供小额信贷,增进自身能力。故本题选 C。

39.【答案】C。解析:本题考查社会工作者在灾害后的服务重点。在遭受重大灾害后,社区原有的社会秩序会遭到部分或者全部的破坏。社会生活秩序恢复是社区灾后恢复重建的重要方面。本案例中,通过居民一起分析问题、商讨解决办法使社会秩序得到一定程度的恢复,应该在此基础上进一步建立社会互助网络,在相互支持中共同促进正常社会生活秩序的恢复。故本题选 C。

40.【答案】A。解析:本题考查社会救助体系。社会救助体系一般包括基本生活救助、专项社会救助、灾害救助、流浪乞讨人员救助等内容。在这四项中,基本生活救助是社会救助的核心内容,包含两个救助项目,一是城乡低保,二是就业救助。所以,本题中为小彭提供的救助属于基本生活救助中的城市低保和就业救助。故本题选 A。

41.【答案】C。解析:接案会谈的目的在于了解服务对象最关心的事项是什么,以便达到助人目标。故本题选 C。

42.【答案】B。解析:本题考查家庭系统理论的运用。每个家庭系统既包括很多次系统,又归属于更大的社会系统。从家庭系统理论来看,社会工作者应该先介入小祥与小蕊的夫妻次系统。小祥与小蕊的夫妻问题才是问题真正的核心。故本题选 B。

43.【答案】B。解析:本题考查司法判决前社会工作的服务对象。司法判决前社会工作的服务对象主要包括犯罪嫌疑人和犯罪嫌疑人的亲友。因此,B 选项不正确。故本题选 B。

44.【答案】B。解析:本题考查最低生活保障中的服务内容。最低生活保障中的服务内容包括对象识别、协助申请低保、提供心理支持、调节家庭关系、开展能力建设、促进社会融入。本题中,小郭和小唐的家庭贫困,社会工作者小王协助他们申请低保,可以看出已完成识别服务对象和帮助申请救助。在服务中发现夫妻吵闹,呈现出家庭关系的问题,所以,小王首先应该调节家庭关系。故本题选 B。

45.【答案】B。解析:本题考查社会救助社会工作。社会救助社会工作是指在社会救助领域,社会工作者根据社会救助的性质与特点,以社会工作价值理念为指导,以社会工作的专业理论为依据,采用社会工作专业方法与技巧,为社会救助对象提供专业服务的过程。本题中,社会工作者为服务对象申请了最低生活保障,属于社会救助社会工作。故本题选 B。

46.【答案】A。解析:本题考查家庭干预的常用技巧。家庭干预的常用技巧包括观察技巧、聚焦技巧、使用例子技巧和再标签技巧。聚焦技巧是指社会工作者帮助受助家庭成员收窄注意的焦点,将受助家庭成员的注意力集中在需要解决的问题上,以便对问题作出深入的探索,保证服务介入活动的效率。如社会工作者可以提问受助家庭成员,让他们对需要解决的问题进行排序,从而帮助受助家庭成员聚焦需要解决的问题。A 项是收窄服务对象注意焦点的说法。故本题选 A。

47.【答案】C。解析:本题考查接触阶段的主要任务。在家庭社会工作中,接触阶段的主要任务包括:(1)与受助家庭约定初次会谈时间和安排;(2)为初次家庭会谈做准备;(3)安排第一次会谈等。C 项是评估服务对象家庭成员问题时的做法。故本题选 C。

48.【答案】D。解析:本题考查医务社会工作者对糖尿病患者的服务内容。医务社会工作者对糖尿病患者的服务内容包括医疗适应、疾病认知、心理情绪支援、家庭支援以及出院照顾。D 项危机干预不属于其服务内容。故本题选 D。

49.【答案】C。解析：本题考查情绪问题的处理。妇女儿童医务社会工作中，出现否认、沮丧、恐惧、无助、焦虑等心理反应属于情绪问题。故本题选 C。

50.【答案】A。解析：本题考查学校社会工作方法与技巧举要。学校社会工作方法与技巧举要为：(1)系统脱敏，主要是帮助学生克服考试恐惧的情绪；(2)行为契约法，主要是帮助学生形成良好的行为习惯；(3)拍卖会，主要是引导学生树立正确的人生价值观；(4)做名片，主要是帮助低自我概念的学生提升自信；(5)小背摔，主要是帮助学生提升人际信任力。故本题选 A。

51.【答案】B。解析：本题考查社会工作者对性侵害事件的介入。对性侵害事件介入的内容为：(1)危机介入。第一时间保护受害者的安全，将身体伤害降到最低，必要时做好防孕处理。(2)提供情感支持。协助家长等对受害者进行安抚和关心。(3)情绪疏导，认知澄清。运用个案辅导让受害者表达感受、疏导情绪、放松身心。引导受害者消除耻辱感，避免自责。(4)处置侵害者。尊重受害学生的感受和意见，与家长商议处置办法，若情节严重，在征得受侵害者家长同意后送交公安机关处置。(5)关爱受害学生的心理行为状态，如需要，可提供长期辅导和陪伴服务。本题中，社会工作者小凤第一时间保护小曼的人身安全，并使其得到及时救治，这一系列服务内容属于危机介入。故本题选 B。

52.【答案】B。解析：本题考查社区参与的层次和形式。社区参与的层次和形式有告知、咨询、协商、共同行动和社区居民自治。协商是指社区进行建设和改造时，邀请受此影响的社区居民一起了解和讨论计划内容，推动居民成为决策过程中的一分子。故本题选 B。

53.【答案】B。解析：本题考查医务社会工作的特点。医务社会工作的特点：(1)以服务对象的整体健康为主导；(2)与医疗卫生体系相融合；(3)以患者为中心；(4)服务规范的专业化。在医疗卫生系统从事社会工作，必须了解、熟知各种相应的医疗规范，并且形成与这些医疗规范相适应、相配合的服务准则。因此，医务社会工作服务是一项专业化的服务，要求针对服务对象的不同情况，提供合适的服务。故本题选 B。

54.【答案】D。解析：本题考查学生学业困境的原因。针对出现学业困境的学生，可以从学生自身、学校、家庭和社区四方面寻找原因，并开展相对应的服务。本题中，小芳成绩下降的家庭因素在于弟弟的诞生使小芳感觉父母对自己的关心减少了。所以，针对这样的情况，社会工作者应该积极与小芳的父母交流，让他们学会同样对待两个孩子，多关心小芳，让她重新找回家的归属感。故本题选 D。

55.【答案】C。解析：本题考查建立青少年抗逆力的步骤。建立青少年抗逆力的步骤包括：(1)提供关怀与支持；(2)建立和表达高期望；(3)提供机会、促进参与。提供机会、促进参与意味着让学生和他们的家庭及其他成员对更多的事情担当起责任。本题中，让小明担任班级小组长，可以让他更多地参与班级事务的管理，担当起责任，符合提供机会、促进参与的方法。故本题选 C。

56.【答案】A。解析：本题考查急诊室社会工作的需求分析。急诊室社会工作的需求分析的内容包括患者及其家属的心理危机干预的需求、医疗团队及其成员的需求和急诊管理的需求。故本题选 A。

57.【答案】C。解析：本题考查急诊室开展社会工作服务的必要性。A、B、D 三项属于急诊室开展社会工作服务的必要性，C 项属于干扰项。故本题选 C。

58.【答案】C。解析：本题考查咨询与辅导的内容。咨询与辅导包括社会适应方面的咨询、危机干预、心理辅导和社会资源方面的咨询。故本题选 C。

59.【答案】A。解析：本题考查资源提供与心理支持问题的内容。资源提供与心理支持问题包括下岗和失业人员的再就业心理与社会支持；工伤(亡)事故的补偿与危机干预；本人疾病与家庭成员疾病及突发事件导致生活困难和精神痛苦的辅导与援助等。故本题选 A。

60.【答案】C。解析：本题考查企业社区工作方法。社区工作方法在企业社会工作中同样是可以应用的。企业社区工作方法的起始点就是首先将企业作为一个社区来看待，以整个社区及社区中的居民为服务对象，提供“助人的、利他的”服务。但是，企业“整个社区”的组织与发展工作，一般由企业高层主管以及众多的管理机构与人员进行分工负责，所以企业社会工作的社区工作方法的主要对象是“居民”，关注职工的生活与情绪的组织与发展，把为他们提供各项利他的、助人的服务纳入社区方法的宏观考虑之中，故 C 项表述错误。故本题选 C。

二、多项选择题

61.【**答案**】ABCE。**解析**：本题考查结案反应的处理办法。结案反应的处理办法具体如下：(1)在结案前与服务对象回顾一下介入工作的过程，以确定结案的时机是否已经成熟，因此 A 项正确。(2)提前让服务对象知道结案时间，早些做好心理准备。(3)社会工作者也要估计一些可能会破坏改变成果的因素，预防问题的产生，继续提供一些服务，并为服务对象提供能够对他们有帮助的资源网络，待稳定了服务对象的改变成果后，再最后结束专业助人关系，因此 B 项正确。(4)在结案阶段社会工作者要逐渐减少与服务对象的接触，提醒服务对象要学会自立，给服务对象以心理支持，告诉他们有需要时社会工作者将继续提供协助，因此 C 项正确。(5)安排正式的结案活动，让服务对象交流各自的收获，以建设性的方式表达感受，相互鼓励，面向未来，因此 E 项正确。结案并不意味着社会工作服务的结束，社会工作者在服务结束后的一段时间还需要对服务对象进行回访和跟踪，因此 D 项排除。故本题选 ABCE。

62.【**答案**】ACDE。**解析**：本题考查服务计划的构成。计划是发展有效行动方案、明确任务和责任的过程，也是决策行动的过程。服务计划的构成有目的及目标、关注的问题与对象、介入的方法和介入行动。故本题选 ACDE。

63.【**答案**】ABC。**解析**：本题考查科学育儿的具体内容。科学育儿的具体内容如下：(1)科学育儿的理念：儿童权利和现代儿童观。(2)科学育儿的知识：儿童生理、心理人格和社会行为发展的知识。(3)科学育儿的技能：观察的技能、沟通的技能、引导的技能等。分析选项可知，A、B、C 三项属于科学育儿的具体内容。D 项是早教的方法，E 项是早教的内容，因此 D、E 两项排除。故本题选 ABC。

64.【**答案**】ACDE。**解析**：本题考查儿童友好社区建设倡导的内容。儿童友好社区建设倡导的内容：(1)“儿童友好”即完善社区基本建设；(2)“儿童友好”即建设安全、益智的儿童游戏场所和设施；(3)“儿童友好”即健全社区儿童和家庭服务体系；(4)“儿童友好”即创新社区儿童参与工作机制。故本题选 ACDE。

65.【**答案**】ACDE。**解析**：本题考查青少年生涯规划的重点。青少年生涯规划的重点为自我认识、认识工作世界、确认自我的工作价值观、评估环境因素。故本题选 ACDE。

66.【**答案**】ABC。**解析**：本题考查物质层面的困难。物质层面的困难包括经济困难、住房困难和医疗困难。本题中，小高的父母除了种地收入，没有其他经济来源，小高也没有工作，说明小高面临经济困难，因此 A 项正确。小高家中的房屋已经多年未修缮，每逢雷雨天气就会漏雨，说明小高面临住房困难，因此 B 项正确。小高就医的时候无法向医生表达自己的病情，说明小高面临医疗困难，因此 C 项正确。故本题选 ABC。

67.【**答案**】ABC。**解析**：本题考查社区社会工作的目标。从社会工作专业角度出发，社区社会工作有一些具体的目标：(1)促进居民参与，解决社区问题；(2)改善社区关系，提升社区意识；(3)挖掘社区资源，满足社区需求。故本题选 ABC。

68.【**答案**】BCD。**解析**：本题考查家庭系统理论的基本观点。家庭系统理论的三个基本观点：(1)家庭成员的问题是整个家庭不良的沟通交流方式导致的；(2)家庭所面临的危机既是机会，也是挑战；(3)因“问题”而导致的家庭功能的失调能够得到有效解决。A、E 两项属于家庭系统核心要素的内容。故本题选 BCD。

69.【**答案**】BCE。**解析**：本题考查家庭成员面临的任务和要求。依据家庭生命周期理论，在学龄子女家庭阶段，家庭成员面临的任务和要求为培养子女的独立性、接纳家庭角色的变化、对学校等新机构和新社会成员保持更大的开放性。A 项是在家庭调整阶段，家庭成员面临的任务和要求，因此 A 项排除。D 项是在学龄前子女家庭阶段，家庭成员面临的任务和要求，因此 D 项排除。故本题选 BCE。

70.【**答案**】ABD。**解析**：本题考查我国家庭服务的类型。我国的家庭服务有三种不同类型，分别为家庭的救助和帮扶、改善亲子关系的服务和改善夫妻关系的服务。故本题选 ABD。

71.【**答案**】ABC。**解析**：本题考查社区资源的链接方式。社区资源的链接方式为资源整合、资源共享和资源配置。故本题选 ABC。

72.【**答案**】ABCE。**解析**：本题考查社区矫正的内容。社区矫正是指与在监狱执行的“监狱矫正”相对应的行刑方式，它是将符合社区矫正条件的罪犯置于社区内，由专门的国家机关在相关社会组织和社会志愿者的协助下，在判决、裁定或决定确定的期限内，矫正其犯罪心理和行为恶习，并促进其顺利回归社会的刑罚执行活动。社区矫正的适用范围主要包括五种罪犯：被判处管制的、被宣告缓刑的、被暂予监外执行的、被裁定假释的、被剥夺政治权利的罪犯。故本题选 ABCE。

73.【答案】AD。**解析**：本题考查军转复退军人安置社会工作的服务对象。军转复退军人安置社会工作的服务对象主要包括退出现役的义务兵、复员士官、转业士官、复员干部以及伤病残初级士官和义务兵。他们的需要主要包括就业权益的保障需要和社会再适应的心理调适需要。本题中，一部分复员退伍军人没有找到合适的工作，有就业的需要；一部分无法适应军转地的生活，存在焦虑、愤怒、抑郁等情绪，有社会再适应的心理调适需要。故本题选 AD。

74.【答案】AE。**解析**：本题考查社会救助体系。社会救助体系一般包括基本生活救助、专项社会救助、灾害救助、流浪乞讨人员救助等内容。在这四项中，基本生活救助是社会救助的核心内容，包含两个救助项目：一是城乡低保；二是农村五保供养。本题中，A、E 两项属于基本生活救助的内容。故本题选 AE。

75.【答案】ABCE。**解析**：本题考查流浪儿童的外展服务。在针对流浪儿童的外展服务中，社会工作者要注意儿童的心理和行为特征。一位社会工作者总结了发现流浪儿童的技巧：一看，观察儿童的衣着、表情、行为特点；二听，通过和儿童交流，发现其语言表达的特点和内容；三说，学会和流浪儿童打招呼，才能进行有效的沟通，获得儿童的信任；四感，要能对儿童所遭遇的困难和痛苦感同身受，才能为服务对象所接受。故本题选 ABCE。

76.【答案】CDE。**解析**：本题考查学校社会工作的功能。学校社会工作的功能如下：对学生困境的改善功能、对学生权益的保护功能、对学生成长的发展功能。故本题选 CDE。

77.【答案】ACD。**解析**：本题考查学校社会工作的理解。学校社会工作的对象是全体学生，学校社会工作者与班主任职责不同，故 B、E 两项错误。故本题选 ACD。

78.【答案】BCDE。**解析**：本题考查救助站的服务内容。我国《城市生活无着的流浪乞讨人员救助管理办法》规定，救助站主要提供以下救助服务：(1)提供符合食品卫生要求的食物；(2)提供符合基本条件的住处；(3)对在站内突发急病的，及时送医院救治；(4)帮助与其亲属或者所在单位联系；(5)对没有交通费返回其住所地或者所在单位的，提供乘车凭证。救助站为受助人员提供的住处，应当按性别分室住宿，女性受助人员应当由女性工作人员管理。救助站应当保障受助人员在站内的人身安全和随身携带物品的安全，维护站内秩序。故本题选 BCDE。

79.【答案】BCE。**解析**：本题考查精神病患者开展的服务。A 项是为患者家属提供服务，但服务内容与缓解照顾压力无关，因此 A 项排除。本题问的是为患者家属提供服务，因此 D 项排除。故本题选 BCE。

80.【答案】ABCE。**解析**：本题考查企业社会工作的服务内容。企业社会工作应在企业内外开展与职工的工作岗位相适应、与劳动环境相协调、与职业福利保障相关、与职业生涯发展以及劳动关系协调等有关的服务与管理工作。故本题选 ABCE。

图书在版编目(CIP)数据

社会工作实务(初级)历年真题及全真模拟试卷 / 李永新编 .—北京:世界图书出版公司北京公司,2014. 3(2021. 2 重印)
全国社会工作者职业水平考试辅导用书
ISBN 978-7-5100-7241-3

Ⅰ. ①社… Ⅱ. ①李… Ⅲ. ①社会工作-中国-水平考试-习题集 Ⅳ. ①D632-44

中国版本图书馆 CIP 数据核字(2013)第 289955 号

书　　名　全国社会工作者职业水平考试辅导用书 · 社会工作实务(初级)历年真题及全真模拟试卷
QUANGUO SHEHUI GONGZUOZHE ZHIYE SHUIPING KAOSHI FUDAO YONGSHU · SHEHUI GONGZUO SHIWU (CHUJI) LINIAN ZHENTI JI QUANZHEN MONI SHIJUAN
编　　者　李永新
责任编辑　夏　丹
特约编辑　许燕霜

出版发行　世界图书出版公司北京公司
地　　址　北京市东城区朝内大街 137 号
邮　　编　100010
电　　话　010-64038355(发行)　64037380(客服)　64033507(总编室)
网　　址　http://www. wpcbj. com. cn
邮　　箱　wpcbjst@ vip. 163. com
销　　售　各地新华书店
印　　刷　淄博文昌印业有限公司
开　　本　787 mm×1092 mm　1/16
印　　张　17. 5
字　　数　420 千字
版　　次　2014 年 3 月第 1 版
印　　次　2021 年 2 月第 10 次印刷
国际书号　ISBN 978-7-5100-7241-3
定　　价　45. 00 元

如有质量或印装问题,请拨打售后服务电话 010-82838515

准考证号______

姓名______

社会工作实务（初级）2020 年真题

重要提示：

为维护您的个人权益，确保考试的公平公正，请您协助我们监督考试实施工作。

本场考试规定：监考老师要向本考场全体考生展示题本密封情况，并邀请 2 名考生代表验封签字后，方能开启试卷袋。

社会工作实务(初级)2020 年真题

一、单项选择题(共 60 题,每题 1 分。每题的备选项中,只有 1 个最符合题意)

1. 王女士的儿子小强沉迷网络游戏不爱学习,王女士和丈夫对儿子进行劝告,儿子不但不听,还顶撞他们。王女士希望社会工作者小李能教育儿子小强。小李在确认小强有接受服务的意愿后,与王女士母子签订了服务协议。小李的上述做法属于社会工作运用过程中的(　　)。

A. 接触　　B. 接案　　C. 预估　　D. 会谈

2. 在一次督导会上,社会工作者小李和小刘对是否需要继续为外来务工青年大名提供服务产生了分歧。小李认为大名已经返回原籍,个案应该结案了。小刘则建议联络大名户籍所在地的社会工作服务机构,由他们继续为大名提供服务,以巩固大名改变的成果。小刘的上述建议一般是结案阶段(　　)的要求。

A. 转介服务　　B. 跟进服务　　C. 时机选择　　D. 情绪处理

3. 自从独生女儿过世后,张女士与丈夫的关系变得越来越冷淡,丈夫逐渐染上了酗酒恶习,不仅对家里的事情不闻不问,还多次动手打张女士。无奈之下,张女士向社会工作者求助。为了帮助张女士界定其夫妻间存在的问题,下列社会工作者的提问中,最适宜的是(　　)。

A. “你希望我们提供什么帮助?”

B. “你认为自己目前遭遇的问题是什么?”

C. “你认为丈夫染上酗酒恶习的原因是什么?”

D. “你认为你们夫妻关系恶化的原因是什么?”

4. 自从李女士的孩子上初中后,李女士与丈夫经常因是否接送孩子上下学发生冲突。李女士认为,孩子从小体质弱,比较敏感,即使上了初中,为安全起见还是应该接送,但丈夫对此不以为然,还以工作忙为由将接送孩子的事甩给了李女士。李女士对丈夫的行为很不解,怀疑丈夫有了外遇,非常苦恼、困惑,遂向社会工作者求助。为了识别李女士问题产生的主观因素,小齐应该了解(　　)。

A. 丈夫对夫妻问题的看法

B. 李女士为处理夫妻问题所做的努力

C. 李女士对夫妻问题的看法

D. 丈夫为处理夫妻问题所做的努力

5. 新冠肺炎疫情防控期间,社会工作者为小明提供了线上的个案服务。在多次线上会谈之后,小明逐渐消除了对上学的恐惧,并开始期待新冠肺炎疫情之后学校能够顺利开学。在结案阶段,为了强化小明已有的改变成效,帮助小明形成对解决问题的认知,社会工作者最适宜的做法是(　　)。

A. 协助小明分析害怕上学的原因

B. 帮助小明处理结案时的离别情绪

C. 帮助小明回顾会谈过程中的成长

D. 鼓励小明把会谈学到的知识运用到生活中

6. 在某社区中,部分家长因为孩子身高长得慢,带孩子去医院、让孩子吃药。社会工作者针对这一情况在社区中开展儿童健康知识讲座,让家长知道儿童成长发育有早有晚。上述知识说明了儿童生长发育具有(　　)。

A. 顺序性　　B. 个体差异性　　C. 不均衡性　　D. 分化与互补性

7. 社会工作者联络了妇幼保健院的医生,打算邀请他们为婴幼儿家庭开展母乳喂养、幼儿早教相关的知识讲座。社会工作者的上述工作属于儿童社会工作中的(　　)。

A. 传播理念和知识　　B. 开展儿童支持服务

C. 提供家庭支持服务　　D. 促进儿童身心健康

8. 某社会工作服务机构在社区招募中小学生夏令营营员。租住在本社区的外来务工人员老张觉得这是一个让孩子增长见识、提升能力的好机会,想给儿子乐乐报名,但他又担心孩子不是本地户籍,可能没有资格参加,在报名处徘徊犹豫。社会工作者小杜主动向老张询问和了解情况,并协助老张完成了报名流程,使乐乐成了夏令营营员。小杜的做法体现了儿童社会工作中的(　　)原则。

A. 平等参与　　B. 家庭系统　　C. 最小伤害　　D. 儿童优先

9. 小兰今年 12 岁,父母常年在外务工,与爷爷奶奶一起生活。小兰最近变得沉默寡言,课间休息时,常一个人在角落里发呆,学习成绩下滑,衣服也变得脏兮兮的。老师发现小兰这些变化后,请学校社会工作者小王一起为小兰提供帮助。小王拟运用以家庭为中心的方法对小兰家庭的监护能力进行监测和评估,他应该评估(　　)。

A. 小兰家的住房状况　　B. 小兰家使用社区资源的状况

C. 小兰父母的年收入情况　　D. 小兰与父母沟通交流的情况

10. 社会工作者小燕在社区开展 0~3 岁婴幼儿父母亲职教育服务项目,在对朵朵家进行家访时,9 个月大的朵朵见到小燕就大哭,朵朵妈妈告诉小燕,朵朵面对生人或进入陌生环境就会哭闹。小燕从积极人格培养的角度,建议朵朵妈妈培养朵朵的信任人格。下列小燕给朵朵妈妈的建议中,最适宜的是(　　)。

A. 让她想跟谁玩就跟谁玩　　B. 尽可能多带她到陌生的地方

C. 尽可能多留出时间陪伴她　　D. 尽可能多带她到人多的地方

11. 社会工作者小李发现,初一学生小兵很少主动与同学交流。小兵告诉小李,他也想跟大家一起学习、一起活动,但他觉得自己作业做得很慢,成绩又不好,担心拖了整个班级的后腿。小兵还认为同学们一定不愿意跟自己玩,因此感到自卑,与同学的关系也日益渐远,同学们则认为小兵性格孤僻,不愿意与他交往。久而久之,小兵出现了逃学的行为。小兵的上述状况说明青少年个体发展具有(　　)的特点。

A. 动荡与稳定结合　　B. 主体与客体互动

C. 突变与渐变统一　　D. 理想与现实冲突

12. 社会工作者小文在某地看守所为涉罪青少年开展以"守望阳光"为主题的小组工作,旨在引导涉罪青少年改变非理性信念,促进司法系统与社会工作专业机构的合作,共同为青少年提供服务,小文邀请看守所管教人员参与到该小组的方案设计、组员招录、过程实施等环节中,使看守所管教人员成为服务涉罪青少年社会工作的重要合作伙伴。小文开展上述工作的依据是(　　)。

A. 社会工作方法运用的整合性要求　　B. 社会价值体系

C. 对社会工作者宏观专业能力要求　　D. 社会连接理论

13. 社会工作者小陆在某社会工作服务机构工作,主要的服务对象是青少年群体,她平时的工作内容有:做博物馆的志愿讲解员、参加环保实践活动、管理流动儿童家庭图书馆、陪伴社区困境儿童学习、参与社区助老服务等。上述服务体现了青少年道德教育具有(　　)的特征。

A. 教育与引导　　B. 监督与管理

C. 保障与控制　　D. 实践与体验

14. 高中生小庆的学习成绩一般,他想走艺考这条路,但是他不知道自己应该选择哪一门艺术门类。在班主任的推荐下,小庆找到了社会工作者小李,想请小李帮助自己做出正确的选择。小李在与小庆面谈时,小李尊重小庆想要参加艺考的决定,充分了解小庆的独特性,在小庆犹豫不决的时候,小李问道:"你最擅长的事情是什么?"小李上述做法体现了青少年社会工作的(　　)原则。

A. 发展性　　B. 整体性　　C. 主体性　　D. 平等参与

15. 社会工作者小韩在为小赵及其父母开展服务的时候,小赵的父母不知道如何与小赵沟通,也不知道如何回应小赵的想法。在这时,小韩让小赵的父母观察她如何用心体会小赵的真实想法,接纳小赵内心的感受,并在言语和行为上给予及时回应。小韩上述做法旨在帮助小赵的父母学习(　　)的沟通技巧。

A. 积极倾听　　B. 主动引导　　C. 问题聚焦　　D. 现实反映

16. 社会工作者与服务对象张奶奶是同乡,因此对张奶奶格外关照,什么事情都主动替张奶奶做。这种情形属于社会工作者在服务过程中产生的(　　)问题。

A. 移情　　B. 工作倦怠　　C. 反移情　　D. 过度保护

17. 在开展社区服务时,社会工作者招募在"社区大赛"中获得"烹饪能手"称号的居民当志愿者,参加"老年助餐"志愿服务。这样做既展露了"烹饪能手"的才艺,也解决了部分老人吃饭的问题。上述做法体现了老年社区社会工作(　　)的原则。

A. 权益保护　　B. 资源链接与整合

C. 健康维护　　D. 多方参与

18. 为了提升社区老年人的获得感和幸福感,某养老服务机构运用"互联网+"技术打造了"一站式"服务平台,为社区老年人提供"助浴""助餐""助医""精神慰藉"等服务。社会工作者小蔡通过这一平台,链接卫生服务中心、送餐服务机构和相关志愿服务组织,为社区高龄独居老人李奶奶提供服务。小蔡在此服务过程中扮演的角色是(　　)。

A. 个案管理员　　B. 产品经理人　　C. 专业辅导者　　D. 平台打造者

19. 社会工作者小李参与实施医养结合的服务项目。小李在与老人进行沟通时发现有个别老人在评估时不太能认识到自己的功能限制,社会工作者小李便调整了自己的问答方式,运用了一些沟通的技巧,最终精准评估了老人的能力和需求,为老人提供了更有针对性的服务。小李的上述评估方法注重的是(　　)。

A. 尊重老年人的隐私权　　B. 尊重老年人的独立性

C. 尊重老年人的自决权　　D. 尊重老年人的异质性

20. 有媒体曾报道过一些不会做家务的大龄未婚女青年遭到家长“催婚”和亲友“非议”的现象。在此情况下,社会工作者适宜提供的服务是(　　)。

A. 为大龄未婚女青年举办家务技能培训

B. 为相关人群提供婚恋咨询服务

C. 借助该议题向社会宣传性别平等观念

D. 组织大龄未婚女青年通过角色扮演增进自我认识

21. 某校社会工作专业的师生在暑假社会实践期间来到了一个偏远的农村,打算为这里的留守妇女提供专业的服务。该校师生不仅为村里的留守妇女开展了传统手工技能培训班,还向她们传递了男女平等的观念,让她们认识到女性仍然可以在新农村建设中发挥不可替代的作用,最终实现了既扶贫又扶志的目标。上述活动体现了关注妇女的(　　)。

A. 战略性性别需求　B. 成长性性别需求　C. 实用性性别需求　D. 发展性性别需求

22. 在一些偏远的农村地区,拐卖妇女的行为时有发生。为此,某社会工作服务机构打算为被拐卖的妇女提供专业的服务,让她们在被解救后恢复正常的社会生活。下列工作中,属于社会工作服务机构工作职责的是(　　)。

A. 解救被拐卖的妇女

B. 为受害妇女进行全面体检

C. 加大打击犯罪的力度

D. 为受害妇女提供创伤辅导

23. 社会工作者来到了某村为妇女提供专业的社会工作服务。在某次服务中,社会工作者和妇女一起观看和讨论宣传性别平等的影视作品,分享妇女自立自强的经验,介绍其他村女村干部的事迹等。上述的做法运用了妇女社会工作赋权方法中的(　　)。

A. 透明化　　B. 意识觉醒　　C. 政策倡导　　D. 权力分析

24. 女职工小肖在某企业从事技术研发的工作,在公司的要求下,她和身边的男同事一样,每天都加班到深夜,最近身体有点吃不消,但不知道如何解决此事,于是她找到了社会工作者小张,希望小张可以帮助她。社会工作者小张同小肖一起分析了她的个人现实条件与企业发展的相互关系及原因,协助小肖认清自己感受的具体形成过程。小张的做法属于性别视角妇女社会工作方法中的(　　)。

A. 建立信任关系　　B. 挖掘自身潜能

C. 链接周围资源　　D. 重新界定问题

25. 为了贯彻落实2020年国务院《政府工作报告》中提出的保障残疾人合法权益的精神,某街道计划购买某社会工作服务机构的专业服务,为辖区内残疾人提供差异化的“补偿性”功能训练,帮助残疾人学习文化基础知识并接受职业技能训练。上述计划购买的社会工作服务可以促进残疾人(　　)的实现。

A. 康复享有权　B. 环境友好权　C. 社会参与权　D. 文化生活权

26. 社会工作者近期接触了一个先天残疾的女孩,当女孩得知自己的疾病是由于父母近亲结婚造成的,很怨恨父母。社会工作者对女孩说:“如果你的父母当时有机会学习优生优育的知识,情况就会有所不同,但在那时你的父母也没有机会学习优生优育的相关知识,可见这也是社会原因造成的。你一直埋怨你的父母,是不是不应该?”社会工作者的话体现的是(　　)理论。

A. 个人责任　　B. 社会责任　　C. 社会照顾　　D. 回归社会

27. 职业康复应遵循的工作流程是(　　)。

A. 职业评估—职业培训—就业指导—职业咨询

B. 职业咨询—职业评估—职业培训—就业指导

C. 职业评估—职业咨询—就业指导—职业培训

D. 职业评估—职业培训—职业咨询—就业指导

28. 独居老人张爷爷患有多种慢性病。最近,张爷爷突发脑梗死,导致日常生活起居、外出行动和就医等都出现了困难。社区居委会将张爷爷转介给社会工作者小袁。小袁初步了解了张爷爷的情况后,决定将张爷爷列为个案管理工作的服务对象。在与张爷爷建立了专业关系后,小袁下一步需要完成的工作是(　　)。

A. 评估张爷爷的需求和生活中的问题

B. 与张爷爷签订个案管理服务契约

C. 邀请邻居作为志愿者照顾张爷爷

D. 为张爷爷制订个案管理服务方案

29. 社会工作者在与患有肢体残疾的小亮面谈时发现他特别喜欢声乐,社会工作者决定帮助小亮,双方也签订了服务契约。这时,社会工作者首先应该做的是(　　)。

A. 联系声乐老师　　B. 搜集文艺团体的招聘信息

C. 提供声乐技巧培训　　D. 联系专业机构评定小亮的自身条件

30. 社会工作者小林在进行社区走访时发现,大刚和周围的邻居都有吸毒史。社会工作者小林劝诫大刚尽快采用科学的方式戒毒,大刚听后不以为意。之后,社会工作者小林计划采用社区工作的方法帮助大刚戒毒。下列做法中适宜的是(　　)。

A. 以父亲吸毒的前车之鉴激发大刚的戒毒决心

B. 让大刚从模拟影像中看“吸毒十年后”自己的样子

C. 与相关部门协商,综合治理大刚周边的生活环境

D. 采用青少年拓展训练的方法,帮助其增强体质、调节情绪

31. 矫正社会工作者通过社区教育的途径,改变居民对矫正对象的偏见,培育社区居民接纳、尊重矫正对象的意识和习惯,使矫正对象顺利回归社会。社会工作者的上述做法使用的方法是(　　)。

A. 开展社区宣传教育　　B. 挖掘矫正志愿力量

C. 制订矫正工作计划　　D. 培育矫正互助小组

32. 在个案工作中,社会工作者可以打破保密原则的情况是(　　)。

A. 某来访机构希望能翻阅矫正社会工作者的服务记录

B. 矫正对象告知社会工作者自己每天靠吸食冰毒来抵抗驾驶疲劳

C. 矫正对象向社会工作者描述之前犯罪的经过以及在监狱里的感受

D. 矫正对象告诉社会工作者自己年轻时曾偷邻居家阳台上的香肠

33. 老张之前是吸毒人员,后来戒毒成功。最近,社区工作者发现老张心情很沉重,原来是因为前期赌博欠下高额债务,虽然他现在已经不赌博了,但债务是需要还的。社区工作者想要协助老张依靠自己的能力去解决问题。下列选项中,合适的做法是(　　)。

A. 帮助老张提高对赌博危害性的认识

B. 帮助老张提高对吸毒危害性的认识

C. 与老张探讨压力产生的原因,寻找改变的途径

D. 建议老张跟家人坦白,请家人帮忙筹资还赌债

34. 老肖因公致残,入住荣军医院进行康复治疗,但治疗效果不佳。老肖既要忍受身体的疼痛,又要面对生活方式的调整、自我价值的重新确认、社会支持网络的重建等问题。社会工作者对老肖目前的状况进行了评估,认为他的问题与需求是多元的,且融合在他的日常生活中。上述老肖的问题和需求在其生活中呈现出(　　)的状态。

A. "未分化"

B. "常态化"

C. "动态化"

D. "个性化"

35. 社会工作者在与前来求助的军休干部进行沟通时,运用合作语言技巧与服务对象交流。下列社会工作者的表述中,运用了该技巧的是(　　)。

A. "我能帮你做什么呢?"

B. "你为什么来找我啊?"

C. "你想做什么改变呢?"

D. "别担心,我会帮你的。"

36. 某军休干部管理与服务中心的社会工作者小宋设计了"岁月如歌"生命回顾小组工作方案,为军休所的老干部提供服务。小宋采用分享老照片的方式帮助军休老干部重温在部队时的人生成就,引导他们分享现在的欢乐时光和幸福生活,鼓励其参与社会生活,力所能及地关心他人、服务社会。小宋这样做的主要目的在于(　　)。

A. 缓解老人的寂寞孤独感　　B. 帮助老人坦然面对死亡

C. 建立老人间的信任关系　　D. 协助老人重构生命价值

37. 小王患有精神分裂症,经过住院治疗,进入康复阶段,但精神疾病的"污名化"给小王带来了极大的痛苦,他很少与外人接触。社会工作者小夏拟采用医疗救助的方法为其提供服务。小夏在社区先后组织策划精神健康宣传周活动,整合各类资源为社区精神病患者提供精神健康照顾知识培训,招募志愿者与小王结对帮扶。小夏的上述工作属于医疗救助社会工作中的(　　)。

A. 强化社会支持　　B. 改善救治环境

C. 协调医疗资源　　D. 协助申请救助

38. 某社会工作服务机构开展社会救助外展服务,社会工作者与救助站和城市管理部门合作,借助救助巡逻车和救助亭对辖区的流浪乞讨人员实施救助。该社会工作者的外展服务属于(　　)。

A. 机构救助　　B. 街头救助

C. 全天候救助　　D. 紧急救助

39. 社会工作者小林在入户走访评估时发现,刘阿姨的家庭符合最低生活保障救助条件,但刘阿姨并没有提出申请,刘阿姨认为自己虽然出行需要坐轮椅,行动不便,但依然有动手能力,希望能自食其力,为读初中的女儿做榜样。对此,小林适宜的做法是(　　)。

A. 向刘阿姨介绍国家救助政策设立的目标

B. 劝说刘阿姨继续申请救助,保障基本生活

C. 尊重刘阿姨的意见,为其提供相关工作信息

D. 尊重刘阿姨的意见,停止为其开展救助服务

40. 某社会工作服务机构策划了“幸福门”一站式救助方案,计划通过评估了解服务对象的现实情况和需求;运用危机干预方法帮助服务对象摆脱急难困境;运用增能方法提高服务对象主动脱贫的意识和能力;注重居民个人发展与社区发展相结合,倡导居民自助互助;依托社会组织直接为有需要救助的居民提供服务。上述方案属于(　　)。

A. 以家庭为本的生活救助　　B. 以人为本的教育救助

C. 以社区为本的综合救助　　D. 以机构为本的专业支持

41. 某社会工作服务机构在某村开展社会工作助力脱贫攻坚服务。社会工作者小王在绘制“民情地图”时发现:村民大伟是家里的顶梁柱,在前几年的车祸中致残,家庭生活陷入困境,成为村里的低保对象。大伟因为“吃低保”一直觉得抬不起头,不愿与村民来往,家里比较穷,夫妻经常发生争吵。针对大伟因身残导致家庭贫困的处境,小王协助大伟及其家庭的最有效途径是(　　)。

A. 链接康复资源帮助大伟进行康复训练

B. 鼓励大伟去参加残联的电商技能培训

C. 通过个案工作帮助大伟缓解心理压力

D. 提供婚姻辅导以改善大伟的夫妻关系

42. 王女士文化水平不高,十几年来靠在城市打零工为生。王女士希望儿子能够好好读书,今后找一个好工作;儿子很听话,也常干家务,但就是不爱学习。这让王女士很担心,遂向社会工作者小付求助,希望小付帮助儿子改变不爱学习的坏习惯。根据家庭社会工作为家庭成员增能的原则,小付面对王女士的诉求,适宜的提问是(　　)。

A. “您能具体说说孩子的问题吗?”

B. “您能介绍一下孩子在学校的表现吗?”

C. “您认为孩子不爱学习的原因是什么?”

D. “您觉得孩子只爱学习不爱做家务会怎么样?”

43. 14 岁的大壮与奶奶相依为命。最近,大壮因厌学情绪严重与奶奶冲突不断,无论奶奶怎么劝说,大壮都不想去上学了,于是大壮的奶奶向社会工作者小宁寻求帮助。小宁遵循家庭处境化原则为大壮和奶奶提供服务。下列做法中正确的是(　　)。

A. 约定奶奶和大壮都在家的时间去探访

B. 去学校向老师和同学了解大壮的情况

C. 邀请大壮参加社区的青少年成长小组

D. 请奶奶下次与大壮一同来与小宁交谈

44. 老王夫妇希望女儿大学毕业后在本地就业,这一想法遭到女儿的强烈反对,在几次激烈争吵后,女儿竟不辞而别。痛苦的老王夫妇向社会工作者小强求助。为了帮助老王夫妇理解女儿的想法,改善与女儿的关系。根据家庭生命周期阶段的任务和要求,小强适宜的做法是鼓励老王夫妇(　　)。

A. 用温和的沟通方式劝女儿早日回家

B. 调整沟通方式,缓和与女儿的关系

C. 改善沟通方式,尊重女儿自立的要求

D. 与女儿平等协商,找到解决冲突的方法

45. 学校社会工作者小孟发现很多高三学生十分迷茫,对自己的未来既缺乏清晰的目标,又不知道应该如何做出升学和就业抉择。为满足这部分学生的发展性需要,小孟最适宜的做法是( )。

A. 举办思想政治教育讲座,帮助学生树立远大的理想信念

B. 开展特殊学生个案管理,帮助学生建立良好的自我认知

C. 举办学生生涯规划小组,培养学生职业生涯规划的能力

D. 开展励志教育专题培训,协助培养学生的竞争意识和能力

46. 小杰跟随打工的父母到城里上学。在新学校里,小杰因打骂同学受到学校政教处的批评教育,后被转介给学校社会工作者小李。小李与小杰会谈后发现,小杰常常误会同学的语言和行为,缺乏足够的自我觉察。为了帮助小杰更好地识别和理解他人的感受,小李的下列做法正确的是( )。

A. 培养小杰分辨个人情绪的能力

B. 指导小杰学会赞美他人

D. 帮助小杰学会向他人道歉

C. 引导小杰探讨宽恕他人的意义

47. 14 岁的女孩小花智力发育迟缓,自我防护意识较弱,因家长监护不力,半年前遭受性侵。在性侵者受到处置后,小花被转介到某特殊教育学校,社会工作者小魏开始为小花提供辅导与陪伴服务。此时,小魏最适宜开展的工作是( )。

A. 危机干预

B. 关注小花的心理和行为变化

C. 资源链接

D. 为小花家长提供防性侵知识

48. 某社区与社会工作服务机构携手创建新时代文明实践志愿服务示范社区,在社区培育成立多个志愿服务队,开展照顾服务。下列工作中,属于志愿服务活动策划阶段的是( )。

A. 确定志愿者的配置数量

B. 表彰奖励优秀志愿团队

C. 评估机构自身的人力配置

D. 进行志愿服务项目预算管理

49. 某老旧社区人口结构较为复杂,环境卫生状况令居民不满。为了改善该社区的环境状况,社会工作者与社区居委会一起组织社区居民成立了“社区居民议事会”,促成“三社联动”,组织社区居民讨论通过了《社区环境卫生改善实施方案》,并就具体事项做了分工,明确了相关人员的职责与任务。上述社会工作者推动社区居民参与的层次和形式是( )。

A. 协商 B. 告知 C. 咨询 D. 共同行动

50. 为推动“新时代文明实践活动”的开展,某社会工作服务机构拟与新星社区共建社区志愿服务“时间银行”。该机构的社会工作者依据布雷德绍需求分类法进行社区需求分析时发现,对于建立“时间银行”,该社区有感觉性需求、表达性需求和规范性需求,但没有比较性需求。上述需求分析结果表明( )。

A. 在社区建立“时间银行”困难重重

B. 建立“时间银行”不能给社区带来利益

C. 建立“时间银行”不是社区真正的需求

D. 建立“时间银行”是创新服务的最佳时机

51. 针对某村妇女参政议政意愿不强和能力较低的问题，社会工作者配合村委会换届工作，推动妇女参与村“两委”选举。社会工作者最适宜开展的工作是（　　）。

A. 举办妇女参政议政能力培训活动

B. 对农村妇女参选活动效果进行评估

C. 分析农村妇女参政议政能力低的原因

D. 评选社区“好媳妇”，提高妇女的影响力

52. 某社会工作服务机构的项目团队在某社区开展服务已近一年，他们以各种方式动员社区居民参与项目活动，社区居民也感受到参与项目给自己带来的益处，投入了越来越多的时间和精力。但在项目中期评估中，社会工作者发现社区居民参与效果不佳。从影响社区居民参与因素角度来分析，该社区发生上述情况可能是因为社区居民（　　）。

A. 参与意愿不高　　　　B. 参与能力较低

C. 缺乏参与机会　　　　D. 没有认识到参与价值

53. 某位患者长期接受血液透析治疗，但病情仍不见好转，他开始对治疗失去了信心，出现了情绪低落的问题。针对上述问题，医务社会工作者首先应提供的服务是（　　）。

A. 运用专业方法对患者的情绪给予必要的干预

B. 调查了解患者家族史并及时向临床医师汇报

C. 与家属讨论患者的病情状况和临床治疗方案

D. 告知患者不好好配合治疗将会面临生命危险

54. 某位患者突发脑血栓，患者陪同人员立刻联系医院对其进行紧急救治，由于患者的陪同人员觉得医护人员行动迟缓、救治不力，与医护人员发生争吵，出现过激行为，妨碍了救治工作。此时，急诊部的医务社会工作者最适宜的做法是（　　）。

A. 协助医院保安，对患者陪同人员暂时实施隔离

B. 提供现场陪伴，对患者陪同人员进行情绪疏导

C. 引导医护人员，避免与患者陪同人员直接接触

D. 劝导陪同人员，并探究其出现过激行为的原因

55. 有些精神障碍的患者在康复后，最好的选择是回到自己所在的社区，但是有些社区居民存在固有思维，认为去了精神病院的患者很难摘掉“精神病人”的帽子，因此精神障碍患者在社区很难像正常人一样生活。对此，社区工作者应该开展的服务是（　　）。

A. 尽快安排患者出院，帮助患者去除“精神病人”的标签

B. 联系其他医疗机构，将患者转介至异地医院进行治疗

C. 探讨患者治疗方案，尽量缩短患者在医院的治疗进程

D. 开展社区宣传教育，改变公众对精神疾病的传统认知

56. 在某医疗机构，社会工作者发现一些患者由于长期的治疗而十分焦虑，内心产生了沉重的思想负担，对医护人员的解释也将信将疑。社会工作者为了改善患者的这一状况，可以运用的方法是（　　）。

A. 危机干预　　　　B. 认知干预

C. 生理干预　　　　D. 行为干预

57. 在“大健康”的理念下，从以治病为中心，转变为以人民健康为中心。社会工作者在服务过程中，更加注重患者对自我健康的管理。社会工作者在服务时发现一些患者由于曾经的创伤性治疗和隔离状态，使他们在康复期出现严重的心理阴影乃至抑郁倾向，导致他们不愿配合医生的治疗方案。对此，社会工作者首先应该做的是(　　)。

A. 尽量说服患者接纳康复方案

B. 引导患者选择其他康复方案

C. 疏导患者的情绪，提升其对康复方案的依从性

D. 重建患者认知，并与其错误想法进行对质

58. 随着新冠肺炎疫情得到控制，某工业园区与地方政府联动采取包机、包车接送等全程“点对点”的方式招聘新员工，以缓解企业复工复产面临的招工难困境。企业社会工作者协助企业做好新员工心理支持、新环境适应、子女就近上学等服务，提升职工的心理满足感，从而吸引外来务工人员来园区就业。社会工作者的这种做法属于(　　)。

A. 职工福利服务　　B. 职工休闲生活服务

C. 职工情绪管理　　D. 职工工作与家庭生活平衡服务

59. 在毕业季，某企业招聘了一批新职工，入职后，新职工很难快速适应企业的环境。该企业的社会工作者在得知此事后，决定从部门新入职的人员中招募小组成员，组建支持小组，主要的目的是提高新职工对环境的适应能力。根据此小组工作目标，下列做法正确的是(　　)。

A. 培训小组成员的办公软件操作技能

B. 矫正小组成员入职初期的行为偏差

C. 教授小组成员插花技能以陶冶性情

D. 请小组成员分享入职体验并相互鼓励

60. 社会工作者小刘在某企业调研时发现个别老职工表现出较为随意的态度，他们认为工作多和工作少差不多，工作质量好与坏对他们的工资影响也不大，只要工作任务完成得差不多就行了，不用太较真。为了改变这一状况，社会工作者邀请了本行业获得“大国工匠”称号的劳模讲述在岗位中成才的故事。社会工作者小刘这样做的目的是(　　)。

A. 改善职工工作环境　　B. 提升职工劳动技能

C. 建立职工支持网络　　D. 改变职工认知偏差

二、多项选择题(共20题，每题2分。每题的备选项中，有2个或2个以上符合题意，至少有1个错项。错选，本题不得分；少选，所选的每个选项得0.5分)

61. 社会工作者小吕在某村开展社会工作助力脱贫攻坚服务项目，村里有一建档立卡贫困户，户主老钱有劳动能力，但拒绝参加就业扶贫项目，他今天找村委会主任要补助金，明天找村支书要救济品，村干部想了很多方法帮助老钱都不见成效。为有针对性地为老钱提供帮助，小吕准备去老钱家做家访，入户前需要做的准备工作有(　　)。

A. 去邻居家了解老钱的家庭状况

B. 向村委会主任了解老钱的情况

C. 找民政专干查询老钱家以往接受救助的资料

D. 为督促老钱自立自强，准备好服务协议让老钱签字

E. 将老钱家至今未脱贫的原因归结为“多重问题的结果”

62. 为了帮助精神病患者老张出院之后在社区进行康复，社会工作者小王来到老张家中做家庭会谈。在了解了老张的日常起居情况和居住环境，询问了老张与家人的交往状况之后，小王又联系了老张的主治医生，了解老张的就诊和服药情况。此外，小王还查阅了老张的社区档案。在上述工作中，小王运用的资料收集方法包括（　　）。

A. 询问　　　　B. 问卷调查

C. 观察　　　　D. 利用已有资料

E. 咨询

63. 某社会工作服务机构与社区儿童绘本图书馆合作，面向社区内的学龄前儿童和家长开展“图书漂流”活动，并在暑期组织“悦读悦成长”社区亲子阅读大赛。这些工作旨在丰富儿童的社会活动，提升儿童的自我认知能力和改善亲子关系。该机构的上述工作属于儿童支持服务中的（　　）。

A. 家庭辅导　　　　B. 社会化引导

C. 亲职教育　　　　D. 娱乐和休闲

E. 儿童问题辅导

64. 为将某社区建设成“儿童友好社区”，社会工作者小王拟运用倡导的方法开展儿童友好社区建设工作。小王的正确做法有（　　）。

A. 在社区张贴海报，发放宣传单

B. 在学校建设安全益智的儿童游乐场馆

C. 开通“儿童友好社区建设”微信公众号

D. 为受虐儿童提供社区紧急医疗与庇护服务

E. 举办儿童友好社区建设“金点子”征文比赛

65. 社会工作者为青少年提供个案辅导，协助他们进行自我探索；开展青少年小组工作，提高其社交技巧；组织青少年参与志愿服务，提升他们的社会责任感。上述服务体现了青少年社会工作更加重视（　　）。

A. 倡导优化社会环境　　　　B. 发挥群体性示范效应

C. 维护青少年合法权益　　　　D. 预防青少年违法犯罪

E. 促进青少年自我认同

66. 某老年社会工作服务中心在建设“老年友好社区”工作中积极作为，根据社区老人的不同需求开展了多种为老服务，包括协助贫困老年人申请低保、组建“夕阳红志愿服务队”、定期与社区幼儿园开展联谊活动、成立“银龄合唱团”等。上述服务满足了老年人（　　）的需要。

A. 健康维护　　　　B. 经济保障

C. 休闲娱乐　　　　D. 社会参与

E. 居家安全

67. 某科技公司开发出一款帮助老年人叫外卖和购买日用品的软件，以解决老年人吃饭难和购物难的问题，某社区很多老年人使用了此软件。社区社会工作者小李从促进老年人社会融合的理念出发，通过分析，认为该软件虽然解决了老年人因身体功能和行动能力退化而产生的生活方面的困难，却没有关注到老年人的心理和社会需要。为降低老年人因使用这种生活软件对社会交往和社会融合造成的影响，小李可开展的服务有（　　）。

A. 在重阳节组织老年人到公园赏秋

B. 为老年人提供“互联网购物”线上培训

C. 组织志愿者协助行动不便的老年人逛超市

D. 倡导体现“人际交往”理念的智慧养老服务

E. 入户为老年人提供一对一“网购”安全指导

68. 社会工作者小王在与家庭暴力受害者小宋的面谈中发现,小宋已经出现了“受虐妇女综合征”的症状。小宋的下列表述中符合“受虐妇女综合征”特征的是(　　)。

A. “家庭暴力是社会因素造成的”

B. “我因为被家暴患上了严重的抑郁”

C. “丈夫打我是因为我自己的问题造成的”

D. “床头打架床尾和,家家都是这样的”

E. “我觉得已经无法摆脱丈夫一次又一次的暴力了”

69. 某社区建立了残疾人服务中心,在社区内积极开发就业岗位,帮助残疾人实现社区内就业,但在工作中仍面临残疾人自信心不足、参与度不高、社区内就业岗位不足、资金紧张和面向残疾人的专业服务缺乏等问题。针对上述情况,从增加支持性资源的角度出发,该中心的社会工作者应开展的工作包括(　　)。

A. 到当地人力资源和社会保障局争取用人指标

B. 与企业接洽协商,开发线上线下的就业岗位

C. 发动社区社会组织,为残疾人提供关爱服务

D. 引进社会工作服务机构,为残疾人提供专业服务

E. 为残疾人办理个人住房抵押贷款,解决资金问题

70. 王某强制隔离戒毒期满回到社区后,自暴自弃,既没有收入来源,又不出去工作,也不与家人和邻居来往。一天,王某找到居委会,要求给予经济救助,并扬言自己身患传染病,若不给钱,就会做出过激行为。居委会工作人员耐心劝导,遭到王某的恶语攻击,遂将王某转介给社会工作者小张。从王某的上述行为表现可以看出,王某具有矫正社会工作服务对象(　　)。

A. 冲动好斗的人格特征

B. 吸毒人员的生理特征

C. 自卑消沉的心理特征

D. 困难重重的生活特征

E. 与社会脱节的社会特征

71. 某市退役军人事务部门为落实退役军人事务部《关于促进新时代退役军人就业创业工作的意见》,购买了某社会工作服务机构的专项服务,为退役军人开展就业创业扶持活动。下列服务中,属于退役军人安置社会工作内容的有(　　)。

A. 调查评估退役军人就业创业需求

B. 研究制定就业创业相关扶持政策

C. 邀请创业成功的退役军人分享经验

D. 组建退役军人就业创业专家指导团队

E. 帮助退役军人建立就业创业互助小组

72. 小军因伤致残入住康复医院。一天,小军的室友向社会工作者小方反映,小军情绪低落,总说活着没意思,还偷藏了安眠药。小方通过评估,确定需要对小军进行危机干预。小方

首先与小军建立信任关系,在稳定小军情绪的基础上与他一起找出造成其困扰的原因。小方的下列表述中,运用了危机干预技巧的有(　　)。

A. “我已通知了你姐姐,她明天就来看你。”

B. “眼下有哪些事让你消沉,可否说来让我听听?”

C. “院里为你制订了周详的康复计划,你仍可凭一技之长服务社会。”

D. “我理解从一个生龙活虎的人,突然变成饮食起居都需要别人帮忙的这种感受。”

E. “你很坚强,治疗那么痛苦都熬过来了,现在还有什么困难是不能克服的呢!”

73. 老丁的妻子长期卧病在床,孩子正上初中,一家人依靠最低生活保障金和老丁当保安的收入维持生活。前段时间,老丁因公司解散而失业在家,想找比当保安收入更高的工作,但一直未能如愿,为此心情烦躁,常对儿子发脾气。为了帮助老丁一家,社会工作者小李开展了下列服务,其中属于就业救助的有(　　)。

A. 帮助老丁调整自我认知

B. 帮助老丁的儿子募集助学金

C. 帮助老丁链接就业资源

D. 协助老丁家申请医疗救助

E. 帮助老丁改善亲子关系

74. 社区居民老张向社区提出低保申请,社会工作者小王负责低保对象的识别工作,需要了解老张及其家庭状况,为此计划做家访。小王在家访过程中需要做的有(　　)。

A. 观察老张一家的家居生活

B. 走访老张之前的同事和朋友

C. 观察老张住所的空间大小

D. 用量表测量老张的人际关系

E. 了解老张左邻右舍的情况

75. 在一次家庭面谈中,孙女士向社会工作者老于数落了丈夫和儿子的很多不是,她还提出希望儿子能够改变学习习惯,提高学习成绩,希望丈夫能够多关心儿子的学习和教育。为帮助孙女士厘清希望解决的问题,老于拟运用聚焦技巧进行提问,适宜的问法有(　　)。

A. “您能给自己想要解决的问题排个序吗?”

B. “您能说说还有其他想要解决的问题吗?”

C. “您能说一说想要解决这些问题的原因吗?”

D. “您能就前面提到的问题做进一步介绍吗?”

E. “您能说一说目前最想解决的问题是什么吗?”

76. 学校社会工作者大潘了解到,一部分学生虽然有学习意愿,但对老师布置的学习任务,要么马虎对付,要么拖拖拉拉,影响了学习效果。为提升这些学生的行动力,大潘计划开展一系列有针对性的服务,适宜的做法有(　　)。

A. 鼓励学生参与物理、化学、生物等课程的教学实验,分享感受与经验

B. 对学生提出任务目标,及时检查执行情况,培养及时完成功课的习惯

C. 开展历奇辅导,帮助学生通过经历新奇、体验冒险、挑战自我等方式激发潜能

D. 开展主题小组,模拟情景,提出任务,邀请组员竞标,培养积极的生活态度

E. 通过个案辅导的同感、接纳、尊重等工作技巧,引导学生表达感受、宣泄情绪

77. 某社会工作服务机构承接了政府购买的社区治理服务项目。该机构就大家反映强烈的广场舞扰民、宠物随地大小便等问题,计划推动成立社区议事会,通过民主协商的方式,形成居民行为公约。但是,居民中的年轻人大多处于职业上升期,工作压力大;老年人整日忙于家务,照顾孙辈,他们无暇顾及社区事务。为了推动社区居民的参与,该机构适宜的做法有(　　)。

A. 为了保证社区居民的休息,建议禁止居民在社区跳广场舞

B. 培育“宠物俱乐部”社区社会组织,发掘和培养居民骨干

C. 举办社区环保知识竞赛,鼓励居民以家庭为单位参加比赛

D. 举办“社区邻里节”,增进居民相互熟悉及对社区事务的关注

E. 将居民会议时间安排在晚上或周末,且每次会议时间不宜过长

78. 独居的罗奶奶与街坊关系都很好,经常去邻居家串门。去年年底,罗奶奶因脑梗死留下后遗症,罗奶奶的子女请了保姆照顾她,但因工作忙,不经常和罗奶奶联系。由于行动不便,罗奶奶与邻居也很少来往,成天自己看电视,很少与保姆交流,变得越来越沉默寡言。社区社会工作者小叶在家访中了解到罗奶奶的情况,拟为其建立网络化的社区支持。为了实现上述目标,小叶的正确做法有(　　)。

A. 帮助罗奶奶申请医疗救助

B. 组织社区志愿者定期探访罗奶奶

C. 帮助罗奶奶学会通过微信与病友建立联系

D. 联系省级医院专家定期为罗奶奶进行康复理疗

E. 与子女联系并建议他们经常与罗奶奶“亲情连线”

79. 小明的妈妈是医院“患儿家长互助小组”的新成员。医务社会工作者小马在与其接触时得知,小明在学校突然晕倒被送到医院急救后,被确诊为急性白血病,小明妈妈又急又怕,陷入恐慌,感到非常悲伤与绝望。针对这一情况,小马正确的做法有(　　)。

A. 对小明妈妈的负面情绪进行及时干预

B. 与临床医生协商小明的临床治疗方案

C. 采用家庭治疗方法对小明和妈妈的亲子关系进行干预

D. 动员“患儿家长互助小组”成员对小明的妈妈提供心理情感支持

E. 鼓励小明的妈妈在“患儿家长互助小组”中学习照护和康复经验

80. 社会工作者老张为入职 2~3 年的职工提供职业生涯规划服务,组建了员工成长小组。在最后一次小组活动后,老张拟对小组工作进行综合评估,可以采用的做法有(　　)。

A. 进行社会工作者自我表现评估

B. 使用量表对组员进行满意度评估

C. 对组员进行访谈,了解他们接下来的需求

D. 在这次小组活动中继续观察小组成员的表现

E. 对组员职业生涯规划意识的数据进行前后测对比分析

社会工作实务（初级）2019 年真题

重要提示：

为维护您的个人权益，确保考试的公平公正，请您协助我们监督考试实施工作。

本场考试规定：监考老师要向本考场全体考生展示题本密封情况，并邀请 2 名考生代表验封签字后，方能开启试卷袋。

准考证号______________

姓名______________

社会工作实务(初级)2019 年真题

一、单项选择题(共 60 题,每题 1 分。每题的备选项中,只有 1 个最符合题意。)

1. 小陈随丈夫从小城镇移居到了大城市,丈夫常常出差,没有时间陪她。小陈在陌生的环境里没有朋友,非常孤单,几次应聘工作失败,感到很沮丧。为此,小陈找到社会工作者大李寻求帮助。大李与小陈一同就需要解决的问题商定期望达到的具体目标,并一一进行了讨论、确定了优先顺序。大李此举的目的是(　　)。

A. 解释服务目标　　B. 选择服务方案

C. 筛选服务目标　　D. 执行服务方案

2. 老张因保外就医成为社区矫正对象。社会工作者去老张家进行家访时,通知他本周三到社区矫正中心参加法制讲座。上述情况中,老张属于(　　)的服务对象。

A. 主动求助　　B. 机构转介

C. 外展发现　　D. 非自愿型

3. 某社会工作服务机构为社区中半失能老人开展了一系列服务。下列服务中,属于间接服务的是(　　)。

A. 开展半失能老人社区联谊活动

B. 优化半失能老人服务质量评估流程

C. 每月为半失能老人举办一次生日会

D. 组织社区居民结对帮助半失能老人

4. 某社会工作服务机构拟在杨村开展精准扶贫项目。该机构社会工作者在项目计划中详细列出了服务的目的及目标、关注的问题和对象。按照服务计划构成的要求,该项目计划的内容还应包括(　　)。

A. 服务要使用的方法　　B. 服务要改变的人

C. 服务要影响的政策　　D. 服务要改变的系统

5. 在精准扶贫工作中,为激发服务对象的内在动力,社会工作者大刘注重服务对象的参与,由服务对象对合作社的生产经营和管理进行自主决策,学习如何承担责任。大刘选择上述介入行动所遵循的原则是(　　)。

A. 瞄准精准扶贫的目标

B. 尊重服务对象自决权

C. 关注服务对象的特点

D. 注重服务的经济效益

6. 小蓉是小学四年级学生,每天上学要走两个小时山路,最近上课时多次晕倒。社会工作者小王家访时发现,小蓉与爷爷奶奶一起生活;父亲外出打工,收入很不稳定;母亲离家出走,音讯全无;爷爷患重病,治疗花掉家中所有积蓄。小王拟采用以家庭为中心的方法为小蓉一家提供服务,依据该方法的实务原则,首先应该采取的措施是(　　)。

A. 链接医疗资源,查明小蓉晕倒的原因

B. 组建家庭工作团队,拟订具体帮扶计划

C. 联系小蓉的父亲,建议他每周与小蓉通话

D. 向村委会报告,协助小蓉一家申请困难救助

7. 社会工作者小王每月为学生家长组织一次“好家长”工作坊,工作坊的主题由家长确定,涉及儿童的营养、行为习惯、学业、亲子关系等方面。小王提供的上述服务,其内容属于(　　)。

A. 家庭辅导　　B. 儿童问题辅导

C. 亲职辅导　　D. 家庭团队工作

8. 某社会工作机构了解到当地小学下午放学较早,许多学生家长因工作无法照看孩子。于是,该机构与社区居委会合作开办了“四点半课堂”,提供学生临时托管、课后学习辅导等服务。该机构的上述工作属于(　　)儿童福利服务。

A. 支持性　　B. 保护性

C. 补充性　　D. 替代性

9. 社会工作者小谢在某村开展精准扶贫时发现一户需要帮助的家庭,这家的父母一年前意外离世,留下三个孩子,老大已成年在外务工,老二和老三在镇上读初中,家庭经济困难。老二和老三在小谢的协助下递交了孤儿资格条件认定的申请并获得通过,按时领到了生活费。小谢的上述服务属于(　　)。

A. 链接政策资源　　B. 提供家庭支持

C. 改善家庭监护　　D. 开展家庭寄养

10. 社会工作者老蒋在外展工作中发现了一名 13 岁男孩,男孩瘦小的身上留有许多新旧伤痕,经询问后得知,男孩常因吃饭慢、衣服脏、事情做不好而遭到母亲打骂。老蒋进一步调查评估后,初步判断男孩可能遭受了家庭暴力。为此,他首先应当(　　)。

A. 向公安机关报案

B. 为男孩寻求法律援助

C. 对母亲进行法治教育

D. 将男孩安置到儿童福利机构

11. 社会工作者小杨发现,社区内有一群辍学在家的青少年,他们经常聚在一起抽烟喝酒,夜不归宿。小杨计划通过开展一系列服务引导这些青少年进行自我探索、增进自我认知、改变不良行为、改善他们与父母的关系,预防这些青少年出现“不正常社会化倾向”问题。小杨的上述服务计划属于(　　)。

A. 危机干预　　B. 临界预防

C. 社区矫正　　D. 社会观护

12. 社会工作者根据“生涯选择配合论”为青少年开展生涯规划小组工作,其中一节的工作目标是帮助他们了解自己的兴趣,更好地认识外在工作世界与个人内在世界的关系。与该节小组工作目标相匹配的小组活动应聚焦在帮助他们了解(　　)。

A. 职业所需能力　　B. 各种职业的报酬率

C. 职业所需特质　　D. 职业的分类和内容

13. 社会工作者小丁在社区为青少年的父母开展亲职教育小组工作，其中一节是根据父母效能训练模式帮助这些父母了解“积极倾听”的意义。小丁应在该节小组工作中帮助他们(　　)。

A. 觉察自己以往对子女教育方式的利弊

B. 用子女能接受的方式表达自己的想法

C. 从子女视角看问题，了解他们的所思所想

D. 学习使用“我-讯息”，与子女进行沟通

14. 社会工作者小江运用艾瑞克·伯恩(Berne)沟通分析理论中的“脚本分析技术”，帮助社区青少年了解成长环境对自己人际沟通形态的影响，提升他们的人际沟通能力。为此，小江应协助社区青少年(　　)。

A. 觉察自己的自我状态　　B. 反思自己的沟通形式

C. 反省自己的沟通技巧　　D. 觉察自己的“生活地位”模式

15. 社会工作者小王在社区走访时了解到，某小区曾经发生了几起老人意外跌倒的事件。为预防此类事件再次发生，小王联络物业公司对全小区的道路、活动场所、公共厕所等进行了适老化改造，并且组建了志愿者队伍在小区内进行巡查。上述措施满足了老年人(　　)的需要。

A. 健康维护　　B. 居家安全

C. 社会参与　　D. 就业休闲

16. “不听老人言，吃亏在眼前。”这一俗语说明，老年人的(　　)优于年轻人。

A. 液态智力　　B. 空间关系能力

C. 结晶智力　　D. 形象思维能力

17. 社会工作者小凌发现，社区内有些老年人盲目购买保健品，花了很多钱却没什么效果。为回应老年人的健康维护需要，小凌可为老年人提供的服务是(　　)。

A. 举办理财知识讲座　　B. 举办防诈骗知识讲座

C. 建立社会支持网络　　D. 举办常见病预防知识讲座

18. 李大爷前不久因乱吃药导致肝肾功能急性衰竭，住院接受治疗。住院期间，李大爷痛苦不堪，举止反常。种种迹象让李大爷的女儿担心父亲有轻生的倾向，便向社会工作者小王求助，小王对李大爷的自杀倾向进行了评估。下列行为中，透露出李大爷有自杀倾向的直接线索是(　　)。

A. 李大爷告诉儿子银行卡存放处及密码

B. 李大爷总是对女儿说：“我真想一死了之。”

C. 李大爷将自己珍爱的怀表送给了他的主管护士

D. 李大爷总是对老伴说：“我不在了，你会过得轻松一些。”

19. 两个月前，高奶奶因脑中风导致瘫痪，生活不能自理，语言表达也有困难。高奶奶的女儿因工作繁忙，没有更多时间照顾老人，请了住家保姆照顾高奶奶。社会工作者小王入户探访后认为高奶奶可能存在被疏于照顾的问题，因为她发现(　　)。

A. 高奶奶身上有多处瘀伤　　B. 高奶奶身上出现了褥疮

C. 保姆不让朋友见高奶奶　　D. 高奶奶身上有多处烫伤

20. 某社会工作服务机构在杨村开展关爱留守妇女项目，该机构的社会工作者小江针对部分留守妇女存在的精神孤寂、家庭教育知识缺乏、家务劳动繁重等问题，开展了“姐妹牵手”支

持小组工作。小江的下列做法中，体现了社会性别视角的是(　　)。

A. 为姐妹们提供心理咨询服务

B. 为姐妹们选择开办小组的地点

C. 由姐妹们确定开办小组的时间

D. 邀请专家为姐妹们讲授家庭教育知识

21. 某社会工作服务机构针对“全面二孩政策”对女性就业的影响进行了深入调研，向政府相关部门提出了优化女性就业环境的政策建议。该机构上述工作采用了妇女社会工作中的(　　)。

A. 宣传　　B. 教育

C. 监测　　D. 倡导

22. 某社会工作服务机构根据社区需求评估的结果，计划为社区妇女开展能力建设。该机构提供的下列服务中，能够满足妇女战略性社会性别需求的是(　　)。

A. 创业技能培训　　B. 健康保健知识培训

C. “女德”知识培训　　D. 子女教育技能培训

23. 小丽因遭受家庭暴力向当地法院提起离婚诉讼，主张孩子由自己抚养，夫妻共有住房也归自己所有。小丽丈夫接到法院传票后，非常愤怒，变本加厉地殴打小丽。依据《中华人民共和国反家庭暴力法》，社会工作者首先应采取的措施是(　　)。

A. 建议小丽躲开丈夫到外地工作

B. 为小丽丈夫提供施暴者干预服务

C. 协助小丽向当地法院申请人身保护令

D. 请当地法院强制让丈夫搬离现在的居所

24. 何先生与张女士夫妇因在家庭角色认知上的差异而经常发生争吵。何先生强调女性就应以家庭为中心，在家相夫教子；张女士则认为家庭责任应夫妻共同承担。为此，夫妻之间的矛盾不断升级，甚至闹到要离婚的地步。社会工作者从性别视角出发为何先生与张女士夫妇提供家庭辅导服务，其工作重点应是(　　)。

A. 强化张女士作为妻子的家庭角色

B. 劝说张女士认同丈夫的家庭观念

C. 强化何先生作为丈夫的家庭角色

D. 引导何先生尊重妻子的个性与权利

25. 增加残疾人群体的健康是“健康中国”国家战略的重要组成部分。为持续推进残疾人的康复工作，各地社会工作服务机构开展了多种形式的服务，如开展康复训练小组工作、举办康复技能工作坊和提供医疗资源链接等，以促进残疾人在社区内实现康复。上述服务属于我国残疾人预防工作体系中(　　)的内容。

A. 一级预防　　B. 二级预防

C. 三级预防　　D. 四级预防

26. 针对一些人随意将共享单车停放在盲道上的现象，社会工作者小王策划了一次“还盲人朋友一个安全的交通环境”的宣传活动，引导公众将共享单车规范停放，并建议城市管理部门加强监管。小王上述做法维护了残疾人的(　　)。

A. 康复权　　B. 文化生活权

C. 社会福利权　　D. 环境友好权

27. 75岁的兰奶奶是独居老人,因脑梗住院治疗后回家休养。社会工作者小李跟进兰奶奶的个案,经过综合评估发现兰奶奶有做饭、打扫卫生、针灸按摩、喂药和精神慰藉等服务需求。根据上述兰奶奶的需要,小李拟采用个案管理的工作方法为其提供服务。小李下列做法中,正确的是(　　)。

A. 将兰奶奶转介给家政中心

B. 自己为兰奶奶提供所有服务

C. 组织亲戚朋友为兰奶奶提供临时服务

D. 整合相关资源为兰奶奶提供多种服务

28. 社会工作者老李应邀到小伟家进行探访。老李了解到,7岁的小伟去年被诊断为中度智障,未能到普通小学就读。小伟母亲辞职在家照顾小伟,但她觉得自己只能照顾小伟的生活,无法为他提供系统的知识学习和社会技能训练,因而非常担心影响小伟是否能顺利成长。老李评估后认为,小伟当下最急需的是(　　)康复资源。

A. 职业　　B. 社区

C. 教育　　D. 社会

29. 社会工作者小张为社区内的残障人士开展职业康复服务。在职业咨询的基础上,小张计划进一步了解这些残障人士职业发展的意愿和可能性。接下来,小张应开展的工作是(　　)。

A. 职业评估　　B. 职业介绍

C. 职业培训　　D. 就业指导

30. 大李因盗窃罪被判处拘役5个月,缓期5个月执行。大李对判决不服,认为自己犯罪是受人教唆,一时好奇,冲动而为,不应承担全部责任。针对大李的这些想法,社会工作者在帮助大李时,主要工作任务应是对其进行(　　)。

A. 监管　　B. 矫正

C. 帮困　　D. 执法

31. 社会工作者小王受法庭委托撰写服务对象李某的社会调查报告。该报告的主要内容如下,“李某,于2018年6月18日以欠债不还为由,将被害人张某扣留于一辆商务车内。两天后警察介入,张某获救。李某以前没有犯罪记录,此案件主要因经济纠纷导致。”小王上述社会调查中还应补充的信息是(　　)。

A. 小王的工作简历　　B. 非法拘禁的认定标准

C. 李某的现实生活状况　　D. 社区矫正的帮教建议

32. 25岁的小新因吸食冰毒成瘾被责令社区戒毒,成为社会工作者小林的服务对象。小林通过评估发现,小新“溜冰”是为了助兴,他身边很多朋友也这样,小新没有什么改变动机,持续吸毒的可能性较大。对此,小林拟运用激发小新内在动机改变的方法对小新进行个案辅导,以帮助其戒除毒瘾。下列小林制定的干预策略中,有助于激发小新内在动机改变的是(　　)。

A. 与小新探讨远离毒友的方法

B. 与小新探讨持续吸毒的好处与坏处

C. 与小新探讨如何调整不良的生活方式

D. 与小新探讨如何遵守社区戒毒的相关规定

33. 为了预防被监禁人员犯罪思想观念和行为的“交叉感染”，社会工作者拟采用“现实治疗法”，对新入监的青少年初犯开展“提升自我管理能力”的小组工作。下列小组工作的服务目标中，正确的是协助这些青少年(　　)。

A. 戒除不健康的生活习惯

B. 改变偏差扭曲的心理结构

C. 了解合法公民应具有的素养

D. 为自己的行为负起完全的责任

34. 老王年轻时在战争中负伤，导致下肢瘫痪，背部长期疼痛。伤病严重影响了老王的身心健康，降低了他的价值感和自尊感，也限制了他社会交往和职业发展的空间。老王的上述情况呈现出优抚安置对象具有(　　)的特点。

A. 行动能力强　　B. 军队情结深

C. 需求层次多　　D. 年龄结构优

35. 社会工作者小张组织大学生志愿者帮助军休干部学习智能手机的使用方法，协助军休干部运用微信与辖区内有共同爱好的老年人建立联系，扩大他们的社会交往空间。小张上述做法的主要目的是促进(　　)。

A. 军休干部与社会融合　　B. 军队保障与地方保障融合

C. 军休干部间的关系融合　　D. 军休社区与驻地社区融合

36. 军休所社会工作者小徐发现，一些军休老人对社会组织提供的社会化养老服务存在疑惑，尤其不能接受这类机构的有偿服务。为此，小徐设计了小组工作方案，旨在帮助军休老人转变对社会化养老服务的态度，让他们更好地适应社会化养老服务。在小徐的方案中，其工作介入重点应聚焦在军休老人的(　　)。

A. 健康养生　　B. 认知重构

C. 居家安全　　D. 社交技能

37. 小李是某未成年人保护中心的社会工作者，在一次外展服务中遇到叼着烟的小刚在街头流浪。小李在与小刚的交谈中获知，小刚今年 12 岁，在外流浪已半年，经常饥一顿、饱一顿，晚上就在地下通道过夜。小李在征得小刚同意后，将其护送至“中心”。小刚获得了基本的生活安置后，小李还可以在“中心”为其提供的服务是(　　)。

A. 增强小刚家庭的能力

B. 纠正小刚的偏差行为

C. 修复小刚的社会支持系统

D. 为小刚提供社会观护

38. 某社会工作服务机构承接了政府购买的贫困家庭救助服务，对贫困家庭进行评估。关于评估的说法，错误的是(　　)。

A. 评估只需在救助服务的初期开展

B. 需要在服务过程中动态推进评估

C. 评估是对贫困家庭开展救助的基础

D. 需要邀请贫困家庭的成员参与评估

39. 56 岁的乔阿姨一直没有工作，主要依靠丈夫的收入维持生活。两个月前，乔阿姨的丈夫突发心脏病入院治疗，花光了家里所有的积蓄。乔阿姨家的生活难以为继，丈夫的后续治疗也无法维持，乔阿姨为此感到十分焦虑，向社会工作者小魏求助。为帮助乔阿姨的丈夫获得稳定的后续治疗，小魏首先应该(　　)。

A. 帮助乔阿姨稳定情绪

B. 为乔阿姨的丈夫提供个案辅导

C. 帮乔阿姨向有关部门提出低保申请

D. 评估乔阿姨家适合申请哪类社会救助项目

40. 单亲妈妈阿芳因经济困难向街道办事处提出最低生活保障申请。街道办事处收到申请后，委托某社会工作服务机构跟进阿芳的低保申请。机构社会工作者小王探访了阿芳家，了解了其家庭的经济状况，还走访了她的邻居，并核查了相关信息。小王的上述做法属于最低生活保障服务内容中的(　　)。

A. 帮助申请救助　　B. 提供心理支持

C. 服务对象识别　　D. 促进社会融入

41. 某中学教学楼在地震中坍塌，造成多名师生伤亡。宁宁虽成功逃生，但在震后几天一直沉默不语，惊恐不安。在对宁宁进行危机干预的过程中，社会工作者小林采用“讲故事”的方式，引导宁宁讲述逃生的经历和感受，以对其问题和需要进行评估。小林开展的上述工作是为了(　　)。

A. 定义宁宁的危机问题

B. 向宁宁提供持续支持

C. 确保宁宁的生命安全

D. 讨论宁宁问题的多种可能

42. 赵女士经常当着外人的面指责儿子小辉，不是说他学习不用功，辜负了妈妈的期望，就是抱怨他不听话，总是与妈妈对着干。赵女士的抱怨没有让小辉有任何改变，反而让小辉对妈妈产生了抵触情绪。社会工作者依据家庭成员增能的原则，尝试缓解母子间的紧张关系。社会工作者对赵女士的下列提问中，符合家庭成员增能原则的是(　　)。

A. “您认为孩子为什么会这样?”

B. “孩子的哪些表现让您不满意?”

C. “您能谈一下孩子让您感到满意的地方吗?”

D. “您认为自己对待孩子的方式与孩子的表现有什么关系?”

43. 小强跟随打工的父母到城市上学，很快就认识了一些小伙伴。小强与他们很谈得来，经常一起结伴上学，课余也一起踢球。根据生态系统理论，这些伙伴属于小强的(　　)。

A. 微观系统　　B. 中观系统

C. 外部系统　　D. 宏观系统

44. 王女士发现12岁的儿子最近学习不专心，沉迷于网络游戏，成绩明显下降。为此，王女士与丈夫尝试了很多方法管教儿子，但收效甚微。儿子平时还算听话，与王女士夫妇也较亲近，就是沉迷网络游戏的问题让王女士颇为烦恼。随后王女士向社会工作者小李求助，小李接案后，首先进行需求评估，以便找出问题产生的原因。在此工作步骤中，小李运用家庭结构图描述王女士家庭成员之间的关系。其中，表示王女士与其儿子关系的连接线应是(　　)。

A. 实线　　B. 虚线

C. 波折线　　D. 阻断线

45. 学校社会工作者小王发现四年级某班有些学生存在不尊重他人、不善团结合作、遇到矛盾冲突也不能很好地进行沟通交流等问题。为改变这种状况，小王为该班学生开设了社交技巧训练课程。小王的下列做法中，有助于提升学生社交技巧的是(　　)。

A. 引导学生探讨诚信守法的议题

B. 教授学生提升自尊自信的方法

C. 指导学生学习赞赏别人和正确回应别人的赞赏

D. 引导学生运用不同的思维方式处理日常生活中的问题

46. 初三(5)班班主任向社会工作者小秦反映，中考临近，部分同学因信心不足、不会合理安排学习时间导致学习效率下降。为提升同学们的自信心，小秦以自我效能理论为基础策划了小组工作方案。小秦策划的下列小组活动中，能够提升学生自我效能感的是(　　)。

A. 分享各自的成功经验

B. 培养亲社会的道德思考

C. 学习遵守学生行为规范

D. 学习承担应尽的社会责任

47. 某中学社会工作者小李在服务对象筛查的过程中发现，小志个子比较矮，学习成绩差，性格内向，也不会处理与同学的关系，老师同学常常忽略他。久而久之，他也觉得自己没用，变得越来越孤僻。小李计划通过增强小志个人“内在优势”提升其抗逆力。为此，小李最适宜的做法是协助小志(　　)。

A. 建立关怀支持的人际环境　　B. 获得有意义的参与机会

C. 设立明确清晰的行为规范　　D. 塑造美好乐观的自我形象

48. 某社会工作服务机构践行乡村振兴战略，积极投入“美丽乡村建设行动”，在某村开展生态环保项目。该机构在项目设计中，将培育“新乡贤”社区骨干、发展“绿色志愿者”队伍、倡导“保护环境从我做起”等活动作为推进项目的手法，开展社区服务。该机构的做法属于社区资源链接的(　　)方式。

A. 资源整合　　B. 资源共享

C. 资源配置　　D. 资源互补

49. 随着移动支付的普及，某社区的一些老年人希望学习使用手机购物，但缺少相关知识和技能，也担心会遭遇网络诈骗。针对这一需求，社会工作者小王为他们举办了以手机购物、安全消费等为主题的讲座。从社区教育的基本目标看，小王所做的这些工作属于(　　)教育。

A. 控制式　　B. 补偿式

C. 发展式　　D. 融合式

50. 某小区冬季取暖问题长时间未得到有效解决，引发了社区居民与物业公司的矛盾。社会工作者走访了相关职能部门和物业公司，在评估各种影响小区供暖问题因素的基础上，制订了初步的解决方案，并征求社区居民意见以进一步完善。上述社会工作者的做法属于推动居民社区参与层次和形式的(　　)。

A. 告知　　B. 咨询

C. 协商　　D. 共同行动

51. 为了进一步落实国家《乡村振兴战略规划(2018—2022)》，某农村社区召开村民大会，鼓励村民献计献策、共商本村振兴举措。一位村民发言说：“邻村驻村的第一书记带领村民发展生态有机农业，并建立了网上农产品销售平台，带领农民脱贫致富奔小康。咱们村也应借鉴他们的经验，走致富之路。”根据布雷德绍的社区需求分类方法，这位村民表述的是(　　)需求。

A. 感觉性　　B. 表达性

C. 规范性　　D. 比较性

52. 为落实“健康中国”战略部署，某社会工作服务机构整合资源，提供多种服务以提高社区居民的健康意识和行动能力。其中，社会工作者运用资源共享方式开展的服务是(　　)。

A. 使用相邻社区的场地合作举办健康讲座

B. 请社区卫生服务站为社区居民进行体检

C. 请社区干部一起入户了解居民健康需求

D. 在机构中为目标人群开办健康教育小组

53. 为了更好地在社区开展高血压、糖尿病及肾病等慢性病预防工作，社会工作者小金采用问卷调查和入户访谈等方法，了解居民的生活方式及对预防慢性病知识的需求，并在此基础上制订了以倡导社区居民健康生活方式和预防慢性病为目标的社区健康教育方案。上述工作中，小金的主要角色是(　　)。

A. 研究者　　B. 项目评估者

C. 咨询者　　D. 项目计划者

54. 小张被诊断出艾滋病后十分痛苦和绝望，进而对治疗产生了抵触情绪，常对医生无端发脾气，故意刁难医生。为改善小张的身心状况，保障治疗顺利进行，医生将其转介至医院的社会工作部。社会工作者小王接案后，陪伴小张听取医生的治疗方案，向他全面讲解了艾滋病的知识，并向他介绍了其他艾滋病患者积极治疗后幸福生活的实例。小王上述服务的主要目的是(　　)。.

A. 为小张开展社会心理评估　　B. 协助小张获得社区康复资源

C. 为小张建立家庭支持网络　　D. 提高小张对治疗的依从度

55. 为了配合抑郁症患者大刘的临床治疗，社会工作者小赵对他进行了个案辅导。在服务过程中，小赵引导大刘认识到他的积极改变是自己努力的结果。小赵的这种做法属于认知行为治疗中(　　)。

A. 行为改变的强化　　B. 行为改变的表达

C. 行为改变的认同　　D. 行为改变的支持

56. 肺癌晚期患者周大爷因住院治疗效果不佳而悲观消沉，根据医嘱于近期出院，并接受舒缓疗护。作为舒缓疗护团队的一员，社会工作者应提供的服务是(　　)。

A. 关注周大爷心理情绪状况并给予疏导　　B. 配合医生开展周大爷治疗需求评估

C. 预先安排周大爷的后事一条龙服务　　D. 鼓励周大爷积极争取更多医疗资源

57. 老金因脑梗死被送入急诊科治疗。医务社会工作者小赵详细了解了老金的患病史、就医史、身体状况、生活和家庭状况等方面的信息。小赵此举的主要目的是帮助老金(　　)。

A. 增进良好的医患关系　　B. 争取更多的医疗救助

C. 获得全面支持性服务　　D. 获得特殊的医护照顾

58. 某汽车组装厂技术升级换代，部分工人需要转岗，其中一些青年工人因缺少新技能，担心未来没有合适的岗位，感到焦虑和迷茫。针对上述情况，企业社会工作者小袁对这些青年工人开展了小组工作，引导组员了解社会的发展趋势，树立“大局意识”，通过角色扮演等小组体验方式，使组员能有效运用周围环境资源，明确自我发展的优势与面临的困难，进行自我规划与鞭策，顺利实现转岗。小袁开展的小组工作类型是(　　)。

A. 压力管理小组　　B. 生涯探索小组

C. 情绪舒缓小组　　D. 技能教育小组

59. 某工业园区发展多年后，大批员工子女陆续到了入园入学的年龄，但因工业园周边教育资源不足、户籍管理制度受限等问题，员工子女入园就学难。社会工作者小方经过充分调研，向政府提交"关于解决工位园区员工子女入园就学难问题的建议"提案，建议地方政府、工业园区管委会及相关企业等多部门共同解决该问题。小方的上述做法旨在(　　)。

A. 保障职工工作与生活平衡　　B. 开展特殊群体关怀服务

C. 加强企业与职工文化建设　　D. 促进企业提高经济效益

60. 社会工作者小英了解到，某企业部分员工对如何与青春期的子女沟通感到束手无策，为此，小英设计了以学习亲子沟通知识为主要内容的培训课程，回应员工的需要。在此培训中，小英担任的角色是(　　)。

A. 促进者　　B. 联络者

C. 教育者　　D. 倡导者

二、多项选择题(共 20 题，每题 2 分。每题的备选项中，有 2 个或 2 个以上符合题意，至少有 1 个错项。错选，本题不得分；少选，所选的每个选项得 0.5 分)

61. 当几位受暴妇女得知她们即将离开妇女庇护中心时，出现了担心、焦虑等情绪反应。为此，社会工作者小梅在接下来的服务中，带领她们回顾总结了在中心度过的日子，告知她们服务已完成，并与她们讨论各自未来的生活计划，表示有需要时会协助她们。小梅上述工作运用了社会工作者在结案阶段常用的方法，包括(　　)。

A. 回顾工作过程　　B. 延长服务时间

C. 征得服务对象同意　　D. 稳定服务对象情绪

E. 让服务对象做结案准备

62. 某社会工作服务机构在对口扶贫村开展脱贫攻坚工作中，对村民的收入、贫困人口数量、资源和优势等情况做了调查，摸清了底数。该机构在后续工作中对服务的全过程分阶段实施了监测，对服务目标达成状况和效果进行了分析。在对服务对象的影响进行评估时，该机构可选择的评估工具有(　　)。

A. 基线测量　　B. 目标核对表

C. 差别影响测量　　D. 满意度测量

E. 个人目标尺度测量

63. 家庭是儿童成长的最佳环境。为体现以家庭为中心的儿童社会工作的理念，社会工作者可开展的服务有(　　)。

A. 课后托管　　B. 亲职教育

C. 亲子关系辅导　　D. 儿童友好社区建设

E. 为有未成年子女的夫妻开展婚姻辅导

64. 社会工作者小文接待了来自农村的 6 岁脑瘫儿童小明和他的父母。近几年来，小明的父母为他的康复四处奔波，债台高筑，却毫无效果，他们对小明的康复及家庭的未来几近绝望。

为帮助小明及其家庭，小文适宜的做法有(　　)。

A. 为小明父母提供心理辅导

B. 将小明暂时安置在儿童福利机构中

C. 与相关部门联系，为小明寻找寄养家庭

D. 与相关部门联系，协助家庭申请经济救助

E. 介绍小明的父母加入脑瘫儿童家长互助小组

65.《关于加强青少年事务社会工作专业人才队伍建设的意见》指出，青少年社会工作的内容主要包括：服务青少年成长发展、维护青少年合法权益和预防青少年违法犯罪。下列工作中，有利于协助青少年成长发展的服务有(　　)。

A. 困难帮扶　　B. 职业指导

C. 习惯养成　　D. 婚恋服务

E. 社会观护

66. 某社区中的空巢老人越来越多，社会工作者小王计划加强他们的非正式支持体系建设，使其拥有更多的幸福感和获得感。小王的下列做法中，属于加强非正式支持体系建设的工作有(　　)。

A. 与社区居委会合作，定期探望空巢老人

B. 与外地子女约定时间，和老人进行视频联系

C. 与志愿者合作，定期为空巢老人开展上门服务

D. 与老龄办协商，在社区实施老年助餐补贴计划

E. 与民政部门联系，为符合条件的空巢老人提供救助

67. 刘姐离异多年，一直在母亲身边尽孝。近年来，刘姐身体欠佳，无力再照顾母亲。母亲体谅女儿的苦处，尽管对入住养老院感到焦虑，但还是向养老院递交了申请，并获批入院，目前正在等待入住。对此，刘姐很自责。社会工作者了解这情况后，适宜的做法包括(　　)。

A. 邀请刘姐和其母亲到养老院参观

B. 与刘姐保持联络疏解她的内疚感

C. 帮助刘姐母亲适应养老院的环境

D. 提供条件方便刘姐经常探望母亲

E. 帮助刘姐母亲建立新的生活方式

68. 针对我国村委会主任中女性比例偏低的问题，某妇女发展中心在当地开展推动基层妇女参选参政项目。下列做法中，该中心的社会工作者运用增能方法开展的工作有(　　)。

A. 选拔妇女骨干到高校学习相关知识

B. 在当地高校选择优秀教师进行妇女参政师资培训

C. 建立“女村干部”协会并定期交流学习，增进其相互支持

D. 对当地民政和妇联干部进行培训，支持妇女参选参政

E. 为“女村干部”提供“种子资金”开展公益项目，提升其影响力

69. 老李车祸致残后，始终无法接受现实，心情沮丧，对生活丧失信心，社会工作者小刘得知上述情况后，着手为老李提供服务。在与老李建立专业关系的过程中，小刘恰当的做法有(　　)。

A. 同情老李的处境　　B. 要求老李接受现实

C. 接纳老李沮丧的情绪　　D. 相信老李的改变能力

E. 鼓励老李维护自身权益

70. 小刚高中毕业后一直没找到工作,靠父母养活。最近因交通肇事被判处有期徒刑一年,缓刑一年。为此,小刚情绪十分低落,躲在家中足不出户,拒绝与外人交往。小刚父母也常因此事发生争吵,家庭关系十分紧张。本案例中,小刚的服务需求主要有( )。

A. 正常家庭生活的需要　　B. 再社会化的需要

C. 教育、就业的保障需要　　D. 法律维权的需要

E. 基本生存条件的保障需要

71. 小鲁是某部队军官,已服役十年,面临转业。面对转业后是做公务员还是自主创业,小鲁不知如何抉择,遂咨询社会工作者小黄。小黄为小鲁提供了个案服务,其内容应包括( )。

A. 协助小鲁分析其社会支持网络

B. 协助小鲁办理转业手续

C. 协助小鲁分析自我优势与潜能

D. 协助小鲁做好压力预防

E. 为小鲁选择转业后的具体工作岗位

72. 老张在服役期间因伤致残,在部队医院治疗一段时间后,被安置到荣军医院。老张虽然生活能够自理,但因对医院环境感到陌生,亲友都不在身边,感到很不习惯,整天不是睡觉就是闲逛,内心充满孤独、担忧、苦闷和迷茫。针对老张的情况,社会工作者可以提供的服务有( )。

A. 协助老张多层次了解自我

B. 开发合适工作岗位,协助老张上岗

C. 舒缓老张的情绪,建立良好的服务关系

D. 组织医疗专家,为老张提供健康专业支持

E. 鼓励老张参加社交小组,扩大其社会交往范围

73. 老丁的妻子长期卧病在床,孩子正上初中,一家人主要依靠最低生活保障金与老丁当保安的收入维持生活。最近,老丁因公司解散而失业在家,他想寻找比做保安收入更高的工作,但一直未能如愿。老丁因此心情烦躁,常对儿子发脾气。为了帮助老丁家,社会工作者小李开展了下列服务,其中属于就业救助的有( )。

A. 帮助老丁调整自我认知

B. 帮助老丁儿子募集助学金

C. 帮助老丁链接就业资源

D. 协助老丁家申请医疗救助

E. 帮助老丁改善亲子关系

74. 社会工作者小张在社区走访时发现,一户单亲家庭中唯一的孩子患有严重的先天性心脏病。为了给孩子治病,该家庭四处举债,生活陷入困境。为此,小张计划为该家庭申请救助。在对这个家庭进行评估时,小张首先详细了解了该家庭的债务情况、孩子的治疗情况。之后,小张又进入该家庭了解其家人间的互动状况。上述评估中小张采用的方法有( )。

A. 家庭探访　　B. 直接询问

C. 间接了解　　D. 观察身体语言

E. 使用量表

75. 学校社会工作者小李接待了前来求助的王女士，王女士向小李抱怨，上小学的儿子上课总是开小差，学习成绩不好；作业不会做，教他知识，他也不愿意听；有时还和同学打架；玩过的东西从来不整理，行为习惯不好。小李拟运用聚焦的技巧，帮助王女士明确需要解决的问题。下列提问中，适宜的有（　　）。

A. “目前您最希望看到孩子改变的是什么？”

B. “您觉得孩子出现这些问题的原因是什么？”

C. “您就孩子的这些问题向其他人咨询过吗？”

D. “您之前针对孩子这些问题做过改变的尝试吗？”

E. “您能根据重要程度排列一下希望孩子改变的行为吗？”

76. 社会工作者依据抗逆力理论为来自服刑人员家庭、残障人士家庭等特殊家庭的学生提供服务。下列能够增进这些学生外部支持的方法有（　　）。

A. 教授学生生活技能　　B. 培养学生的积极乐观感

C. 为学生提供参与机会　　D. 表达对学生的合理期望

E. 促进学生形成良性的人际关系

77. 某贫困山区自然灾害多发，相关部门实施了生态防灾减灾移民搬迁项目。该项目实施两年后，部分移民仍然互不熟悉，新社区也缺乏便捷的生活服务和设施。针对上述情况，社会工作者计划为这些移民建立社区支持网络，可以采取的措施有（　　）。

A. 完善社区服务设施　　B. 建立社区工作服务站

C. 建立移民家庭支持小组　　D. 为移民购买人身保险

E. 提升社区志愿者的服务能力

78. 吕大爷是糖尿病患者，他的老伴吕大妈十分注意调配他的饮食。吕大妈认为血糖高是因为吃糖引起的，只要饮食中没有糖就不用吃药了。近期，吕大爷因糖尿病并发症住院治疗。出院前，社会工作者小王邀请医生再次向吕大爷夫妇详细讲解了糖尿病与饮食和生活方式的关系，以及控制血糖和治疗的必要性，并请营养师为他们推荐营养食谱。小王上述工作的主要目的包括（　　）。

A. 增强吕大爷家庭的社会支持

B. 对吕大爷家庭进行健康指导

C. 矫正吕大妈对糖尿病的认知偏差

D. 使吕大爷出院后得到合理的照顾

E. 为吕大爷家解决因疾病引起的生活困难

79. 老严入住精神卫生中心后，医务社会工作者小于为其提供个案服务。经与老严及其家属会谈并进行预估后，小于发现，老严总认为家人将他送入医院是为了占有他的财产，因而拒绝治疗，一心想回家。老严的老伴告诉小于，老严在家经常自言自语，还时常骂人。针对上述情况，小于适宜为老严一家提供的服务有（　　）。

A. 给老严介绍社会康复的资源

B. 将老严转介给社区的康复机构

C. 安抚老严情绪，促进其配合治疗

D. 协助老严了解和熟悉病房的环境

E. 帮助老严的老伴学习精神疾病的知识

80. 企业社会工作者小付发现,实行“全面二孩政策”以来,企业怀孕女员工的数量明显增加,其中部分女员工出现了焦虑的情绪,担心生育会影响职业生涯发展。小付计划为她们提供服务,适宜的做法有(　　)。

A. 开办压力舒缓工作坊

B. 提供孕期知识辅导

C. 倡导企业设置孕妇休息室

D. 开设孕妇自助小组

E. 陪伴孕妇去医院做产前检查

准考证号____________

姓名____________

社会工作实务（初级）2018年真题

重要提示：

为维护您的个人权益，确保考试的公平公正，请您协助我们监督考试实施工作。

本场考试规定：监考老师要向本考场全体考生展示题本密封情况，并邀请2名考生代表验封签字后，方能开启试卷袋。

社会工作实务(初级)2018年真题

一、单项选择题(共60题,每题1分。每题的备选项中,只有1个最符合题意)

1. 刘女士发现,最近上初中的儿子变得越来越难管,他经常逃课,不想读书,为此刘女士很苦恼,遂向社会工作者老赵求助。老赵认真询问了刘女士的来访原因和求助过程,并对她的问题做了初步评估。老赵的上述工作属于通用过程中的(　　)。

A. 接案　　B. 预估

C. 介入　　D. 评估

2. 初二学生小强经常与同学吵架,老师为此批评过他很多次,小强说自己知道不应该这样做,但就是管不住自己。为了帮助小强,社会工作者与他一起确定了改变的目标。以下属于正面目标陈述的是(　　)。

A. 降低情绪失控的频次　　B. 记录与同学争吵的次数

C. 减少与同学争吵的次数　　D. 增加与同学心平气和沟通的次数

3. 小王上大学后一直处于心理亚健康状态,做什么事都提不起精神,缺乏学习动力,他向社会工作者小李表达了希望改变目前状况的想法。为了识别影响小王当前状况的客观因素,小李适宜的提问是(　　)。

A. “你是怎么看待自己的心理亚健康状态的?”

B. “心理亚健康状态对你来说意味着什么?”

C. “你的心理亚健康状态是从什么时候开始的?”

D. “你觉得这种心理亚健康状态对你的影响是什么?”

4. 社会工作者老罗接待了前来求助的陈先生。陈先生告诉老罗,自己辛苦赚钱养家,不上班的妻子不仅不体谅他,还花钱大手大脚,总是说他“太抠门”“太懒惰”,不关心这个家,也不关心她和孩子,现在夫妻关系紧张,他很苦恼。为深入了解陈先生的求助过程,老罗适宜的提问是(　　)。

A. “陈先生,您对我们有什么期望?”

B. “陈先生,您是怎么知道我们机构的?”

C. “陈先生,您为这次面谈做了什么准备?”

D. “陈先生,您来我们机构之前做过哪些尝试?”

5. 王女士因为女儿的小偷小摸行为感到很苦恼,向社会工作者老李抱怨说:“我真不知道女儿的问题是什么原因造成的,平时也没少给她零花钱,但她还是拿别人的东西,怎么管都不行。”为了解王女士的问题,老李下列回应中属于事实性沟通的是(　　)。

A. “我能理解您的苦恼。”

B. “您觉得自己有什么方法可以帮助女儿?”

C. “您觉得自己做些什么可以帮助女儿改变?”

D. “您发现女儿有小偷小摸行为时做了什么?”

6. 小玲 10 岁,母亲早年离家出走后,她一直与父亲生活。最近,小玲父亲因诈骗罪被判处有期徒刑 5 年。小玲自从父亲入狱以后,暂时寄居在邻居家。从为小玲创造健康成长的环境儿童福利服务这个长远目标来看,此时,社会工作者应该谋划为小玲提供(　　)儿童福利服务。

A. 保护性　　B. 替代性

C. 支持性　　D. 补充性

7. 有些农村留守儿童在与父母长期分离的生活状态中,由于缺失亲情关爱和家庭教育,容易出现情绪和心理健康问题,也容易遭受意外伤害和不法侵害。上述现象反映出这些留守儿童存在(　　)问题。

A. 生存保障　　B. 贫困

C. 家庭监护　　D. 辍学

8. 某县公安局接到当地学校老师报案,称该校 7 岁女生小花疑似被其母亲刘某虐待。公安局调查后得知小花系刘某的非婚生女儿,刘某无稳定工作,家庭经济困难,生活压力大,常以各种借口打骂小花。经当地司法鉴定中心鉴定,小花的伤情为轻微伤,公安局将此案转介给了县民政局,县民政局请社会工作者小王跟进此案,小王首先应采取的措施是(　　)。

A. 帮助刘某纠正错误的教养理念和行为

B. 发动网络募捐,为小花筹集医疗和生活费用

C. 联系儿童福利机构,为小花提供临时照料服务

D. 协助刘某参加职业技能培训,改善家庭经济状况

9. 小红 8 岁时,其父母因吸毒被送入强制隔离戒毒所,因无其他法定监护人,小红被送至儿童福利机构照管。近期,小红妈妈即将被解除强制隔离戒毒,为判断小红能否在妈妈出所后回家生活,社会工作者应对(　　)进行评估。

A. 小红的健康状况　　B. 小红妈妈的监护能力

C. 小红的学习状况　　D. 小红爸爸的戒毒效果

10. 孩子的教育支出是家庭的负担,投入高但回报少。在这种观念下,有些家长认为教育是学校的事情,自己供孩子上学已经是尽职尽责了,因此对孩子的学习放任不管。针对家长的上述观念和行为,社会工作者应为他们提供(　　)服务。

A. 亲职教育　　B. 亲子关系辅导

C. 课后托管　　D. 儿童问题辅导

11. 根据艾德沃特对青少年时期身心、社会、文化状态的描述,在青少年早期阶段,其人际发展层面的交往对象开始转向(　　)。

A. 同辈　　B. 父母

C. 老师　　D. 祖父母

12. 为帮助社区内有偏差行为的青少年增强自我管理能力,养成良好的行为习惯,社会工作者拟为他们开办自我管理能力提升小组。下列表述中,作为该小组工作具体目标的是(　　)。

A. 协助服务对象掌握沟通技巧

B. 协助服务对象学会自我约定

C. 协助服务对象了解自己的兴趣

D. 协助服务对象增强自我表达能力

13. 社会工作者小李服务的社区中有一些初中毕业后待业在家的青少年，他们常成群结伙在社区内闲逛，喝酒嬉闹。为预防这些青少年做出越轨行为，小李应(　　)。

A. 加强对他们的管理和控制

B. 协助司法机关对他们进行社会调查

C. 以合适成年人的身份为其提供帮教服务

D. 设立“人生导师项目”为其提供社会支持

14. 社会工作者拟为社区内的初中学生开办自我探索小组，协助他们成长。下列表述中，适宜作为该小组目标的是(　　)。

A. 帮助他们发现优势、挖掘潜能

B. 帮助他们深入了解当下的社会环境

C. 帮助他们提升自信，克服学习困难

D. 帮助他们学习处理人际冲突的技巧

15. 社会工作者在为老年人提供服务时，既要关注老年人的衰老问题，也要关注老年人的优势。例如，老年人通过语言、文字的提炼和经验积累而成的智力多于年轻人，老年人的这种智力类型是(　　)。

A. 结晶智力　　B. 空间关系能力

C. 液态智力　　D. 形象思维能力

16. 老人们在社会工作者进行老年人居家养老需求评估时，纷纷表示希望有更多机会为社区服务，也希望社区搭建一个平台，让老年人可以交流生活经验、表达意见、维护自身权益，并互相支持。老年人的上述建议反映了他们对(　　)的需要。

A. 健康维护　　B. 就业休闲

C. 社会参与　　D. 居家安全

17. 张爷爷和张奶奶无儿无女，最近，张爷爷突然因病去世，张奶奶悲痛万分，也失去了主要经济来源，心脏病发作后住进了医院。社会工作者小王了解到此情况，为张奶奶提供了一系列服务。小王提供的下列服务中，属于建立正式社会支持的是(　　)。

A. 联系志愿者看望抚慰张奶奶

B. 请邻居每天关心探望张奶奶

C. 为张奶奶向当地企业家募集医疗费用

D. 协助张奶奶向政府有关部门申请困难救助

18. 社会工作者小徐为某国有企业退休职工开展了“我的春夏秋冬”个性化台历制作活动。小徐采取入户的方式，与老人们一起收集整理工作时的老照片，回忆过去的美好时光，并将整理的照片和感言制作成精美的台历。上述活动中，小徐的工作目的是帮助老人们(　　)。

A. 珍惜当下，享受当下生活

B. 追忆往事，建构生命意义

C. 拓展个人爱好，增加社会交往

D. 直面自身局限，看到过往生活的缺憾

19. 社会工作者小张正在为社区独居老人提供以“居家安全”为主题的小组工作服务。在小组服务过程中,刘奶奶夸赞自己儿子孝顺,给她买了一把防跌倒洗澡椅。这时,小张发现失独老人周奶奶变得情绪低落,眼眶湿润。面对这种情况,小张应做的是(　　)。

A. 安抚周奶奶,劝说她不要哭

B. 尊重周奶奶的保密权,不谈及失独话题

C. 尊重刘奶奶的自决权,鼓励她继续说下去

D. 引导刘奶奶讨论居家安全的话题,保护周奶奶免受伤害

20. 某市政府成立了性别平等评估咨询委员会,要求市法制办在所有规范性政策出台前必须交由该委员会先行评估该政策是否体现了性别平等的原则。从性别平等和促进妇女群体发展的角度来看,这项要求满足了妇女对(　　)的需要。

A. 保障生命权　　B. 生殖健康

C. 保障发展　　D. 性别环境公正

21. 某社会工作服务机构在对口扶贫村开展精准脱贫工作,该机构在当地政府的支持下,协助村民成立了养殖合作社,合作社理事会成员有一半是贫困妇女,并形成了妇女参与合作社事务决策的相关制度。这一做法(　　)。

A. 满足了妇女的实用性社会性别需求

B. 满足了妇女的战略性社会性别需求

C. 既满足了妇女的实用性社会性别需求,又满足了战略性社会性别需求

D. 既没满足妇女的实用性社会性别需求,又没满足战略性社会性别需求

22. 小张在孩子三岁时,因丈夫有外遇而与其离婚,她获得了孩子的监护权。出于怨恨,小张不让前夫见孩子,也拒绝了前夫支付给孩子的抚养费,以及孩子奶奶帮忙照看孩子的请求。但小张既要工作又要照顾孩子,心力交瘁,向社会工作者小王寻求帮助。根据性别视角的工作原则,小王应该做的是(　　)。

A. 让小张认识到单亲家庭对孩子的负面影响

B. 动员小张接受孩子奶奶帮忙照顾孩子的建议

C. 与小张分析现状,让其明白自己当前的窘况和原因

D. 告诉小张,前夫有见孩子的权利和支付抚养费的义务

23. 某妇女发展机构发动村里的妇女成立了“巧娘草编合作社”。近期,镇政府将举办手工艺大赛,妇女的参与积极性很高,社会工作者小王运用增能的方法,协助妇女为大赛做准备,其适宜的做法是(　　)。

A. 让“巧娘”自己商量制作参赛作品

B. 由村里的能人帮助改进“巧娘”的作品

C. 请工艺美术大师设计产品,由“巧娘”制作

D. 由小王从以往“巧娘”的作品中挑选有特色的去参赛

24. 某社区拟开展一系列表彰活动,以推动幸福家庭建设,营造和谐社区氛围。为了打破传统定型的性别观念,社区社会工作者应开展的活动是评选表彰(　　)。

A. “贤内助”

B. “新好男人”

C. 孝敬公婆的“好媳妇”

D. 尊老敬老的“好孝子”

25. 某残障人士服务机构为了满足残障人士对美好生活的向往，在机构开辟了一个工作区，请专人指导服务对象加工制作包装盒，产品由当地一家礼品公司收购销售，并以计件工资方式给付服务对象劳动报酬。该机构的这项工作旨在促进残障人士的(　　)。

A. 庇护性就业　　B. 福利企业就业

C. 按比例分散就业　　D. 自主经营就业

26. 社会工作者小于在为阳光社区的残障人士服务时，发现残障人士因出行不方便，很少参与社区生活。为解决此问题，小于向残联申请到一笔专项资金，对社区内的建筑物、道路进行无障碍设施改造，促进了社区内残障人士的无障碍公共服务及社区公共事务的无障碍参与。小于的上述工作保障了残障人士的(　　)。

A. 社会福利权　　B. 康复权

C. 环境友好权　　D. 劳动权

27. 社会工作者小张依据“回归社会理论”为社区脑瘫儿童提供服务，小张的下列做法中，符合该理论观点的是(　　)。

A. 为脑瘫儿童家庭捐赠康复器材

B. 邀请脑瘫儿童参加社区融合夏令营

C. 协助贫困脑瘫儿童家庭申请经济救助

D. 向经济困难家庭的脑瘫儿童送节日礼物

28. 某社会工作服务机构在农村开展残障人士社区康复工作。下列做法中，体现社区康复工作社会化原则的是(　　)。

A. 协助家庭成员参与康复服务

B. 就近就地开展家庭康复服务

C. 利用本地资源制作简易实用的康复工具

D. 推动村委会与专业合作社对康复工作的支持

29. 老王因公出差时遭遇车祸致残，生活不能自理，情绪低落、对生活失去信心。社会工作者小马对老王的现状进行评估后，拟采用个案管理的方式为其提供服务。小马首先应该做的工作是(　　)。

A. 找出解决问题时可用的资源

B. 评估服务绩效，巩固其变化成果

C. 整合资源并增强其使用资源的能力

D. 取得专业团队对其“共同性”目标的认同

30. 狱中服刑人员老张已有多年未见女儿，十分想念。由于女儿远嫁外地，老张不忍心让女儿长途奔波来探视他。矫正社会工作者小何在得知老张的情况后，协助老张女儿申请了远程探视，老张父女通过视频“见了面”。在交谈中，女儿告诉老张，今年她又生了个儿子，女婿也升了职，日子过得很好，老张很欣慰。小何的工作回应了老张的(　　)需要。

A. 社会适应　　B. 教育

C. 家庭生活　　D. 经济

31. 研究表明，涉毒家庭大多存在对未成年子女监护不当的问题，同时，孩子在学业和生活上取得的进步是一种支持服务对象戒毒的正向力量。据此，禁毒社会工作者计划运用小组工作方法为有未成年子女的吸毒人员提供帮助,激发他们关注子女成长的动机,提升其对孩子的监护能力。为了达到上述目的,最适宜开设的小组是(　　)。

A. “爱如明镜”亲职教育小组

B. “涅槃重生”同伴教育小组

C. “生命如歌”戒毒康复小组

D. “无毒人生”社会适应小组

32. 张某因寻衅滋事被判处有期徒刑三年,缓期三年执行,成为矫正社会工作者小温的服务对象。为了与张某建立专业关系,更好地帮助他顺利度过社区矫正期,小温应该(　　)。

A. 关心张某的生活,了解其需求

B. 按规定安排张某参与公益劳动

C. 收集张某的法律文书,为其建档

D. 向张某宣告社区矫正制度的相关规定

33. 35岁的小军每天至少要注射三次海洛因,靠父母给他的两套房收取的房租购买毒品,并养活自己。小军无犯罪行为,也不与毒友共用针筒,自以为可以掌控自己的生活。近来,小军的健康每况愈下,经济上也开始入不敷出。于是,小军鼓起勇气来到社会工作站,申请参加社区药物维持治疗。社会工作者小陈在会谈中发现,小军提出申请是为了既少花钱又继续享受毒品带来的快感。为了帮助小军真正戒毒,小陈最合适的做法是(　　)。

A. 建议警方对小军采取强制戒毒措施

B. 协助小军申请救助,以缓解其经济压力

C. 培养小军成为同伴辅导员,参与社区演讲

D. 为小军提供个案辅导,进一步激发他的改变动机

34. 小张在服役期间因遭遇意外而截肢,情绪一直很低落。一天,小张用微信给父母发了告别的信息,说不想成为家人的累赘,而后服下私藏的安眠药陷入昏迷。光荣院的社会工作者老李联系医生前来抢救,并一直陪伴在小张身边。小张苏醒后大吵大闹,非常愤怒,试图再次结束生命,此时老李应首先采取的措施是(　　)。

A. 制订介入方案

B. 与小张建立专业关系

C. 稳定小张的情绪

D. 帮助小张恢复社会功能

35. 因优抚对象自然减员,某地光荣院出现了空置床位。为了充分利用资源,该院接收了社会老人入住。为了化解优抚老人与社会老人在生活习惯等方面的矛盾,提升光荣院老人的生活质量,社会工作者应(　　)。

A. 呼吁政府为地方养老院增加床位

B. 优先安抚光荣院的优抚对象

C. 促进优抚老人与社会老人的融合

D. 协助社会老人适应光荣院的居住条件

36. 某军休所的服务对象大都是异地安置的军休干部,他们与老家的亲友和部队的战友联系逐渐减少。针对这种情况,社会工作者小王为军休干部开办了学习班,教他们学习使用微信与亲友联系。小王的工作不仅帮助军休干部增进了与亲友的联系,还扩大了他们的人际交往范围。小王为解决军休干部问题所采取的服务方法是(　　)。

A. 认知重构

B. 支持网络建构

C. 行为治疗

D. 社交能力训练

37. 为了帮助流浪乞丐人员在需要时及时获得救助，某地救助站的社会工作者上街向他们发放“救助指引卡”，并动员志愿者给予指引和帮助。该救助站的这种做法属于临时救助服务中的(　　)。

A. 危机干预　　B. 生活救助

C. 外展服务　　D. 能力建设

38. 老范是低保救助对象。老范想依靠自己的努力，减少对低保救助的依赖。因要照顾卧病在床的妻子，他只能就近打些零工，与邻居几乎没有往来。社会工作者小陶协助老范与邻居结成帮扶伙伴，彼此互帮互助。小陶的这种做法属于救助社会工作中的(　　)服务。

A. 提供心理支持　　B. 开展能力建设

C. 调节家庭关系　　D. 促进社会融入

39. 某村遭受泥石流灾害，部分房屋损毁，受灾的村民被安置到了邻县的几个村。面对陌生的社会环境，受灾村民不知从何处入手开展生产自救，感到非常无助。社会工作者在接受安置的村里开展了新老村民“互帮互助结对子”活动，由老村民向新村民传授当地的生产经验。此活动的目的是帮助受灾村民(　　)。

A. 重构社区生活秩序

B. 重塑社区发展信心

C. 重建社区支持系统

D. 恢复社区生活功能

40. 低保户老杨一家五口人生活在十几平方米的一居室里，老杨夫妇都患有慢性病，生活起居需要他人协助。老杨的儿子无稳定工作，儿媳体弱多病，拮据的经济条件和狭小的空间让儿子和儿媳倍感生活的压力，争吵成了“家常便饭”。于是，老杨向有关部门申请了住房补助。社会工作者在对老杨的家庭进行评估时，除了关注家庭经济状况外，还应(　　)。

A. 了解老杨的家庭关系状况

B. 为老杨夫妇寻找医疗资源

C. 跟踪老杨住房救助申请的进展

D. 为老杨的儿媳提供就业培训

41. 社会工作者小李在检查低保户老江家的信息时，走访了他的邻居和他所在的村民小组组长，掌握了老江家的经济状况与生活状况等相关信息。小李上述获得服务对象信息的办法是(　　)。

A. 家庭探访　　B. 间接了解

C. 参与观察　　D. 直接询问

42. 小李夫妇的独生女儿性格内向，不善与他人交流，学习成绩总是排在班级最后，小李夫妇经常因孩子的教育问题发生争吵。小李认为孩子太懒，学习不用功，而妻子又纵容孩子、才使得孩子学习不好。妻子则认为小李只关心孩子的学习，不了解孩子的想法，对孩子太严厉，影响了孩子性格的健康发展。依据家庭系统理论，下列说法正确的是(　　)。

A. 小李夫妇俩的问题是孩子的不良行为导致的

B. 孩子的问题是整个家庭的不良沟通方式导致的

C. 小李夫妇俩的问题是他们的教育方式不同导致的

D. 孩子的问题是小李夫妇俩的教育理念不同导致的

43. 社会工作者老罗在外展服务中发现,11 岁的小刚已经在街头流浪了三天,又饿又累,老罗将其带回未成年保护中心。小刚告诉老罗,在他很小的时候,母亲就离家出走了,父亲经常打他,为了避免挨打,他才从家里跑了出来,只要有地方住,他就愿意留下来。在接触中,老罗发现小刚身上有严重的瘀伤。此时,大罗正确的做法是(　　)。

A. 联系法院,起诉剥夺小刚父亲的监护权

B. 找来并训诫小刚的父亲,然后送他们回家

C. 报告警方,并协助警方对小刚的家庭进行社会调查

D. 对小刚进行心理辅导后,将其送往当地儿童福利院

44. 陈女士希望孩子学习优秀,以后找个好工作。但是,陈女士发现孩子喜欢做家务,不愿意读书,母子俩为此冲突不断,关系紧张。社会工作者决定运用“再标签”技巧改变陈女士对待孩子的态度,其恰当的提问是(　　)。

A. “您希望孩子做什么样的改变?”

B. “您觉得孩子学习困难的原因是什么?”

C. “您觉得自己做什么才能让孩子变得喜欢读书?”

D. “您觉得爱做家务,对孩子发展有什么好处?”

45. 初中一年级的孙同学怀疑李同学偷走了自己的课外书,放学后,二话不说就将其暴打一顿,还当众辱骂其是“三只手”,致使李同学第二天不敢到学校上课。学校社会工作者得知此事后,首先应该做的是(　　)。

A. 为初一学生开办社交技巧训练小组

B. 帮助孙同学认识到暴力行为的后果

C. 通过个案工作,为李同学提供心理支持

D. 与学校领导共同制定学校暴力的惩罚制度

46. 小明,男,15 岁,单亲,与父亲一起生活。小明的父亲对他疏于管教和照顾,小明在学校没有朋友,学习成绩也不好。近日,小明因不堪忍受同桌嘲笑他是没妈的孩子而动手打了对方。社会工作者小任在了解了小明的情况后,决定先从增进班主任与小明的沟通信任,形成良好的师生关系入手,再进行后续干预。小任的这一做法,属于“抗逆力”方法中(　　)的工作内容。

A. 教授生活技能

B. 建立和表达高期望

C. 促进亲社会联结

D. 建立清楚一致的行为规范

47. 初二(1)班的班主任发现小娟近来情绪低落,常常迟到,不爱学习,成绩下滑,将其转介到学校社会工作服务站寻求帮助。接案的社会工作者小敏通过家访了解到,小娟的妈妈最近经常加班,无暇照顾小娟,还常说小娟又笨又懒,不好好学习,小娟也觉得自己学习不好,不是个好学生。针对小娟的情绪,小敏首先应采取的做法是(　　)。

A. 寻求社会资助,改善小娟的家庭经济状况

B. 链接培训资源,提升小娟妈妈的职业技能

C. 与小娟谈心,改变小娟的懒惰思想和行为

D. 与小娟妈妈积极沟通,帮助其改进管教方式

48. 社会工作者小林发现,他所服务的某村留守妇女希望学习子女教育方面的知识。为满足她们的需求,小林开设了“亲子关系”主题课程。从社区教育的基本目标来看,小林的做法属于(　　)社区教育。

A. 控制式　　B. 补偿式

C. 发展式　　D. 预防式

49. 社会工作者在进行社区需求评估时,记录了各方的诉求,反映出了不同的社区需求。下列表述中,反映出规范性需求的是(　　)。

A. 老年人:“社区应建一个养老中心。”

B. 残障人士:“社区应配备一个康复训练室。”

C. 居民:“我们社区的绿化比其他社区差远了。”

D. 街道办事处主任:“社区缺少一个日间照料中心。”

50. 社会工作者打算在社区内开展一次有关分级诊疗制度的宣传教育活动,以增进居民对医疗改革政策的了解,合理使用医疗资源。从社区教育服务功能的角度看,上述服务属于社区教育中的(　　)。

A. 公民教育　　B. 成人教育

C. 健康教育　　D. 公德教育

51. 某老旧社区的卫生环境和交通状况都很差,该社区的社会工作服务站拟通过“共同行动”方式激发居民参与“重塑社区环境”活动。在开展这项活动时,社会工作者适宜的做法是(　　)。

A. 告知居民重塑社区环境的目标

B. 请居民共同设计和决定重塑计划

C. 告知居民重塑社区计划的实施方案

D. 请居民自己决定是否需要重塑社区环境

52. 社会工作者小宁为社区的老年人开展了防诈骗宣传教育的系列活动,旨在帮助他们提升防范意识,增强自我保护能力。在该活动的实施阶段,小宁除了需要做好预算管理、时间进度管理和服务品质管理外,还应该(　　)。

A. 评估系列活动的成效

B. 制订活动实施计划

C. 提升志愿者的工作热情

D. 调查老人受骗情况

53. 老张突发心肌梗死,手术后转入医院监护病房。由于在监护病房目睹同室病友病情恶化抢救失败,监护病房又不允许家人全程陪伴,老张感觉到恐惧与孤单。病房护士请社会工作者前来协助。此时,社会工作者首先应提供的服务是(　　)。

A. 协助家属照顾老张

B. 协助老张认识心肌梗死

C. 协助老张与医生沟通

D. 协助老张适应病房环境

54. 社会工作者小王和医生合作,用游戏治疗的方法帮助患儿玲玲顺利进行了腰椎穿刺手术。小王的上述做法,达成的服务目标是(　　)。

A. 与玲玲建立良好的关系

B. 降低玲玲对医疗检查的恐惧

C. 帮助玲玲适应病房环境

D. 帮助玲玲表达内心的感受与想法

55. 49 岁的陈某在妻子去世后经常失眠,精神恍惚,总觉得有人要害他,在家中自言自语、破口大骂,甚至砸坏家具,殴打家人。陈某女儿将其送到某综合医院的精神科治疗,陈某在诊室里大吵大闹。医生初步治疗后,请社会工作者小吴来协助工作。小吴以下的做法中,最适宜的是(　　)。

A. 鉴于陈某病态的暴力倾向,建议将陈某单独隔离

B. 向陈某隐瞒病情,避免陈某得知病情后产生病耻感

C. 帮助陈某分析发病原因,鼓励他表达自己内心的想法

D. 稳定和安抚陈某情绪,促进其适应医院环境并配合检查

56. 艾滋病患者在疾病的稳定期,经常会面临疾病及治疗带来的身体不适,以及与家人、亲友和其他社会关系的改变等问题。针对上述问题,社会工作者应采取的介入措施是(　　)。

A. 增强患者的心理防御机制

B. 评估患者的自杀风险

C. 建立患者的家庭支持网络

D. 提高患者的自理能力

57. 小刘自幼丧母,一直与父亲相依为命,父子情深。不久前小刘与父亲在自驾游途中发生车祸,父亲送医后不治身亡。小刘接受不了这一残酷的事实,精神崩溃,在急诊室外号啕大哭,医护人员请社会工作者小周为小刘提供帮助。在跟进服务中,据小刘自述,他现在脑海中反复出现车祸现场的恐怖画面,回忆不出细节,整个人处于惊恐之中,精神高度紧张。针对小刘的这种症状,小周最适宜的做法是(　　)。

A. 不让小刘阅读关于应激障碍症的文章

B. 让小刘努力回忆车祸现场的情景细节

C. 鼓励小刘讲述车祸发生的过程,同感倾听

D. 将小刘与周围环境隔绝,避免他再受刺激

58. 单亲妈妈阿莲有一个四岁的女儿,之前一直由阿莲的母亲在老家抚养。近期,由于母亲患病住院,阿莲将女儿接到自己身边。因要照顾年幼的女儿,阿莲经常迟到早退,企业负责人非常不满,阿莲面临被辞退的风险。为此,阿莲很焦虑,经常失眠,情绪低落,于是向社会工作者小芳求助。小芳为其开展了个案服务,在介入阶段,小芳为阿莲进行了心理辅导,舒缓其情绪后,她还应(　　)。

A. 直接为阿莲的孩子提供临时托管服务

B. 与医院联系,为阿莲提供健康医疗服务

C. 链接社会资源,为阿莲解决孩子照顾的问题

D. 与其负责人沟通,维护阿莲的劳动权利

59. 某厂青年职工较多,他们中的一些人因工作繁忙,无暇顾及个人婚恋问题,也不知如何结交异性朋友。为此,社会工作者设计了以提升员工恋爱技巧为目标的小组,应选择的小组类型是(　　)。

A. 治疗小组　　B. 教育小组

C. 支持小组　　D. 兴趣小组

60. 某化工企业招聘新员工,许多应聘者不了解招聘岗位存在的职业风险,社会工作者小周为此协调人事部门设计制作了岗位说明书,详细介绍了招聘岗位的操作规程、潜在的职业危害与职业病防护措施,并与前来应聘的人员进行了面对面交流。小周在上述工作中扮演了(　　)角色。

A. 协调者　　B. 联结者

C. 调解者　　D. 咨询辅导者

二、多项选择题(共 20 题,每题 2 分。每题的备选项中,有 2 个或 2 个以上符合题意,至少有 1 个错项。错选,本题不得分;少选,所选的每个选项得 0.5 分)

61. 王女士觉得自己性格比较急躁,孩子不听话时,说不了几句就发脾气,导致她和孩子关系紧张。抱着改正自己爱发脾气的毛病与改善孩子关系的期望,王女士来到社会工作服务机构寻求帮助。社会工作者小张接案后,为了清楚地知道王女士接受服务后的改变状况和服务效果,需要建立服务基线,其正确的做法包括(　　)。

A. 分析服务前后王女士的情绪变化

B. 与王女士一起选择情绪变化量表

C. 评估服务结束后王女士的情绪状况

D. 与王女士一起确定情绪管理的目标

E. 指导王女士记录介入后某一天发脾气的次数

62. 社会工作者小杨对服务对象老张的服务接近尾声。当小杨告知老张服务即将结束后,老张表现得无精打采,会谈时心不在焉。针对老张的表现,小杨此时适当的处理方法应包括(　　)。

A. 请老张分享当下的感受

B. 评估老张可能出现的问题

C. 估计老张的感受,适当延长服务时间

D. 与老张一起回顾服务过程,确定结案时机是否成熟

E. 与老张商讨其变化过程中的困难,适当修正介入方案

63. 儿童在成长和发展中有不同层面的需要,下列关于儿童需要的表述,属于社会化需要的是(　　)。

A. 身心安全保障的需要

B. 分清自我与非我关系的需要

C. 免遭虐待和忽视的需要

D. 获得足够休闲和娱乐的需要

E. 掌握吃饭、穿衣、语言表达等生活技能的需要

64. 某村四岁男孩儿小强,跷着二郎腿,边嚼槟榔边抽烟,一副老练样子的视频在网络上流传,被网友称为“社会范儿”男孩儿。社会工作服务机构的社会工作者小王在看到视频后到小

强家探访。小王了解到,小强父母都在外打工,小强一直由爷爷奶奶照顾。在对小强的家庭监护能力进行评估后,小王应关注的目标包括(　　)。

A. 监护人生产劳动的能力

B. 监护人生活照顾的能力

C. 监护人语言表达的能力

D. 监护人情感传递的能力

E. 监护人安全保障的能力

65. 社会工作者以罗杰斯"自我论"中的自我概念为理论基础,运用"自画像"和描绘"我的生命线"等方法协助青少年进行自我探索。上述方法可揭示自我的不同层面,包括(　　)。

A. 现实我　　B. 理想我

C. 主观我　　D. 客观我

E. 本体我

66. 社会工作者小陈为独居老人张爷爷做基础性评估,在收集了张爷爷的社会特征等方面的资料后,小陈还需要评估张爷爷的(　　)。

A. 受教育情况　　B. 社会功能状况

C. 身心健康状况　　D. 年轻时的成长经历

E. 经济状况和居家环境

67. 失去老伴的李奶奶在儿子的陪伴下,来到养老院申请入住。社会工作者小梁在与李奶奶的交谈中了解到,老人不愿入住养老院,但又怕成为儿子的负担,内心纠结,心理压力较大。此时,小梁需要做的工作包括(　　)。

A. 介绍养老院情况

B. 劝说李奶奶入住养老院

C. 带领李奶奶和儿子参观养老院

D. 初步评估李奶奶是否适合入住养老院

E. 鼓励李奶奶的儿子克服困难,自己照顾老人

68. 随着"全面二孩政策"的实施,一些年轻女性为了照顾孩子,回归家庭,成了全职妈妈,她们负责养育孩子,打理家务,而丈夫则在外工作,成为家庭的经济支柱,这种现象反映出(　　)。

A. 社会发展的必然趋势

B. 传统的性别分工模式

C. 刻板的性别角色定型

D. 女性权益保护的需要

E. 基于性别的合理分工选择

69. 社会工作者小马在家访中了解到,残障人士小峰想找工作,但又不确定自己能做什么。为了帮助小峰找到合适的工作,小马应该(　　)。

A. 评估小峰就业的适应性

B. 评估小峰的职业兴趣

C. 为小峰寻求庇护工厂就业

D. 为小峰申请社会救助

E. 为小峰制订职业指导计划

70. 老张因吸食海洛因多次被强制隔离戒毒。目前，老张期满离所，再次成为社会工作者小王的服务对象。小王向督导老李倾诉，自己尝试过很多方法帮助老张都没有效果，感到受挫和迷茫。老李查阅了小王以往的服务记录，发现老张虽然存在生活不规律、遇事易冲动、认知偏差等问题，妻子也因上述问题而负气离家，但老张有为人热情、交际能力强等优点，还有下海经商的经历。于是，老李建议小王着眼于发掘老张的优势与潜能为老张提供服务。下列服务中，符合上述思路的有(　　)。

A. 与老张一起找出其拥有的资源，并讨论解决方案

B. 与老张讨论未来的生活目标，为其制订改变计划

C. 与老张讨论影响复吸的风险因素，探寻其成功经验

D. 与老张讨论妻子出走的原因，协助其修复夫妻关系

E. 与老张一起列出他的认知偏差，协助其进行自我辩驳

71. 优抚安置社会工作是新时代中国特色强军之路的组成部分，其服务对象特点鲜明，主要包括(　　)。

A. 年龄结构化　　　　B. 覆盖范围广

C. 军队情结深　　　　D. 需要层次多

E. 问题压力重

72. 社会工作者小邓在军休所开展服务时发现，所里的军休干部很少与当地社区居民接触，为了促进军民融合和军地融合，满足军休干部多层面的需要，小邓拟从中观层面进行介入，可以采取的做法有(　　)。

A. 在军休所内为军休干部开展丰富多彩的文体活动

B. 推动军休干部安置保障政策与国家社会保障政策接轨

C. 运用“生命故事”的方法，帮助军休干部重构生命的意义

D. 与“营养协会”合作，为军休干部定期举办健康养生讲座

E. 帮助军休所与某小学结成友好单位，定期开展红色教育活动

73. 小云是某高校大一新生，来自偏远山区的贫困家庭。入学后，小云不仅感到经济压力大，还觉得自己外表一般，穿着土气，说话有口音，原来引以为傲的学习成绩也不再突出，因而自卑、焦虑，常常失眠，担心自己不能完成学业。针对小云的这种状况，社会工作者可以提供的教育救助服务有(　　)。

A. 帮助小云申请城市低保　　　　B. 帮助小云加入学校社团

C. 为其创造勤工俭学的机会　　　　D. 鼓励其参加学生适应小组

E. 帮助小云寻找职业技能培训机会

74. 某关爱中心配合有关部门，为辖区内低保家庭开展专业社会工作服务，该中心为这些家庭提供就业救助服务的是(　　)。

A. 转变就业观念　　　　B. 安排勤工俭学

C. 职业技能培训　　　　D. 自我认知调整

E. 链接就业资源

75. 某街道家庭综合服务中心的社会工作者为辖区内的失独“计划生育特殊家庭”提供服务。根据家庭社会工作的基本原则，社会工作者在服务过程中，适宜采取的方法包括(　　)。

A. 指出家庭成员的问题，提供解决问题的方法

B. 观察失独家庭的日常生活,在家庭生活场景中评估其需要

C. 评估失独家庭成员能力和不足,设计有效的服务介入计划

D. 只关注失独家庭成员目前的需要,重点解决其当前的问题

E. 从失独家庭所处的特殊处境着手,把握家庭成员的真实需求

76. 初二学生小平与母亲相依为命。小平很喜欢英语,但最近几次考试成绩连续下滑,她十分着急。小平的英语老师在课后也对她进行过辅导,但成效不佳。小平母亲虽十分疼爱孩子,却因文化程度不高,帮不上忙,最近又失业了,感到自己很没用。针对这种情况,学校社会工作者可以(　　)。

A. 协助小平减缓焦虑情绪

B. 协助小平母亲提高文化程度

C. 协助小平母亲寻找工作

D. 与老师探讨小平成绩下降的原因

E. 请社区给予小平家庭更多的关注

77. 某写字楼有一些大龄未婚青年,社会工作者小满打算为他们举办交友联谊活动,在进行活动总体策划之前,小满应该(　　)。

A. 估算活动的成本投入

B. 了解类似活动的举办情况

C. 测算活动受益者的可能人数

D. 了解活动受益者的参与感受

E. 了解服务对象对婚恋问题的想法

78. 为推动和吸引居民参与"感动社区年度人物"评选活动,社会工作者可以采用的工作策略有(　　)。

A. 邀请居民讨论具体的评选方案

B. 通过微信平台向居民通报活动进展

C. 为参与评选活动的居民提供政策优惠

D. 以网络投票结果作为唯一的评选依据

E. 为居民开展提升沟通能力的小组服务

79. 老安由于突发脑出血被送进医院,所幸抢救及时,经过住院治疗,病情明显好转,医生同意他出院。此时,社会工作者为老安出院所做的准备工作有(　　)。

A. 查阅文献资料,为老安制订社区康复方案

B. 链接相关康复资源,协助老安获得社区康复服务

C. 评估老安的情况,降低老安出院后可能面临的风险

D. 为减轻医生的负担,为老安提供治疗方案的咨询服务

E. 帮助老安家人链接社区资源,使老安及时获得后续照顾

80. 社会工作者小唐协助某造纸企业设计了推进企业履行社会责任的实施方案。下列内容中,属于企业履行的社会责任有(　　)。

A. 注重环境保护,加大环保投入

B. 注重成本控制,提高生产效率

C. 控制合法用工,保障职工权益

D. 注重创造利润,保障经营收入

E. 注重社会公益,参与慈善活动

准考证号________

姓名________

社会工作实务（初级）2017年真题

重要提示：

为维护您的个人权益，确保考试的公平公正，请您协助我们监督考试实施工作。

本场考试规定：监考老师要向本考场全体考生展示题本密封情况，并邀请2名考生代表验封签字后，方能开启试卷袋。

社会工作实务(初级)2017年真题

一、单项选择题(共60题,每题1分。每题的备选项中,只有1个最符合题意)

1. 社会工作者小王接待了由邻居陪同前来求助的李奶奶,李奶奶说自己的子女都在外地工作,老伴前几天因脑梗住院治疗,她每天要去医院送饭,昨天在回家途中扭伤了脚踝,行走困难。经过沟通,小王与李奶奶确定了需要小王协助解决的具体困难。小王所做的是社会工作实务通用过程中(　　)阶段的工作。

A. 接案　　B. 签订协议

C. 预估　　D. 制定方案

2. 刘先生失业后,一家人依靠低保金生活。为帮助刘先生一家,社会工作者小侯做了下列工作:与刘先生和刘太太进行了面谈,询问他们失业后的生活情况;倾听他们对目前生活处境的感受;了解刘先生和刘太太的教育背景、专长和再就业经历;向居委会和刘先生的邻居了解其与邻里的关系。这些是社会工作服务过程中(　　)阶段完成的任务。

A. 接案　　B. 预估

C. 计划　　D. 介入

3. 小李来到社会工作服务机构向社会工作者咨询,说自己最近谈了女朋友,很满意。但女朋友嫌他生活散漫,没有上进心,闲暇时间不是和朋友打牌,就是喝酒,有时还上班迟到,提出要和他分手。小李很珍惜这份感情,表示自己很想改,但又不知道怎么改,因而很苦恼。为了增强小李解决问题的动机和意愿,社会工作者适宜的提问是(　　)。

A. “你的担心到底是什么?”

B. “你对改变做好准备了吗?”

C. “你觉得自己的问题是什么?”

D. “你打算做些什么来改变目前的状况?”

4. 李奶奶与儿媳因为孙子的教育问题经常争吵,婆媳关系紧张,李奶奶对此很苦恼,希望得到社会工作者小王的帮助。为了了解李奶奶的问题和需要,帮助李奶奶识别和善用环境中的积极因素,小王应做的是(　　)。

A. 了解李奶奶的背景资料　　B. 明确李奶奶的问题所在

C. 了解李奶奶曾经得到的帮助　　D. 分析李奶奶问题的成因

5. 社会工作者小王完成了小秦的个案服务并顺利结案,计划接下来的3个月内定期对小秦进行电话回访。小王的上述工作安排属于(　　)。

A. 跟进服务　　B. 成效评估

C. 情绪安抚　　D. 服务咨询

6. 社会工作者为了倡导儿童友好社区建设，开展了系列服务。下列说法中，通过改善社区环境布局倡导儿童友好社区建设的是(　　)。

A. 开展儿童友好社区讲座　　B. 设立儿童紧急庇护场所

C. 举办社区亲子趣味运动会　　D. 组织“我爱社区”演讲比赛

7. “类家庭”是儿童福利机构采用的儿童照顾模式之一，这一照顾模式的核心目标是(　　)。

A. 培养儿童人际互动技能　　B. 为儿童创造一种家庭生活环境

C. 培养儿童做家务的技能　　D. 为机构工作人员减轻照料压力

8. 小王是外来务工人员，丈夫因工伤死亡，独自带着女儿在城市打工。邻居向社会工作者小张反映，小王自丈夫去世后，精神状态一直不好，说女儿是“丧门星”，时常把女儿打得遍体鳞伤。根据《中华人民共和国反家庭暴力法》，小张首先要做的是(　　)。

A. 向有关部门报告，确保孩子安全

B. 寻找合适成年人，协助照料孩子

C. 联系小王的家人，为小王提供帮助

D. 组织社区志愿者，为小王提供帮助

9. 小张夫妇结婚多年未育，向儿童福利院提出收养儿童的申请，为审核其资格，社会工作者小郑需要对小张夫妇进行家庭评估。评估时，小郑需要完成的核心任务是了解小张夫妇(　　)。

A. 家庭育儿能力和条件　　B. 是否知晓收养儿童的手续

C. 希望收养多大年龄的儿童　　D. 是否知晓收养家庭的权利

10. 单亲妈妈小芳向社会工作者小李诉说，她10岁的儿子小明因常打网络游戏，不能按时完成作业，学习成绩不好。小芳工作单位离家较远，没有足够时间照顾儿子，小李邀请小芳参加社区“四点半课堂”，并联系退休的党员王阿姨与小芳家结对，在小芳下班前替她照顾儿子。同时，小李还介绍小芳加入“助苗成长微信群”，向心理专家学习亲子沟通的方法，以提高其亲职能力。小李为小芳家提供的上述服务属于(　　)儿童福利服务。

A. 治疗性　　B. 补充性

C. 替代性　　D. 保护性

11. 社会工作者运用小组工作方法协助社区青少年辨识和察觉自我状态，以改进其表达方式，其中某一节的活动内容是：在地上画出分别标有P、A、C的三个圆圈，每两名小组成员为一组，就某个有争议的社会话题进行讨论。当他们使用情绪化、孩子气的语言，或有委屈、抱怨等行为时，就跳入C圈；当他们的语气变得成熟理性、情绪稳定时，就再跳入A圈；当他们的语气带有指使、命令、斥责的性质时，则要跳入P圈。该小组工作的互动设计所依据的是(　　)。

A. 弗洛伊德的自我理论　　B. 萨提亚人际沟通理论

C. 埃里克森的自我理论　　D. 伯恩的沟通分析理论

12. 几名高三学生打算放弃高考，一起自主创业。他们的父母得知后非常着急，认为孩子只有上大学才有未来，在与孩子沟通的过程中，家长发现孩子不仅不听他们的劝告，还讨厌他们的管束，打算一起离家出走到外地创业，家长很着急。家长向社会工作者小林求助，希望小林能劝孩子放弃自己的想法。为帮助遇到此类问题的家长和孩子，小林可采用(　　)的方法协助父母与孩子进行沟通。

A. 社会观护

B. 为家长孩子举办创业技能讲座

C. 资源整合

D. 为家长与孩子开办亲子并行小组

13. 小杰，16 岁，家住农村，学习成绩优异，父母长期在外打工，身边的小伙伴也陆续进城打工，因此他感到十分孤单。临近毕业，小杰不知自己该选择继续升学还是进城打工，十分迷茫，心情焦虑。社会工作者计划开展的下列服务中，有助于小杰进行抉择的是(　　)。

A. 协助小杰学习压力管理技巧

B. 协助小杰多与父母沟通交流

C. 协助小杰学习情绪管理方法

D. 协助小杰绘制“自画像”，增加自我觉知

14. 社会工作者小林拟运用“生涯选择配合论”来帮助青少年进行生涯规划，协助他们更加清晰地了解个人内在世界与不同职业所需特质之间的关系。小林可设计以(　　)为主题的小组活动，实现其工作目标。

A. “我的兴趣”　　B. “我的能力”

C. “我的人格”　　D. “我的需求和价值观”

15. 张老伯经常对儿子说：“我走过的桥比你走的路还多。”张老伯的话语隐喻的是老年人的(　　)优于年轻人。

A. 液态智力　　B. 结晶智力

C. 长期记忆　　D. 短期记忆

16. 张大爷丧偶多年，几年前因脑出血导致半身不遂。张大爷的女儿长期独自照顾他，近来感到力不从心。社会工作者得知后，拟从“家庭思维”的视角出发，为该家庭提供服务，其适宜的做法是(　　)。

A. 组织社区志愿者定期采访张大爷

B. 邀请张大爷的女儿参加照顾者支持小组

C. 联系专业康复人员定期上门提供服务

D. 动员张大爷入住养老机构，让女儿去探访

17. 社会工作专业实习生小丁第一次独立做老年人小组工作，心里没底，向督导者张老师请教。张老师给了小丁一些建议。下列建议中，正确的是(　　)。

A. 根据老年人的节奏调整小组进度

B. 老年人参加小组一定要征得家人同意

C. 为每位老年人配备一名志愿者，以确保其安全

D. 确保老年人在小组内能够任意表达对其他组员的看法

18. 许大爷在养老院住了 6 年，近期被诊断为肺癌晚期，原来乐呵呵的许大爷变得情绪低落，整天唉声叹气，对社会工作者小关说自己活不了多久了，治疗也没用了，想放弃治疗。此时，为了帮助许大爷，小关适当的做法是(　　)。

A. 与医生沟通其治疗方案　　B. 与其社区建立联系

C. 鼓励其接受现实保持希望　　D. 帮助其做出院前的心理准备

19. 社会工作者小林到老伴刚去世的张奶奶家探访，碰到张奶奶正与女儿聊天，在聊天过程中，张奶奶表示要修改之前和老伴一起订的遗嘱，还要尽快将老伴留下的字画分给孩子们。张奶奶的女儿还悄悄对社会工作者说，她收拾房间时，在张奶奶的枕头下发现不少安眠药。针

对上述情况,小林首先要做的是(　　)。

A. 请亲朋好友陪伴张奶奶

B. 对张奶奶进行哀伤辅导

C. 对张奶奶进行自杀风险评估

D. 请熟知法律的志愿者协助张奶奶修改遗嘱

20. 某妇女发展中心为帮助贫困山区妇女脱贫,协助她们成立了合作社,一起销售农副产品,并为她们提供电子商务培训。上述工作(　　)。

A. 满足了妇女的实用性社会性别需求

B. 满足了妇女的战略性社会性别需求

C. 既没满足妇女的实用性社会性别需求,也没满足妇女的战略性社会性别需求

D. 既满足了妇女的实用性社会性别需求,也满足了妇女的战略性社会性别需求

21. 吴女士离异多年未再婚,与女儿一起生活,前夫再婚后,很少与吴女士母女联系。去年吴女士下岗,生活拮据,上初三的女儿越来越不听话,有时还逃课,吴女士经常被老师叫去谈话,说她对女儿的管教不严。母女为此经常争吵,导致关系紧张。吴女士觉得自己没本事,单亲的状况也不能给孩子好的生活,很无助,于是向社会工作者小王求助。小王决定运用性别视角的社会工作方法为吴女士提供协助,正确的做法是(　　)。

A. 激发其潜能,独立解决问题

B. 帮助其反思自己的性格及行为问题

C. 建议其与前夫联系,让前夫多与女儿交流

D. 建议其尽快结束单身状态,组建新的家庭

22. 社会工作者小王来到贫困山村参加精准扶贫工作,小王发现,建档立卡的贫困户中,有一部分是妇女,她们大多50岁左右,文化程度低,也没有一技之长,小王计划链接资源帮助这些妇女脱贫。为达到此目的,应采取的措施是(　　)。

A. 协助妇女姐妹树立脱贫信心

B. 与妇女姐妹一起分析贫困的原因

C. 让妇女姐妹利用空闲时间学习技能

D. 邀请农技专家为妇女姐妹提供培训

23. 外来务工人员小丽怀孕了,社会工作者小宋邀请小丽夫妇参加社区举办的科学育儿与生殖健康讲座。小丽夫妇忙于生计,缺席了这次讲座,并认为没有必要定期做产前检查。小丽夫妇的这种情况,在外来务工人员中很常见。针对这些问题,小宋应做的工作是(　　)。

A. 向社区居民传播公共卫生保健知识

B. 提升外来务工人员生殖健康保健意识和能力

C. 尊重外来务工人员接受生殖健康教育的自决权

D. 实现外来务工人员平等享受医疗保健资源的权利

24. 为了改善当地单亲贫困母亲的生活,社会工作者小李带领她们成立了传统手工互助组。为了实现对单亲贫困母亲的增能目标,小李应采取的做法是(　　)。

A. 扮演协作者角色,对互助组进行组织和管理

B. 组织组员分析市场需求,集体商定做何种手工产品

C. 进行市场调研,根据市场需求决定做何种手工产品

D. 扮演治疗者角色，帮助组员分析自己对贫困生活应承担的责任

25. 社会工作者小刘在为脑瘫儿童小强提供服务的过程中，整合了教育、护理、康复等不同专业的服务与资源，回应了小强的多重需要，增强了小强对社会环境的适应能力。小刘所运用的方法属于(　　)。

A. 社区康复　　B. 个案管理

C. 教育康复　　D. 需求评估

26. 社会工作者小王在社区开展宣传活动中，劝导居民将机动车和自行车停放在规定车位上，不乱停，不占用盲道。上述宣传活动旨在保护残疾人的(　　)。

A. 康复权　　B. 文化生活权

C. 社会福利权　　D. 环境友好权

27. 社会工作者小燕在前期需求评估中发现，社区内的部分残疾人有就业和融入社会的需求。为此，小燕拟采用职业康复方法满足其需求。她开展该项服务的步骤应是(　　)。

A. 评估—咨询—培训—就业指导　　B. 咨询—评估—培训—就业指导

C. 咨询—培训—评估—就业指导　　D. 评估—培训—咨询—就业指导

28. 社会工作者小郑向督导者老张询问如何与残疾人建立专业关系。老张提供的下列建议中，符合与残疾人建立专业关系指导原则的是(　　)。

A. 同情残疾人的处境　　B. 避免当面谈论残疾问题

C. 为残疾人提供建议　　D. 设身处地理解残疾人的感受

29. 老刘一家三口，平时生活比较拮据，主要靠老刘的工资收入过日子。最近，老刘因车祸失去了左腿，无法正常工作，家庭陷入困境，老刘整天待在家里，觉得自己无用，情绪低落。针对老刘的情况，社会工作者首先应为其提供的服务是(　　)。

A. 协助其申请低保　　B. 促进其社会交往

C. 促进其身体康复　　D. 减轻其心理压力

30. 社会工作者协助社区服刑人员成立了法律知识宣讲团，定期在社区内开展法律及禁毒知识宣传。社会工作者采用这种工作策略的目的是(　　)。

A. 让社区服刑人员参与维护社区治安

B. 为社区服刑人员提供就业技能培训

C. 对社区服刑人员加强监督，严格管理

D. 让社区服刑人员服务社区，进行自我教育

31. 小刚被判缓刑并接受社区矫正，父母为防止其再犯错，把他的身份证、社保卡、银行卡全部收了起来，并规定晚饭后不许出门，导致小刚与其父母的关系日趋紧张。社会工作者通过多次家访，协助小刚理解父母的苦心，并帮助父母建立对小刚的尊重和信任，促进双方的理解和沟通，小刚与父母的关系得到了改善。社会工作者的上述做法，满足了小刚(　　)的需要。

A. 获得基本生活保障　　B. 实现再社会化

C. 获得正常家庭生活　　D. 维护就业权益

32. 杨某因信用卡诈骗罪被判有期徒刑 2 年，缓期执行。杨某一直认为自己运气不好，对法院判决耿耿于怀，经常无故缺席社区服务活动。针对杨某的情况，社会工作者为其提供帮助，宜采取的方法是(　　)。

A. 加强监督管理　　B. 培养劳动习惯

C. 开展风险评估　　D. 认知行为治疗

33. 社会工作者为假释回到社区的顾某提供了就业、社会保障等政策咨询服务，并协助其申领了临时救助。社会工作者的上述做法体现了矫正社会工作的(　　)功能。

A. 监管　　B. 矫正

C. 服务　　D. 改造

34. 乐龄光荣院的老人们因李大爷突发心肌梗死离世都陷入沉闷悲伤的情绪中。社会工作者小韩举办了李大爷的追思会，并放置了李大爷生前的照片，帮助老人们表达对失去同伴的感受，谈谈对死亡的看法。小韩为老人们提供的服务属于(　　)。

A. 危机干预　　B. 行为治疗

C. 哀伤辅导　　D. 生命回顾

35. 某社区负责优抚安置工作的社会工作者为了推进军休社区与驻地社区的融合，设计了一系列服务活动。下列活动中，符合上述服务目标，属于中观层面介入的说法是(　　)。

A. 实现军地社会保障“无缝衔接”

B. 协助军休干部构建社会支持系统

C. 推进军地管理体制“一体化”建设

D. 提升驻地社区对军休干部的社会认同

36. 某光荣院孤老优抚对象日益减少，因此院方决定在保证为原有孤老优抚对象提供优质服务的前提下，为社区老人提供服务。“开门”办院的第一周，就有多名社区老人申请并入住。但社会工作者小毛发现，光荣院的孤老优抚对象对社区老人有明显的抵触情绪。针对此种情况，小毛的工作重心应该是(　　)。

A. 帮助孤老优抚对象融入社区

B. 引导孤老优抚对象接纳社会老人

C. 帮助社会老人接纳孤老优抚对象

D. 协助社会老人适应光荣院的环境

37. 社会工作者小王具有评估贫困家庭工作的丰富经验。在对每一个新的服务对象进行评估时，小王都应坚持的正确做法是(　　)。

A. 仅靠自己的观察收集资料　　B. 凭借以往经验得出结论

C. 依据初始资料完成评估工作　　D. 搁置经验，“倒空”自己

38. 针对近期闹市区流浪乞讨人员增多的问题，救助站社会工作者将全市救助站的地址、电话等信息印成宣传单，让工作人员到闹市区发放给流浪乞讨人员，并为他们提供食物和饮品等物资。社会工作者的上述工作是(　　)。

A. 机构救助　　B. 外展服务

C. 危机干预　　D. 社会援助

39. 在小梅的眼中，父母相亲相爱，一家人生活得十分幸福。但在一年前，小梅的父亲失业了，经常借酒消愁，酒后夫妻俩常争吵不休，小梅的妈妈觉得日子没法过了，与小梅的父亲离了婚。小梅得知父母离异后，把自己关在房间里，不吃不喝，也不和任何人说话，小梅的父母焦急万分，求助社会工作者小李。此时，小李首先应该(　　)。

A. 确保小梅的人身安全　　B. 联系学校老师为小梅补课

C. 与小梅沟通制订工作方案　　D. 与小梅父母讨论该事件对小梅的影响

40. 社会工作者小王在寒流来袭时，发现一名栖身在立交桥下的流浪人员不停地咳嗽、打喷嚏，于是想请他到救助站避寒。但该流浪人员坚称自己没事，拒绝到救助站避寒。对此，小王的正确做法是(　　)。

A. 将该流浪人员送到医院救治

B. 将该流浪人员送到救助站

C. 告知该流浪人员可随时到救助站避寒

D. 请民警协助将该流浪人员送到救助站

41. 2015 年，天津“8・12 爆炸”事发突然，当地社会工作服务机构第一时间赶赴现场开展紧急救援。他们首先应该开展的是(　　)。

A. 及时开展危机干预　　B. 重建社区经济秩序

C. 恢复社区生活秩序　　D. 修复社区社会支持系统

42. 小强刚上初中，妈妈要求她的考试成绩一定要在班里名列前茅，但爸爸却认为不应给孩子这么大的压力，为此，夫妻俩经常争吵。小强觉得爸爸妈妈的争吵是由自己引起的，逐渐变得沉默寡言，成绩也下降了。根据家庭系统理论，小强出现上述问题的原因可能是(　　)。

A. 学习不够努力　　B. 妈妈对小强要求过高

C. 家庭沟通不良　　D. 爸爸对小强要求过低

43. 小红向社会工作者小李反映，最近自己常与妈妈发生冲突，小红觉得自己已经长大，但妈妈还是像对小孩那样管她，认为她很幼稚，容易上当受骗。根据家庭处境化原则，小李在评估小红的需求时，应该关注(　　)。

A. 小红与妈妈日常的沟通状况　　B. 小红拥有的能力

C. 小红家庭特定发展阶段的要求　　D. 小红自己的想法

44. 王女士向社会工作者小李抱怨其女儿有很多坏毛病，包括做作业拖沓、写字速度慢、从不整理自己玩过的玩具等。为了帮助王女士聚焦问题，小李正确的做法是(　　)。

A. 让王女士清楚地描述女儿问题的表现

B. 让王女士澄清希望解决的其他问题

C. 协助王女士根据严重程度给问题排序

D. 协助王女士分析造成这些问题的原因

45. 某初中二年级一班计划组织一次篮球比赛，黄同学的个子不高，平时很少打篮球，李同学对黄同学说：“矮冬瓜，你也参加吧。”同学们哄堂大笑，黄同学对李同学心怀不满，计划报复李同学。社会工作者小王得知此事后，帮助黄同学缓解愤怒情绪，与其一起探讨如何以正确的态度对待李同学的行为以及如何以适当的方式应对此事。小王这一做法的目的是引导黄同学(　　)。

A. 学会尊重别人　　B. 辨识自己的情绪

C. 学会宽恕别人　　D. 辨别益友与损友

46. 初一学生小李的父母几年前因车祸双亡，爷爷奶奶靠微薄的养老金抚养他。尽管生活艰辛，但爷爷奶奶非常疼爱小李，老师和同学也都很喜欢和关心他，小李也有自己的理想，学习十分努力，成绩十分优秀。从抗逆力理论的视角来看，上述案例中，对小李健康成长最重要的影响因素是(　　)。

A. 个体的坚强与忍耐　　B. 支持性人际与社会关系

C. 个人较好的情绪管理能力　　D. 家人与老师的殷切期待

47. 班主任向社会工作者小姚反映,学生小华最近数学成绩下滑,经常无精打采,闷闷不乐。小姚通过小华的描述了解到,小华因在数学课上睡觉被老师发现,老师很生气地对他说:“你这是什么态度,根本不像个学生,干脆收拾东西回家吧。”所以他现在很不喜欢上数学课。针对上述情况,小姚在介入时首先应关注的焦点问题是(　　)。

A. 小华的优势潜能　　B. 老师的教育方式

C. 小华的学习兴趣　　D. 老师的教学方法

48. 在社区教育项目中,社会工作者设置了提高社区青少年践行社会主义核心价值观能力的内容,此内容属于(　　)教育。

A. 成人　　B. 健康生活

C. 公民　　D. 家庭生活

49. 为响应“政府社会组织积极参与精准扶贫”的号召,某社会工作服务机构拟在绿村开展扶贫工作,为此,机构邀请了相关领域的专家来绿村进行需求评估。该机构此举的目的是了解绿村的(　　)需求。

A. 感觉性　　B. 规范性

C. 表达性　　D. 比较性

50. 某社区为解决停车位严重不足的问题,决定建设立体停车场,相关部门已就停车场的选址、建设方案、开工时间、资金问题及后续管理等拟定了详尽的计划。为征求居民意见,居委会的社会工作者将计划张贴在社区的重要位置。社会工作者上述的做法,属于推动居民社区参与方式中的(　　)。

A. 告知　　B. 咨询

C. 协商　　D. 共同行动

51. 社会工作者小王在社区开展关爱高龄老人的服务,经过需求评估,小王在计划书中设计的具体干预措施之一是发动所在社区中的居民、物业公司职工、保洁员等共同为社区内高龄老人提供支援。上述干预措施旨在建立社区居民关爱高龄老人的(　　)。

A. 个人网络　　B. 邻里协助网络

C. 志愿者联系服务　　D. 正式支持网络

52. 社会工作者在策划扶贫项目时,设计了多个可行方案,在计算每个方案的人力、物力和时间成本之后,下一步应做的是(　　)。

A. 再次确认问题

B. 寻找各自可行的方案

C. 确定评估指标

D. 预估每个方案的成效

53. 老王因急性心肌梗死住进监护病房,经医护人员全力抢救,暂时转危为安。近日,老王病情不稳定,心情沮丧,没有食欲,影响了治疗。因此,医生请社会工作者小赵前来协助工作。面对老王的情况,小赵首先应该采取的措施是(　　)。

A. 与营养科联系,为老王提供特殊餐饮

B. 召开家庭会议,商讨老王的照顾事宜

C. 舒缓老王的情绪,促进其对疾病治疗的适应

D. 介绍老王参加患者小组活动，增进其与病友的互动

54. 医务社会工作者发现，许多唇腭裂患儿渴望与同伴玩耍，但家长大多因担心孩子被别人嘲笑而不让其出门玩耍，孩子为此哭闹，家长也束手无策。这反映出这些家长对孩子过度保护，又不知如何安抚孩子的情绪的问题。针对这些家长的问题与需要，医务社会工作者适宜的做法是(　　)。

A. 帮助家长处理情绪问题　　B. 提升家长照顾患儿的能力

C. 帮助处理家庭关系问题　　D. 构建患儿的社交支持系统

55. 社会工作者小李正在为患者制订减压小组工作方案，督导者老张提醒小李，在小组中除了要安排转化患者的不良情绪，改变他们的不合理认知等内容之外，还应安排(　　)加以配合。

A. 果敢训练　　B. 敏感性训练

C. 放松训练　　D. 沟通技巧训练

56. 小明被诊断出患有艾滋病，不知如何让家人和伴侣知晓此事，因而感到很苦恼，为此，小明来求助社会工作者小张。此时，小张应采取的介入措施是(　　)。

A. 协助小明正确认识艾滋病　　B. 与小明一起探索告知的方法

C. 与小明的家人沟通，请他们提供支持　　D. 鼓励小明接受自己生病的现实

57. 120 急救车将一名晕倒的老大爷送到医院急诊科，老大爷清醒后，医生建议其接受全面的医疗检查，但老大爷拒绝，医生请社会工作者小张前来协助工作。此时，社会工作者小张首先应做的是(　　)。

A. 帮助老大爷减免医疗费用　　B. 尽快联系老大爷的家人

C. 劝说老大爷尽快接受检查　　D. 询问老大爷发病时的详细情况

58. 正在工作试用期的小李未通过第一次岗前培训测试，按规定他还有一次参加补测的机会，如果还不能通过，就会被辞退。小李担心不能通过补测而非常焦虑，并因情绪不好而与同事发生了冲突。社会工作者小刘得知这些情况后，协助小李增强自信，提高情绪管理能力，改善了与同事的关系，最终通过了补测。在服务过程中，小刘承担的主要角色是(　　)。

A. 调解者　　B. 联结者

C. 促进者　　D. 倡导者

59. 社会工作者小赵发现，部门入职 2~3 年的职工对未来个人职业生涯发展感到迷茫，找不到工作努力的方向。对此，小赵打算组织职业生涯探索小组。在小组工作的准备阶段，小赵正确的做法是(　　)。

A. 传授职业生涯规划知识

B. 为组员制订职业生涯规划

C. 协助组员进行自我规划与决策

D. 分析评估组员职业发展迷茫的原因及需求

60. 煤矿工人老王患有尘肺病多年，呼吸困难，身体虚弱，丧失了劳动能力。老王要求企业支付医疗费用和营养费，但遭到拒绝，于是老王向社会工作者小马求助。小马在制订服务方案时，需设定的工作目标是(　　)。

A. 协调劳资冲突　　B. 提升老王的身体素质

C. 协助老王平衡工作和生活　　D. 为老王提供职业生涯规划服务

二、多项选择题(共 20 题,每题 2 分。每题的备选项中,有 2 个或 2 个以上符合题意,至少有 1 个错项。错选,本题不得分;少选,所选的每个选项得 0.5 分)

61. 刚上小学的小强经常违反课堂纪律,课上不是玩玩具,就是与同桌大声说话,受到了老师的批评。小强的父母担心小强的学业,于是向社会工作者小王求助。小王在了解了小强的行为表现后,制定了行为矫正的服务方案。为实施该方案,需要建立基线。小王的下列做法中,属于建立基线的有(　　)。

A. 明确小强行为改变的目标

B. 选择测量小强行为改变的工具

C. 记录小强目前违反课堂纪律的次数

D. 测量介入后小强违反课堂纪律的次数

E. 比较介入前后小强违反课堂纪律的次数

62. 在小组工作的结案阶段,社会工作者小风发现,有些组员开始表现出不安的情绪,还要求延长服务时间;有些组员则心不在焉,对小组的投入明显降低。小风的下列做法中,正确的有(　　)。

A. 对组员的不安不予回应

B. 指出组员心不在焉的表现

C. 告知组员服务即将结束

D. 让组员公开表达自己的感受

E. 关注不同类型组员的需要

63. 社会工作者小赵了解到,社区里有许多老人与子女同住,帮助抚养孙辈。这些老人反映他们与子女在幼儿养育和管教上经常发生矛盾。针对这种情况,小赵计划为这些老人开设以“科学育儿”为主题的教育小组。下列教育内容中,与小组主题相符的有(　　)。

A. 儿童权利观

B. 与儿童的沟通技巧

C. 儿童问题辅导技巧

D. 亲子关系辅导技巧

E. 儿童生理、心理和社会发展知识

64. 阿红是外来务工人员,独自带着刚上小学的孩子小军,阿红的丈夫在另一城市,因为工作忙,很少与家人联系。近期,学校老师打电话反映,小军在校不合群,经常逃课,还违反校规。阿红对小军进行了严厉管教,却没有任何效果。小军的问题让阿红很焦虑,于是向社会工作者小黄求助。小黄经预估后,拟运用社会支持网络帮助小军,小黄应采用的策略有(　　)。

A. 帮助小军建立正向的朋辈关系

B. 对小军进行课业辅导并与其谈心

C. 促进母子俩相互沟通、关心和鼓励

D. 与阿红丈夫协调,每周与孩子通话

E. 联系学校老师,共同探讨小军的教育问题

65. 社会工作者小刘发现,社区内有一些大学毕业生一直没有找到合适的工作。通过与这些学生交流,小刘发现,这些毕业生找不到工作的原因是他们缺乏正确的自我认识。于是,小刘计划为这些大学生开展自我探索小组。该小组的具体目标应包括协助他们(　　)。

A. 提升自我接纳的程度

B. 发掘每个人的内在潜能

C. 更清楚地认识各种职业需要的能力

D. 提升自我觉察和觉察他人需要的能力

E. 更清楚地认识自己未来发展的可能性

66. 在一次老年小组活动中，组员表达了各自对生活的愿望，社会工作者将其归纳如下：广泛参加社会生活，保持健康的生活方式，享有和谐安全宜居的家庭氛围和社区环境。上述愿望体现了老年人对（　　）的需要。

A. 婚姻家庭　　B. 居家安全

C. 健康维护　　D. 就业休闲

E. 社会参与

67. 李奶奶86岁，丧偶，患有阿尔茨海默病，与女儿一家共同生活。由于家人无力照顾，所以为李奶奶申请入住护理型养老院。养老院的社会工作者在李奶奶等候入院期间应开展的工作有（　　）。

A. 打电话询问李奶奶的情况

B. 帮李奶奶与院内老人结对

C. 提供李奶奶入院后的生活计划

D. 动员李奶奶的女儿做养老院志愿者

E. 帮助家人缓解对李奶奶入住养老院的焦虑

68.《中华人民共和国反家庭暴力法》自2016年3月1日起正式实施。该法的颁布和实施对（　　）具有重要意义。

A. 保障妇女生命权　　B. 保护妇女生殖健康

C. 保障妇女权益和发展　　D. 保障妇女获得“特殊保护”

E. 建立性别公正的政策、制度和社会环境

69. 社会工作者小赵负责执行由政府购买的残疾人康复服务的项目，根据需求评估的结果，拟对目标对象开展社区康复服务。小赵在开展该服务时应遵循的原则有（　　）。

A. 社会化　　B. 因地制宜

C. 因势利导　　D. 因陋就简

E. 低成本、低覆盖

70. 小王因涉嫌欺诈罪被起诉，社会工作者撰写了小王的社会调查报告提交法庭作审判参考。该调查报告陈述了小王的“犯罪”过程，呈现了小王以前的犯罪记录，描述了小王的家庭、教育和工作经历等状况，分析了小王“犯罪”的原因及其对自己行为的认识。上述社会调查报告包括了（　　）等基本内容。

A. 审判建议　　B. 小王的前科

C. 小王犯罪记录事实的记录　　D. 小王的生活史

E. 社区矫正的目标与任务

71. 社会工作者小刘针对复员退伍军人自主创业的需求，运用小组工作方法开展工作。在小组中，小刘邀请组员分享各自的生活状况与感受，为组员介绍政府的创业扶持政策，带领组员进行个人职业性格分析，并为组员链接创业培训资源。小刘上述做法的目的在于协助复原退伍军人做好（　　）。

A. 心态调适　　B. 环境探知

C. 职业准备　　D. 职业选择

E. 职业认同

72. 小江在部队服役时因公受伤,入院后被诊断为脊椎损伤。医务社会工作者小王在随医生巡诊中得知小江的情况后,向主治医生了解了小江的病情,向小江询问了他受伤前的经历、受伤后的治疗和心理状况,并让其安心配合治疗,还告知了自己的联系方式。小王上述工作的目的有(　　)。

A. 建立专业关系　　B. 进行需求评估

C. 稳定小王情绪　　D. 评估工作方案

E. 实施工作计划

73. 贫困大学生是一个特殊的群体,家庭贫困可能给他们的心理、精神、就业、学业、人际交往都带来一些负面影响。为减少家庭贫困给贫困大学生带来的困扰,帮助他们更好地成长,某高校开展了以"让青春飞扬"为主题的系列活动。下列活动中,属于教育救助服务内容的有(　　)。

A. 建立"青春飞扬"励志奖学金

B. 设置"助力青春"勤工俭学岗位

C. 开展"大展宏图"就业技能培训

D. 培养建立"守护青春"贫困大学生健康档案

E. 举办"我的优点我知道"的主题活动

74. 小王在走访社区低保户老张一家时发现,老张几年前下岗,妻子因病卧床多年,儿子正在读高中,家庭生计主要靠"低保金"和老张修鞋所得的微薄收入维持。老张一家人很自卑,不愿和外人打交道。为了使老张一家获得社会支持,融入社区,小王可采用的做法有(　　)。

A. 为老张联系薪酬更高的工作

B. 请老张为社区的孤寡老人义务修鞋

C. 让老张与邻居结成友好家庭,互帮互助

D. 邀请老张一家人参加社区举办的邻里节活动

E. 帮助老张妻子联系一些力所能及的手工活,增加收入

75. 小丽开始上小学了,父母的生活也因此发生了变化。小丽的妈妈每天早上需要早起,负责送小丽上学;小丽的爸爸每天下午需要准时下班,接小丽回家。根据家庭生命周期理论,小丽的父母在此阶段需要承担的新的任务包括(　　)。

A. 调整夫妻角色　　B. 规范夫妻角色分工

C. 接纳家庭角色的变化　　D. 培养小丽的独立性

E. 关注小丽所在学校的要求

76. 初二的詹同学与本班的5名同学一起群殴了高一的李同学,致使李同学身体多处受伤并住院,经公安、检察院处理之后转介给学校社会工作者小曹。小曹接案后,对李同学和詹同学的情况进行了评估,决定采用个案工作方法给予辅导,小曹正确的做法有(　　)。

A. 确定介入的问题焦点和服务方案

B. 与家长进行沟通并对其进行辅导

C. 对詹同学和李同学进行问题分析

D. 开展预防校园欺凌的知识普及与传播工作

E. 运用社区资源协助家长解决子女照顾问题

77. 某社会工作服务机构在社区开展了为期一年的“减灾小课堂”项目，旨在提高社区居民防灾减灾的意识与能力。项目结束后，社会工作者对该项目进行成效评估，评估内容应包括(　　)。

A. 查阅居民上课签到册

B. 社区居民对项目的评价

C. 查阅项目的图片、文字记录

D. 调查社区居民对项目的满意度

E. 了解社区居民对减灾技能的掌握情况

78. 社会工作者小王针对社区青少年的需求，开展了一系列社区服务活动。在服务进行阶段，小王开展的工作应包括(　　)。

A. 了解青少年喜爱的文体活动类型

B. 对开展的文体活动设置合理的时间表

C. 及时开展青少年服务活动的成效评估

D. 为表现突出的志愿者制作光荣榜对其进行表彰

E. 详细记录活动的收入支出明细，做好资金管理

79. 张大爷患糖尿病多年，医生嘱咐他要定期到医院复诊并加强饮食控制。但张大爷一方面害怕糖尿病加重，另一方面又不愿意改变现有的生活习惯，也不听老伴的劝说。无奈之下，老伴向社会工作者小林求助，小林经评估后决定要提高张大爷的治疗依从性。此时，小林适宜的做法包括(　　)。

A. 联系社区医生提供定期随诊服务

B. 鼓励老伴加强对张大爷的饮食控制

C. 在张大爷所在社区开展糖尿病健康讲座

D. 邀请张大爷参加糖尿病病友支持小组活动

E. 鼓励张大爷通过多运动以控制血糖水平

80. 社会工作者小张被派驻到某企业提供社会工作服务，在与企业领导协商后，将维护职工合法权益作为首要任务。小张的下列做法中，有助于完成上述任务的有(　　)。

A. 推动企业建立公平和谐的企业文化

B. 协助遭遇工伤的职工做好社区康复工作

C. 协助职工制定符合实际的职业生涯规划

D. 对工作压力较大的职工及时进行情绪疏导

E. 妥善处理职工与管理者之间发生的矛盾冲突

准考证号________

姓名________

社会工作实务（初级）2016 年真题

重要提示：

为维护您的个人权益，确保考试的公平公正，请您协助我们监督考试实施工作。

本场考试规定：监考老师要向本考场全体考生展示题本密封情况，并邀请 2 名考生代表验封签字后，方能开启试卷袋。

社会工作实务(初级)2016年真题

一、单项选择题(共60题,每题1分。每题的备选项中,只有1个最符合题意)

1. 小红最近与同学发生了争吵,觉得很委屈,去找班主任哭诉。班主任将小红转介给社会工作者小王。小王在与小红接触中初步了解了小红的情况,小红也同意让小王帮助她。上述小王所做的工作属于(　　)阶段的任务。

A. 接案　　　　B. 预估

C. 介入　　　　D. 计划

2. 王女士觉得儿子小强总是跟自己对着干,母子俩经常争吵。王女士找到社会工作者小秦,希望小秦帮她改善自己与儿子的关系。此时,小强属于(　　)。

A. 现有服务对象　　　　B. 潜在服务对象

C. 非自愿型服务对象　　　　D. 转介的服务对象

3. 在接案会谈中,王女士向社会工作者抱怨丈夫不关心自己,不顾家,下班回家只顾上网。此时,社会工作者最适宜的提问是(　　)。

A. "你觉得丈夫有问题,是吗?"

B. "你是否觉得自己也有过错?"

C. "你对自己的婚姻不满意,是吗?"

D. "你能说说丈夫不关心你的具体表现吗?"

4. 王女士近来情绪波动很大,严重影响了生活。情绪低落时,王女士觉得生活没意义,不愿意与他人交往;情绪平稳时,王女士能够像平时那样生活。对此,社会工作者应该制定的服务目标是(　　)。

A. 防止王女士情绪进一步低落

B. 帮助王女士发现生活中的积极方面

C. 鼓励王女士主动与他人交往

D. 延长王女士情绪平稳的时间

5. 社会工作者小王在与服务对象小郑的最后几次会谈中都曾提到结案的事。但在最后一次面谈时,小郑请求小王继续提供服务。对此,小王应该采取的做法是(　　)。

A. 转移小郑的注意力　　　　B. 委婉拒绝小郑的要求

C. 了解小郑的感受　　　　D. 指出小郑请求的不合理性

6. 社会工作者小王在社区调查中发现,许多年轻家长在育儿方面有困扰,不知该如何与孩子沟通,如何避免对孩子发脾气。针对这些问题,小王应该为这些家长提供的服务是(　　)。

A. 婚姻辅导　　　　B. 家庭辅导

C. 儿童辅导　　　　D. 亲职辅导

7. 社会工作者小吴在某偏远农村社区开展服务，通过整合社区的内外资源设立了社区儿童中心，为中心配备了玩具、图书等，并定期组织儿童开展游戏等娱乐活动。小吴上述服务满足了儿童的(　　)需要。

A. 生存　　B. 发展

C. 受保护　　D. 社会化

8. 小李发现邻居小张经常打骂女儿，于是向社会工作者小邓反映了此情况，希望小邓进行干预。小张表示打骂孩子是自己的家事，不用外人管。小邓告诉小张，不能用打骂的方式管教孩子，因管教不当造成了严重伤害的，将要承担相应的法律责任。小邓上述说法依据的基本价值理念是(　　)。

A. 家长对儿童具有权威性

B. 儿童权利的保护和实现

C. 保障家庭利益的最大化

D. 儿童教育发展的最优化

9. 小芳曾经吸毒，戒毒后偶有复吸。一次，小芳在与社会工作者小林会谈中提到，为防止被抓，有时会带着儿子去买毒品以作掩护。针对此情况，遵循儿童社会工作原则，小林应该(　　)。

A. 申请剥夺小芳对儿子的监护权

B. 提议小芳将儿子长期寄养在亲戚家

C. 评估小芳的行为对儿子的潜在风险，尽量避免母子分离

D. 关注小芳积极改变的一面，相信她不会伤害到自己的孩子

10. 小王有 4 个子女，因家庭负担过重，上网联系了收养家庭，在收了对方 5000 元钱后将小女儿送了人。不久，小王被人举报，并因涉嫌贩卖婴儿被捕，小王的妻子万分着急，将孩子反锁在家，到相关部门了解小王的情况。社会工作者小林得知小王家的事情后，联系了社区志愿者照顾小王的孩子们，并推荐小王的妻子参加妇联组织的母婴保健和儿童教育等培训，以提升小王家庭的照顾能力。小林上述服务遵循的原则是(　　)。

A. 保障儿童的安全和健康

B. 家庭寄养照顾最好长期提供

C. 对于儿童安置的决策应在符合家庭需求的前提下进行

D. 当家庭不能发挥功能时，社会工作者可以替家庭做决定

11. 班长小明在组织班级活动时，经常不听其他同学的想法和建议，表现得比较强势，不久便失去了同学们的信任。小明找到社会工作者小王诉说自己的苦恼。依据艾瑞克·伯恩的沟通分析理论，小王判断小明的自我状态属于(　　)。

A. 儿童式　　B. 父母式

C. 成人式　　D. 师长式

12. 有些父母与青春期的孩子沟通时不会表达自己的感受。为了提升父母与青春期的孩子有效沟通的能力，社会工作者小秦拟依据父母效能训练模式，辅导被服务者学习使用“我-讯息”技巧与孩子沟通。根据这一技巧的要求，小秦合适的做法是帮助父母(　　)。

A. 觉察自己的倾听能力

B. 了解自己的沟通方式

C. 从“我”的角度出发看待世界

D. 以“我”开头传达讯息与子女沟通

13. 社会工作者发现，一些青少年因为与父母缺乏有效沟通，导致亲子关系紧张而不想回家，以逃避父母的责问。为此，社会工作者计划举办“亲子并行小组”活动以改善青少年与父母之间的关系。下列做法中，有助于实现上述目标的是(　　)。

A. 组织青少年和家长分别参加为期三天的夏令营活动

B. 为青少年和家长分别举办沟通技巧学习小组

C. 运用分组和跨组交流的方式，协助青少年和家长学习沟通技巧

D. 组织家庭教育专家，为青少年和家长举办亲子沟通讲座

14. 在青少年生涯规划小组中，社会工作者小秦开展了一系列探索青少年兴趣爱好的活动。依据“生涯选择配合论”，这些活动内容对应的是职业工作世界中的(　　)。

A. 职业所需特质　　　　B. 职业所需能力

C. 职业分类和内容　　　　D. 各种职业报酬率

15. 社会工作者在家访中发现，刘老伯的个人卫生状况差，居家环境又脏又乱，可能存在被疏于照顾的风险。对此，社会工作者最适宜提供的服务是(　　)。

A. 家庭托养　　　　B. 居家照顾

C. 经济支持　　　　D. 情绪疏导

16. 李老伯入住福利院不久，记忆力退化明显，有时连食堂都找不到，他对此懊恼不已，怀疑自己患了老年痴呆症。下列说法中，可能是李老伯记忆力变化的原因的是(　　)。

A. 老年人的液态智力比年轻人多

B. 老年人处理形成记忆信息的能力有变化

C. 老年人在陌生环境中不容易丧失认知能力

D. 老年人记东西的能力会因为年老而有较多衰退

17. 社会工作者小陈在福利院从事失智老人的服务工作，看到院内有些老年人的失智情况越来越严重，觉得无论怎么努力都改善不了他们的状况，久而久之，他感到自己的工作没有价值。上述情况表明，小陈所面临的主要问题是(　　)。

A. 移情　　　　B. 缺少工作方法

C. 工作倦怠　　　　D. 丧失价值信念

18. 张老伯因病重卧床不起，生活不能自理，他常对老伴说“没有我，你就解放了”，并偷偷积攒了安眠药。社会工作者小钱在评估中发现张老伯有自杀的可能，此时，他首先要做的是(　　)。

A. 找子女或老伴多陪伴张老伯

B. 拿走张老伯积攒的过量安眠药

C. 联络医护人员开展进一步评估

D. 与老伯做安全约定，让老伯承诺不自杀

19. 王大爷年近80岁，独居，社区工作者小杨发现王大爷腿脚不便，上门为王大爷进行个案评估。根据王大爷的状况，小杨认为应为王大爷提供家政、助餐等居家养老服务。王大爷表示：“我可以照顾自己，不用外人到我家里来。”王大爷的反应说明，社会工作者在处理此类问题时应(　　)。

A. 平衡老人自立与他人协助间的需求

B. 尊重老人的隐私权

C. 营造适宜与老人沟通的环境

D. 极力说服老人接受居家照顾服务

20. 社会工作者小王定期组织企业的女员工学习有关女性工作权利的法律法规。在女员工们学习的下列政策法规中,居于主体地位的是(　　)。

A.《中华人民共和国劳动法》

B.《中华人民共和国妇女权益保障法》

C.《中华人民共和国宪法》

D.《中华人民共和国慈善法》

21. 某中学在招生广告中明确提出:“从我校毕业的学生,男生是绅士,女生是淑女。”该校的培养目标反映了(　　)。

A. 男女两性的发展特点

B. 男女两性的自我选择

C. 社会对男女两性的刻板要求

D. 社会发展对男女两性的要求

22. 王先生和刘女士的儿子正在上初中,儿子的教育主要由刘女士负责。随着儿子所学知识难度的加深,仅高中毕业的刘女士觉得对儿子的功课辅导越来越力不从心。儿子进入青春期后,刘女士与儿子的互动也越来越少。刘女士为此很苦恼,向社会工作者小顾求助。依据性别视角的妇女社会工作理念,小顾应提供的帮助是(　　)。

A. 提高刘女士的文化素养

B. 教授刘女士与儿子沟通的技巧

C. 促进王先生与儿子的沟通互动

D. 唤醒王先生对儿子的负疚感

23. 某机构针对娱乐场所的女性开展“生殖健康服务月”活动,为她们进行了健康体检,他们发现很多人患有妇科病,还有一些人患有性病和艾滋病。针对这种情况,该机构的社会工作者可以采取的服务措施是(　　)。

A. 公布艾滋病和性病人员名单,切断感染源

B. 建议公安部门开展对娱乐场所的专项整治活动

C. 联系医务人员为她们做健康教育和咨询

D. 与患有性病、艾滋病的人个别交流,提醒其自重

24. 社会工作者小赵在社区走访时发现,本社区有些下岗女工面临多种问题,如贫困、再就业难、社会支持网络不足和缺乏自信等。据此,小赵决定以增能理论为基础开展小组工作。小赵首先通过主题讨论、经验分享、观看影片、小组活动等形式让下岗女工了解她们的弱势社会地位形成的原因。小赵的这种干预方法是(　　)。

A. 政策倡导　　B. 透明化

C. 权力分析　　D. 意识觉醒

25. 盲人老钱带导盲犬上公交车,遭到部分乘客的反对。这一事件说明,应进一步倡导社会大众尊重并保障残疾人的(　　)。

A. 社区康复权　　B. 社会福利权

C. 文化生活权　　D. 环境友好权

26. 社会工作者小董为智障人士开展就业培训,并通过就业指导帮助他们找到合适的工作岗位。小董的上述工作属于(　　)范畴。

A. 教育康复　　B. 职业康复

C. 社区康复　　D. 社会康复

27. 小赵是负责社区残疾人事务的社会工作者,经过需求评估后发现,社区的一些残疾人在家庭日常生活、出行等方面存在诸多不便,缺乏他人的关爱和照顾。小赵拟从中观层面介入,适宜的做法是(　　)。

A. 推动城乡基本医疗公共服务均衡发展

B. 完善残疾人社会保障体系

C. 提升残疾人适应社会环境的能力

D. 发展残疾人社区支持系统

28. 68岁的张阿姨因脑中风丧失了部分生活自理能力,且身边无子女照顾。社会工作者小马对张阿姨进行了需求评估,发现其需要医护、生活照料、营养及心理等方面的服务。因此,小马计划协调整合医生、护士、家政工、营养师、志愿者和心理咨询师等组成跨专业团队,对张阿姨进行全面和持续的服务。小马上述工作采用的方法是(　　)。

A. 个案工作　　B. 社区康复　　C. 个案管理　　D. 社会康复

29. 社会工作者小刘在与残疾人老王的交谈中了解到,由于自己工作不小心,导致了伤残,老王一直很自责。小刘了解事情经过后,做出以下分析:事故的发生不仅与老王个人工作时操作失误有关,也与老王工作单位的安全教育和安全管理缺失有关。小刘的分析依据是(　　)的观点。

A. 社会化理论　　B. 社会标签理论

C. 社会责任理论　　D. 市场责任理论

30. 矫正社会工作者小林针对有些矫正对象因长期服刑而不适应出狱后的生活这一问题,开办了以“生活适应”为主题的小组。在小组活动过程中,小林模拟西餐厅的情境,让服务对象分别扮演“主厨”“侍应生”与“顾客”,尝试体验不同角色的感受和需求,以提升服务对象的人际交往能力。小林的上述做法回应了服务对象的(　　)需求。

A. 再社会化　　B. 正常家庭生活

C. 基本生存保障　　D. 就业权益保障

31. 社区戒毒人员小王得知自己因吸毒感染了艾滋病后,沮丧绝望,精神几乎崩溃,把自己锁在家中,不愿见人。家人请社会工作者小林对小王进行个案辅导。此时,小林需要重点开展的服务是协助小王(　　)。

A. 处理负面情绪

B. 增强抵制毒品诱惑的能力

C. 建立良好的人际关系

D. 提高社会适应能力

32. 戒毒康复人员大李回到社区后表现良好。近日,他偶遇昔日毒友,没经住诱惑,开始复吸,工作也因此丢了。大李为此感到很自责,觉得自己没救了,开始自暴自弃。社会工作者拟采用优势视角理论为大李提供服务,适宜的做法是(　　)。

A. 动员大李参与同伴志愿者队伍,在社区巡讲戒毒知识

B. 与大李讨论目前生活的积极因素,增强其戒毒信心

C. 开展职业辅导,鼓励其自食其力

D. 与大李讨论毒品的危害,劝其尽快戒毒

33. 大李戒毒成功后经朋友介绍到一家公司给老板当司机,经过一段时间后,大李因工作强度大,不知不觉中又开始吸毒。在与社会工作者小林的一次会面中,大李告诉小林自己复吸的事,并表示如果让老板和家人知道,自己不仅会丢掉工作,也会影响与家人的关系,请求小林为他保密。对此小林合适的做法是(　　)。

A. 明确告知大李毒驾的严重后果,鼓励他积极戒毒

B. 遵守保密原则,协助大李保住这份工作,以维持与家人的关系

C. 遵循服务对象自决的原则,由大李自行决定是否辞职

D. 联系大李的家人,要求其加强对大李毒驾行为的监管

34. 吴老从部队回到地方后非常怀念在部队时的生活,总是说:"我们老了,不中用了,部队也不要我们了。"社会工作者小张与吴老一起回忆其为部队所做的贡献,引导他重新看待自我价值。小张采用的干预技巧是(　　)。

A. 认知重构　　B. 角色扮演

C. 问题解决　　D. 情绪管理

35. 光荣院的张大爷最近在聊天中经常对社会工作者小唐说:"人老了,没有用了,剩下的日子也没有什么价值和意义了。"针对张大爷的情况,小唐计划为张大爷提供帮助。下列选项中,小唐最能帮助张大爷的服务方法是(　　)。

A. 人生回顾　　B. 情绪辅导

C. 危机干预　　D. 个案管理

36. 为协助退伍军人尽快找到新工作,适应新生活,社会工作者拟为他们开展小组辅导。下列内容中,属于小组后期要做的工作是(　　)。

A. 让组员分享对退伍的看法

B. 协助组员进行职业生涯规划

C. 为组员链接职业培训资源

D. 为组员介绍当前军改政策背景

37. 医疗救助对象小王在医院做完关节置换手术后准备返回社区。此时社会工作者在服务中应做的工作是(　　)。

A. 代小王填写医疗救助申请的相关材料

B. 协助小王了解社区康复的资源

C. 动员社区志愿者共同帮助小王

D. 增强小王战胜疾病的信心

38. 在某灾后临时安置区,由于公用厨房设施紧张,厨房卫生需要经常打扫,因此居民之间出现了一些矛盾。社会工作者打算采用参与式社会工作的方法解决上述问题。下列做法中,最恰当的是(　　)。

A. 设置公益岗位,开展职业培训

B. 组织居民讨论,共商解决方案

C. 评估居民需求,完善公共设施

D. 协助地方政府,监督重建工作

39. 社会工作者小赵动员和组织社区中待业在家的低保人员参与社区志愿服务，看护“四点半学堂”的孩子，上门探访独居老人。小赵上述工作的目的是（　　）。

A. 为低保人员提供心理支持　　B. 调节低保人员的家庭关系

C. 为低保人员提供就业援助　　D. 促进低保人员的社会融入

40. 村委会主任带王姐来见社会工作者小张，王姐告诉小张她家里前段时间遭遇火灾，财产损失巨大，丈夫受此打击，开始酗酒，酒后多次对她施暴，现在她身上伤痕累累，她感到恐惧、无助。根据危机干预理论，此时小张首先应该（　　）。

A. 鼓励王姐说出自己的经历和感受

B. 协助王姐申请经济补助

C. 寻找庇护场所，确保王姐的人身安全

D. 寻求律师介入，提供法律援助

41. 王女士觉得儿子小强学习不用心，写作业拖沓，因此时常责骂他，希望他养成良好的学习习惯，可是小强的学习表现没有任何改变，王女士越来越担心小强的学习，每天都看着他做功课，小强对母亲的做法十分抵触，母子间常有言语冲突。针对上述情况，社会工作者应运用家庭系统理论中的（　　）这一核心要素加以分析。

A. 家庭作为一个整体大于各部分之和

B. 家庭成员的行为遵循循环影响的原则

C. 家庭需要维持动态平衡

D. 家庭成员之间互相依赖和影响

42. 小龙是小学一年级学生，母亲在他三岁时因车祸去世，父亲脾气不好，对小龙的教育方式简单粗暴。针对小龙父子的情况，社会工作者拟对其进行亲职教育辅导，工作重点应该放在（　　）。

A. 确保小龙的基本权益　　B. 对小龙进行挫折教育

C. 对小龙进行自保教育　　D. 改善父亲的教育方式

43. 32 岁的丽英有一个 5 岁的女儿，平时性格温和的丈夫近期脾气暴躁，因夫妻拌嘴而动手打了丽英，丽英来找社会工作者寻求帮助。社会工作者经过评估发现，丽英丈夫近期工作压力很大，情绪不太稳定。据此，社会工作者适宜的做法是（　　）。

A. 在带丽英去医院验伤的同时，将身处风险的女儿带离家庭

B. 给丽英做心理治疗，并让其接受人格测试

C. 立即报警，安排丽英和女儿住进家庭暴力庇护所

D. 为丽英丈夫提供心理辅导，帮助其学习控制情绪

44. 25 岁的独生子小南去年刚结婚，住在与父母相邻的社区。婚后，小南母亲每天来小南的住处替他们做饭、打扫卫生，周六、周日也不例外，还会对着小南夫妇不停地唠叨。小南妻子很不习惯，抱怨婆婆管得太多，干扰了他们的生活。小南父亲认为妻子一心扑在孩子身上而忽略了他，小南母亲自己也觉得很委屈，求助社会工作者。根据家庭生命周期理论，社会工作者的正确做法是（　　）。

A. 增进母子间的沟通

B. 协助小南父母调整夫妻角色

C. 协助小南母亲接纳子女自立的需要

D. 增进婆媳间的相互理解

45. 初二学生小丽,放学后在操场遇到英语老师,她对老师微笑,老师却没有理会她,小丽觉得老师一定是不喜欢自己,于是找到学校社会工作者小秦诉说自己的苦恼。小秦引导小丽辨识出“老师不理会即等于不喜欢我”是非理性想法,从提升自我效能感、增加自信的角度,让小丽认识到上述想法属于(   )。

A. 非黑即白　　　　B. 灰色眼镜

C. 以偏概全　　　　D. 透视心意

46. 学校社会工作者小秦在服务中发现,晓涛性格内向,不善交际,与同学、老师的关系较为疏远。晓涛认为别人都看不起自己,内心越来越自卑。针对晓涛的问题,小秦试图以“转换想法”的技巧,帮助晓涛学习以正面想法面对负面感受。小秦首先应引导晓涛(   )。

A. 对非理性想法进行驳斥

B. 分辨和判断自己存在的非理性想法

C. 接纳自己的非理性想法

D. 以客观事实为基础重建合理想法

47. 为了促进学生在道德、学业和职业等方面发展抗逆力,学校社会工作者小秦设计了三种小组工作计划,一是“友来友往”,增进同学友谊的小组;二是“亲情驿站”,连接亲子关系的小组;三是“良师益友”,促进师生关系的小组。小秦上述设计属于“抗逆力轮”方法中(   )的工作内容。

A. 提供关怀和支持

B. 提供机会促进参与

C. 促进亲社会联结

D. 建立清楚一致的行为和规范

48. 某社会工作服务机构到社区附近的餐厅宣传“光盘行动”,倡导社区居民养成“爱惜粮食,勤俭持家”的良好习惯。该社区的上述做法属于社区教育活动中的(   )。

A. 补偿式教育　　　　B. 控制式教育

C. 发展式教育　　　　D. 预防式教育

49. 社会工作者小秦正在为社区儿童开展“健康成长”系列主题讲座。在完成了志愿者招募和宣传推广等筹备工作后,培训主题讲座如期举办。根据社区服务方案执行阶段的要求,小秦除了要注重服务的品质、时间进度、士气激励和提升外,还应关注(   )。

A. 人力安排　　　　B. 场地安排

C. 预算管理　　　　D. 经费筹集

50. 在“6·26”国际禁毒日,社会工作者小刘组织同伴教育者和志愿者为社区居民开展了几场禁毒知识讲座。为了对讲座的成效进行结果评估,小刘需收集的资料是(   )。

A. 居民掌握禁毒知识的程度

B. 同伴教育者的表现

C. 居民的参与率

D. 居民的互动情况

51. 某社区居委会正协助有关部门开展“拆三违”工作,但面临“拆的时间节点、范围设定和程序规范”等一系列问题。居委会基于社会工作理念邀请受此影响的社区居民一起了解和讨论如何解决上述问题,推动居民参与决策。居民上述参与活动是社区参与层次和形式中的(　　)。

A. 共同行动　　B. 协商

C. 社区居民自治　　D. 告知

52. 为了解决社区中存在的“破墙开店”难题,社会工作者带领社区居民多次召开议事会。每次开会时,居民都积极发言,但讨论过程中各执己见,争论不休,未能达成共识。针对这种情况,社会工作者应采取的策略是(　　)。

A. 提高社区居民的参与能力

B. 提升社区居民的参与意愿

C. 促进社区居民对参与价值的肯定

D. 增加社区居民的参与信心

53. 老李患多种疾病,住院多日,病情不见好转。老李因想到自己的病没治好,老伴走了,子女指望不上,生活没盼头,所以不按时服药,还乱发脾气。子女感到老李像变了一个人似的,非常担心。针对老李的情况,医务社会工作者可提供的合适服务是(　　)。

A. 指导服药　　B. 联系手术治疗

C. 进行认知行为治疗　　D. 进行系统家庭治疗

54. 医务社会工作者在急诊室可提供的服务是(　　)。

A. 鼓励患者使用自我管理的方法

B. 帮助患者进行治疗依从性管理

C. 配合医疗需要,帮助患者及家属获取资源

D. 介入医疗过程,帮助医务人员舒缓压力

55. 小张是某医院的社会工作者,半年来,急诊科医生转介给他多个自杀未遂的个案。小张除了进行个案干预外,还计划从宏观层面介入,其适宜的做法是(　　)。

A. 帮助自杀未遂患者及家属疏导情绪

B. 分析总结患者自杀的原因

C. 帮助自杀未遂患者获取社会资源

D. 开展大众生命教育宣传活动

56. 王阿姨的女儿小惠今年 10 岁,患有白血病,骨髓移植手术失败后病情恶化,医生将其转入舒缓疗护病房。此时,社会工作者应提供的服务是(　　)。

A. 提升家属的医护能力

B. 提升家属对孩子治愈的信心

C. 协助家属寻找更多的治疗资源

D. 协助家属完成患者心愿

57. 患者老吴听完医生对其治疗方案的解释后感到不满,向医院相关科室投诉,认为医生并没有完全掌握其病情资料,特别是前期治疗出现的情况。此时,社会工作者恰当的介入应是(　　)。

A. 鼓励老吴咨询其他医生意见

B. 告诉老吴治疗方案没有问题

C. 向医生转告老吴的不满

D. 协助医患双方再次沟通交流

58. 某企业社会工作者为员工策划了幼儿照顾、家庭和婚姻辅导及闲暇娱乐等服务。上述服务可实现的目标是（　　）。

A. 改善劳动关系

B. 平衡职工的生活与工作

C. 保障职工安全

D. 帮扶职工困难群体

59. 某企业最近安全事故频发。调查发现，其原因是员工对工作过程中的安全隐患存在侥幸心理，不按工作规程要求采取措施。为解决此类问题，社会工作者应运用社会工作理念，协助有关部门为职工开展的服务是（　　）。

A. 情绪管理　　B. 权益维护

C. 职业安全教育　　D. 职业生涯规划

60. 最近社会工作者小张发现，有一些员工工作几年后工作热情下降，纪律懒散，不能安心工作，且有跳槽念头。针对这种情况，小张应开展的小组工作类型是（　　）。

A. 娱乐小组　　B. 支持小组　　C. 成长小组　　D. 治疗小组

二、多项选择题（共20题，每题2分。每题的备选项中，有2个或2个以上符合题意，至少有1个错误选项。错选，本题不得分；少选，所选的每个选项得0.5分）

61. 为了及时服务社区中有需要的居民，某社会工作服务机构主动走进社区中的贫困家庭，鼓励那些有需要的居民接受社会工作者的帮助，来机构的社区居民逐渐多了起来。据此，可以判断该机构的服务对象有（　　）。

A. 主动求助的　　B. 转介的

C. 外展的　　D. 潜在的

E. 非自愿的

62. 社会工作者小马接手了王女士的个案，准备进行接案会谈。在会谈的提纲中，小马应列出的内容有（　　）。

A. 有关自己的介绍

B. 有关机构服务和工作程序的介绍

C. 王女士对会谈安排的意见

D. 王女士对机构服务的期望

E. 王女士的服务目标

63. 社会工作者小张针对社区中外来务工人员较多，且大多工作忙碌、无暇照管孩子的情况，在居委会支持下开办了“四点半学堂”，为下午放学后的儿童提供托管服务。下列“四点半学堂”的活动安排中，具有社会工作专业元素的有（　　）。

A. 链接资源，策划相关学业的辅导活动

B. 帮助家长照管孩子

C. 为有需要的儿童举办素质教育活动

D. 督促儿童完成作业

E. 为家长提供家庭教育咨询辅导

64. 小丁今年 16 岁,有一年的药物滥用史。社会工作者小杜负责为小丁提供个案服务,需要对小丁的家庭环境进行评估,其评估内容有(　　)。

A. 家庭经济状况　　B. 家庭关系状况

C. 社区环境安全状况　　D. 同伴关系状况

E. 亲子沟通状况

65. 青少年社会工作者小秦发现,青少年的不良行为习惯与缺乏良好的自我行为管理能力直接相关。小秦计划为本社区有类似情况的青少年开展一个以提升自我行为管理能力为目标的小组。该小组可以实现的具体目标有(　　)。

A. 培养青少年的行为决策能力

B. 协助青少年有效地自我约定

C. 协助青少年对自我行为进行评价

D. 提升青少年的自我认知能力

E. 培养青少年对自我行为负责的态度

66. 某小区开设了老年电脑兴趣班,有些老人前学后忘,对学习电脑知识没有信心。社会工作者对此情况进行了分析,提出了改进意见。下列做法中,正确的有(　　)。

A. 注意所教知识的实用性

B. 鼓励老年人在家多用电脑练习

C. 减少教学知识点,放缓教学速度

D. 更换新的教学点,增加学习兴趣

E. 调整电脑设置,使老年人看得更清楚

67. 某居家养老服务机构在需求评估后,计划为社区中的中风老人开展社区照顾服务。下列关于社区照顾的说法中,正确的有(　　)。

A. 社会工作者可以采取多种途径提供服务

B. 主要注重微观层面的介入

C. 代际融合也是中风老人社区照顾的内容

D. 需兼顾不同状况的老年人的需要

E. 特别需要资源配套衔接

68. 小赵来到社会工作服务机构哭诉,说她丈夫性情粗暴,喜欢抽烟喝酒,且酒后经常打骂她,小赵实在忍无可忍,故前来求助社会工作者。社会工作者在帮助小赵时,应遵循的干预原则有(　　)。

A. 私人问题个人负责　　B. 关注人身安全

C. 建立专业关系　　D. 尊重人格独立

E. 接纳其描述的问题

69. 社会工作者小林在农村开展残疾人康复工作,通过与当地的民政、卫生和教育等部门合作,动员社区资源建立村级社区康复站,使残疾人可以就近获得康复训练。同时,小林协助残疾人家庭自制康复器具,指导残疾人掌握实用易学的康复技术。小林的这些工作遵循了社区康复的(　　)原则。

A. 专家主导　　B. 因地制宜

C. 康复家庭积极参与　　D. 治疗为主

E. 因陋就简

70. 老张在单位工作了6年，表现一直很积极，与同事关系也不错。近期，单位领导得知老张有吸毒史后，将其开除。在社会工作者小林的鼓励和陪伴下，老张前往领导办公室，争取工作的机会。领导却说："我怎么知道你会不会复吸？谁能保证你不会带坏单位里的其他人？"面对此情况，小林决定综合运用社会工作的直接和间接方法，为老张开展服务。小林的下列服务中，运用了间接方法的有（　　）。

A. 开展家庭辅导，争取老张的家人给予老张更多支持

B. 开展就业辅导，协助老张获得新的工作机会

C. 提供法律支持，协助老张争取自己应有的赔偿

D. 开展社区教育，使更多人接纳、尊重戒毒康复人员

E. 挖掘社区志愿力量，动员更多的企业家共同参与戒毒康复工作

71. 优抚安置工作覆盖范围广、涉及人群多，因服务对象的特殊性，难以建立专业工作关系的领域包括（　　）。

A. 优抚医院社会工作

B. 光荣院社会工作

C. 军供社会工作

D. 军休社会工作

E. 烈士褒扬社会工作

72. 小张入伍后，因意外重伤住院。入院后心灰意冷、情绪不稳定、感到未来无望，试图自杀。社会工作者小王得知此事后，决定为其提供危机干预服务。在介入过程中，小王应注重（　　）。

A. 输入希望

B. 提供支持

C. 恢复自尊

D. 培养自主能力

E. 回访跟进

73. 学校社会工作者小张正在为贫困大学生筹划并开展一系列活动，为其进行心理能力建设。下列活动内容中，恰当的有（　　）。

A. 为贫困学生提供勤工俭学岗位

B. 安排贫困学生参与学校的社团活动

C. 鼓励贫困学生参与学校的演讲比赛

D. 帮助贫困学生申请奖学金

E. 引导贫困学生发掘自身优势

74. 小王一直从事社会救助工作，服务贫困家庭。为了能有效地获得贫困家庭的信息，小王可以采取的评估手段有（　　）。

A. 与贫困家庭直接交流沟通

B. 观察贫困家庭的居住空间

C. 走访贫困家庭的邻居朋友

D. 观察家庭成员的身体语言

E. 使用人格测量量表

75. 某社会服务机构采用发展型社会工作理念在某贫困农村社区开展服务，实现由"输血式扶贫"向"造血式扶贫"的转变。下列做法中，正确的有（　　）。

A. 开办"农夫集市"，实现城乡公平贸易

B. 争取政府对口扶贫单位的资金救助

C. 为最贫困的家庭提供小额贷款发展生产

D. 为社区贫困户向社会筹集救助款

E. 开发“乡村采摘体验游”项目，提高村民收入

76. 学校社会工作者小秦计划开展抗逆力提升小组，小组有“优点大轰炸”“学业压力应对”和“建立良好人际关系”等主题活动。上述小组活动所体现的抗逆力要素包括(　　)。

A. 外部支持因素　　B. 内在优势因素

C. 内部心理因素　　D. 效能因素

E. 家庭支持因素

77. 某社区位于城乡接合部，大部分居民忙于自己的事，对社区事务漠不关心；也有居民认为自己是老百姓，关心了也不起作用。针对此情况，社会工作者希望促进社区居民对参与价值的肯定。社会工作者可以做的工作有(　　)。

A. 举办社区历史图片展，调动居民参与社区文化建设

B. 提供适当的资金支持与补助

C. 开展参与知识和技巧的培训，提高参与能力

D. 策划志愿服务项目，促进居民参与邻里互助

E. 根据社区居民的要求，安排适当的开会时间和地点

78. 为了促进社区居民有效实施垃圾分类，社会工作者小王计划开展相关知识培训，提升社区居民的环保意识。在培训开始之前，小王要对自己及所在机构的能力进行评估，评估的内容有(　　)。

A. 评估自己“垃圾分类”方面的专业知识和技能

B. 评估机构能够投放的人力和财力资源是否充足

C. 预测自己在此活动中可能遇到的困难

D. 评估机构在开展此类活动方面具有的优势和不足

E. 制订合理的工作进度表

79. 王阿姨患有糖尿病，但她对自己的疾病认知不足，既不注意锻炼，也不控制饮食，出现了严重的并发症因而需住院治疗。王阿姨的女儿埋怨母亲平时不注意饮食健康，母女间时有冲突，王阿姨的情绪受到影响，不配合治疗。为了协助王阿姨增进治疗依从性，社会工作者可以提供的服务包括(　　)。

A. 界定王阿姨在治疗依从性上存在的问题

B. 为王阿姨提供所需医疗知识，帮助其确定治疗方案

C. 协助王阿姨将“治疗目标转化为行为目标”，合理控制饮食

D. 为王阿姨提供以冥想为基础的减压课程

E. 鼓励王阿姨和女儿表达各自的情绪，加强家庭的情感支持

80. 在企业“去产能”过程中会有部分职工受其影响而下岗失业。针对这一情况，社会工作者应该开展的工作有(　　)。

A. 不良情绪疏导

B. 组织专家为职工提供相关技术培训

C. 协助协调劳动关系

D. 关爱企业职工中的困难群体

E. 开展劳动竞赛

准考证号________

姓名________

社会工作实务（初级）2015年真题

重要提示：

为维护您的个人权益，确保考试的公平公正，请您协助我们监督考试实施工作。

本场考试规定：监考老师要向本考场全体考生展示题本密封情况，并邀请2名考生代表验封签字后，方能开启试卷袋。

社会工作实务(初级)2015年真题

一、单项选择题(共60题,每题1分。每题的备选项中,只有1个最符合题意)

1. 社会工作者小王接待了来机构求助的小李夫妇,在他们讲述完问题后,小王介绍了机构的服务范围和要求,并且与小李夫妇协商问题解决的优先次序。小王的上述做法属于社会工作实务过程中的(　　)。

A. 接案　　B. 预估

C. 计划　　D. 评估

2. 张老师发现自己班上的学生小花最近总是闷闷不乐、情绪低落,于是带着小花来见社会工作者小江。小江在询问过程中观察到,小花一直低着头不说话,都是张老师在替她回答问题。上述案例中,小花属于(　　)的服务对象。

A. 潜在　　B. 现有

C. 自愿　　D. 外展

3 小红因婚姻问题前来求助。社会工作者小赵在仔细倾听了小红的叙述后,拟通过询问小红自己对问题的看法来明确问题。小赵的下列提问中,恰当的是(　　)。

A. "您认为自己的婚姻困惑是怎么出现的?"

B. "您认为自己的婚姻可以怎样改善?"

C. "您做过哪些努力来改善自己的婚姻?"

D. "您对自己的婚姻有哪些期待?"

4. 社会工作者小王正在开展一个震后伤残学生家长减压互助小组,督导要求她对小组过程的每一个环节分别做出评估。为此,小王应向督导提供有关服务过程中的(　　)信息。

A. 服务网络　　B. 服务结果

C. 介入对象　　D. 介入行动

5. 小强是小学四年级学生,在学校经常欺负同学,小强知道这样做不对,但遇事时总是管不住自己。社会工作者为实施帮助小强的行为矫正计划,需要进行基线测量。下列测量方法中,正确的是(　　)。

A. 观察小强目前是否欺负同学　　B. 观察小强目前欺负同学的次数

C. 观察小强欺负同学行为的变化　　D. 观察小强欺负同学的行为是否消除

6. 社会工作者小李在与服务对象小强的面谈中了解到,小强上课经常走神,注意力很难集中,学习跟不上老师的教学进度。为此,小李与小强共同制定了改善小强学习状况的目标。下列目标中,恰当的是(　　)。

A. 减少小强上课走神的次数

B. 提高小强的学习能力

C. 延长小强上课注意力的集中时间

D. 改变小强注意力不集中的习惯

7. 从儿童社会心理发展的角度来看,幼儿时期的儿童需要完成(　　)人格的培养。

A. 信任　　B. 自主

C. 勤奋　　D. 独立

8. 某农村儿童早期综合发展干预项目中,社会工作者的工作内容之一是对儿童家长、社区医生、妇女工作者、志愿者及普通村民开展培训,普及儿童权利知识,降低儿童遭受虐待、忽视和意外伤害的风险。从儿童社会工作的类型上划分,上述服务内容属于(　　)服务。

A. 替代性儿童福利　　B. 儿童保护

C. 补充性儿童福利　　D. 儿童支持

9. 小学一年级学生小刚,因父母入狱,没有亲戚照顾、抚养他。为解决小刚目前的问题,社会工作者正确的做法是(　　)。

A. 联系民政部门,帮助小刚寻找领养家庭

B. 招募社区志愿者做小刚的监护人

C. 联系有关部门,帮助小刚寻找寄养家庭

D. 劝小刚父母好好改造,争取减刑早日回家

10. 某机构社会工作者小林在贫困山区实施 6~10 岁儿童教育与发展项目。在设计儿童成长需要评估表时,下列指标中应被纳入该评估表中的是(　　)。

A. 家庭的安全保障能力　　B. 家庭的社会历史情况

C. 父母的基本生活照顾能力　　D. 儿童的身份认同状况

11. 小李是儿童福利院负责家庭寄养服务的社会工作者。在对寄养家庭进行跟踪回访时,小李从村委会和邻居那里了解到,有一户寄养家庭的家长经常用讽刺、挖苦和侮辱性语言对寄养的残疾儿童进行管教。此时,小李应采取的正确做法是(　　)。

A. 向派出所报案　　B. 终止该家庭寄养

C. 为家长提供培训　　D. 要求村委会严格监管

12. 几名高三学生打算放弃高考,一起自主创业。他们的父母得知后非常着急,认为孩子只有考上大学才有未来。在多次与孩子沟通无果后,家长们向社会工作者小林求助,希望小林能劝孩子们放弃自己的想法。此时,小林可采用(　　)方法协助父母与孩子进行沟通。

A. 社会观护

B. 为家长与孩子举办创业方法讲座

C. 资源整合

D. 为家长与孩子开办亲子并行小组

13. 社会工作者针对社区内 16~25 岁人群的不同需要,开展了下列活动:为学习困难青少年提供学习方法辅导;为待业青年提供求职面试技巧训练;为婚龄青年进行正确的婚恋观教育。上述活动属于青少年社会工作中的(　　)服务。

A. 促进青少年成长发展

B. 保障青少年合法权益

C. 预防青少年违法犯罪

D. 增强青少年心理健康

14. 某高中毕业班选择毕业后工作的同学存在职业发展上的困惑。社会工作者小赵拟运用“生涯选择配合论”帮助这部分同学做生涯规划。小赵首先应协助同学们(　　)。

A. 提升职业所需的能力

B. 分析职业发展前景与机会

C. 掌控自己的内在世界

D. 评估各种职业的报酬率

15. 社会工作者小秦运用“父母、成人、儿童”自我状态觉察的训练方法协助高一新生提高自我觉察能力。训练开始时,全体组员站在“儿童”圈内。当组员与其他组员沟通,说话语气从情绪化转向成熟理性,行为表现从抱怨转向理性地看待和解决问题后,该组员就可以(　　)。

A. 从父母圈跳到成人圈

B. 从成人圈跳到儿童圈

C. 从儿童圈跳到成人圈

D. 从儿童圈跳到父母圈

16. 85 岁的刘爷爷独自一人生活,前不久因中风导致行动不便,身体日渐衰弱。子女担心他发生意外,打算送刘爷爷去养老院生活。但刘爷爷不愿去养老院,担心养老院的规定会影响自己的生活习惯。面对刘爷爷和子女间的意见分歧,社会工作者应采取的介入措施是(　　)。

A. 引导刘爷爷改变生活习惯,适应养老院生活

B. 尊重刘爷爷的决定,帮助他与子女协商解决问题

C. 尊重子女的决定,劝刘爷爷去养老院

D. 建议子女改变想法,请保姆在家照顾刘爷爷

17. 某农村社区青壮年大多外出务工,留守、独居老人在社区老年人中占有很大比例,其中,部分老人年老体弱、生活困难。为加强这些老人的非正式支持系统,社会工作者合适的做法是(　　)。

A. 为生活困难的老年人申请救助

B. 招募和组建志愿服务队为老年人提供服务

C. 请当地老龄委工作人员到社区宣传《中华人民共和国老年人权益保障法》

D. 请当地敬老院工作人员到社区做宣传以吸引老年人入住

18. 社会工作者大智为失学、失业的青少年开展服务,拟根据“社会连接理论”组建一个小组。大智设定的下列总目标中,正确的是(　　)。

A. 帮助青少年形成良好的行为习惯

B. 协助青少年树立正确的就业意识

C. 提高青少年的合作意识和能力

D. 引导青少年更多地参与社会活动

19. 丧偶多年的张大爷,因脑出血导致半身不遂。张大爷的女儿长期独自照顾他的日常起居,但近来她感到力不从心,于是向社会工作者小林求助。小林拟运用家庭思维方法为该家庭开展服务,其适宜的做法是(　　)。

A. 请专业康复人员定期上门提供家庭康复服务

B. 邀请张大爷女儿参加照顾者支持小组

C. 请社区志愿者定期探访张大爷家庭

D. 动员张大爷入住养老机构，让女儿常去探望

20. 随着年龄的增长，独居的张大爷身体机能逐渐下降，对买菜做饭感到力不从心。在社会工作者小王为张大爷提供的各类服务中，属于社区照顾服务的是(　　)。

A. 联系送餐服务帮助他解决困难

B. 护送他入住养老机构以获得专业照护

C. 劝说他改变饮食习惯，选择方便食品

D. 通过婚介机构为他征婚，给他找个老伴

21. 社会工作者小王组建了一个面向独居老人的支持小组。在小组活动中，小王发现刘大爷因受到其他组员的言语攻击而感到烦躁不安。此时，小王首先应做的是(　　)。

A. 由刘大爷决定小组是否继续

B. 请刘大爷想想不被组员接纳的原因

C. 要求所有组员遵守保密原则，对组外保密

D. 调解组员间的冲突，保护刘大爷免受伤害

22. 社会工作者小李为一个有婆媳矛盾的家庭提供专业服务。小李了解到，这对婆媳在家务分工、晚辈教育、老人赡养、经济支配等很多方面存在矛盾。经过分析，小李认为婆婆的"从夫居、养儿防老"的观念是导致这对婆媳发生矛盾的深层根源。小李的上述分析反映了(　　)对家庭的影响。

A. 传统性别制度　　B. 婆媳个人素质

C. 传统性别角色　　D. 婆媳两代关系

23. 社会工作者为协助做好社区的计划生育管理工作，与社区工作人员共同制定了一系列评估指标。下列指标中具有社会性别敏感性的是(　　)。

A. 辖区内育龄妇女计划生育知情选择的比例

B. 符合条件的育龄妇女采取长效节育措施的比例

C. 对辖区内新婚夫妇进行计划生育培训的人次

D. 对辖区内育龄妇女开展生殖健康培训的次数

24. 某儿童福利机构在社会工作者提议下设置了收容弃婴的"安全岛"。一年来，"安全岛"收容的婴儿中女婴占绝大多数。这一现象提醒社会工作者应积极呼吁全社会共同关注女性(　　)的保障。

A. 教育权　　B. 生命权

C. 特殊权益　　D. 生育权

25. 盲人老孙带导盲犬上公交车，路途中遭到部分乘客的反对。这一事件说明残疾人的(　　)应被重视。

A. 社区康复权　　B. 社会福利权

C. 文化生活权　　D. 环境友好权

26. 某乡的青壮年男性大多到附近煤矿打工，患尘肺病的人数较多。社会工作者了解到当地人正在练习的一套拳法特别有利于尘肺病人肺功能的改善，于是请当地人每天带领患有尘肺病的人练习，取得了较好的效果。社会工作者此种做法遵循了社区康复工作中的(　　)原则。

A. 因地制宜　　B. 因势利导

C. 因陋就简　　D. 低成本、广覆盖

27. 大伟因交通意外导致下肢瘫痪，外出需以轮椅代步。为使大伟重新融入社会，社会工作者小林采用职业康复方法帮助他。小林实施职业康复服务的第一个环节应是(　　)。

A. 就业指导　　B. 职业培训

C. 职业咨询　　D. 职业评估

28. 24 岁的小伟在假释期间接受了社区矫正服务。社会工作者老孙评估后发现，小伟在单亲家庭中生活，家庭经济情况比较差，小伟犯罪与他急于改善经济状况和交友不慎有很大关系。老孙运用个案管理方法为小伟提供服务，合适的做法应是(　　)。

A. 与小伟共同分析他的心理状况并改变动机

B. 鼓励小伟参加就业培训并替他介绍工作

C. 要求小伟参加公益劳动以矫正不良行为

D. 召集职业规划师和就业援助员共同讨论服务计划

29. 某公司老板在得知员工小李有犯罪前科后欲将其开除。社会工作者小希得知情况后，将小李在接受社区矫正过程中的良好表现告知公司老板，希望老板能给予小李一视同仁、公平竞争的机会。小希的做法保障了小李的(　　)权益。

A. 生存　　B. 就业

C. 家庭生活　　D. 教育

30. 为满足光荣院老年服务对象发挥余热的需求，社会工作者介绍这些老年人担任中小学校外辅导员，参与学校和社区为青少年开展的爱国主义教育活动。社会工作者的上述做法帮助老年优抚对象实现了(　　)。

A. 老有所养　　B. 老有所为

C. 老有所依　　D. 老有所医

31. 军转复退军人老刘突发心脏病住进某优抚医院。几个疗程后，已痊愈的老刘不肯出院。社会工作者经调查了解到，老刘孤身一人，年老体弱，腿脚不便，出不了门。此时，社会工作者首要的任务是协助老刘满足其(　　)的需要。

A. 治疗康复　　B. 基本生存

C. 家庭生活　　D. 社会交往

32. 义务兵小潘 2013 年 6 月退役，当年 10 月在工商行政管理部门首次登记成立了个体餐饮公司。社会工作者老王获悉后，积极了解相关政策，主动协助小潘免费参加政府职能部门举办的企业管理培训，免交餐饮公司管理类的行政事业收费。老王所做的工作实现了社会工作(　　)的目标。

A. 治疗　　B. 救助

C. 预防　　D. 权利保障

33. 军休干部老李由部队移交到地方军休所后，感到非常失落，觉得自己为部队奉献了大半辈子，到老了没有用了，被部队当作“包袱”扔到了地方。终日闷闷不乐的老李拒绝参加军休所组织的各种活动。社会工作者决定运用理性情绪疗法协助老李适应角色转换，其介入的关键是改变老李(　　)。

A. 社交退缩的非理性行为

B. “老了无用”的消极态度

C. 心理失落带来的负面情绪

D. “被部队抛弃”的非理性信念

34. 张某因诈骗罪在监狱服刑15年，获假释出狱后在社区接受了3年矫正服务。社会工作者小秦接受任务后，认真查阅张某的相关档案材料，做了充分准备。与张某第一次见面时，小秦以尊重、平等、接纳、关怀的价值理念与张某进行交谈。下列问话中最恰当的是(　　)。

A. “请您告诉我您的姓名、年龄和犯罪事实，好吗？”

B. “您了解社区的纪律和规定吗？”

C. “刚才我握您的手觉得很凉，您的身体有什么不舒服吗？”

D. “我看到您一个人很孤独，您的太太和孩子为什么离开您？”

35. 某学校在贫困家庭学生的救助工作中，要求申请救助的学生在班上演讲说明自己的贫困状况，以同学投票的方式认定其受助资格。从社会工作专业角度看，这些做法违背了(　　)原则。

A. 自我决定　　　　B. 知情同意

C. 尊重隐私　　　　D. 无条件接纳

36. 老李文化程度不高，又没有一技之长，享受了几年低保之后，想通过就业改变生活状况。社会工作者联系就业援助员向他推荐了几份工作，但老李觉得这些工作既苦又累，薪水又少，不愿接受。针对老李的情况，社会工作者首先要做的是(　　)。

A. 调整其自我认知　　　　B. 提升其自信心

C. 为其寻找其他就业信息　　　　D. 协助其参加技能培训

37. 赵大爷年近七旬，生活在农村。几年前赵大爷的独子因交通意外身亡，老伴受不了打击也去世了。目前赵大爷无亲无故，以拾荒为生。社会工作者老宋计划协助赵大爷申请救助。下列救助类别中，最能帮助赵大爷解决生活困难的是(　　)。

A. 最低生活保障　　　　B. 特困人员供养

C. 就业救助　　　　D. 临时救助

38. 社会工作者老赵在街头救助中发现16岁的小凯流浪街头，衣食无着，常说粗话，脾气暴躁。老赵在征得小凯同意后，将他安置到流浪未成年人救助保护中心。此时，老赵首先应关注小凯的(　　)状况。

A. 健康　　　　B. 心理

C. 家庭　　　　D. 行为

39. 小李夫妻因工作繁忙请父母来照看孩子，但不久小李夫妻就发现，老人与他们的教育方式差别很大，两代人之间时常发生争执。他们认为老人太溺爱孩子，而老人觉得孙子还小，大了自然就懂事了。小李夫妻为此很苦恼，向社会工作者求助。社会工作者的下列做法中，恰当的是(　　)。

A. 观察和倾听孩子的想法

B. 倾听和理解每个家庭成员的感受

C. 协助老人明白教育孩子是父母的责任

D. 说服小李夫妻接受老人的教养方式

40. 社会工作者小郑接待了前来求助的小红母女俩。在面谈中，母亲告诉小郑，小红近来像变了一个人似的，上课不专心，做作业拖沓，为此她也说过小红，但情况没有任何改观。根据家庭系统理论，小郑下列的判断中，正确的是(　　)。

A. 这个家庭的问题是小红导致的　　　　B. 小红的问题是母亲导致的

C. 小红的问题是整个家庭的问题　　　　　　D. 小红的问题与这个家庭无关

41. 王女士 32 岁,与丈夫分居两年,目前带着 8 岁的女儿与父母一起生活。王女士父亲今年 60 岁,刚退休;母亲 56 岁,还在工作。根据上述家庭资料,社会工作者绘制的家庭结构图中,正确的是(　　)。

A. 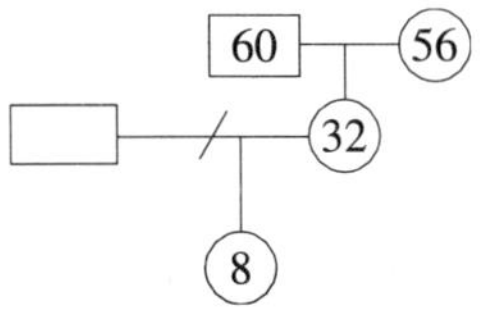

B. 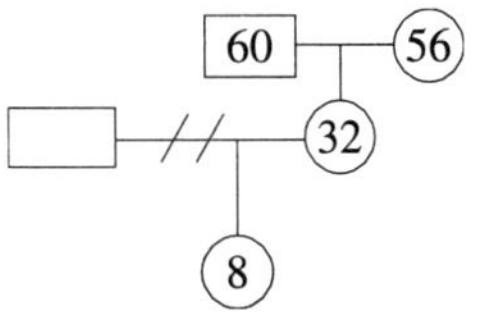

C. 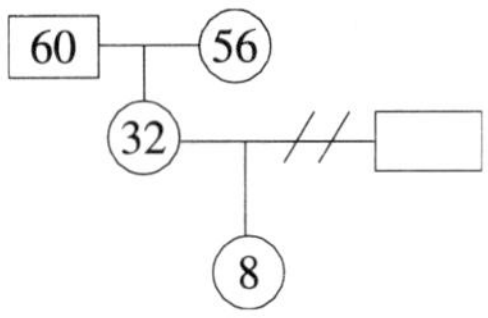

D. 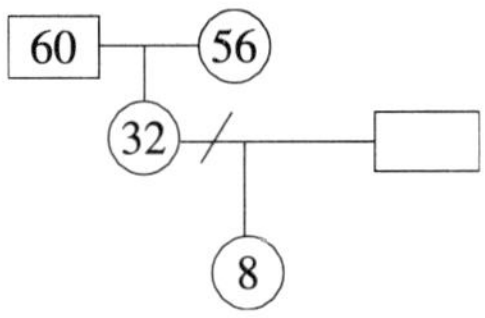

42. 小张夫妇发现儿子小强的一些行为习惯很不好,自己玩过的玩具不整理,说话也没礼貌,他们向社会工作者小孙求助。小孙根据家庭行为学习原理为小强设计了行为改变的方案,下列做法中正确的是(　　)。

A. 指导小强改变不良的行为习惯

B. 指导小张夫妇学习新的亲子沟通方式

C. 指导小张夫妇形成家庭角色分工,并制定家庭规划

D. 指导小强学习新行为,并鼓励父母及时给予奖励

43. 王女士向社会工作者小李抱怨:“你说这孩子是怎么了？那么简单的东西学了一遍又一遍,总是记不住;可只要说起玩,他就来劲。”小李运用再标签提问技巧帮助王女士重新认识自己的孩子。小李的下列提问中,符合再标签技巧运用的是(　　)。

A. “你是说孩子对感兴趣的事很投入,是吗?”

B. “你是说孩子对学习很不上心,是吗?”

C. “你是说孩子总是想着玩,是吗?”

D. “你是说孩子管不住自己,是吗?”

44. 自从发现丈夫有了外遇之后,王女士便不断与丈夫争吵。每次争吵后,王女士都在女儿面前抱怨。不久,王女士发现女儿开始厌学、逃课,学习成绩出现下滑。王女士非常担心女儿,于是向社会工作者求助。根据家庭系统理论,社会工作者应该帮助王女士(　　)。

A. 改善与丈夫的关系

B. 加强与女儿的沟通

C. 调整其丈夫与女儿的关系

D. 明确与女儿的界限

45. 社会工作者小顾在为六年级学生小浩提供辅导时,老师反映小浩平时好玩、爱动、注意力不集中、喜欢与同学打闹,但在美术课上,却能用心画画。据此,小顾建议老师让小浩担任美术课代表。小顾这样做的目的在于(　　)。

A. 增强小浩的自我效能感

B. 培养小浩的亲社会联结

C. 促进小浩的认知能力

D. 改善小浩的行动能力

46. 为了培养学生的认知能力,学校社会工作者小莉引导学生学习辨别各种“扭曲思想”。为此,她设计了一个讨论的情境,在此情境中,其中一个学生说:“我连英语也学不好,我将来就是个没用的人。”该学生这种“扭曲思想”表现出“(　　)”非理性认知的特点。

A. 非黑即白　　B. 灰色眼镜

C. 以偏概全　　D. 透视心意

47. 小刚最近跟随打工的父母从农村来到城市。为了帮助小刚适应新环境,社会工作者小张多次走访了他的家庭、学校和所在社区。小张发现小刚在班级里有几个要好的伙伴,于是组织他们一起学习和玩耍,并帮助小刚熟悉环境,以减轻小刚由于转学造成的不适应感。在这个过程中,对小刚的改变产生了重要影响作用的是(　　)。

A. 朋辈群体　　B. 学校

C. 家庭系统　　D. 社区

48. 学校社会工作者小勇运用个案管理方法帮助贫困学生解决他们所面临的问题。当服务结束时,小勇从“资源—社会支持网络—服务对象”的对接程度来评估服务成效。小勇上述工作属于(　　)评估。

A. 学生状况　　B. 资源整合

C. 服务系统传输　　D. 社会支持网络

49. 社会工作者小马在与初中一年级学生小明交谈中得知,小明一到教室就莫名的紧张,常找各种理由不来上学。小马请小明写出他认为到教室上课有可能发生的三种危险情况,协助他分析这些想法是否符合事实,分析这些危险发生的概率,并以此为依据,帮助小明克服焦虑情绪,建立理性想法。小马采取的上述干预方法是(　　)。

A. 辨识情绪　　B. 舒缓压力

C. 转换想法　　D. 分辨是非

50. 某小区的“夕阳红服务队”和“四点半学堂”在社区内有着良好的声誉。为了促进参与式社区治理,社会工作者小林策划由“夕阳红服务队”的助老志愿者和“四点半学堂”的孩子们共同到社区老年人服务中心,与那里的老人一起开展联欢活动。小林采用的社区资源的链接方式是(　　)。

A. 资源整合　　B. 资源共享

C. 资源开发　　D. 资源配置

51. 某小区有居民反映大妈们一早就在广场上跳舞,影响“上班族”休息。社区居委会拟将跳广场舞的时间定为上午9:00~10:00,地点在小区相对偏僻的一块空地,并将此决议公示,征求居民意见,以便形成最终决议,让社区居民执行。这属于社区参与层次和形式中的(　　)。

A. 告知　　B. 协商

C. 咨询　　D. 共同行动

52. 社会工作者在社区服务状况调查中,记录了不同人群所表达的需求。下列表达中属于规范性需求的是(　　)。

A. 要加强社区绿化管理

B. 要建立一个书法艺术室

C. 社区应建立一个养老中心

D. 按规定应建立一个社区卫生服务中心

53. 2014 年,非洲暴发埃博拉疫情的消息引发了某小区部分居民的恐慌,扰乱了正常的生活秩序。社会工作者老顾及时联系了某医院感染科的专家深入社区进行专题健康讲座,解除了大家的恐慌情绪,稳定了社区秩序。在这一过程中,老顾的工作起到了(　　)的作用。

A. 宣传教育　　B. 资源链接

C. 组织动员　　D. 防疫管理

54. 老张是一位癌症晚期患者,医生通知家人为老张做好料理后事的准备。老张每天经受病痛的折磨,感到生活没有意义。社会工作者小林通过倾听老张"上山下乡"的辉煌经历、帮助其整理老照片以"回顾人生",并协助其安排后事。小林所提供的是(　　)服务。

A. 社会照顾　　B. 临终关怀

C. 危机干预　　D. 舒缓疗护

55. 赵女士多年前曾患有精神方面的疾病,近期又出现幻听、幻视、幻嗅等情况,并有轻度暴力倾向。入院治疗三个月后,赵女士各方面身体指标趋于稳定,准备出院,回到社区接受社区康复服务。针对赵女士这种情况,医务社会工作者首先应做的是(　　)。

A. 普及精神卫生知识,改善社区康复环境

B. 对其父母进行康复指导,方便进行家庭治疗

C. 与精神病社区康复中心医生联系,保证治疗连续性

D. 联系社区志愿者,完善社区支持系统

56. 某医院妇产科因孕妇家属不愿排队发生了殴打医护人员的恶性事件。医务社会工作者到现场后,首先应采取的措施是(　　)。

A. 安抚孕妇家属的情绪

B. 向医生了解孕妇的情况

C. 协助安排孕妇尽快进行检查

D. 向医院领导汇报,并通知警务室和保安

57. 某地区医疗中心重症医学科李主任已有 20 年的工作经历,抢救过很多危重病人。由于长期的能量透支和巨大的工作压力,李主任最近出现了严重的身心不适,常说:"我感觉自己很失败,做不了手术了。"这种状态影响了他的正常工作。面对李主任这种情况,医务社会工作者首先应采取的措施是(　　)。

A. 策划李主任的家庭会议,增强他的家庭动力系统

B. 进行个案干预,舒缓压力,调整自我认知

C. 组织举办重症室医生支持小组,进行群体减压

D. 推动医院建立一线骨干医生强制轮休制度

58. 某企业有相当数量的新员工对企业没有归属感,缺乏人生目标,工作动力不足。社会工作者小林通过小组工作帮助他们辨识理想与现实的差距,自我发展的路径。小林在小组工作过程中为职工提供的服务是(　　)。

A. 规划职业生涯

B. 改善工作态度

C. 提升工作效率

D. 平衡工作与生活的关系

59. 王阿姨快 50 岁了，单位让她办理退休手续。但她内心感到十分焦虑，干了一辈子工程师，不愿意就此退休，于是她向社会工作者小赵咨询。小赵查阅了相关的劳动法规后告诉王阿姨，按照相关规定她可以和企业协商不退休；如果单位强制她退休，小赵可以帮忙协调，必要时还可以打官司。请问在这一工作过程中，社会工作者小赵扮演的角色是(　　)。

A. 教育者　　B. 协调者

C. 倡导者　　D. 咨询辅导者

60. 某企业近期职工流失比较严重，人力资源部门请求社会工作者老严帮助。在为该企业提供服务的过程中，老严首先需要做的是(　　)。

A. 评估职工流失原因与服务需求

B. 与人力资源部门协商制订服务计划

C. 引导职工合理流动

D. 提高职工的工资和福利

二、多项选择题(共 20 题，每题 2 分。每题的备选项中，有 2 个或 2 个以上符合题意，至少有 1 个错项。错选，本题不得分；少选，所选的每个选项得 0.5 分)

61. 社会工作者小王准备结束一个家庭个案。根据结案期工作的要求，小王的下列做法中，正确的有(　　)。

A. 拒绝家庭继续会面的要求

B. 保持与家庭的电话联系

C. 减少与家庭直接会面的次数

D. 缩短与家庭直接会谈的时间

E. 加强与家庭成员的联系

62. 老王最近因照顾年迈母亲的事常与兄弟姐妹发生争执，于是他向社会工作者小赵求助。小赵与老王初步沟通后，决定进行接案会谈。为做好这次会谈，小赵应做的准备工作包括(　　)。

A. 了解老王之前接受服务的情况　　B. 走访老王的兄弟姐妹

C. 走访老王生活的社区　　D. 阅读老王的有关资料

E. 为老王制订干预计划

63. 李奶奶的三个子女相互推诿赡养责任，在社会工作者小李的调解下，李奶奶的赡养问题得到妥善解决。社会工作者准备结案时，李奶奶表现出对未来生活的焦虑，害怕小李不再来看她，会谈时心不在焉，认为自己的问题还未得到解决。李奶奶的表现反映了结案阶段服务对象常会出现的反应，其中包括(　　)。

A. 倒退　　B. 依赖

C. 否认　　D. 抱怨

E. 愤怒

64. 某市社会工作者协会运用儿童友好社区建设理念推动有关部门创建有利于儿童身心健康发展的社区。儿童友好社区建设的内容应包括(　　)。

A. 提供干净的饮用水和卫生的外部环境

B. 设置安全的儿童游戏设施

C. 设立儿童保护服务机构

D. 在社区内依法合规设置网吧和游戏机房

E. 发动儿童参与到与其相关的社区事务之中

65. 社会工作者小清组织有学习困难的青少年参加自我探索小组,该小组的服务目标是:协助组员认识自己的性格、优缺点及喜好,认识自我价值观,了解自己在不同环境中的角色及表现,了解别人对自己的评价,明确自己将来的目标。小清为组员设定的服务目标,涉及罗杰斯“自我概念”范畴中的(　　)方面。

A. 现实我　　B. 理想我

C. 客观我　　D. 主观我

E. 未来我

66. 某社会福利院的社会工作者小华正在为一位年过 80 的老人办理入院预约登记。此阶段小华可提供的专业服务有(　　)。

A. 咨询服务

B. 健康检查

C. 经济状况评估

D. 家庭网络调查

E. 生活方式调查

67. 下列人员或机构中属于老年人正式社会支持网络的有(　　)。

A. 配偶

B. 敬老院

C. 老年业余合唱队成员

D. 成年子女

E. 社区老年中心

68. 为改变农村两委(党支部和村委会)女性比例偏低的状况,某地妇联的社会工作者运用倡导的方法关注此问题,可采取的做法有(　　)。

A. 针对女性参与治理现状形成调研报告,提交相关部门

B. 撰写提高村两委女性比例的议案、提案,提交当地人大和政协

C. 与民政局、组织部等部门沟通出台相关政策,保证女性进村两委的比例

D. 建立妇女骨干支持小组,鼓励她们参与选举

E. 为女性候选人进行竞选技巧培训

69. 为改变社区居民重男轻女的传统观念,社会工作者小彬运用增能的方法,组织社区居民排练以“男女平等”为主题的戏剧,准备在社区进行演出。小彬适宜的做法有(　　)。

A. 将主题确定为“妈妈与女儿的故事”

B. 请社区居民骨干到社区搜集与主题相关的故事

C. 请民众戏剧的专家为社区居民骨干进行相关培训

D. 与社区居民一起将搜集的故事编成剧本

E. 为居民进行角色分配并计划排练时间

70. 长期遭受婚姻暴力的妇女会认为自己应该对施暴者的行为负责,有严重的罪恶感和心理压力,逐渐将暴力行为视为日常生活的一部分,否定自己的能力,不相信自己能够摆脱暴力,

导致遭受的婚姻暴力周期性发生。上述现象可概括为“受虐妇女综合征”，其特征包含(　　)。

A. 低自尊　　　　B. 以暴制暴

C. 暴力循环　　　　D. 暴力转移

E. 暴力正常化

71. 建立三级预防体系是我国残疾人社区康复的重要工作。下列开展的残疾预防工作中，属于一级预防的有(　　)。

A. 残疾早期筛查

B. 计划免疫接种

C. 实施康复功能训练

D. 康复咨询

E. 围产期保健

72. 矫正社会工作的主要内容包括(　　)的服务。

A. 司法判决前

B. 监禁场所中

C. 社区矫正中

D. 刑满释放后

E. 重返工作后

73. 小龙在执行军事任务时遭遇意外导致三级伤残，入住荣誉军人康复医院。住院期间，未婚妻解除婚约，家人也不常来探视，绝望的小龙产生了轻生念头，抗拒治疗。社会工作者老王对小龙进行了危机干预。其介入措施应包括(　　)。

A. 鼓励自决，让小龙决定介入目标

B. 输入希望，让小龙重燃对生活的渴望

C. 提供支持，联络小龙家人定期探视

D. 恢复自尊，协助小龙重塑自信

E. 培养自主能力，帮助小龙恢复社会功能

74. 社区戒毒人员小方近期精神恍惚，常怀疑有人跟踪他，要杀他，为此买了把水果刀带在身边。禁毒社会工作者小朱经过专业评估，认为小方出现了幻觉，且可能伤害他人或自己。小朱联系小方的家人、社区精神科的医生、社区禁毒专职人员等，共同协助小方应对危机。此时，依据社会工作的保密原则，小朱需要向上述人员提供的有关小方的信息应包括(　　)。

A. 使用毒品的种类

B. 成长经历

C. 幻觉内容

D. 微信账号

E. 性倾向

75. 小梁高中毕业后应征入伍，从部队退伍后应聘了多家单位，但均因学历低、缺乏技能等原因被拒之门外。面对小梁这样的军转复退军人，社会工作者宜提供的帮助有(　　)。

A. 协助他们做好职业生涯规划

B. 积极深化复退安置顶层设计

C. 协助他们了解用人单位的具体需求

D. 为他们做好心理调适和压力疏导工作

E. 协助他们免费参加劳动部门组织的职业技能培训

76. 学校社会工作者小张运用培养学生抗逆力的方法为支出型贫困家庭子女提供服务，目标是帮助他们接纳自我，增强自我价值感和现实感。小张在服务提供过程中应关注上述服务对象的内在优势因素，这些因素包括（　　）。

A. 父母的合理期望　　B. 积极的个人形象感

C. 关怀支持的环境　　D. 解决问题的能力

E. 乐观向上的态度

77. 小红是个性格内向的女孩，父母离婚后，她与生活拮据的爷爷奶奶一起生活。因缺乏家庭的教育和指导，小红学习成绩一直不好；与同学的交往也很少，只有一个好朋友，俩人经常一起上学。学校老师很关心小红的成长，时常给小红补习功课。针对小红的情况，依据生态系统理论，社会工作者可以介入的微观系统有（　　）。

A. 小红个人　　B. 小红的家庭

C. 小红的同伴　　D. 小红的学校

E. 小红的社区

78. 32 岁的外来女工小娟几年前离异，带着 8 岁的女儿一起生活。因女儿的学习适应能力不强，小娟非常着急，于是她向社会工作者求助。在帮助这个家庭之前，社会工作者应做评估，其内容包括（　　）。

A. 小娟母女面临的问题

B. 小娟与女儿的互动方式

C. 小娟可用的社会资源

D. 小娟家庭的生命周期

E. 小娟失败的婚姻经历

79. 为培养和强化学生控制和表达情绪的能力，社会工作者可做的工作包括协助学生（　　）。

A. 辨识自己和他人的情绪

B. 拒绝接纳自己的负面情绪

C. 提高对他人负面情绪的同感能力

D. 学会运用不同的词语和方法表达自己的感受

E. 理解个人内在情绪和外在表达的差异性

80. 程大爷患有糖尿病和高血压 20 余年，一个月前因糖尿病并发症入院治疗。现在程大爷的病情有所好转，即将出院。为了跟进治疗，医院的社会工作者与医生合作为程大爷设计了家庭医疗服务方案。下列有关家庭医疗服务的做法中，属于社会工作者工作范围的有（　　）。

A. 评估程大爷及其家庭的需要

B. 为程大爷介绍社区医疗服务资源

C. 协调医务人员定期进行探访

D. 为家庭照顾者提供护理知识培训

E. 为家庭照顾者提供关怀和支持

准考证号______

姓名______

社会工作实务（初级）2014年真题

重要提示：

为维护您的个人权益，确保考试的公平公正，请您协助我们监督考试实施工作。

本场考试规定：监考老师要向本考场全体考生展示题本密封情况，并邀请2名考生代表验封签字后，方能开启试卷袋。

社会工作实务(初级)2014年真题

一、单项选择题(共60题,每题1分。每题的备选项中,只有1个最符合题意)

1. 小郑在医院精神科接受治疗,精神状况得到了明显改善,希望重新就业。经医院转介,小郑进入了一家机构接受职业康复服务。小郑属于(　　)服务对象。

A. 自愿型　　B. 外展

C. 非自愿型　　D. 潜在

2. 与服务对象初次接触后,社会工作者小李来到其居住的社区,向居委会了解其家庭和生活状况,并拟订了一份初次面谈提纲。小李的做法属于(　　)。

A. 接案准备　　B. 接案面谈

C. 面谈安排　　D. 问题界定

3. 74岁的老李在接受居家养老服务时,向社会工作者提起孙女小红正在上初中,学习成绩不好,希望社会工作者能给予帮助。此案例中,小红属于(　　)服务对象。

A. 正式　　B. 潜在

C. 非正式　　D. 现有

4. 社会工作者小赵在与服务对象会谈时,通过提供情绪支持,缓解了服务对象的焦虑;通过改变不恰当的自我认知,增强了服务对象自我改变的动力。小赵的上述做法具有(　　)作用。

A. 启发性　　B. 治疗性

C. 安抚性　　D. 肯定性

5. 班主任马老师发现小学一年级新生小亮沉默寡言,很少与同学交流,于是将小亮转介给学校社会工作者华姐。在与小亮接触后,华姐觉得小亮的问题还需要其他专业人士的帮助。为此,华姐向心理专家和精神科医生请教如何准确评估小亮的问题与需要。这属于(　　)的方法。

A. 调查　　B. 询问

C. 观察　　D. 咨询

6. 某儿童服务中心计划为3岁以下的儿童及家长开展科学喂养知识讲座和亲子活动,为3~6岁的儿童及家长开展辅导、娱乐等活动,为7~14岁的儿童及家长开展沟通交流活动以及青春期身心健康教育。上述活动主要是依据(　　)特点而设计的。

A. 儿童性格　　B. 儿童发展

C. 家长心理　　D. 家长行为

7. 某儿童服务中心的社会工作者认为,每个学生都有与众不同的能力,因此为社区内的小学生开设了美术、舞蹈、篮球、陶艺等课程,以发展其各自的特长。当学生在某些课程上表现得不尽如人意时，社会工作者也予以接纳。上述服务理念依据的是（　　）。

A. 心理社会理论

B. 多元智能理论

C. 自我发展理论

D. 认知行为理论

8. 当儿童面临灾害、虐待和遗弃等紧急情况时，社会工作者应首先（　　）。

A. 排除危险，保障儿童人身安全

B. 向有关儿童保护部门报告情况

C. 提供辅导，减少儿童所受的伤害

D. 为儿童提供寄养照顾和庇护服务

9. 某中职学校招收了一批福利院的孤儿。该校的社会工作者建议校方把资助款汇到孤儿学生的银行卡里，让他们自己去交学费和住宿费，并且在班级组成、活动组织等方面不对他们做特殊的安排。社会工作者的上述建议遵循了（　　）原则。

A. 自决　　B. 保护隐私

C. 接纳　　D. 注重发挥优势

10. 根据民政部最新统计，全国除了有57万孤儿外，还有61万事实上无人抚养的儿童，包括因父母重病、重残，双方或一方服刑，或者一方死亡、一方改嫁而造成的事实上无人抚养的儿童。这些儿童最需要的服务是（　　）。

A. 风险规避　　B. 成长辅导

C. 妥善安置　　D. 教育救助

11. 为解决一些高一新生进入学校后难以适应新环境、课业跟不上等问题，学校社会工作者拟采用个人需求取向设计服务方案，其正确的做法是（　　）。

A. 听取学校老师反映新生学业困难的意见

B. 收集家长有关家庭教育的信息

C. 运用“头脑风暴”方法让学生自己表达其需要

D. 请专家对新生问题进行社会调查和分析

12. 社会工作者小王非常注重运用整合性社会工作方法为社区“失学失业”青少年提供服务。小王的下列做法中，体现整合性方法特点的是（　　）。

A. 针对社区青少年的多元需求设计服务

B. 加强对青少年个人资源和社会环境的研究

C. 建立本机构内部有效服务青少年的管理制度和机制

D. 向有关部门建议创造更具支持性的青少年发展环境

13. 15岁的力强，是学校里面的“小霸王”，因对同学有暴力行为，被学校勒令退学。父母找到社会工作者小郭，希望能够帮助力强重返学校。当小郭找到力强时，他正在网吧打游戏。小郭上前劝说，力强极不耐烦，冲动之下欲出手打人。对此，小郭恰当的做法是（　　）。

A. 要求力强父母将他禁闭在家里进行反思

B. 帮助力强分析他在此次事件中所犯的错误

C. 马上报警，并将力强转介给其他服务机构

D. 舒缓力强冲动的情绪，与他分析走出困境的方法

14. 小丽是一名初中生，因父亲酗酒、母亲改嫁而缺少照顾，常在网吧或娱乐场所流连，彻夜不归。下列为小丽提供的服务中，具有治疗性功能的是(　　)。

A. 改善家庭环境　　B. 改善学校环境

C. 提供安置服务　　D. 倡导完善青少年保护政策

15. 社会工作者小王组织社区青少年成立非洲鼓学习小组，邀请专家为他们提供辅导和训练，并组织他们到社区表演。在此过程中，青少年不仅结识了朋友，而且提升了自信。该小组属于(　　)。

A. 教育小组　　B. 任务小组

C. 游戏技巧小组　　D. 娱乐小组

16. 老张夫妇退休前忙于工作，事业有成；退休后，热心社区公益活动，生活悠然而充实。最近喜添外孙，夫妻俩忙着在家带孩子，不再像以前那样经常参加社区公益活动了。老张夫妇的上述经历反映了老年人(　　)的变化。

A. 生理　　B. 心理

C. 年龄　　D. 社会角色

17. 王爷爷早上起床后感觉有点不舒服，老伴李奶奶为他量了体温，未发现异常。照顾王爷爷吃完早餐后，李奶奶便出门买菜，回家后发现老伴已经离世。为此，李奶奶非常自责："如果当时我带他去医院，或者早点回家，他就不会走了，都是我的错，都是我不好。"此时，社会工作者首先要为李奶奶提供(　　)服务。

A. 生命教育　　B. 哀伤辅导

C. 丧葬安排　　D. 健康照顾

18. 小玲是护理院的社会工作者，经常为临终老人及其家庭提供服务。最近一段时间，小玲感到很疲惫，对工作缺乏兴趣，容易发火动怒。作为一名社会工作者，小玲最恰当的做法是(　　)。

A. 克服自身困难，保持服务热情

B. 坦诚告知服务对象自己目前的状况，暂缓提供服务

C. 与家人讨论自己的工作内容，征求他们的意见

D. 寻求专业督导支持，找到改变自身状况的方法

19. 小张夫妻俩都有一个升迁机会，丈夫认为妻子应该以家庭为主，负责照顾一家老小，放弃升迁机会；妻子认为这个机会难得，不愿放弃。两人为此争执不下，于是决定寻求社会工作者的帮助。从社会性别视角来看，社会工作者的下列回应中，正确的是(　　)。

A. "女人擅长家务，应该以家庭为主。"

B. "女人的升迁机会确实很难得，当然不能放弃。"

C. "男人在工作中的发展空间更大，应以事业为重。"

D. "照顾家庭是夫妻双方的事情，应共同协商承担。"

20. 小谭结婚 5 年了，自女儿出生后，就留在家里照顾孩子。近来，丈夫经常因一点小事就对她拳脚相加。万般无奈之下，小谭带着孩子离开了家，向社会工作者求助。社会工作者首先应提供的服务是(　　)。

A. 协助小谭联系律师，与丈夫商议离婚

B. 与庇护所联系，为小谭母女提供庇护所

C. 帮助小谭找工作,以实现经济独立

D. 从增能视角出发,提升小谭的自尊和自信

21. 小丽从家乡进城打工之后,一直担心遇见坏人,害怕被骗被抢,因此不敢和其他人交往。社会工作者小王发现不少外出打工的女孩子都有类似的情况,于是策划开办打工妹互助小组来帮助她们。小王的下列做法中,错误的是(　　)。

A. 履行好自己作为小组长的角色

B. 小组地点选择在方便打工妹参加的地方

C. 开办小组的时间由打工妹自己讨论决定

D. 协助打工妹在小组中分享与他人相处的经验

22. 某农村社区缺乏残疾人康复设备,为让更多的服务对象享有康复服务,当地社会工作者鼓励康复对象和家属自制康复器械。上述做法体现了开展社区康复的(　　)原则。

A. 社会化　　B. 因势利导

C. 因陋就简　　D. 低成本、广覆盖

23. 某残障人士服务机构拟通过"爱心敲门""电话问安热线"等服务,构建残障人士预防性社会工作介入模式。此服务所采用的方法属于(　　)。

A. 心理康复　　B. 职业康复

C. 社区康复　　D. 教育康复

24. 社会工作者协助即将出狱的服务对象调整心态,为他们提供社会发展变化的资讯,以便他们更好地适应出狱后的生活。社会工作者的上述做法满足了服务对象的(　　)需要。

A. 服刑改造　　B. 基本生存

C. 再社会化　　D. 去污名化

25. 社会工作者小王鼓励擅长书画、篆刻的社区矫正对象发挥自己的特长,组建艺术治疗小组,陶冶情操,提升自信。此案例中,小王运用的是(　　)。

A. 认知理论　　B. 标签理论

C. 行为主义理论　　D. 优势视角理论

26. 大李假释回到社区后,多次求职失败,加上邻居都疏远他,他情绪非常低落。社会工作者小陈一方面疏导大李的情绪,增强他对生活的信心;另一方面介绍他参加职业技能培训,提升就业能力,最终大李在社区成功就业。就业后的大李乐观开朗,工作努力。上述案例体现的社会工作核心价值理念是(　　)。

A. 接纳　　B. 可塑性

C. 同理　　D. 个别化

27. 依据《社区矫正实施办法》,某街道司法所要求社区矫正服务对象按时参加社会工作者组织的集中教育活动和公益劳动。服务对象虽服从安排,却不愿与社会工作者多交流。针对这种情况,社会工作者首先应做的是(　　)。

A. 改善专业关系

B. 开展小组服务

C. 开展矫正教育

D. 进行家庭访问

28. 针对某些社区矫正服务对象在求职过程中存在的自卑、人际沟通困难等问题，社会工作者设计了以“挺身而说”为主题的求职技巧训练小组活动，协助他们悦纳自己、提升自信。这种方法属于行为治疗中的(　　)。

A. 模仿　　B. 放松训练

C. 自我指导　　D. 敢于自表训练

29. 服务对象小张戒毒后成为一名出租车司机。最近，他向社会工作者小王哭诉，自己已经两年不吸毒了，但交管部门仍然吊销了他的驾照，这等于砸了他的“饭碗”。小张感到万念俱灰，开始复吸，且萌发了轻生念头。此时，小王恰当的做法是(　　)。

A. 联系交管部门，请他们对小张进行法制教育

B. 开展情绪疏导，并协助小张申请临时救助

C. 解释毒驾处理政策，引导小张理解毒驾对社会的危害

D. 接纳小张的想法，协助其分析吸毒可能导致的后果

30. 服务对象小方曾因吸毒被强制隔离戒毒两年。从戒毒所出来后，小方回到社区，家人不愿接纳她，拒绝承认有她这个女儿。社会工作者小赵了解到家人从小对小方期望过高，让她觉得透不过气来，吸毒是为了缓解压力，她自己也很讨厌这样的生活。针对小方的困境，小赵恰当的做法是(　　)。

A. 对小方进行健康教育，告知其吸毒的危害性

B. 采用想象厌恶疗法，让小方在犯毒瘾时惩罚自己

C. 协助小方把自己的感受和想法告诉家人，以获得谅解

D. 安排大学生志愿者与小方进行结对帮教

31. 某光荣院中的伤残退役军人因行动不便，日常生活和活动仅局限于院内，感觉生活单调、枯燥。为此，社会工作者组建了一支志愿者队伍时常来探望他们，还请他们外出为中小学师生做事迹报告。上述案例中，社会工作者为服务对象提供了(　　)。

A. 健康咨询　　B. 心理治疗

C. 情绪辅导　　D. 社会支持

32. 某优抚医院存在个别服务对象被疏于照顾的问题。社会工作者及时识别那些处于高风险中的服务对象，并向医院反映他们的需求。在此过程中，社会工作者扮演的角色是(　　)代言人。

A. 服务对象　　B. 机构

C. 工作人员　　D. 社会

33. 老钱退休后被易地安置到甲市某军队离休退休干部休养所。离开工作了大半辈子的军营，来到人生地不熟的甲市，原本外向开朗又多才多艺的老钱仿佛变了一个人，整天“宅”在家里，感觉失落与茫然。对此，休养所社会工作者的工作重点是(　　)。

A. 对老钱进行危机干预　　B. 对老钱实施系统脱敏

C. 协助老钱树立健康休养观　　D. 协助老钱构建社会支持网络

34. 五级伤残军人小李因担心将来医疗没有保障，对移交地方政府安置顾虑重重，迟迟不肯在移交协议书上签字。针对小李的情况，社会工作者最宜采取的介入策略是(　　)。

A. 挖掘小李个人生活潜能

B. 尊重小李继续留在部队的意愿

C. 引导小李坦然接受安置现实

D. 协助小李了解地方医疗保障政策

35. 曾多次获得荣誉称号的小徐在一次执行反恐任务时,身受重伤导致高位截瘫,终日躺在荣军医院病床上,情绪低落,行为退缩,沉浸在既往的回忆中,日渐对当下的生活有一种深深的无力感和无意义感。为协助小徐重燃对生活的希望,社会工作者下列做法中,最恰当的是协助小徐(　)。

A. 配合医疗康复训练　　　　B. 学习自我护理技能

C. 回顾过往生活经验　　　　D. 建构当下生命意义

36. 社会工作者小张为社区的低保人员开展求职技能培训,组织他们为社区提供志愿服务,并为他们争取一些工作机会。社会工作者这样做的主要目的是(　　)。

A. 避免低保人员因长期失业而被边缘化

B. 增加社区居民对低保人员的接纳与认同

C. 要求有劳动能力的低保人员回报社区

D. 运用低保人员提供的志愿服务满足社区需要

37. 对街头流浪乞讨人员中的危重病人、精神病人和危险传染病人进行救助时,社会工作者应坚持的原则是(　　)。

A. 先救治,后救助　　　　B. 先救助,后救治

C. 只救治,不救助　　　　D. 只救助,不救治

38. 某社会工作援建团队已在灾区服务两年,在新一年的服务计划中,他们提供的服务内容恰当的是(　　)。

A. 组织人员搭建临时安置所　　　　B. 评估应急生活物品需求

C. 组织重建邻里关系专题活动　　　　D. 组织哀伤辅导工作坊

39. 在街道办事处和工商部门的支持下,某社会服务组织在临街的公共场地上搭建起一些小商品摊位,计划供社区贫困家庭低价租用。在向居民代表征集摊位租用意见时,大家看法不一。下列对贫困家庭进行救助的意见中,最符合社会工作理念的是(　　)。

A. “既然是贫困家庭,就把租金全免了。”

B. “为申请到摊位的家庭提供创业培训。”

C. “小买卖不挣钱,还不如让贫困家庭领低保。”

D. “将公共场地进行商业出租,租金直接发给贫困家庭。”

40. 社会工作者在某贫困村开展旨在倡导自立自强的扶贫救助服务。下列服务中符合地区发展理念的是(　　)。

A. 举办职业技能培训班

B. 开展特种养殖项目社区宣讲

C. 邀请创业成功人士分享经验

D. 组织家庭代表商讨土特产加工厂建设事宜

41. 小勇是一名精神分裂症患者,正接受住院治疗。主治医生告诉社会工作者小李,这已经是小勇第三次入院了,他每次在医院的治疗效果都很理想,但一回到家,病情就会反复。针对小勇的情况,小李首先应做的是(　　)。

A. 了解其家庭状况　　　　B. 帮助其家庭成员增能

C. 开展家庭治疗　　　　　　　　　　　　　　D. 满足其家庭成员需要

42. 小丽和大强婚后育有一女。大强游手好闲，还动手打小丽母女；小丽的婆婆也处处挑刺，常劝儿子与小丽离婚。从家庭系统理论看，社会工作者应介入(　　)。

A. 小丽和女儿的亲子系统　　　　　　　　　　B. 婆媳次系统

C. 小丽和大强的夫妻次系统　　　　　　　　　D. 家庭之外的社会系统

43. 社会工作者老李在与小琴夫妇的面谈中发现，小琴不时抱怨丈夫像个长不大的孩子，对家里的事不管不问；小琴丈夫则说妻子像个怨妇，满腹牢骚，不体谅自己工作的辛苦。根据家庭社会工作中帮助家庭成员增能的原则，老李的下列提问中，正确的是(　　)。

A. “你们的争吵是什么时候开始的？”

B. “你们自己认为问题出在哪里？”

C. “你们希望在什么方面有所改善？”

D. “你们之前发生争吵是怎样解决的？”

44. 社会工作者小宁在督导会上谈到一个家庭个案，他说：“这是一个典型的单亲家庭，父母离婚8年，和所有单亲家庭一样，他们的孩子有一大堆行为问题。”对于小宁的个案描述，最合适的督导意见是(　　)。

A. 小宁对家庭的认识很敏锐，是一次分析家庭的有益尝试

B. 小宁收集到了足够的资料，对家庭问题做出了正确评估

C. 小宁关注到家庭的不完整，坚持了以家庭为中心的理念

D. 小宁对家庭的认识干扰了其对服务对象家庭的理解和评估

45. 社会工作者小王在入户探访时了解到，李婆婆今年72岁，丈夫去世多年，与女儿女婿住在一起，日常起居由女儿和女婿照顾。根据上述资料，小王绘制的下列家庭结构圈中，正确的是(　　)。

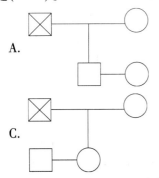

A. 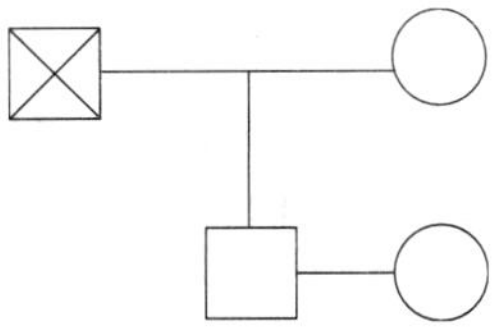

B. 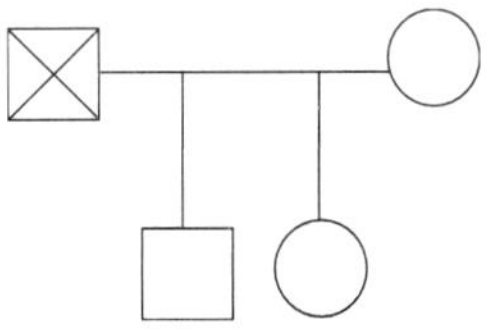

C. 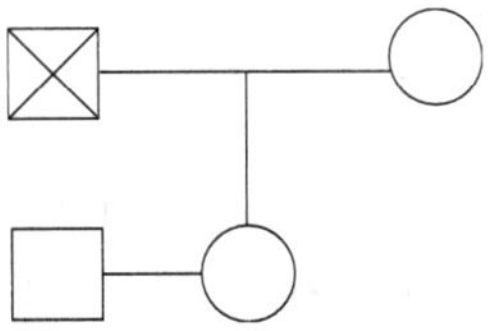

D. 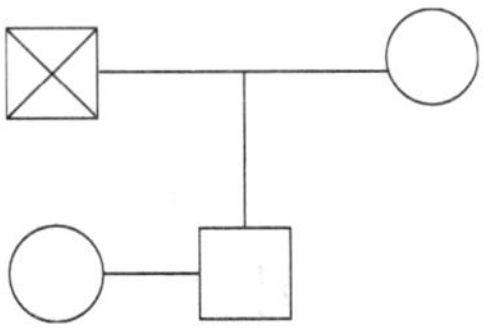

46. 学校社会工作者小秦使用抗逆力理论为身处困境的青少年开展服务，重点在于提升他们的自我认同感，使他们接纳自己，能够在困境中坚持刻苦学习，提升自我价值。小秦上述做法的目的是增强这些青少年的(　　)。

A. 内在优势　　　　　　　　　　　　　　　　B. 外在优势

C. 内部效应　　　　　　　　　　　　　　　　D. 外部支持

47. 学校社会工作者小赵发现住校生中存在欺凌现象。为改善同学关系、建立和谐校园，小赵希望帮助爱欺负同学的学生改善人际关系。为此，小赵的工作目标应聚焦在帮助这些学生学会(　　)。

A. 自我肯定　　　　　　　　　　　　　　　　B. 发挥潜能

C. 掌控情绪　　　　　　　　　　　　　　D. 自我觉察

48. 学校社会工作者希望通过小组工作帮助学生找出理想与现实的差距,并进一步找到他们在当前阶段需要自我培养、自我加强、自我改变的方面。该小组工作满足了学生(　　)的需要。

A. 自我认知和自我探索

B. 学业发展和生涯规划

C. 人际协调和技能养成

D. 情绪觉察和情绪管理

49. 小学三年级学生小婷学习数学比较困难,学校社会工作者联系志愿者为其辅导功课,但效果不明显。近来,社会工作者经常听到小婷说:“不是我不想学习,而是我不会。”为了更好地帮助小婷,社会工作者需要提升小婷的(　　)。

A. 个人形象　　　　　　　　　　　　　　B. 自尊自信

C. 自我价值感　　　　　　　　　　　　　D. 自我效能感

50. 学校社会工作者正在为大学生筹划一个生涯规划发展小组。为了帮助学生明确生涯规划目标,下列活动主题最适宜的是(　　)。

A. 制订学业发展计划,培养终生学习意识

B. 注重创新思堆培养,学习资源整合方法

C. 了解生涯发展任务,树立生涯规划意识

D. 制订生涯发展规划,提升自我探索能力

51. 社会工作者与某学校协商,每周末向社区老年人开放音乐和美术教室,并请学校老师为老年人开设音乐和美术讲座。这一做法体现了社区教育中的(　　)取向。

A. 社区老人本位　　　　　　　　　　　　B. 学校本位

C. 社区工作本位　　　　　　　　　　　　D. 补偿本位

52. 某社区为解决停车位严重不足的问题,决定修建地下停车场,并就修建停车场的时间、地点、功能、管理方式等制订了详尽计划。社会工作者邀请居民代表就修建停车场的开工时间进行讨论。这属于社区参与层次和形式中的(　　)。

A. 告知　　　　　　　　　　　　　　　　B. 咨询

C. 协商　　　　　　　　　　　　　　　　D. 共同行动

53. 某社区设立了残疾人康复中心,配备了相应的康复设施。中心运行一段时间后,社会工作者受委托来到该社区访问相关人士,了解社区残疾人的需求情况。在相关人士提出的需求中,属于规范性需求的是(　　)。

A. 残疾人说,康复中心设施配备很好,但康复服务不太专业

B. 残疾人家属说,相邻社区康复中心的康复师比较专业

C. 残联工作人员说,调查结果显示该社区康复中心需要配备专业康复师

D. 社区居民说,与同类机构相比该社区康复中心应配备专业康复师

54. 某社会工作机构计划在社区开展针对老年人的健康教育活动。在服务策划阶段,社会工作者需要做的是(　　)。

A. 了解老年人的人数和健康状况

B. 根据老年人身体状况安排活动场地

C. 招募志愿者为老年人开展健康讲座

D. 了解老年人对健康教育活动的满意度

55. 为提升外来务工人员子女的社会适应能力，某社会工作机构在 10 所小学开展了一系列专业服务，社会工作者老高负责对该服务项目进行评估。下列老高使用的方法中，属于定量评估的是(　　)。

A. 调查各校负责人对服务的满意度

B. 听取小学生对服务活动的意见

C. 召开座谈会听取家长对服务的看法

D. 观察小学生人际交往变化情况

56. 某社区位于城乡接合部，除常住居民外，还有大量外来务工人员，管理和服务未能跟上，导致社区卫生环境和治安状况不佳。社会工作者希望通过控制式教育改善该社区状况，为此可以采取的做法是(　　)。

A. 为外来务工人员举办环保讲座

B. 在社区展览美化社区环境后的图片

C. 与社区居民共同分析环境卫生问题

D. 告知社区居民环境卫生投诉电话

57. 在参与化解医患矛盾时，社会工作者的主要角色是(　　)。

A. 医患关系的调解者

B. 患者的代理人

C. 医患矛盾的仲裁者

D. 医院的代言人

58. 为了提升白血病患儿的医疗服务质量，社会工作者开展了一系列专业服务。下列服务属于宏观层面的是(　　)。

A. 参与医生查房，了解白血病患儿家庭的实际困难

B. 开展调研，向政府提交白血病患儿医疗救助政策建议

C. 开办支持小组，提升白血病患儿家庭的自我效能感

D. 进行资源链接，请志愿者与白血病患儿家庭“一对一”结对

59. 老张是某精神卫生中心的社会工作者，目前正在为 16 岁的患者小刚提供服务，帮助其回归社会。老张的下列做法中，正确的是(　　)。

A. 到小刚所在社区宣传心理卫生知识

B. 协助小刚加强与家庭和有关机构的联结

C. 告知邻居小刚的病情和他即将出院的消息

D. 告知精神科医生小刚的发病史和生活习惯

60. 张女士，55 岁，因患乳腺癌接受了乳房切除手术及化疗。手术后张女士身体外形发生改变，她担心丈夫不再疼爱她，并害怕疾病可能复发，因而情绪低落，时常哭泣。对此，社会工作者首先应做的是(　　)。

A. 激发张女士对未来的期待

B. 引导张女士转变思维模式

C. 减轻张女士手术后的焦虑

D. 协助张女士调整生活方式

二、多项选择题(共20题,每题2分。每题的备选项中,有2个或2个以上符合题意,至少有1个错项。错选,本题不得分;少选,所选的每个选项得0.5分)

61. 社会工作者小陈接待了前来求助的初中生小红,经过面谈和预估,小陈发现小红和母亲的沟通存在困难。针对小红的问题,小陈开展的下列服务中,属于直接介入的有(　　)。

A. 让小红扮演母亲的角色,体会母亲的想法

B. 指导小红主动表达自己的想法,加强她与母亲的沟通

C. 联系小红母亲,了解她对女儿的看法

D. 邀请小红母亲参与辅导,增加她与女儿的交流

E. 指导小红母亲发现小红的优点,增进她对女儿的了解

62. 社会工作者小秦针对服务对象小强的问题开展了5次服务,发现小强的状况有了明显改善,于是决定结案。小秦的下列结案做法中,正确的有(　　)。

A. 与小强一起回顾服务开展的进程

B. 提前告知小强结案的具体时间

C. 与小强一起分析结案后面临的困难

D. 逐渐减少与小强直接交流的机会

E. 转移小强结案时出现的负面情绪

63. 从优势视角出发,社会工作者致力于为服务对象增能。为此,在制订服务计划时,社会工作者强调服务对象应参与其中。这样做的目的在于让服务对象(　　)。

A. 有自我成长的机会

B. 看到自己对解决问题的贡献

C. 有机会为解决自己的问题做出努力

D. 感觉到社会工作者是以服务对象为中心的

E. 感觉到社会工作者是以问题为中心的

64. 流浪儿童救助保护中心的社会工作者对13岁的流浪儿童小华进行需求评估,并形成评估报告。该评估报告的内容应包括(　　)。

A. 小华的需求情况

B. 评估结论与服务建议

C. 详细的干预帮扶计划

D. 救助保护中心的基本信息

E. 小华的主要问题及原因分析

65. “共创成长路”抗逆力服务项目旨在通过授课、讲座、活动等方式,帮助青少年降低风险性因素,提高保护性因素,培养正向能力。这一服务项目具有(　　)的特点。

A. 治疗性

B. 发展性

C. 预防性

D. 教育性

E. 整合性

66. 16岁的小峰因高考失利,加上患有皮肤病,缺乏自信,整日躲在家里,既不想继续上学,也不想找工作。面对父母失望的眼神,小峰内心非常煎熬,但又觉得无法改变现状。小峰的上述表现反映出的需要有(　　)。

A. 为未来的职业生涯做准备

B. 接纳自己的身体与容貌

C. 追求独立自主，不依赖父母

D. 与同伴发展适当的人际关系

E. 通过叛逆行为获得他人关注

67. 王老伯是甲街道某社区参加活动的积极分子，最近因中风卧床不起，儿子儿媳请了保姆照顾他。社会工作者知道后上门看望老人，协助他向民政部门申请临时困难补助，还邀请了志愿者定期看望陪伴。在上述案例中，属于王老伯非正式支持体系的有(　　)。

A. 保姆　　B. 街道办事处

C. 儿子儿媳　　D. 志愿者

E. 民政部门

68. 社会工作者小王为社区失明老人开展"心明"老年人支持小组。除了有一位失明多年且独居的陈奶奶多次拒绝社会工作者的邀请外，其他失明老年人都参加了小组活动，但存在出门不便和沟通不畅的困难。为保证小组活动的顺利开展，小王可采取的适当做法有(　　)。

A. 安排志愿者上门，接送出行有困难的失明老人

B. 扮演支持者角色，保持小组成员的参与热情

C. 留意观察组员的进步，为点滴成长喝彩

D. 发动组员上门真诚邀请，鼓励陈奶奶打开心门

E. 实时播放小组活动进程，号召居民为失明老人创造友善环境

69. 社会工作者在为受暴妇女提供服务时，应遵循的原则有(　　)。

A. 尊重受暴妇女的人格独立

B. 分析受暴妇女行为与暴力重复的因果关系

C. 接纳受暴妇女描述的问题而不是责怪她们

D. 与受暴妇女建立信任、真诚的专业关系

E. 协助受暴妇女平衡家庭和个人角色

70. 某地娱乐服务行业女性健康状况调查结果显示：这一人群受教育程度普遍较低，缺乏相应的健康保健知识，患性病和艾滋病的比例较高。针对这种情况，社会工作者开展的下列服务中，正确的有(　　)。

A. 与公安机关联合开展清查、取缔、整顿娱乐服务场所行动

B. 联系医院，为娱乐服务行业女性进行定期体检

C. 为娱乐服务行业女性举办健康知识讲座

D. 公布患性病、艾滋病人员名单，切断疾病传染源

E. 开展娱乐服务行业女性小组工作，教育其洁身自好

71. 下列残疾人康复措施中，属于社会康复的有(　　)。

A. 营造非歧视性的经济生活环境

B. 营造残健和谐的社会生活环境

C. 营造残健平等的政治生活环境

D. 提供公平正义的生存权利保障

E. 提供特定职业的知识技能培训

72. 服务对象小张，21岁，因吸食冰毒被责令在社区戒毒三年。小张的家人认为小张在社区里是改不好的，希望能让他进戒毒所接受强制隔离治疗，于是向社会工作者求助。社会工作

者拟为小张提供的下列服务中，适当的有（　　）。

A. 推荐小张参加戒毒康复同伴小组活动

B. 在社区进行宣传倡导，改善小张的生活环境

C. 协助小张家人为小张办理强制隔离戒毒申请

D. 与小张探讨可能引发心瘾的高危情景，提升他的拒毒能力

E. 对青少年吸食冰毒案例进行研究，并制订合理的介入方案

73. 在某案件审理过程中，社会工作者受法院委托撰写犯罪嫌疑人背景的调查报告，以提交法庭作审判参考。为此，社会工作者需要访谈的对象包括（　　）。

A. 家属　　B. 犯罪嫌疑人

C. 法官　　D. 社区工作人员

E. 公安部门工作人员

74. 老赵退休后被安置在地方军队离休退休干部休养所，从指挥千军万马的军人变成脱下军装的平民，一时很难适应，情绪低落。为帮助老赵，社会工作者邀请他参加其组织的“夕阳红”老年人互助小组，帮助社区里的高龄老人。老赵在参与小组活动的过程中，不但心情开朗了，而且结识了很多老年朋友，经常与他们结伴去中小学给孩子们讲革命传统故事，有时还去爬山，有了不开心的事就找老年朋友说说，家里有事时也能得到大家的帮助。上述案例中，社会工作者运用的方法有（　　）。

A. 减缓压力　　B. 情绪疏导

C. 激发生活热情　　D. 心理干预

E. 构建社会支持网络

75. 某社会工作援助团队在地震两天后到达现场，应立即开展的工作有（　　）。

A. 协助确定需紧急转移的受灾人数

B. 协助转移受灾对象，搭建临时避难所

C. 配合治安保卫人员，维护社会生活秩序

D. 参与评估社区房屋、公共设施的重建需求

E. 征集受灾群众意见，向地方政府提出社区重建的建议

76. 社会工作者小宁为某三口之家提供辅导服务，以下是部分会谈记录：

父亲说：“这个孩子太让人失望了，不但学习成绩差，还经常撒谎、逃学，15 岁了，一点儿上进心都没有。”

母亲回应：“就是。我和他父亲也算是成功人士，不知为什么儿子会变成这样，太不成器，太令人失望。”说着说着哭了起来。

父亲立即说：“就知道哭，都是你，也不知道你每天都忙什么，儿子被你管教成这样了。”

母亲回应：“你还好意思说我，你在干什么，儿子不是你的？你整天忙，什么时候关心过他！”

夫妻俩你一言我一语地吵起来，互不相让。小宁几次试图阻止他们，都没有成功。一旁的儿子看大人这样，把身子缩成一团，转过头，闭上了眼睛。

根据上述会谈记录对该家庭进行评估，小宁得到的基本信息包括（　　）。

A. 家庭成员的问题

B. 家庭成员的能力

C. 家庭的生命周期

D. 家庭与外部环境的交流

E. 家庭成员的互动方式

77. 下列依据家庭系统理论分析家庭问题的看法中,正确的有(　　)。

A. 家庭的问题常常可以归纳为某个家庭成员的问题

B. 家庭成员的问题是由整个家庭不良的沟通交流方式导致的

C. 如果对家庭问题作出回应,会影响家庭中的其他成员

D. 如果家庭成员仍旧使用以往无效的问题解决方式,会加重问题

E. 让整个家庭看到问题与家庭互动之间的关联是解决问题的关键

78. 小李夫妻俩找到社会工作者,抱怨儿子小强升入小学五年级后开始逃课,夫妻俩反复劝说,甚至责骂,小强好不了几天又会变成老样子。社会工作者评估后,决定采用家庭行为学习方式帮助夫妻俩。下列做法中,符合家庭行为学习方式的有(　　)。

A. 与小李夫妻俩建立良好的合作关系

B. 向小李夫妻俩介绍家庭教育的知识

C. 增进小李夫妻俩与小强之间的有效沟通

D. 指导小李夫妻俩肯定小强好的行为表现

E. 指导小李夫妻俩合理处罚小强的不良行为

79. 小贝夫妻俩自从有了孩子之后,一直磕磕碰碰。小贝总是抱怨自己既要工作又要照顾孩子,感到很累;丈夫则认为有了孩子之后,小贝变得婆婆妈妈,爱抱怨。根据家庭生命周期理论,社会工作者的下列做法中,正确的有(　　)。

A. 帮助小贝学习母亲角色

B. 帮助小贝丈夫学习父亲角色

C. 帮助小贝夫妻俩形成家庭规则

D. 帮助小贝夫妻俩调整夫妻角色

E. 帮助小贝夫妻俩回忆之前的幸福时光

80. 某社区为创建“和谐家园”,举行“远亲不如近邻”的主题活动。社会工作者的下列做法中,属于活动实施阶段的有(　　)。

A. 合理安排人力和场所

B. 清楚记录活动的各项支出

C. 表彰表现突出的志愿者

D. 制订详细的宣传活动工作进度表

E. 带领社区居民分析活动的需求

准考证号________

姓名________

社会工作实务（初级）2013 年真题

重要提示：

为维护您的个人权益，确保考试的公平公正，请您协助我们监督考试实施工作。

本场考试规定：监考老师要向本考场全体考生展示题本密封情况，并邀请 2 名考生代表验封签字后，方能开启试卷袋。

社会工作实务(初级)2013年真题

一、单项选择题(共60题,每题1分。每题的备选项中,只有1个最符合题意)

1. 社会工作者小李在社区活动中结识了学习遇到困难的学生小强,经过面对面的沟通之后,小强主动来到社会工作站向小李求助。这个过程称为社会工作的(　　)。

A. 接案　　B. 接触

C. 筛选　　D. 走访

2. 蒋女士在出差时遭遇车祸。住院期间,她不断地向病友哭诉车祸发生过程。病友建议她寻求社会工作者小王的帮助,她表示同意。第二天,小王与蒋女士进行了第一次会谈。蒋女士属于(　　)型的服务对象。

A. 转介　　B. 外展

C. 非自愿　　D. 自愿

3. 收集服务对象的相关资料,认定服务对象的问题,得出有关服务对象问题的暂时性结论。这个过程称为社会工作的(　　)。

A. 预估　　B. 问题界定

C. 接案　　D. 问题分析

4. 秦老师是某中学的班主任,最近时常有任课老师向他反映小刚上课“捣乱”。秦老师找到学校社会工作者小李,希望小李能够协助他找出小刚“捣乱”的原因。案例中,小刚是(　　)的服务对象。

A. 秦老师　　B. 任课老师

C. 小李　　D. 小刚的父母

5. 社会工作者在接案过程中可以通过向服务对象直接询问的方式来收集资料。下列属于直接询问的方式是(　　)。

A. 问卷　　B. 观察

C. 咨询　　D. 角色扮演

6. 小强是小学三年级的学生,半年前跟随打工的父母来到城市就读。小强虽然很努力,但因为基础薄弱,加上父母不知道指导其学习,考试常常不及格。针对小强目前的状况,社会工作者可以采取的间接介入策略是(　　)。

A. 定期上门辅导小强

B. 加强小强与同学的学习交流

C. 改进小强与父母的沟通方式

D. 提高父母指导小强学习的能力

7. 由于人际沟通技巧不足，某企业一些员工常遭到客户投诉。为提升员工的沟通技巧，企业社会工作者打算运用发展取向的小组工作模式开展工作。为评估小组工作成果，社会工作者采取基线测量法的做法是(　　)。

A. 测量员工参加小组后顾客投诉情况

B. 测量小组过程中员工沟通情况

C. 测量员工参加小组前后顾客投诉情况

D. 测量员工参加小组后沟通情况

8. 为了帮助一些好动的学生改变上课经常“开小差”的习惯，社会工作者应选择的合理目标是(　　)。

A. 减少服务对象“开小差”的次数

B. 改变服务对象不良的行为习惯

C. 培养服务对象良好的听课习惯

D. 延长服务对象上课集中注意力的时间

9. 随着网络的普及，社会工作者小王发现小学生社会交往退缩的现象日益严重。他希望对自己所服务的学生进行评估，识别社会交往退缩问题严重的学生，以便开展有针对性的服务。小王应采用的评估量表为(　　)。

A. 格塞尔发展顺序量表　　B. 儿童社会期望量表

C. 阿亨巴赫儿童行为量表　　D. 儿童自我意识量表

10. 某地自实行孤残儿童家庭寄养办法以来，接收了100多名孤残儿童。为了提升孤残儿童的生活质量，社会工作者开展了一系列服务活动，其中属于宏观层面的选项是(　　)。

A. 走访寄养家庭，了解寄养家庭的实际困难

B. 开展调研，撰写服务表，向政府提交政策建议

C. 开办支持小组，提升孤残儿童的自我效能感

D. 进行资源链接，为寄养儿童找到“一对一”的资助

11. 某社会福利机构收养了50名儿童，采用“大孩子帮助小孩子”的管理方式，但在实施过程中却出现了大孩子欺负小孩子的情况。社会工作者计划采取小组工作方法对此问题进行干预，下列做法中，最合适的是(　　)。

A. 鼓励大孩子给小孩子补习功课

B. 将大孩子和小孩子分开组织活动

C. 鼓励小孩子联合起来向福利机构负责人反映

D. 结合大小孩子的共同兴趣让他们一起组织活动

12. 小月今年13岁，父母离异后与母亲一起生活。最近，她结交了一些不良少年，经常夜晚外出，有时彻夜不归。妈妈很担心小月，希望她能好好学习。母女俩经常发生争执，关系非常紧张。在评估了小月母女的需求后，社会工作者决定采取亲职教育的方式开展服务。下列服务中属于亲职教育的是(　　)。

A. 为小月提供沟通技巧训练

B. 为小月提供课业辅导

C. 让小月改变夜不归宿的行为

D. 为小月母亲提供沟通技巧训练

13. 某地幼儿园出现了教师虐待儿童事件，社会工作者进行紧急介入，首先应做的是(　　)。

A. 协助警察逮捕施虐教师

B. 运用量表评估儿童受伤害程度

C. 保护受虐儿童的安全

D. 协助受虐儿童表达他们的感受

14. 社会工作者小王对有厌学倾向的小军进行个案辅导。考虑到小军平时沉默寡言，小王选择了沙盘治疗的方法。下列操作中，正确的做法是(　　)。

A. 按小军的指示把模具摆放到沙盘中

B. 向小军母亲解释小军每个摆放行为的象征意义

C. 将小军喜欢的模具玩偶作为配合治疗的奖励送给他

D. 守护和陪伴在小军旁边观察记录，让小军自己和沙盘交流

15. 社会工作者为某打工子弟中学的新生设立了“大哥哥大姐姐”项目，其主要内容包括帮助新生适应学校生活，并在他们学习遇到困难的时候提供课业辅导，促进新老学生的交流。该项目属于(　　)青少年社会工作。

A. 治疗性　　B. 发展性

C. 预防性　　D. 康复性

16. 小琴今年 17 岁，初中文化程度，性格内向，平时喜欢画漫画，但从来不敢把自己的画给别人看。在家里无论她做什么事情，父母总是说“你不行”“你不会”，所以她觉得处处不如别人，非常自卑。社会工作者老王决定运用个案工作的方法提升小琴的自信心。当看到小琴画的漫画时，老王适宜的回应是(　　)。

A. “你画的漫画是全世界最好的。”

B. “你能和我说一说这画的意思吗?”

C. “父母说你不会画画你肯定很难过。”

D. “父母说你画得不好是他们不太懂漫画。”

17. 小强父母向社会工作者反映，小强进入青春期后性格有了很大的改变，追求另类，不仅将头发染成黄色，在胸前和手臂上绘有文身，还在学校组织了一个摇滚乐队。父母觉得小强应该将精力放在学习上，而小强认为父母观念落后，双方经常发生争执，有时小强甚至一个星期都不和父母说话。从文化角度分析，小强属于(　　)。

A. 政治偏激青年　　B. 问题青年

C. 文化叛逆青年　　D. 正直青年

18. 16 岁的小红因为填报中考志愿与父母发生冲突。父母希望小红填报本市最好的中学，小红却因没有充分把握而拒绝。社会工作者了解小红的情况后，采取的恰当做法是(　　)。

A. 建议父母尊重小红的选择　　B. 肯定小红拒绝的理由

C. 鼓励小红自己分析拒绝的理由　　D. 劝说小红听从父母的要求

19. 某社区的不少居民反映，孩子暑假期间无人照管，他们担心孩子不是上网就是闲逛，希望社区能够组织一些活动。针对社区居民的要求，社会工作者可以设计和组织的发展性青少年社会工作活动是(　　)。

A. 网瘾戒除小组　　B. 课业补习小组

C. 父母亲职小组　　D. 户外拓展小组

20. 在一次青少年小组活动中,社会工作者先引导组员画出自画像,然后让组员分别介绍自己的优点和不足。通过分享,组员们增进了彼此之间的了解,加深了对自己的认识,获得了成长。上述小组工作的效果是通过(　　)取得的。

A. 情绪疏导　　B. 技能学习

C. 自我探索　　D. 知识传授

21. 小王是敬老院的社会工作者,他开展了一系列活动,以改善敬老院的照顾质量。其中,属于园艺模式的活动是(　　)。

A. 组织老年人参加社区文艺演出

B. 改善敬老院的无障碍设施

C. 请营养顾问评估并改进现有食谱

D. 定期为老年人进行健康检查

22. 社会工作者小王计划在养老院组织小组活动,加强老人的相互沟通。可是,患病多年的张奶奶一向不愿主动与人交流,无论小王怎么动员,就是不肯参加。对此,小王采取的正确做法是(　　)。

A. 向院长汇报,请院长说服她参加

B. 给她的子女打电话,请他们劝她参加

C. 发动几位活跃老人,鼓励她参加

D. 找张奶奶谈心,倾听并尊重其决定

23. 社会工作者需要能够辨别与老年人自杀有关的风险因素。在下列与老年人自杀相关的线索中,风险最高的是(　　)。

A. 超剂量购买并藏匿安眠药

B. 对人说,"有时我真想结束一切。"

C. 整理行装,准备拜访故旧

D. 和老伴讲,"我死了,你会好过些。"

24. 某地根据当地妇女儿童的发展现状,制订了禁止拐卖妇女儿童行动计划。这一举措旨在回应妇女的(　　)需要。

A. 生殖健康　　B. 权益保障

C. 特殊保护　　D. 性别公正

25. 著名学者摩塞把妇女的需求分为实用性社会性别需求和战略性社会性别需求。在当今中国社会,属于妇女战略性社会性别需求的是(　　)需求。

A. 基本生活　　B. 就业

C. 生殖健康　　D. 参政

26. 建筑业是以男性为主的行业,存在女性被边缘化的现象。某社会工作服务机构计划为建筑工地的女性提供服务。社会工作者在运用赋权理论制定服务目标的过程中,正确的做法是(　　)。

A. 与有关专家共同制定目标　　B. 与男性员工共同制定目标

C. 与女性员工共同制定目标　　D. 与建筑公司管理层共同制定目标

27. 小王是进城务工人员,前不久在建筑工地工作时,从脚手架上摔下受伤。小王出院后,身体落下残疾,于是向建筑公司索赔,建筑公司以无法确定赔偿金额为由予以拒绝。小王向社会工作者小李求助，小李首先要做的是(　　)。

A. 协助小王到法院起诉建筑公司

B. 协助小王申请工伤认定

C. 联系专业人士为小王制订康复计划

D. 与小王一起到建筑公司谈判

28. 某社会工作服务机构多年来一直推行智障人士社区化服务模式，践行社会康复理念，为此开展了大量工作。下列措施中，属于社会康复的是(　　)。

A. 为智障人士制订职业发展规划

B. 为智障人士制订康复训练计划

C. 让轻度智障的儿童进入普通学校随班就读

D. 运用个案工作手法缓解智障人士心理压力

29. 某社会工作服务机构面向社区居民开展了一系列活动，带领不同年龄段的居民体验失明、失聪、肢残等多种失能感受。在改善残疾人社会环境方面，这类活动产生的直接作用是(　　)。

A. 推动社区无障碍环境建设

B. 促进社区居民与残疾人的互动

C. 推进社区特殊教育的发展

D. 增进社区居民对残疾人的理解

30. 服刑人员小王的父母目前居住在一所狭小的房子里，靠微薄的退休金生活。小王服刑多年即将刑满释放，对外界不甚了解，对释放后的生活没有信心。社会工作者与小王一起商议其释放后的生活计划，下列选项中，最符合小王再社会化需求的是(　　)。

A. 鼓励小王每天坚持运动　　B. 帮助小王找到合适的住房

C. 协助小王申请最低生活保障　　D. 帮助小王拓展人际交往

31. 社会工作者运用理性情绪治疗模式开展小组工作以回应社区服刑人员不服判决的问题。在小组活动中，社会工作者正确运用非理性信念检查技巧的做法是(　　)。

A. 对有进步的组员进行奖励

B. 让组员扮演特定的角色

C. 让组员大声朗读相关规定

D. 让组员模仿别人受到奖励的行为

32. 张大爷是一位一级伤残的优抚对象，近日，其老伴因心脏病突发离世。护理员反映，张大爷已经两天没吃饭了，身体非常虚弱。社会工作者小王立即联系优抚医院的医生为张大爷检查身体，并一直陪伴在其身边，安抚他的情绪。此案例中，小王采取了(　　)方法。

A. 环境干预　　B. 认知干预

C. 行为干预　　D. 危机干预

33. 部分优抚安置对象在由军人到老百姓的角色转换过程中，常会产生一些负面情绪。社会工作者运用理性情绪疗法协助这些服务对象适应角色转变。在此过程中，社会工作者扮演的主要角色是(　　)。

A. 管理者　　B. 教育者

C. 倡导者　　D. 协调者

34. 大军退伍半年多了,一直没有找到合适的工作。其上幼儿园的儿子每月都需要不菲的开销,近日,母亲又生病住院花费不少。这些都让大军备感压力,情绪低落。社会工作者多次与大军沟通,了解其需要,并为其申请了短期临时救助,以解燃眉之急。此案例中,社会工作者发挥的作用是(　　)。

A. 减缓压力　　　　B. 鼓励赞许

C. 控制情绪　　　　D. 激发动机

35. 老张在服役期间多次立功受奖。如今他居住在光荣院,尽管衣食无忧,却觉得生活越来越没有意义。老张常常独自躲在屋子里,靠整理战友照片和摆弄勋章打发时光。每当想起为保护自己而牺牲的战友以及未见到最后一面就去世的老母亲,他就心生愧疚。社会工作者在运用人生回顾的方法予以干预的过程中,应当重点帮助老张(　　)。

A. 寻找当下生命的意义　　　　B. 弥补过往生活的遗憾

C. 治疗痛苦经历带来的创伤　　　　D. 享受集体生活的快乐

36. 流浪儿童小花被送到救助管理站并接受专业服务。救助管理站的医生为她做了详细的身体检查,发现她身上有多处新旧叠加的伤痕,想询问她伤痕的由来,但无论医生和民警怎样劝说,她始终都不肯开口。针对上述情况,救助管理站的社会工作者首先要做的是(　　)。

A. 运用游戏引导小花打开心扉

B. 与民警合作寻找小花的家人

C. 运用直接影响技巧开展个案辅导

D. 发放联系卡以便小花在需要时能获得帮助

37. 某社会工作服务机构今年社会救助的服务主题是“社区反贫困能力建设”。下列最符合该主题的做法是(　　)。

A. 协助救助对象成立合作社,培育社区领袖

B. 联系各类服务组织,为救助对象提供更多的服务

C. 帮助救助对象拓展社会交往或建立各类社会关系

D. 将贫困群体的生存状况、问题与需求反映给相关社会救助部门

38. 未成年人保护中心为流浪儿童提供全方位的服务。下列服务中,不属于流浪儿童救助服务的是(　　)。

A. 物质帮助　　　　B. 品行教育

C. 回归家庭　　　　D. 合法收养

39. 家庭社会工作是社会工作专业的实践领域之一。下列家庭社会工作的说法,正确的是(　　)。

A. 家庭社会工作就是家庭治疗

B. 家庭社会工作与家庭治疗截然不同

C. 家庭社会工作是家庭治疗的一个分支

D. 家庭社会工作与家庭治疗既有联系又有区别

40. 大李夫妇有一个 15 岁的孩子,一直以来,孩子的大小事情都由他们安排。最近一年,他们发现孩子脾气越来越坏,不服他们的管教,事事都要自己做主,有时还与他们发生激烈争吵。从家庭生命周期的角度来看,该家庭目前最重要的任务是(　　)。

A. 调整夫妻角色,共同教育孩子

B. 调整夫妻关系,促进孩子的自立

C. 调整家庭关系,满足孩子的独立要求

D. 调整夫妻角色,适应不以孩子为中心的角色

41. 大力夫妻带着 16 岁的女儿来见社会工作者,女儿出现厌食症已有半年,明显消瘦,无法上学。面谈过程中,社会工作者发现,一年前大力因婚外情开始与妻子闹离婚,很少回家。大力的妻子除了哭泣,就是在女儿面前不停地抱怨丈夫。社会工作者经过分析,认为女儿的厌食症与他们的夫妻关系有关。根据结构式家庭治疗原理,社会工作者对该家庭进行干预的主要目标应是(　　)。

A. 改善夫妻关系,帮助夫妻妥善处理婚姻问题

B. 改善亲子关系,减少母亲情绪对女儿的负面影响

C. 重构家庭界限,引导母亲不再让女儿涉入夫妻次系统

D. 调整家庭结构,协助父母齐心协力帮助女儿走出困境

42. 在倾听了一对夫妻对孩子许多不满和抱怨之后,社会工作者采用聚焦技巧将这对夫妻的注意力集中到需要解决的问题上。下列回应中,正确的是(　　)。

A. “你们对孩子有许多不满,目前你们最想解决的是什么?”

B. “你们对孩子有许多不满,让我们从最让你们头痛的地方开始。”

C. “你们对孩子有许多不满,平时遇到这些情况,你们是怎么处理的?”

D. “你们对孩子有许多不满,但一下子又无法解决,你们认为该怎么办?”

43. 阿丽今年 35 岁,因性格不合,与丈夫离婚。目前,她一个人带着 8 岁的儿子在城市打工,把 10 岁的女儿留给了丈夫。根据上述案例介绍,社会工作者绘制的家庭结构图中正确的是(　　)。

A. 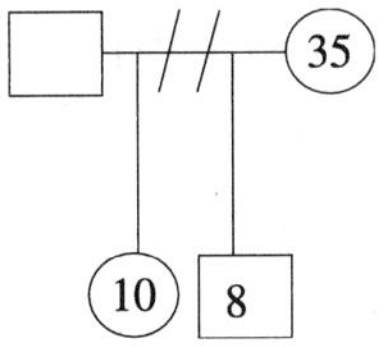

B. 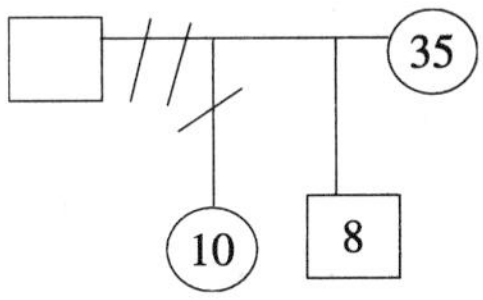

C. 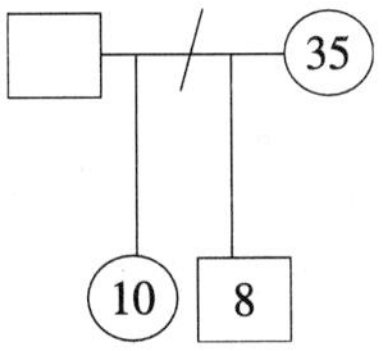

D. 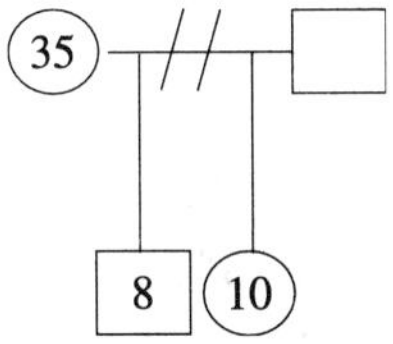

44. 小明是小学五年级学生。最近,父母发现小明对学习数学越来越没有兴趣,作业拖沓,有时故意把数学作业本留在学校,回家不做作业。为此,父母苦口婆心地劝说小明,甚至责骂他,但都没有什么效果。社会工作者在了解了小明的家庭教育情况后,决定采用家庭行为学习的方式帮助小明。下列做法中,正确的是(　　)。

A. 改变小明父母教育子女的态度

B. 改变小明父母之间的沟通方式

C. 指导小明制订详细的数学学习计划

D. 指导小明父母及时肯定小明数学学习的进步

45. 小李夫妇向社会工作者抱怨上中学的儿子大大咧咧,对什么事都不上心。社会工作者听了他们的描述之后,希望运用再标签的技巧改变夫妻俩的态度。社会工作者的下列回应中,正确的是(　　)。

A. “每个人都有缺点,孩子也一样。”

B. “孩子有缺点,也一定有优点。他有什么优点?”

C. “如果遇到压力,孩子大大咧咧的性格有什么作用?”

D. “你们不去注意孩子的缺点,他的缺点就不会那么突出。”

46. 在学校开展小组辅导时,社会工作者应遵循的原则是(　　)。

A. 以教师为主体　　B. 保持小组异质性

C. 以自愿和需求为本　　D. 强调学生个性需要

47. 学校社会工作者小李运用抗逆力理论设计服务方案,将服务重点聚焦在提升学生的人际交往能力、解决问题能力和自我管理能力等方面。小李的服务方案强调抗逆力中的(　　)因素。

A. 效能　　B. 内在优势

C. 乐观　　D. 外部支持

48. 在一所打工子弟学校开展服务时,社会工作者发现这所学校的一部分学生刚从农村来到城市,生活不习惯,学习基础差、压力大,导致自我评价较低。为了提升这些学生的自我认识能力,社会工作者最宜开展的服务是(　　)。

A. 提供学业发展辅导　　B. 开办情绪管理小组

C. 提供生涯规划辅导　　D. 开办自我成长小组

49. 小芳原来学习成绩在班里名列前茅,但自上初中以来,她每天上课无精打采,情绪低落,下课后也是独来独往,有时甚至不来上课,成绩直线下降。社会工作者初步预估后发现,一年前小芳父母离了婚,母亲到外地打工,将小芳交给年迈的外婆照顾。社会工作者与班主任沟通了小芳的情况后,请班主任照顾小芳的学习和生活。一段时间后,小芳的脸上又有了笑容,学习成绩也提高了。本案例中,社会工作者运用了(　　)的方法增强小芳的抗逆力。

A. 教授生活技能　　B. 提供关怀与支持

C. 提出高期望　　D. 提供机会促进参与

50. 某老旧小区失业、低保人员较多,便民设施缺乏,居民日常生活不便。社会工作者分析了社区的具体情况后,与相关政府部门取得联系,开设便民餐车和家电维修点,既改善了小区便民设施少的状况,又开发了就业岗位。在本案例中,社会工作者采用的社区工作方法是(　　)。

A. 地区发展　　B. 社会策划

C. 社会行动　　D. 社会倡导

51. 某社区在改造过程中,社会工作者促成当地政府与受此影响的居民一起商讨改造计划。居民的这种社区参与形式是(　　)。

A. 咨询　　B. 协商

C. 告知　　D. 共同行动

52. 甲社区流动儿童较多,放学后回到社区无人照看,危险频出,居民反应强烈。与甲社区相邻的乙社区有一家社会工作服务机构,具有丰富的流动儿童服务经验,但是没有开展服务的场地。于是,甲社区与乙社区协商并达成合作协议,由甲社区提供场地和配套经费,由乙社区的社会工作者开展社区课后辅导服务。本案例中的资源链接方式属于(　　)。

A. 资源共享　　B. 资源协调

C. 资源整合　　D. 资源配置

53. 社会工作者小王受区妇联委托,在其服务的社区开展受虐妇女的服务需求调查。受虐妇女们受“家丑不能外扬”这一传统观念的影响,最初不愿接受小王的访谈。在小王的关心、支持和不懈努力下,受虐妇女们终于敞开心扉,讲述了她们的受虐经历和应对策略。受虐妇女们的讲述反映了她们的(　　)。

A. 表达性的需求　　B. 比较性的需求

C. 感觉性的需求　　D. 规范性的需求

54. 社会工作者针对社区中空巢老人和独居老人较多的现象,为这些老人建立互助网络。下列做法中,最合适的是(　　)。

A. 建立社区老人支持小组　　B. 动员医生上门为老人义诊

C. 动员老人的亲友经常探望老人　　D. 联系养老机构为老人提供上门服务

55. 某古镇被国家列为重点文物保护单位。为保护古镇风貌,当地政府准备对古镇及周边地区重新规划。涉及古镇部分居民搬迁的新规划草案公布后,人们议论纷纷,很多居民因在古镇周边做生意而不愿搬迁。面对这种情况,社会工作者首先要做的工作是(　　)。

A. 组织志愿者帮助居民完成搬迁

B. 邀请邻近社区居民介绍搬迁经验

C. 在政府有关部门支持下,召开居民代表恳谈会

D. 大力宣传保护古镇对当地经济发展的重要意义

56. 某社区地处城郊接合部,流动人口多,社区卫生状况较差。社会工作者希望从控制式教育入手改善这一状况,最适宜的做法是(　　)。

A. 开展公民权益知识讲座

B. 为社区居民开展就业技能培训

C. 分析问题原因并找出解决办法

D. 在社区宣传栏张贴社区卫生公约

57. 2012 年 2 月,国务院在发布新修订的《环境空气质量标准》中增加了细颗粒物监测指标。社会公众对其具体含义以及有效预防知识知之甚少,为此医务社会工作者通过展板和宣传单的形式,在社区中开展相关的教育工作。社会工作者运用了公共卫生社会工作的(　　)方法。

A. 健康宣传　　B. 慢性病管理

C. 健康管理　　D. 传染病预防

58. 医务社会工作者在参与处理医患关系纠纷时,扮演的角色是(　　)。

A. 倡导者　　B. 调解者

C. 服务者　　D. 支持者

59. 张大爷被诊断为癌症晚期,最近病情恶化。一周以来,张大爷总抱怨老伴做的饭菜不好吃,还生气地把食物扔到地上。张大爷十分担心自己的病情,夜不能寐,总说,“我还有很多事情要做,我不能死”。对此情形,社会工作者最宜采用的做法是(　　)。

A. 建议家人给张大爷服用镇静类药物

B. 建议家人让张大爷尽早进重症监护室

C. 开展家庭治疗，改善张大爷的家庭关系

D. 协助家人了解张大爷的想法，实现其未了心愿

60. 脑瘫患者小王的父母年事已高，在照顾小王的过程中渐渐感到力不从心，向社会工作者小李求助。小李的下列做法中，能够直接缓解小王父母照顾压力的是（　　）。

A. 联系社区照顾机构协助照顾小王

B. 联系治疗师对小王父母进行家庭治疗

C. 向小王父母提供正确照顾小王的方法

D. 邀请小王父母参加脑瘫患者家庭支持小组

二、多项选择题（共20题，每题2分。每题的备选项中，有2个或2个以上符合题意，至少有1个错项。错选，本题不得分；少选，所选的每个选项得0.5分）

61. 当支持性小组中的组员彼此已建立起信任，开始互帮互助时，社会工作者告知组员，小组即将结束。此时，有些组员表示还有很多话没来得及说；有些组员开始变得沉默，不再参与小组讨论；有些组员很生气，指责社会工者推卸责任；还有些组员表示小组不应该结束，还有新的问题需要社会工作者解决。分析上述情形，该小组成员在结案期出现的反应有（　　）。

A. 否认

B. 倒退

C. 依赖

D. 欣喜

E. 讨价还价

62. 小强因为与父母发生争吵，主动打电话寻求社会工作者小王的帮助。小王为了与小强进行初次面谈，需要做的准备工作包括（　　）。

A. 向小强父母了解小强的情况

B. 向小强解释机构的服务要求和范围

C. 了解小强目前的身体和精神健康状况

D. 了解小强是否有需要谨慎处理的特殊事项

E. 了解小强以前是否接受过社会工作者的帮助

63. 为满足单亲家庭孩子身心发展的需要，社会工作者充分挖掘社区资源，组织退休教师志愿服务小组，开展了一系列的活动：为学习有困难的孩子辅导功课；与青春期少年结对，做他们的人生导师；与孩子们共同设计社区公益活动，培养社会责任感；组织单亲家庭聚会，密切关注亲子关系。社会工作者的介入行动体现了（　　）原则。

A. 个别化

B. 服务目标聚焦

C. 经济效益优先

D. 与服务对象相互信赖

E. 关注服务对象的发展阶段和特点

64. 去年冬天，某地居民在垃圾房内发现5具10岁左右的男童尸体。经警察初步调查，这5名离家出走男童因困在垃圾房内生火取暖导致一氧化碳中毒死亡。对于这些儿童而言，他们未能获得满足的基本需要有（　　）。

A. 生存的需要

B. 冒险的需要

C. 被保护的需要

D. 游戏的需要

E. 社会化的需要

65. 小红的父亲脾气暴躁，经常殴打妻子，导致妻子多次住院治疗，甚至危及生命。每当暴力事件发生时，小红只能用大哭大闹，甚至自我伤害的方式，来吸引父亲的注意力，以期让父亲停止殴打母亲。在这种情况下，社会工作者采取的恰当介入方法有(　　)。

A. 帮助小红联系寄养家庭，以保障她的安全

B. 帮小红母女联系庇护所，在需要时提供庇护

C. 对小红父亲进行宣传教育，预防其对小红施暴

D. 对小红父母进行婚姻治疗，以期实现家庭和谐

E. 把小红父亲转介到情绪控制小组，以期减少暴力行为

66. 因不满父亲的管教方式，15 岁的小强与父亲发生争吵后，与几个同学一起离家出走。母亲很着急，向社会工作者求助。社会工作者找到小强，询问其离家出走的原因，小强说："我就不想回家，看见他我就生气！"社会工作者计划提供服务，以改善小强与父亲的关系。下列活动中，从个人层面介入的青少年社会工作服务包括(　　)。

A. 帮助小强调整非理性情绪

B. 指导小强改善与父亲的沟通技巧

C. 为小强和同伴开设成长小组

D. 协助小强父亲改善家庭教育方式

E. 学校加强对小强及同伴的教育

67. 社会工作者老徐十分赞同通才实务工作观。面对来自单亲家庭、性格内向、缺乏自信、不善与人交往的青少年服务对象，老徐开展了一系列服务活动，其中体现了应用通才实务工作观的有(　　)。

A. 针对服务对象的家庭关系进行关系调整

B. 通过社区工作，为服务对象建立成长支持网络

C. 建议服务对象父母复婚，保证健全的家庭结构

D. 为服务对象开展个案辅导，协助其改变行为方式

E. 让服务对象参加小组活动，增加其人际交往机会

68. 老年人面临的恶意对待包括(　　)。

A. 身体虐待　　B. 经济虐待

C. 疏于照顾　　D. 社会歧视

E. 情感虐待

69. 阿芬 15 岁，家住在偏远山村，生活条件艰苦。在一次意外中，阿芬失去了右腿，给她的生活造成诸多不便。社会工作者小王得知情况后，请木匠将木椅改造成坐便器，并协调村医教会阿芬的家人用传统中医手法给她定期做按摩。小王的上述做法体现的社区康复原则有(　　)。

A. 因地制宜　　B. 因陋就简

C. 因势利导　　D. 家属参与

E. 低成本、广覆盖

70. 某社区管辖人口 2000 余人，各类残障人士占总人口近 10%。为大力推进社区无障碍环境建设，社会工作者应该开展的工作有(　　)。

A. 在社区内安置大型显示屏

B. 在社区公共厕所内安装扶手

C. 为社区工作人员开设手语学习班

D. 为社区残障人士设立心理咨询室

E. 为社区残障人士开设网络信息学习班

71. 老张因盗窃罪被判入狱服刑，社会工作者小吴定期为其提供心理辅导。老张出狱后无住房，生活困难。社会工作者小赵协助老张申请了低保，同时积极帮老张找工作。在本案例中属于矫正社会工作服务的是（　　）。

A. 司法判决前的服务　　B. 监禁场所中的服务

C. 刑满释放后的服务　　D. 社区矫正的服务

E. 司法判决中的服务

72. 在优抚医院和光荣院中，有时会出现对服务对象的隐蔽性疏于照顾的现象。这种隐蔽性疏于照顾现象包括（　　）。

A. 隔离服务对象　　B. 剥夺服务对象的选择权

C. 给服务对象贴标签　　D. 过度照顾服务对象

E. 用语言攻击服务对象

73. 顾某，35 岁，无固定职业，因盗窃罪被判有期徒刑 1 年，缓期执行。判决后，其妻离家出走。目前顾某与父母、儿子共同生活，父母年老多病，儿子辍学在家，家庭生活困难。面对困境，顾某焦虑急躁，家庭关系十分紧张。经过评估，社会工作者认为顾某目前的需求包括（　　）。

A. 基本生活保障　　B. 获得就业机会

C. 获得教育机会　　D. 提供社区服务

E. 改善家庭关系

74. 社会工作者在社会救助政策制定、实施和评估过程中，正确的做法包括（　　）。

A. 协调各类救助资源　　B. 对救助政策的不足进行修订

C. 参与救助灾款发放　　D. 将救助理念转化为救助行动

E. 灵活制定救助标准，考虑个体差异

75. 某地发生重大泥石流灾害，当地赈灾机构社会工作者第一时间赶赴现场，协助当地政府开展紧急救援。下列做法中，正确的有（　　）。

A. 转移群众，减少伤亡　　B. 恢复生产经济设施

C. 统筹安排，发放物资　　D. 为受灾群众提供心理援助

E. 解决居民基本生活问题

76. 在家庭社会工作中，常用的干预技巧包括（　　）。

A. 观察　　B. 聚焦

C. 例子使用　　D. 再标签

E. 家庭结构图

77. 自从有了孩子，小赵夫妇就争吵不断，妻子指责丈夫不关心孩子成长，丈夫抱怨妻子过分溺爱孩子。为了准确评估小赵夫妇的需求，社会工作者决定采用家庭处境化原则开展调查工作。下列做法中，符合该原则的有（　　）。

A. 进行入户调查，了解小赵夫妇的日常生活安排

B. 观察小赵夫妇问题的同时，也了解他们的潜能

C. 观察小赵夫妇与周围环境之间的互动交流状况

D. 观察小赵夫妇的日常生活安排与需求之间的关联

E. 观察小赵夫妇目前需求的同时也了解他们的长远需求

78. 学校社会工作者拟开展以生涯规划为主题的小组活动。在该小组的设计中,应将重点聚集在(　　)。

A. 树立终身学习意识

B. 促进自我接纳

C. 提升情绪识别能力

D. 改善人际关系

E. 注重自我管理能力培养

79. 某社会工作服务机构在社区开展了为期一年的健康教育活动。活动结束后,社会工作者从不同角度对该活动进行了评估。下列属于成效评估的内容有(　　)。

A. 相关人群对该活动的满意度

B. 举办健康讲座与培训的场所

C. 社区居民对相关知识的知晓率

D. 该活动对其他社区产生了什么影响

E. 相关人群在活动中印象最深的事件是什么

80. 某城市社区居民对即将在本社区建设焚烧厂意见很大,认为垃圾焚烧会污染社区空气。因此,不少居民通过社区网上论坛表达不满情绪,有些居民还公开表示抗议。针对这种情况,该社区的社会工作者应当做的是(　　)。

A. 要求社区论坛管理员消除网络不满言论

B. 与企业协商,安置若干社区下岗人员,以缓和双方矛盾

C. 请专业人士就建设垃圾焚烧厂进行专业解答,消除居民疑虑

D. 与政府部门一起邀请社区居民代表共同参与制订建厂实施方案

E. 开展社区宣传教育,提升社区居民通过合法渠道维护自身权益的能力

准考证号______

姓名______

社会工作实务（初级）2012年真题

重要提示：

为维护您的个人权益，确保考试的公平公正，请您协助我们监督考试实施工作。

本场考试规定：监考老师要向本考场全体考生展示题本密封情况，并邀请2名考生代表验封签字后，方能开启试卷袋。

社会工作实务(初级)2012 年真题

一、单项选择题(共 60 题,每题 1 分。每题的备选项中,只有 1 个最符合题意)

1. 小张夫妻俩发现儿子小明上初中以后逐渐失去对学习的兴趣,变得很叛逆。夫妻俩对孩子的教育感到束手无策,希望社会工作者能够帮助他们教育孩子。在这个案例中,小明是(   )的服务对象。

A. 潜在　　B. 现有

C. 外展　　D. 自愿

2. 小红自父母离异后随奶奶生活,因学习上缺乏家人的指导,成绩开始下滑,加上生活条件比较困难,小红变得越来越沉默。下列社会工作者帮助小红的活动中,属于间接介入的是(   )。

A. 辅导小红的课业　　B. 让老师给小红介绍学习伙伴

C. 舒缓小红的内心压力　　D. 协助小红的家庭申请低保

3. 小张夫妻俩为到谁家过年发生争吵,情急之下动手打了起来,为此两人要离婚。社会工作者在了解小张夫妻俩争吵的基本情况后,问他们:"根据刚才你们讲的情况,你们觉得问题出在哪里?"社会工作者这样做是为了(   )。

A. 了解需求　　B. 了解问题

C. 界定需求　　D. 界定问题

4. 社会工作者小王从与服务对象小强的面谈中了解到,小强学习成绩不好,平时做作业拖沓、不认真。于是,小王与小强协商制定了具体服务介入的目标。下列目标中,符合社会工作的是(   )。

A. 减少作业拖沓次数　　B. 提高学习效率

C. 克服不认真的态度　　D. 增加按时按要求完成作业的次数

5. 幼儿每次在吃水果之前,家长都要求他先去洗手,然后再拿水果,重复多次之后,幼儿再看到水果,即使没有家长提醒,也会自己先去洗手。这符合(   )的原理。

A. 观察学习　　B. 模仿学习

C. 古典制约　　D. 操作制约

6. 某地区失依儿童、家境贫困儿童、受艾滋病影响儿童等特殊儿童生活比较窘迫。社会工作者在这一地区收集这些特殊儿童的信息,并对这些儿童提供支持性服务,通过环境培育的方法来促进儿童发展。社会工作者承担的角色为(   )。

A. 支持者　　B. 保护者

C. 教育者　　D. 中间人

7. 在某城乡接合部工作的社会工作者小李接触到一个 11 岁的儿童。该儿童告诉小李，他是被“老板”租用后带到本地进行乞讨的，他每天必须将讨来的钱如数交给“老板”，如果要不到钱，“老板”就会打他。小李初步确认该儿童的情况后，应立即(　　)。

A. 向当地公安部门报告　　B. 帮助该儿童寻找家人

C. 带他到医院检查身体　　D. 向当地的救助管理站报告

8. 小王是被父亲遗弃的流浪儿童，在流浪儿童救助保护中心待了两年后，小王被安排到技术中心接受技能培训。小王认为这是救助保护中心不管他了，因此焦虑不安，对去技术中心学习没有兴趣。针对小王目前的情况，社会工作者介入的重点应是(　　)。

A. 联系技术中心老师为小王创造良好的学习环境

B. 引导小王要自立自强，将来好自力更生

C. 处理小王曾经被亲人遗弃的内心冲突

D. 动员周围的同龄伙伴来劝说小王

9. 一对无生育能力的夫妇收养了一名被遗弃的 1 岁女孩。3 年后，养父因车祸去世，女孩被诊断为智力发育迟缓，养母因能力有限，收入也不高，无力安排女孩进行早教治疗，于是向社会工作者求助。下列服务活动中，社会工作者应该(　　)。

A. 向养母提供经济、康复等方面的帮助

B. 安排女孩到经济条件较好的家庭寄养

C. 将女孩送到儿童福利机构抚养

D. 为女孩寻找新的收养家庭

10. 某校男生成立了一个“妆前妆后”社团，社团成员平时乐于助人，好打抱不平，但在社团活动中他们却喜欢涂粉底、粘假睫毛等，并把妆后照片放在校园橱窗及微博上。从研究角度来看，这些学生属于(　　)。

A. 问题青年　　B. 文化叛逆青年

C. 正直青年　　D. 政治偏激青年

11. 青少年的身体逐渐发育成熟，独立意识不断增强，权利和责任感开始提升，表现出不稳定的特点。这些特点要求社会工作者在开展青少年服务时应坚持(　　)视角。

A. 发展性　　B. 保护性　　C. 预防性　　D. 治疗性

12. 社会工作者小王在社区走访家庭时，有几位家长反映想让他们刚上大学的孩子趁暑假期间多了解大学生活，为未来的学习做好准备，于是小王决定运用个人需求取向的政策开展青少年活动。他适宜采取的做法是(　　)。

A. 邀请这些学生到社区活动中心，让他们讨论具体的活动计划

B. 邀请有关专家进一步了解这些学生的需求，策划具体的活动

C. 组织大学生志愿者帮助这些学生

D. 自主设计适合这些学生特点的游戏活动

13. 小彬从小十分受宠，不受管束，父母总是顺着他。在一次考试中，小彬从班里的前几名跌落到后几名，回家后被父母狠狠责骂，小彬自尊心受到了很大打击，开始接触网络游戏，一发不可收拾。针对小彬的情况，社会工作者决定从家庭成员间的互动关系入手开展服务活动，下列做法中，正确的是(　　)。

A. 要求小彬父母辅导小彬的课业，提高小彬的学习信心

B. 帮助小彬父母反思他们管教孩子的方式

C. 与小彬父母一起矫正小彬的行为，帮助小彬摆脱网瘾

D. 调整父母与小彬之间的沟通方式，让父母了解小彬的需要

14. 在老年人的认知和情绪问题中，突发性意识障碍常表现为(　　)。

A. 痴呆　　B. 谵妄

C. 抑郁　　D. 焦虑

15. 王奶奶患有重度痴呆症，她的子女因忙工作无暇照顾老人，于是将王奶奶送到护理院照顾。根据王奶奶的情况，护理院的社会工作者在为王奶奶提供服务时应注意(　　)。

A. 控制和缓解王奶奶身体疼痛，提升其生命质量

B. 关注及预防王奶奶被疏于照顾或被虐待

C. 陪伴王奶奶看电视，提高其生活质量

D. 鼓励王奶奶参与社区活动，促进其身心健康

16. 下列服务中，不属于社会工作者为居家老人所提供的健康促进与健康维护服务内容的是(　　)。

A. 为老人联系和安排送餐服务

B. 建立老人健康风险评估档案

C. 联系社区医院，为老人就医设置便利条件

D. 为老人出行提供辅助设施

17. 某村为农户实施了沼气改建项目。项目完成后，妇女们用清洁能源做饭，再也不用像过去那样受烟熏火燎的困扰了。这样的沼气项目(　　)。

A. 满足了妇女的战略性社会性别需求

B. 满足了妇女的实用性社会性别需求

C. 既满足了妇女战略性社会性别需要，又满足了其实用性社会性别需求

D. 既没满足妇女战略性社会性别需要，又没满足其实用性社会性别要求

18. 在现实生活中，大多数女性在家庭领域扮演重要角色，而在政治、经济、社会领域中扮演辅助性角色。这就是我们常说的“男主外、女主内”。这种分工模式是(　　)。

A. 两性生理基础上的分工　　B. 符合两性特点的分工

C. 两性各取所长的分工　　D. 社会建构的两性分工

19. 居住在贫困山村的阿芳今年快40岁了，由于小时候没有条件上学，她和周围一些年龄相仿的姐妹既没什么文化，也没什么技术专长，加上村子交通不便，她们一直在贫困线上徘徊。社会工作者希望帮助她们链接资源，解决贫困的现状，宜采取的方法是(　　)。

A. 与她们一起分析贫困的原因

B. 让她们挤出晚上的时间，学习致富技术

C. 请农技站技术员对她们进行种养技术的现场指导

D. 在全村宣传学习文化的重要性，让村里的妇女好好学习

20. 吴女士长期忍受丈夫的家庭暴力。这天，因饭菜不合口味，丈夫就打了吴女士一耳光，吴女士刚辩解几句，丈夫就用绳子将其勒得喘不过气，并用刀将她的手臂砍伤。邻居们闻声撞开门把吴女士救了下来并请来了社会工作者。面对这种情况，社会工作者首先应该(　　)。

A. 送吴女士就医并确保其安全

B. 收集诊断证明等相关证据，为吴女士维权做准备

C. 向媒体披露事实，获得社会公众的同情与支持

D. 请律师找吴女士丈夫商议离婚事宜

21. 我国残疾预防分为一级、二级和三级。下列预防措施中属于第三级预防的是(　　)。

A. 开展新生儿计划免疫工作　　B. 宣讲安全规划，推动安全教育

C. 及早发现伤病，及时治疗　　D. 使用运动治疗方法减轻残疾

22. 小张今年 28 岁，有轻度智力障碍。下列为小张提供的服务中属于社区康复内容的是(　　)。

A. 市政府为小张办理残疾人免费公交乘车卡

B. 特殊教育学校免费接收小张学习文化知识

C. 职业技术学校免费为小张提供职业培训

D. 居委会安排小张在他居住的社区做保洁工作

23. 小红是位聋哑人，结婚十多年来，家里的经济状况还可以，但一直忍受丈夫的家庭暴力。一次丈夫酗酒后把她打得鼻青脸肿，小红越想越觉得这样的生活没希望，于是趁丈夫熟睡后，将丈夫杀死并投案自首。针对该个案，关于法律援助的说法，正确的是(　　)。

A. 若小红没有委托辩护律师，应当获得法律援助

B. 若小红没有委托辩护律师，不能获得法律援助

C. 若小红没有提出申请，不能获得法律援助

D. 小红家庭经济不困难，不能获得法律援助

24. 某单位为了支持残疾人就业，将本单位部分保洁工作交由社区残疾人承担，但残疾人在工作时，遭到其他员工的歧视，有人经常让残疾人替他们完成本应由自己完成的工作，这些残疾人敢怒不敢言。针对这种情况，社会工作者宜采取的做法是(　　)。

A. 为承担保洁工作的残疾人进行技能培训

B. 评估这些残疾人身心方面的适应性，疏导他们的情绪，以便做好工作

C. 在员工中开展残疾人权益宣教工作，消除他们对残疾员工的歧视

D. 探访残疾人，了解他们在生活中存在的困难并帮助他们解决

25. 社会工作者相信可以运用专业的方法和技巧帮助矫正对象改变其与社会生活不相适应的思想观念、生活态度、行为方式等，达到恢复其社会功能、回归社会的目标。这主要体现了矫正社会工作的(　　)。

A. 接纳　　B. 可塑性

C. 个别化　　D. 尊重

26. 矫正对象小张经社会工作者小王推荐，参加由某职业学校为失业青年举办的为期两年的教育培训。两个月后，小王在随访时了解到，学校老师认为小张表现不错，但小张觉得同学们用异样眼光看自己，他感到焦虑、紧张、很不开心，开始不愿参加培训。按照认知理论，小王针对小张的情况宜采取的做法是(　　)。

A. 赠送小张喜欢的游戏币，鼓励他继续接受培训

B. 对小张进行冥想放松训练，缓解他的焦虑情绪

C. 帮助小张改变看待同学们的态度，努力学习，赢得尊重

D. 无条件关怀小张，增加随访的次数

27. 矫正对象小李，30岁，易冲动。矫正社会工作者小王与小李建立了良好的专业关系，在小王的帮助下，小李的脾气改善不少。一天，小王在路上目睹小李的妻子与其他男性举止亲密。此时，小王合适的做法是(　　)。

A. 与小李的妻子沟通，希望她能改变自己的行为

B. 与小李进行交流，对其可能产生的情绪冲动进行预防训练

C. 尊重小李的知情权，把所见到的情况告知小李

D. 遵循保密原则，不采取任何行动

28. 社区矫正对象小李告诉社会工作者，自己从小到大被家长、老师认为是个没出息的人，他也觉得自己就这样了，以后的日子过一天算一天。小李的这种情况可以用(　　)来解释。

A. 行为主义理论　　B. 标签理论

C. 认知理论　　D. 社会学习理论

29. 小军因吸毒被强制戒毒结束后，矫正社会工作者小张跟进了小军的个案。接案时小张了解到小军为非婚生子女，母亲改嫁后一直无人管他，小张对小军的需要进行了评估。此时，小军最需要满足的是(　　)要求。

A. 生理脱毒　　B. 基本生活保障

C. 就业　　D. 法制教育

30. 社会工作者小王发现矫正对象小芳情绪不稳定，常常前言不搭后语，幻想有人要害她，躲在家里不敢出门。小芳的丈夫因在外地工作，不常回家。当小王察觉到小芳的精神状况有异常后，首先要做的工作是(　　)。

A. 运用理性情绪疗法开展治疗，改善小芳的情绪问题

B. 转介给社区精神科医生，由医生做出评估

C. 送小芳到丈夫工作地，由其丈夫照顾

D. 向小芳所在社区的司法所工作人员报告小芳目前的情况

31. 为了加快培养现代建设人才，财政部等五部门自2011年开始实施自主就业退役士兵教育赞助政策。这项政策满足的是退役士兵(　　)的需要。

A. 适应角色转变　　B. 获取社会承认

C. 赢得社会尊重　　D. 提高就业能力

32. 光荣院居住的孤老优抚对象大多无儿无女、无亲无故。前些天，与老曾一起住了二十多年的老曲过世了，老曾十分悲伤，情绪低落，不愿见人。于是社会工作者组织院友坐在一起，表达对老曾的理解，分享对生命的感悟，并约定要互相鼓励扶持走完生命历程。社会工作者组织的小组是(　　)。

A. 教育小组　　B. 成长小组

C. 治疗小组　　D. 支持小组

33. 社会工作者组织某军休所老干部成立了志愿服务队，让他们能够服务社会。老干部中有的人在中小学担任校外辅导工作，有的为社区的环境绿化提供设计方案，干得津津有味，乐在其中。社会工作者协助军休干部实现了(　　)的功能。

A. 老有所养　　B. 老有所乐

C. 老有所为　　D. 老有所学

34. 近来为吸引大学生入伍，北京、上海等大城市相继出台了一系列鼓励的政策，比如，非京籍、沪籍大学生士兵复学后完成学业且被当地用人单位接收的，可办理京、沪落户手续。这项政策属于(　　)措施。

A. 优待　　B. 抚恤

C. 教育　　D. 就业

35. 某光荣院的荣养伤残军人大多年事已高，活动不便，很少外出，他们觉得每天有吃有喝就行了。针对这种情况，社会工作者准备运用动机激发小组活动来提高他们的主动性，提升生活质量。下列小组活动内容中最适宜的是(　　)。

A. 让小组成员听熟悉的音乐

B. 请护理人员开设老人健康教育讲座

C. 请小组成员讨论提出绿化光荣院的方案

D. 让小组成员观看最新的娱乐电影

36. 在专项救助社会工作中，社会工作者能够介入的工作是(　　)。

A. 制定教育救助的政策

B. 为贫困患者报销医疗费用

C. 帮助贫困家庭了解住房

D. 为受灾群众提供基本的生活保障

37. 社会工作者动员社会爱心人士以志愿者身份与贫困家庭的青少年结对子，作为青少年的"成长向导"，分享创业经验，提供实习机会。社会工作者上述工作最主要的功能是(　　)。

A. 改善社区环境　　B. 发展社会网络

C. 促进能力建设　　D. 增加社会资产

38. 某城市流浪儿童救助中心有一些暂时无法回归家庭的儿童。为了给这些儿童创造家庭环境，使其熟悉家庭规范，以便将来顺利回归家庭和社会，社会工作者可以采用(　　)。

A. 收养家庭　　B. 原生家庭

C. 机构类家庭　　D. 重组家庭

39. 老张今年50岁，一年前因公司裁员失业在家。老张妻子患慢性病，几年前从单位病退。近期，老张的儿子考上了职业学校，需缴纳一大笔学费。为了让儿子上学，老张妻子打算放弃治疗。根据国家政策，社会工作者可以协助老张家申请的专项社会救助是(　　)。

A. 最低生活保障和医疗救助　　B. 失业救助和医疗救助

C. 教育救助和医疗救助　　D. 失业救助和最低生活保障

40. 小丽是小学一年级新生，入学一个多月后每天放学回家都说自己肚子疼。小丽妈妈带她到医院检查后没有找到任何病因，于是向社会工作者小秦求助，小秦计划依据生态系统理论探索小丽的家庭与学校之间的互动关系，这是小丽生长环境的(　　)系统。

A. 微观　　B. 中观　　C. 外部　　D. 宏观

41. 小赵因丈夫经常酗酒后殴打她向社会工作者小张求助。小张与小赵夫妇多次会谈后发现，小赵有一个刚满周岁的儿子，但她与丈夫的沟通处于相互指责、相互抱怨的不良循环中。小张计划让夫妻双方看到丈夫的恶习与他们之间的沟通方式密切相关，并要设法打破这样的沟通方式。小张的做法依据的是(　　)理论。

A. 家庭系统　　B. 生态系统

C. 家庭抗逆力　　D. 家庭生命周期

42. 张女士因遇到许多家庭问题向社会工作者小李求助。她说,公婆不喜欢她,丈夫赌博不管孩子,上初中的儿子既叛逆成绩又差,家庭收入也不高,住房紧张,她简直不知道怎样活下去。小李打算采用家庭干预的聚焦技巧对张女士提问,合适的问法为(　　)。

A. “听起来你遇到了许多不开心的事,是吗?”

B. “你真的觉得不知道怎么活下去了吗?”

C. “在你刚才说的这些问题里,对你最重要的是什么?”

D. “你希望我帮你一起分析和解决这些问题,是吗?”

43. 小王夫妻俩均来自单亲家庭,他们非常渴望拥有一个完美和谐的家,说话做事总是小心翼翼,怕伤害到对方。但自孩子出生后,妻子把大部分时间和精力都放在孩子身上,小王觉得受了冷落,开始抱怨指责妻子,而妻子认为丈夫不理解她的辛苦,久而久之,他们见了面就争吵。针对小王夫妻的情况,社会工作者设计了婚姻辅导活动,该活动的主要目的应为(　　)。

A. 鼓励小王夫妻扮演对方的角色,理解彼此的需要

B. 鼓励小王夫妻讲述早年单亲家庭经历,缓解他们内心的压力

C. 指导小王夫妻了解自己行为背后的担心,调整他们对早年经历的认知

D. 协助小王夫妻反思自己性格存在的不足,改善他们对父母身份的认识

44. 小明妈妈因小明上课不遵守纪律而向社会工作者小秦寻求帮助:

小明妈妈:“我家小明真是太笨了,成绩一直是年级最差的,上课不好好听讲,常常变着法给老师捣乱,我真不知道怎么办才好!”

小秦:“听了您的介绍,我感觉小明没有把聪明用在学习上,如果小明把聪明用在学习上的话,您说一说他的学习会有什么不同?”

在上述提问中,小秦采用的家庭干预技巧是(　　)。

A. 观察　　B. 对质

C. 再标签　　D. 例子使用

45. 学校社会工作者小周针对目前一些青少年存在被过度保护、容易受挫折等问题计划开展一次小组工作,该工作主要围绕抗逆力构成要素展开,即外部因素、内在优势因素及(　　)因素。

A. 保护　　B. 生理

C. 效能　　D. 风险

46. 关于在学校开展个案工作的说法,正确的是(　　)。

A. 学校个案工作也就是学校的德育工作

B. 心理咨询可以替代学校个案工作

C. 学校个案工作适用对象不包括家长

D. 学校个案工作以学生为主要对象

47. 某中学的社会工作者小赵在督导的指导下开展学生小组辅导活动。小赵的下列做法中,能够体现“学生为主,社会工作者推动”思路的是(　　)。

A. 让学生讨论并建立辅导的目标

B. 更多地向学生讲解做人的道理

C. 社会工作者在小组辅导讨论过程中成为讨论的中心

D. 采取评比、排名方式激励学生参与活动

48. 某学校社会工作者准备开办学习兴趣提升小组，为避免学生形成“参加小组都是差生”的印象，决定公开招募小组成员，共有 30 个人报名，大大超出选取 12 名组员的限定范围，社会工作者在对组员的筛选中宜采用的方法是(　　)。

A. 逐一谈话以确定学生意愿，劝退参与小组相对动机不强的学生

B. 让报名的学生提交月考成绩，选取排名最后的 12 名学生

C. 向成绩较好的学生解释本次小组的目的和不录取的理由

D. 采取随机筛选的办法，抽签选取 12 名组员

49. 某社区开展了为期一年的预防艾滋病的健康教育活动。活动结束后，评估人员从不同层面对活动进行了评估。下列内容中，属于过程评估的是(　　)。

A. 艾滋病基本知识的知晓率

B. 相关人群对该活动的满意度

C. 该活动对其他社区产生的影响

D. 健康教育培训内容和培训方式的适当性

50. 某村被列入当地城中村改造计划，当地政府将该村改造计划的讨论稿在村中公示，向村民及驻村单位征求意见，以便修订改造计划。这种做法属于居民社区参与形式中的(　　)。

A. 协商　　B. 咨询

C. 共同行动　　D. 社区居民自治

51. 长期照顾患病老人的家庭成员身心疲惫。社会工作者与这些家庭的邻居联系，每周末由邻居帮忙照顾老人，让老人的家庭照顾者放松休息。上述做法中，社会工作者运用的工作方法是(　　)。

A. 建立社会互助网络　　B. 推动居民社区参与

C. 建立邻居协助网络　　D. 推动社区发展

52. 一年前 A 社区成立了青年人环保小组，相邻 B 社区成立了老年人合唱小组，社会工作者计划运用资源共享方式开展社区工作。下列活动中最能直接体现资源共享理念的是(　　)。

A. 动员环保小组成员开展拣拾白色垃圾活动

B. 联合环保小组、合唱小组共同发起“我为社区献力量”主题活动

C. 利用合唱小组的活动室，由环保小组外聘专家为居民讲解环保知识

D. 动员合唱小组为本社区居民进行表演

53. 社会工作者小李在分析社区老年人需求之后，开展了针对老年人的社区服务活动。下列工作中，属于服务执行过程中的工作是(　　)。

A. 了解老年人喜爱的文体活动类型

B. 为服务活动制定合理目标

C. 及时表彰并鼓励表现突出的志愿者

D. 开展老年人对服务活动的满意度调查

54. 某社区服务机构为该社区残障人士及特困家庭提供服务。下列工作中属于时间进度管理方法的是(　　)。

A. 计算该活动中政府拨款和社会捐赠资金总额

B. 3 个月内教会 30 名智障人士手工制作肥皂的技能

C. 提供联系方式以便服务对象能随时找到社会工作者

D. 通过张贴光荣榜等形式表彰优秀志愿者

55. 某机构于春节前在A社区托儿所开办了日间托老所,3个月来很少有人入住。在评估项目时,居民们反映托老所收费太贵,还不如住在家里舒服。根据居民反映的意见,该项目在策划过程中存在的主要问题是(　　)。

A. 开办时间不合理　　B. 服务内容不明确

C. 服务地方不舒适　　D. 服务与需求不匹配

56. 医务社会工作是在健康照顾体系内实施的社会工作。属于狭义的医务社会工作内容的是(　　)。

A. 在社区推动医疗保健与社会福利的整合

B. 在医疗保健机构开展"心理-社会"服务

C. 为促进公众健康开发社会资源

D. 为预防疾病开展全民健康教育

57. 小张因患精神分裂症住进了精神病院,经过两年的治疗后,医生建议小张出院进行社区康复,并将小张转介给精神病院的社会工作者小马。此时,小马应优先考虑(　　)。

A. 在小张居住的社区,开展精神卫生知识普及

B. 介绍小张成为社区志愿者,为社区孤老服务

C. 为小张联系社区精神康复机构,衔接治疗和康复服务

D. 为小张联系就业单位,帮助其进行职业康复

58. 针对目前白血病多发和社会公众对白血病缺乏了解的状况,儿童医院的社会工作者走进附近的社区和学校,开展了有关白血病知识的讲座和宣传,社会工作者的这项服务属于医院社会工作中的(　　)。

A. 家庭照顾　　B. 日间照顾

C. 外展服务　　D. 倡导工作

59. 老张的妻子遭遇车祸不幸去世。老张一时无法接受妻子已去世的事实,整日不吃不喝,不言不语。在这种情况下,社会工作者适宜的做法是(　　)。

A. 鼓励老张继续工作,保持以前的工作习惯

B. 协助老张宣泄悲伤情绪,并准备好处理其失控的情绪

C. 转移老张的注意力,建议他外出散心

D. 鼓励老张参加社区活动,结交新朋友

60. 社会工作者在预防和控制传染病传播的工作中,可承担的工作是(　　)。

A. 倡导健康的生活方式　　B. 管理传染病的传播源

C. 切断传染病的传播途径　　D. 为易感人群实施预防接种

二、多项选择题(共20题,每题2分。每题的备选项中,有2个或2个以上符合题意,至少有1个错项。错选,本题不得分;少选,所选的每个选项得0.5分)

61. 社会工作者在与服务对象商定了服务目标之后,就需要拟订行动计划,该行动计划的内容应包括(　　)。

A. 确定目标的先后顺序

B. 讨论目标的可行性

C. 把目标转化为可测量的指标

D. 选择介入的系统

E. 选择介入的行动

62. 张女士的儿子小希有轻度智障，到了入学年龄但没有学校愿意接收，张女士向社会工作者小王求助，小王向张女士了解情况后，找专家请教了有关智障儿童的知识。在基本确认小希可以适应普通学校生活后，小王又将小希转介给心理专家做进一步测试，对小希的学习能力开展了更全面的评估。上述小王收集服务对象资料的方法有(　　)。

A. 咨询　　B. 询问

C. 心理评估　　D. 观察

E. 利用已有资料

63. 社会工作者在帮助一对要离婚的夫妇时，在工作记录中描述了如下情况：夫妇俩有一名5岁的儿子，患有自闭症，孩子到了上幼儿园的年龄，但找不到愿意接收他的幼儿园，为照顾孩子，妻子放弃了工作，几年来，妻子为照顾孩子心力交瘁，抱怨丈夫不关心自己，夫妻俩为此不断争吵，导致要离婚。上述记录包含了(　　)。

A. 服务对象的情况、问题与需要

B. 孩子的病症和持续时间

C. 问题发生过程

D. 服务对象的处境

E. 自闭症儿童群体存在的问题

64. 当儿童由于父母死亡、疾病、吸毒、入狱、离家出走等不能得到父母照顾时，需要替代性服务。属于儿童替代性服务的有(　　)。

A. 亲属照顾　　B. 福利机构照顾

C. 家庭寄养　　D. 收养

E. 托儿所照顾

65. 某社区属于老旧小区，社区居民中下岗工人多，经济收入低，社区内青少年初中毕业辍学在家或读职业中专的比较多，他们经常出没网吧或游戏厅。社会工作者走访了几个青少年家庭，发现亲子冲突较多，一些家庭担心孩子学历低，将来找不到好工作，还有一些家庭认为孩子整天无所事事，可能会被某些不怀好意的人带坏，从而走上犯罪的道路。针对这一现状，社会工作者适合开展的服务有(　　)。

A. 开展改善亲子关系的教育活动

B. 组织提升青少年社会交往能力的交友小组

C. 开展提升青少年职业意识和技能的职业交流

D. 组织减少青少年偏差行为的小组

E. 建立预防青少年犯罪的社区网络

66. 为了推进性别平等，某机构在农村地区开展了推动基层妇女参选参政项目。下列工作中，运用了妇女赋权方法的有(　　)。

A. 选拔有能力的妇女骨干并对她们进行社会性别知识与参政能力培训

B. 对女性候选人进行演讲技巧训练

C. 让妇联干部游说上级党委安排妇女骨干任村支书

D. 支持新任女“村官”开展公益活动，提升她们在村里的威信和影响

E. 培训相关党政部门的工作人员，支持妇女参选参政

67. 某纺织企业的社会工作者针对女职工多的特点，为满足女职工的生殖健康需要，可以开展的活动包括(　　)。

A. 设置哺乳室，方便女职工给孩子喂奶

B. 为怀孕女职工调整工作岗位、减轻劳动强度、保证工资待遇

C. 开展以“优生优育”为主题的知识竞赛活动

D. 在全厂开展“男女平等”的基本国策的讲座

E. 在企业的统计报表中实行分性别统计

68. 张女士婚后与丈夫十分恩爱，但随着女儿的出生，有重男轻女思想的婆婆就闹着让儿子与张女士离婚，张女士与婆婆多次解释也无效果，最后与丈夫离了婚，独自抚养女儿。最近张女士回想此事，常常感到自责和无助，于是向社会工作者小刘求助。下列小刘的做法中体现了性别视角的有(　　)。

A. 帮助张女士反思自己的性格和行为中存在的不足并加以改正

B. 肯定张女士之前为维护婚姻所做的努力

C. 告诉张女士生男生女并不是她的错，不必过分自责

D. 表达自己对张女士独自承担家庭责任所付出努力的钦佩

E. 介绍张女士参加单亲妈妈支持小组，学习照顾女儿的技巧

69. 社区康复是残疾人康复的重要方法。下列属于社区康复的活动是(　　)。

A. 做好社区的计划免疫工作

B. 为社区公共厕所加装扶手和防滑垫

C. 为有需求的残疾人提供法律援助

D. 建立社区康复中心，针对不同的人进行康复训练

E. 利用“全国助残日”在社区开展为残疾人服务的活动

70. 某街道在残疾人服务领域探索建立残疾人社会支持系统，以帮助他们解决自身问题，减轻压力，维护身心健康。下列做法有助于发挥残疾人社会支持系统功能的有(　　)。

A. 请康复训练员指导家庭成员帮助残疾人进行康复训练

B. 在社区活动中心增设无障碍通道

C. 组建志愿者队伍，定期上门探访残疾人

D. 聘用专职社会工作者，对社区残疾人事务进行统筹和协调

E. 为残疾人家庭进行无障碍设施改造

71. 下列工作中，属于监禁场所内矫正社会工作内容的有(　　)。

A. 预防服务对象间犯罪观念的“交叉感染”

B. 协助服务对象戒除不健康的生活习惯

C. 协助服务对象适应监禁场所的生活

D. 协助服务对象制定作息制度及监督措施

E. 帮助服务对象恢复重建其社会功能

72. 对既往军旅生涯的不舍和留恋，对当下处境的不满和无奈，是部分军休干部的心理特征。社会工作者计划运用人生回顾方法来帮助这些军休干部，目的在于协助他们(　　)。

A. 寻找往事的意义

B. 回避过往的局限

C. 忘却生活中不好的一面

D. 构建当下生命的意义

E. 实现自身整合

73. 小申今年 28 岁，服役期间因公致一级伤残，入住荣誉军人康复医院后，家人未曾探视。不久他情绪低落，拒绝康复治疗。社会工作者老张查房时意外发现小申枕头下藏有大量安眠药。此时，老张应采取的介入行动包括(　　)。

A. 家庭探访

B. 哀伤辅导

C. 危机干预

D. 安置服务

E. 尊重自决

74. 老张服刑 10 年期满后被释放回家，目前与父母同住，因家庭生活困难申请低保。收到老张的申请后，社会工作者对老张的生活状况进行了评估，其评估的内容应包括(　　)。

A. 老张的收入及财产状况

B. 老张的性格脾气

C. 老张重新犯罪的可能性

D. 老张的健康状况

E. 老张同住家庭成员的收入及财产状况

75. 某社会工作机构在基金会资助下参与地震灾后重建，机构打算全方位、多层次介入灾后重建，其服务计划适宜包括(　　)的内容。

A. 征集受灾群众关于社区重建的规划建议

B. 参与灾害风险分析

C. 通过小组活动重建邻里关系

D. 通过职业培训促进受灾群众的再就业

E. 帮助政府紧急转移和安置灾民

76. 智障人士服务机构的社会工作者小李，与智障人士家庭建立了积极的信任关系。她经常向这些家庭的成员讲授相关知识，指导他们掌握相关技能，并提供多种信息增加他们的应对能力。在以上服务中，小李承担了(　　)角色。

A. 支持者

B. 教育者

C. 倡导者

D. 使能者

E. 资源调动者

77. 小明给学校社会工作者小王写了一封求助信。信上是这样说的，“我最近很苦恼，妈妈经常动不动就骂我，今天还打了我，我很伤心。我希望你能帮助我，让妈妈变得温柔一点”。于是小王找小明妈妈交谈，小明的妈妈也说了自己的苦恼，“我就是脾气不好，我也知道不该打骂，可一遇事就控制不住自己”。下列小王的做法中，能够直接改善小明母子之间沟通方式的有(　　)。

A. 提示小明的妈妈在孩子做出适当行为时给予鼓励

B. 澄清小明的妈妈在沟通中存在的问题

C. 提升小明的自我情绪控制能力

D. 帮助小明的妈妈学习更有效的亲子互动方法

E. 帮助小明觉察母亲的矛盾情绪

78. 最近某校不少初二同学听说,只有少数学生能考上高中,大部分学生只能上职业学校。他们认为职业学校风气不正,学不到东西,因而陷入对未来迷茫和担忧之中。社会工作者拟采用小组辅导让学生对未来学业发展和职业规划有较理性的认识。下列做法中,适宜作为该小组计划内容的有(　　)。

A. 帮助学生找出“理想我”与“现实我”的差距

B. 帮助学生认识到实现生涯目标应具备的能力

C. 帮助学生学习利用社会资源

D. 帮助学生掌握合适的学习方法

E. 帮助学生家长缓解经济压力

79. 社会工作者在分析社区需求时,要区分四种需求的类型,即感觉性的需求、表达性的需求、规范性的需求和比较性的需求。下列表述中,属于感觉性需求的有(　　)。

A. 残疾人反映说:“我们需要有一个康复训练室。”

B. 老年人反映说:“我们希望有一个老年人健身活动中心。”

C. 社区建设专家说:“社区需要一个健康教育中心。”

D. 所有的居民反映说:“我们社区卫生室的医疗水平和设施都不如其他社区。”

E. 卫生部门的人说:“社区卫生服务要硬件、软件两手抓。”

80. 急诊室收治了一名从高处跌落而昏迷不醒的 5 岁男孩,在询问病史时,男孩的母亲语无伦次,护士发现男孩身上有多处旧伤,便请来了社会工作者。社会工作者走访了男孩的父母、亲戚、邻居、居委会和幼儿园。社会工作者此举的目的是(　　)。

A. 诊断男孩的受伤程度

B. 预估男孩的治疗结果

C. 评估男孩环境中的风险因素

D. 了解男孩的成长经历

E. 了解男孩的家庭环境

准考证号____________

姓名____________

社会工作实务（初级）全真模拟试卷（一）

重要提示：

为维护您的个人权益，确保考试的公平公正，请您协助我们监督考试实施工作。

本场考试规定：监考老师要向本考场全体考生展示题本密封情况，并邀请2名考生代表验封签字后，方能开启试卷袋。

社会工作实务(初级)全真模拟试卷(一)

一、单项选择题(共60题,每题1分。每题的备选项中,只有1个最符合题意)

1. 社会工作者小童在某小区开展入户调查时,发现了无家可归的流浪儿童果果。社会工作者主动与果果交谈,了解他每天的生活状态,并尝试说服果果接受专业的救助。对社会工作者小童来说,果果是(　　)的服务对象。

A. 自愿型　　B. 非自愿型

C. 转介　　D. 外展

2. 范女士有一个12岁的女儿小盼,在小盼不知情的情况下,范女士怀上了二胎。随着范女士腹部的增大,小盼知道了实情,之后便开始闷闷不乐,范女士尝试与女儿沟通清楚,但是女儿一直在生气,不愿意和范女士沟通。无奈之下,范女士找到了社会工作者老冯寻求帮助,社会工作者老冯开始对范女士面临的问题进行评估,确定了其需要解决的具体问题。老冯所做的工作属于社会工作实务通用过程中的(　　)。

A. 接案　　B. 评估

C. 计划　　D. 结案

3. 选择介入行动要从服务对象的需要和利益出发,并且在决定介入行动时要有服务对象的参与。这体现了选择介入行动的(　　)原则。

A. 以人为本,服务对象自决

B. 个别化

C. 考虑服务对象的发展阶段和他们的特点

D. 与服务对象相互依赖

4. 社会工作者需要掌握娴熟的会谈技巧,进而保证会谈工作的顺利进行。在下列选项中,不属于会谈技巧的是(　　)。

A. 主动介绍自己

B. 通过"治疗性沟通"了解服务对象的需要和问题

C. 角色扮演

D. 倾听

5. 小旺在高考后迷恋上了打游戏,每天打游戏的时间超过了12个小时。社会工作者小亮连续一周记录小旺打游戏的时间,发现小旺每天打游戏的时间约为14个小时。在进行一周的介入后,小亮再次对小旺打游戏的时间进行记录,经过一周的观察,发现小旺每天打游戏的时间约为8个小时。在这次评估工作中,小亮运用了(　　)的方法。

A. 对服务对象影响的评估　　B. 基线测量评估

C. 任务完成情况的测量评估　　D. 目标实现的测量评估

6. 在社会工作领域中，“儿童”和“未成年人”是通用的，并且在学科内领域划分中，采用“儿童社会工作”的表述，服务对象专指未满(　　)周岁的自然人，聚焦其社会福利和保护服务的分支领域。

A. 12　　B. 14

C. 16　　D. 18

7. 社会工作者小辉在为留守儿童提供服务时，一般会从留守儿童所在的家庭、朋辈群体、社区、学校等的互动关系中分析问题，在识别留守儿童的需要后，再提供专业的服务。小辉的做法体现了儿童社会工作中的(　　)原则。

A. 优先　　B. 利益最大

C. 生态系统　　D. 最小伤害

8. 小刚今年 10 岁，他的亲生父亲在三年前因车祸去世了，一年前他的母亲与王先生结为夫妻。小刚的母亲觉得有小刚一个孩子就够了，不想再和王先生要一个孩子。王先生非常想再要一个孩子，越发觉得最大的障碍就是小刚，王先生趁着小刚母亲回老家的这段时间，每天都对小刚拳打脚踢，邻居看到小刚后，发现小刚已经被打得伤痕累累，就将这一情况告诉了社会工作者小风。小风在这时需要开展的服务内容是(　　)。

A. 社区儿童服务和儿童保护预防服务

B. 儿童保护的发现报告和伤害评估服务

C. 失依儿童的替代照料和康复回归服务

D. 机构类家庭养育服务和机构集体养育服务

9. 小艳的父母在地震中不幸身亡，随后小艳跟着爷爷奶奶一起生活。小艳最近学习总是心不在焉，成绩下滑得很厉害。班主任在和小艳接触的时候发现，小艳手臂上有一块烫伤，于是班主任找到了社会工作者小丽，希望小丽可以帮助小艳。小丽在和小艳接触后，打算运用以家庭为中心的方法对小艳家庭的监护能力进行监测和评估，她应该评估(　　)。

A. 小艳家人的安全保障能力

B. 小艳家庭的社会融入状况

C. 小艳家人的年收入情况

D. 小艳家的住房状况

10. 艾德沃特对青少年时期身心状况的描述，对我们了解青少年有较好的启发。在青少年阶段，其情绪发展层面开始从父母处(　　)。

A. 自主决定　　B. 自我实现

C. 独立自主　　D. 春情萌动

11. 从心理发展的角度，青少年心理发展是在其社会生活环境和自身社会实践活动中完成的，因此青少年的智力、情绪和情感、自我意识、性格、性意识、成长和发展性需求等方面呈现出诸多特点。下列选项中，不属于青少年在心理发展方面表现出来的特点的是(　　)。

A. 主体与客体的互动　　B. 动荡与稳定的结合

C. 突变与渐变的统一　　D. 心理与生理的成熟

12. 小聪今年读高二，由于父母的工作发生变动，这学期他转至父母工作所在的城市。由于离开了熟悉的环境和亲密的朋友，小聪的生活很无聊，便开始每天放学后泡网吧，谁知逐渐迷恋上了玩游戏无法自拔。从此，小聪从最初的逃一节课发展到后来的整天不去学校。为了让小聪重新返回校园,父母想尽了办法都无济于事,小聪的父母觉得小聪是“无药可救”了,未来的发展肯定是一塌糊涂。在这时,小聪父母在邻居的介绍下认识了社会工作者小红,小红决定帮助其解决小聪的问题。在小红与小聪的父母面谈过程中,小聪父母表现出失落的情绪,小红告诉他们不要用静态的眼光看待小聪,要站在小聪的角度上理解他的行为。同时也告诉小聪的父母,不用过于担心,一定要相信小聪可以解决自身的问题,重新回到正常的学习轨道上。社会工作者小红对小聪父母所说的话,体现了青少年社会工作的(　　)。

A. 主体性原则　　B. 发展性原则

C. 整体性原则　　D. 一致性原则

13. 新冠肺炎疫情期间,某小区的青少年在大学毕业后,普遍存在难找工作的问题。社会工作者小华在发现这一问题后,打算为社区的青少年群体开展就业支持小组,为小组成员提供就业信息,组织开展就业技能培训。此项服务属于青少年社会工作的(　　)。

A. 思想引导　　B. 习惯养成

C. 职业指导　　D. 婚恋服务

14. 小肖的父母从小就对小肖严加管教,每次都说,“小肖,你必须……”。近期,小肖开始变得不听父母的话,放学后经常和同学出入网吧,也不听父母的劝告。小肖的父母为此非常担心,不知如何是好,便向社会工作者寻求帮助。在一次服务中,社会工作者协助小肖的父母以“我”为开头来传达信息并与小肖沟通,使小肖知道自己的行为是否恰当,也让小肖知道父母的担心和感受。上述社会工作者的行为表明,社会工作者在协助小肖父母(　　)。

A. 尊重接纳　　B. 积极倾听

C. 使用“我-讯息”　　D. 积极沟通

15. 依托社会观护服务站和社会观护基地,社会工作者为有需要的青少年群体开展(　　)。

A. 司法保护和司法社会工作服务　　B. 矫正社会工作服务

C. 青少年特殊关怀服务　　D. 司法社会观护服务

16. 老赵今年 71 岁了,老伴儿在两年前去世了,老赵目前是独自居住。为减少孤独感,老赵开始在社区志愿者的帮助下学习使用智能手机。老赵在学习过程中,发现自己学习的速度和进展变得十分缓慢,已经不像年轻时学习新东西那么快了。老刘这种变化属于(　　)。

A. 生理老化　　B. 心理老化

C. 社会老化　　D. 记忆老化

17. 社会工作者小峰是一位新入职的社会工作者,在养老驿站为老人提供服务时,他总是把他们当成自己的爷爷奶奶来对待。面对这些孤苦的老人,他觉得自己就是这些老人的亲人,每天都应该好好对待他们。小峰表现出的是(　　)。

A. 移情现象　　B. 反移情现象

C. 透支现象　　D. 情感转移

18. 老亓今年 66 岁了,退休后一直独自居住。由于老伴儿已经改嫁多年,老亓这两年觉得一个人过得没意思,生病了也没人照顾,便产生了再找一个老伴儿的想法,这样可以互相陪伴、相互照顾。老亓的想法反映了老年人对(　　)的需要。

A. 健康维护　　B. 就业休闲

C. 婚姻家庭　　D. 居家安全

19. 房爷爷是一名尿毒症患者,每周都要去医院做血液透析。有一次,他对身边的护士说:“我已经厌倦了现在的一切。”这属于评估老人自杀倾向的(　　)。

A. 直接线索　　B. 间接线索
C. 行为线索　　D. 主观线索

20. 张老伯因中风住院,经过一段时间治疗,病情好转,正在恢复之中。张老伯希望能出院回家,并继续进行康复治疗和训练。为了让他出院后既能得到很好的照顾,又能继续康复治疗,社会工作者小王与张老伯的家属、社区的相关机构联系后,为他出院后的照顾做了安排:张老伯住在家中,每天上午由家属送他去社区康复中心进行康复治疗和训练;下午由康复中心的工作人员送他去社区日间照顾中心;傍晚再由在日间照顾中心工作的邻居顺便送他回家。小王为张老伯所做的照顾计划属于(　　)。

A. 社区照顾　　B. 邻里照顾
C. 机构照顾　　D. 家庭照顾

21. 某养老院为生活能够半自理的老人提供服务,聘用了小红担任专职社会工作者。下列工作中,属于小红专业服务内容的是(　　)。

A. 为老人做身体健康检查
B. 考核护理部门员工的工作绩效
C. 为入院老人保管财物
D. 评估入院老人的心理社会状况

22. 妇女社会工作的目标是(　　)。

A. 进行家庭生活教育
B. 提供家庭生活服务
C. 进行婚姻调解
D. 帮助社会成员树立社会性别意识

23. 打工妹微微因反抗雇主的性骚扰而被辞退,并被欠发 3 个月的工资,多次讨薪未果,微微非常愤怒。对此,社会工作者的介入重点是(　　)。

A. 协助微微通过法律途径维护其合法权益
B. 协助微微寻找性骚扰证据
C. 进行情绪辅导
D. 转介她参加“女性自我防卫意识”小组

24. 某社会工作服务机构出台了相关措施:设置母婴喂养室,方便职工给孩子喂奶;减轻怀孕职工的劳动强度,保证工资待遇;机构的负责人还经常当面慰问怀孕或哺乳期的职工。这些措施满足了妇女(　　)的需要。

A. 自我发展　　B. 特殊保护
C. 自我实现　　D. 性别公正

25. 妇女暴力的范围包括拐卖妇女、婚姻暴力、性侵害、基于男孩偏好的强迫堕胎等。下列选项中,不属于对婚姻暴力误区的是(　　)。

A. 夫妻两人打架是“家务事”“私事”,外人无权干涉
B. 暴力性格所致
C. 丈夫喝醉了酒或者在外边承受的压力太大所致

D. 与受害者的不当行为无关

26. 社会工作者小付在过年期间，回到了农村的老家。小付发现老家的妇女地位普遍偏低，妇女自身也觉得自己就是在家带带孩子，做做饭，干不了什么大事。为改变妇女的错误认知创造条件，社会工作者小付需要遵循的原则是(　　)。

A. 鼓励和肯定

B. 权力分析

C. 倡导政策改变

D. 意识觉醒

27. 社会工作者小智认为，残疾人问题绝不是残疾人个人的责任，必然要运用社会的力量来解决。小智的想法符合(　　)理论。

A. 社会代价　　B. 社会照顾

C. 社会支持　　D. 社会网络

28. 小对在一次意外车祸中失去了双腿，在家人和朋友的帮助下，小对终于从悲痛中走了出来，想要重新上班，融入社会。小对找到了社会工作者，社会工作者在了解情况后，决定采用职业康复的方法帮助他。首先应该进行的工作是(　　)。

A. 职业咨询　　B. 职业培训

C. 就业指导　　D. 职业评估

29. 王先生，今年28岁，有轻度智力障碍。下列为王先生提供的服务中属于社区康复内容的是(　　)。

A. 市政府为王先生办理残疾人免费公交乘车卡

B. 特殊教育学校免费接收王先生学习文化知识

C. 职业技术学校免费为王先生提供职业培训

D. 居委会安排王先生在他居住的社区做保洁工作

30. 自幼患小儿麻痹症的小张毕业于某大学计算机系，正在申请某软件开发公司的工作，在面试后得知，他因不符合公司对员工身体条件的要求而未被录用。社会工作者代表小张多次与公司交涉未果。此时，社会工作者应将协助小张的工作重点放在(　　)。

A. 宣传《中华人民共和国残疾人保障法》，消除社会对残疾人的歧视

B. 要求该公司客观地看待小张的能力

C. 激励小张自强自立

D. 协助小张运用法律维护自己的就业权利

31. 矫正社会工作与其他领域的社会工作实务相比较，既有共性，又有其独特的个性特征。下列选项中，不属于矫正社会工作特点的是(　　)。

A. 特殊性　　B. 复杂性

C. 长期性　　D. 反复性

32. 服务对象小伟在盗窃入狱后，他的生活发生了很大变化。他向社会工作者说道：妻子多次提出要与他离婚，工作单位也将他辞退了，母亲在得知自己的情况后生了一场重病，最好的哥们儿也没来看望他。小伟的这些变化，体现他具有的特征是(　　)。

A. 冲动好斗的人格特征

B. 困难重重的生活特征

C. 与社会严重脱节的社会特征

D. 自卑消沉的心理特征

33. 小曾在数月前因喝醉与酒店的工作人员发生冲突，造成对方重伤，自己被扣押和起诉，成为社会工作者的服务对象。在小曾案件的审查过程中，社会工作者应该向法庭提交服务对象小曾的（　　）。

A. 法庭审判方案　　B. 犯罪事实记录

C. 个案会谈笔录　　D. 背景调查报告

34. 老蒋在部队退休后，被安置在某地方军队离退休干部休养所。老蒋在进入休养所之后，心情非常失落，他觉得自己为部队奉献了大半辈子，老了没用了，被当作“包袱”扔了出来，当年是“最可爱的人”，而现在是“最可怜的人”，他始终有一种强烈的被抛弃感。社会工作者在得知老蒋的情况后，介入的重点是（　　）。

A. 社会再适应　　B. 生命回顾与哀伤辅导

C. 危机干预　　D. 认知和情绪问题的处理

35. 职业评估是残疾人职业康复中非常重要的环节。下列选项中关于职业评估的说法正确的是（　　）。

A. 帮助服务对象掌握与职业相关的特定知识

B. 职业评估可以综合考察残疾人的特殊情况与就业的相关问题

C. 职业评估能评定残疾人的工作能力和适应就业的可能性

D. 职业评估能运用科学的研究方法和技术，系统地评估社会工作的介入效果

36. 社会工作者小良的服务对象是一位军休干部，在与其沟通时，社会工作者想要运用“所有权的语言”这一技巧了解服务对象的需要。下列社会工作者的说法中运用了该技巧的是（　　）。

A. “你今天来到这里，想要完成什么呢？”

B. “你为什么来找我啊？”

C. “什么问题让你来到这里？”

D. “你现在就是老了，你觉得自己要接受变老的哪些改变？”

37. 社会工作者小彭是某服务机构的工作者，主要接触的服务对象是军休干部。通过调研，小彭发现军休社区有自身的政治和资源特色，军休制度也有自身的体制渊源。为了更好地配合社区建设和社区治理的创新，小彭计划在中观层面应积极推进（　　）。

A. 军休老人与社会老人的融合

B. 军休社区与驻地社区的融合

C. 军休制度与养老制度的融合

D. 军队保障与地方保障的融合

38. 25 岁的小伟从职校退学后一直在酒吧工作，因受客人中吸毒人员的影响而染上毒瘾。小伟的父母知道后十分着急，手足无措，向社会工作者求助。社会工作者第一次上门时，小伟正在家中自行戒毒，大热天裹着棉被仍然打哆嗦。此时，社会工作者为了与小伟建立专业关系，合适的做法是（　　）。

A. 告诉小伟生理脱毒可能出现的感觉及戒毒的相关资源

B. 与小伟谈论其兴趣爱好以转移他的注意力

C. 与小伟共同回顾其成长经历以找出成瘾原因

D. 了解小伟心中对父母的看法以强化家庭支持

39. N 市第一军休所安置了 40 名军队离退休老干部，他们原先大多属于同一部队，有专业技术和特长，大部分身体健康，有从事力所能及工作的愿望。于是，军休所的社会工作者组织了老干部志愿工作队，并为老干部服务社会牵线搭桥。老干部中有的受聘担任中小学少先队大队辅导员，有的作为专家顾问为社区的环境建设出谋划策。在上述案例中，社会工作者的工作具有(　　)的功能。

A. 发挥军休干部才干，促进其社会实践参与

B. 利用社会资源，拓展安置渠道

C. 发挥军休干部专长，增加个人收入

D. 利用社会资源，展示军休干部风采

40. 社会工作者小雪在社区居委会的协助下，前往贫困家庭进行访问，她看到某个贫困家庭的平房里居住着五口人，睡觉、学习、吃饭都在一起，平房里没有一件像样的家具，因为空间狭小，家中物品也没地方摆放。孩子的学习资料堆在地上的纸箱子里，老人的药品用塑料袋挂在床头。这里，小雪获得评估信息的方法属于(　　)。

A. 使用量表　　　　B. 直接询问

C. 家庭探访　　　　D. 观察身体语言

41. 下列有关萨提亚家庭治疗模式的说法中，正确的是(　　)。

A. 萨提亚家庭治疗模式主要包括对家庭环境的理解

B. 萨提亚家庭治疗模式相信，人没有拥有快乐生活的各种能力和资源

C. 萨提亚家庭治疗模式相信，对每个人来说家庭都是非常重要的

D. 萨提亚家庭治疗模式要求社会工作者关注家庭成员的症状表现

42. 洋洋终于盼到了刑满释放的这一天，可是他却不敢回到原先的学校，洋洋的父母也表示，洋洋以前在原学校就被贴上了“坏学生”的标签，如今更是所有人都知道洋洋是从监狱出来的了。社会工作者此时正确的做法是(　　)。

A. 提供住宿场所

B. 提供就业、就学辅导

C. 提供生活辅导和医疗保健转介服务

D. 提供物质援助

43. 因工作调动，社会工作者小王将社区矫正对象小明交由同事小张负责。小明一直非常认可小王的服务，在小王离开后依然频繁联络小王。此时，小王应该(　　)。

A. 协助小张与小明建立专业关系

B. 继续与小明保持专业关系，协助小明处理相关问题

C. 对小明的联络不予回应

D. 私下与小明继续保持联系，协助小明处理相关问题

44. 老张今年 63 岁，其妻子在几年前过世，如今他与儿子儿媳同住。在生活中，老张的教育观念与儿子和媳妇的教育观念有很大差异，他们经常因此发生争吵。老张所处的家庭生命周期的任务和要求不包括(　　)。

A. 学习与孙子女交流

B. 学习与成人子女沟通

C. 维持晚年生活的尊严、意义和独立

D. 适应不以子女为中心的新角色的要求

45. 为促进社区服刑人员更好地融入社会,社会工作者小张开展了以“调整心态,积极就业”为主题的小组活动。在小组第四节活动开始前,组员们听说一名社区服刑人员因再次犯罪被抓,议论纷纷。组员中,有人表现得很焦虑,有人无动于衷,有人认为这是个人行为,与其他人无关。此时社会工作者最宜采用的做法是(　　)。

A. 继续按原定小组计划开展活动

B. 在本次小组活动中增加对犯罪行为的讨论

C. 取消本次小组活动,转用个案方式逐一沟通

D. 组织一次公益劳动以淡化该事件造成的心理冲击

46. 小胡和爱人大学毕业后留在了当地,组建了自己的家庭,结婚三年后,生下了一个女儿。工作繁忙的小两口平日里无法照顾女儿,便让生活在农村的爸爸妈妈过来照顾,并住在了一起。现在,小胡的家庭属于(　　)。

A. 核心家庭　　B. 主干家庭

C. 联合家庭　　D. 寄养家庭

47. 老崔由于工作失误给公司带来了较大的经济损失,被老板辞退,随后一直在家闲着。老崔的母亲患病需要长期治疗,目前家中所有的负担都落在妻子身上。妻子感到压力很大,心情特别烦躁,于是向社会工作者小君求助,小君运用家庭系统理论,了解他们家庭目前面临的困难,鼓励妻子和丈夫沟通想法,并积极为老崔提供就业服务,减轻其妻子的负担,促使家庭功能正常发挥。根据以上案例,下列说法中不正确的是(　　)。

A. 家庭成员的行为遵循循环影响的原则

B. 老崔失业是造成家庭问题的主要原因

C. 家庭系统中一位成员的改变影响所有其他家庭成员

D. 小君应该尽快给老崔安排一份工作,以彻底解决家庭问题

48. 晓君与老公最近因为是否将公公婆婆接过来照顾孩子的问题而争吵不休。为了避免吵架,晓君老公每晚都与朋友打麻将到凌晨才回家,这让晓君更生气,认为老公染上了赌博,不再关心家庭了,夫妻俩的矛盾更深了。受不了折磨的晓君找到了社会工作者寻求帮助。为改善晓君夫妻关系,社会工作者适合提供的服务是(　　)。

A. 家庭行为学习　　B. 家庭照顾技巧

C. 婚姻辅导　　D. 家庭干预

49. 阿霞,今年 25 岁,老公小杜今年 30 岁。小杜是一名装修工人,工作辛苦,下班后喜欢喝酒减压,但每次喝醉酒就会对阿霞拳打脚踢,无法忍受家暴的阿霞带着 5 岁的儿子回到娘家生活。现在,阿霞的老公经常打电话骚扰阿霞,让阿霞感到十分苦恼,于是她向社会工作者求助。社会工作者决定用家庭结构图来展现阿霞家的情况,正确的图形是(　　)。

A. 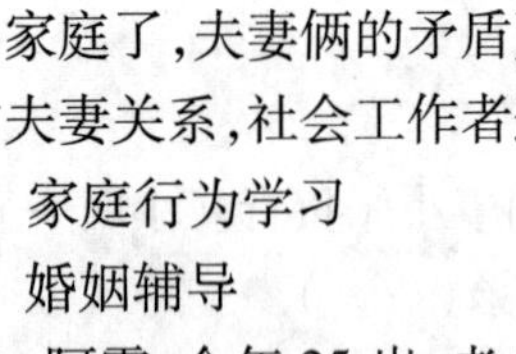

B. 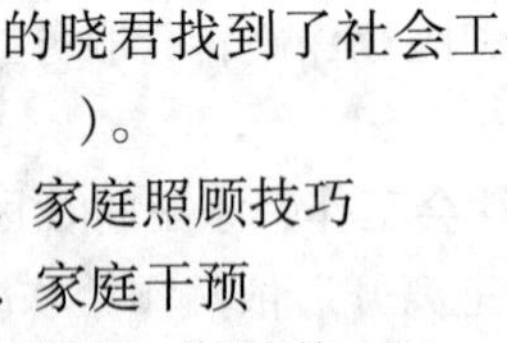

C. 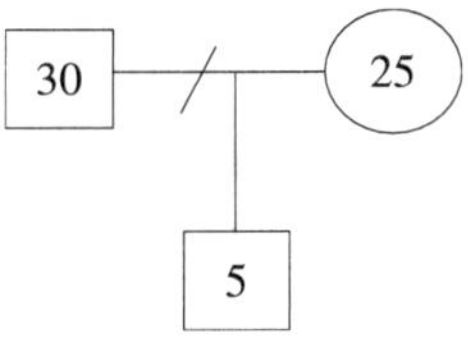

D. 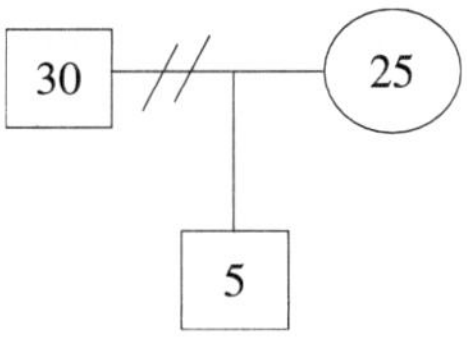

50. 小力的母亲最近到社会工作者那里求助,她说:“儿子小力很淘气,总是爱拆家里的东西,小时候拆玩具,我们也不觉得有什么。可是进入小学以后,就开始拆各种小的家用电器了,实在是不听话,拿他没办法。”社会工作者在听完小力母亲的讲述后,决定用再标签的干预技巧,让小力的母亲看到小力行为的另一面。社会工作者合适的问法是(　　)。

A. “你觉得你儿子的行为不当之处在哪里?”

B. “你儿子的动手能力很强吧?”

C. “每个人都有优点和缺点,小孩子调皮是正常的。”

D. “很多小孩子都会调皮,长大点就好了。”

51. 李老师患病后留下偏瘫的后遗症,经住院康复治疗,身体有所恢复。在出院前,他请社会工作者小王帮助他进行居室无障碍改造。此时,小王首先应该做的事情是(　　)。

A. 认真征求医护人员的意见

B. 与工程技术人员进行协商

C. 到李老师家进行实地观察

D. 听取社区和邻居的意见

52. 社会工作者小王发现矫正对象小方情绪不稳定,常常前言不搭后语,幻想有人要害她,躲在家里不敢出门。小方的丈夫因在外地工作,不常回家。小王察觉到小方的精神状况有异常后,首先要做的工作是(　　)。

A. 运用理性情绪疗法开展治疗,改善小方的情绪问题

B. 转介给社区精神科医生,由医生作出评估

C. 送小方到丈夫工作地,由其丈夫照顾

D. 向小方所在社区的司法所工作人员报告小方目前的情况

53. 某社区的环境卫生状况很差,每当傍晚的时候就垃圾遍地,特别是学校附近,零食袋更多。社会工作者小多发现社区的这一问题后,开始做宣传工作,引导社区居民一起解决社区环境问题,此做法体现的社区社会工作目标是(　　)。

A. 促进居民参与,解决社区问题

B. 改善社区关系,提升社区意识

C. 挖掘社区资源,解决社区问题

D. 挖掘社区资源,满足社区需求

54. 上级规划部门为了满足社区居民的精神文化需求,计划在社区周边建设一个文化公园。相关的工作人员将这一计划介绍给社区居民,让社区居民知晓并接受这项计划。这属于社区参与层次和形式的(　　)。

A. 告知　　B. 咨询

C. 协商　　D. 共同行动

55. 小秋近日被查出患有艾滋病,很多朋友知道这个消息后都开始歧视她,让她倍感孤独绝望。小秋的家人因此向社会工作机构求助。社会工作者了解了小秋的情况后,发现其家人

并没有像其他家庭那样歧视或抛弃小秋，因此准备充分利用家庭资源帮助小秋。此社会工作者采用的介入原则属于(　　)。

A. 个别化　　B. 以人为本，服务对象自决

C. 与服务对象相互依赖　　D. 考虑经济利益

56. 医务社会工作者小雅为糖尿病患者袁阿姨开展个案服务，小雅首先对袁阿姨的社会心理状况、医疗适应、家庭社会支持系统及经济状况做了全面评估，发掘袁阿姨各方面的需求和优势，在此基础上为袁阿姨提供服务。以上案例中，医务社会工作者小雅主要是从(　　)方面为袁阿姨开展个案管理工作。

A. 治疗依从性管理

B. 压力管理

C. 社会心理评估

D. 沟通技巧训练

57. 社会工作者为社区失业人员提供再就业服务时，对具有创业意向和能力的失业人员提供创业政策咨询；创办社区小企业，吸纳部分失业居民；对具有一技之长的失业人员提供相对应的就业岗位信息；组织社区企事业单位安置失业人员。这些措施的作用在于(　　)。

A. 开发社区就业岗位　　B. 鼓励多种形式就业

C. 落实就业政策　　D. 完善社区就业服务

58. 某社区为家庭妇女组织了“烹饪学习班”的活动。在活动开展过程中，不属于服务阶段的内容是(　　)。

A. 本着节约和量入为出的原则，对烹饪学习班进行预算管理

B. 对服务项目进行时间进度管理

C. 及时公布服务提供者的工作进度和成绩，并对表现好的服务提供者进行表扬

D. 对服务对象的满意度进行调查分析

59. 在医务社会工作中，“了解什么样的人得了病比了解一个人得了什么病更重要”。这句话体现了医务社会工作的(　　)特点。

A. 与医疗卫生体系相融合

B. 以服务对象的健康为主导

C. “以病人为中心”的理念

D. 服务规范的专业化

60. 小飞为了补贴家用，来到了电子厂打工。半年后，她感觉自己的面部和手脚浮肿，她以为是工作太累的缘故，便继续坚持在车间作业，没料到某一天突然晕倒，被送进医院，医疗费花了5000多元。小飞出院后一直在家待着，身体依然虚弱，无法干重活，情绪很差。小飞的丈夫向社会工作者介绍了小飞的情况，希望能使小飞得到帮助。根据企业社会工作的服务对象来源划分，小飞属于(　　)。

A. 职工家属或亲友介绍的服务对象

B. 厂医转介的服务对象

C. 自己主动寻求帮助的服务对象

D. 社会工作者主动发现的服务对象

二、多项选择题(共 20 题,每题 2 分。每题的备选项中,有 2 个或 2 个以上符合题意,至少有 1 个错项。错选,本题不得分;少选,所选的每个选项得 0.5 分)

61. 小刚生活在一个充满家庭暴力的家庭,父亲经常殴打他和母亲。为此,小刚向社会工作者求助,希望社会工作者能帮助自己和母亲摆脱困境,让家庭变得和谐融洽。在开展服务过程中, 社会工作者所关注的对象包括(　　)。

A. 小刚的家庭　　B. 小刚父母的夫妻关系

C. 小刚的父亲　　D. 小刚父子之间的关系

E. 小刚母子的关系

62. 小强因为与父母发生争吵,主动打电话寻求社会工作者小王的帮助。小王为了与小强进行初次面谈,需要做的准备工作包括(　　)。

A. 向小强父母了解小强的情况

B. 向小强解释机构的服务要求和范围

C. 了解小强目前的身体和精神健康状况

D. 了解小强是否有需要谨慎处理的特别事项

E. 了解小强以前是否接受过社会工作者的帮助

63. 社会工作者与服务对象达成的初步协议的内容包括(　　)。

A. 机构和社会工作者可以提供的服务

B. 对服务对象问题的初步界定

C. 社会工作者与服务对象应有的权利和义务

D. 相互的角色期望

E. 暂定的工作时间长度

64. 下列选项中,属于支持性儿童福利服务的是(　　)。

A. 为个别家庭解答疑惑

B. 为儿童提供娱乐服务

C. 协助办理新生儿户籍登记服务

D. 为个别家长提供托管服务

E. 为儿童提供经济补助

65. 沟通分析论为社会工作者开展人际沟通与相处技巧训练提供了较好的理论基础。沟通分析论的内容有(　　)。

A. 过程分析　　B. 人格结构分析

C. 沟通分析　　D. 脚本分析

E. 游戏分析

66. 社区居民邢先生因为财产问题与兄弟姐妹发生争执,向社会工作者小赵求助。小赵从邢先生的邻居那里得知,邢先生和他的兄弟姐妹合不来。之后进行接案会谈。为做好这次会谈,小赵应做的准备主要包括(　　)。

A. 了解邢先生之前接受服务的情况

B. 走访邢先生的兄弟姐妹

C. 走访邢先生所在的社区

D. 阅读邢先生的有关资料

E. 为邢先生制订个案计划

67. 社会工作家庭寄养服务的细节与儿童收养服务的细节比较接近,但也有少许差别。下列有关家庭寄养服务和儿童收养服务的说法中,正确的是(　　)。

A. 家庭寄养服务一般是为被收养或者能够回归原生家庭的儿童提供过渡性养育服务

B. 儿童收养服务是为不同程度的身心障碍儿童成年之前提供的养育服务

C. 儿童收养服务的跟踪支持有一定的时限性

D. 家庭寄养服务的跟踪以离开寄养家庭为准

E. 儿童收养服务结案的时间为儿童年满 18 岁之时

68. 王女士的儿子刚满五岁时,其丈夫在一次出差中意外死亡,于是家里就只剩下小哲与儿子两人。就王女士这种单亲母亲家庭而言,可能存在的问题有(　　)。

A. 王女士再婚困难

B. 邻居议论王女士克夫

C. 王女士与儿子关系处理的问题

D. 王女士工资不足以给儿子买保险

E. 王女士儿子因成绩优异而被同学欺负

69. 小华是一个 33 岁的农村妇女,丈夫常年在外打工,她除了承担家中的农活,还要照顾行动不便的婆婆和幼小的儿子。一天,小华泪流满面地找到了社会工作者小平,希望小平可以帮助自己。从社会工作的视角分析,小华遇到的困难可能有(　　)。

A. 小华丈夫常年在外,使得她精神负担重

B. 小华与丈夫的感情出现了危机

C. 小华与婆婆出现了矛盾

D. 小华的儿子被欺负了

E. 小华被同村的男性性侵

70. 小鹿在一次地震中失去了左腿,清醒后的小鹿情绪变得起伏不定,他的家人见状十分担心小鹿的心理状态,不知如何是好。一般来说,残疾和障碍的发生在心理状态上会出现以下几个阶段,包括(　　)。

A. 暂时性震惊状态

B. 可能会否认残疾

C. 出现“被剥夺感”和“依赖感”

D. 仇视健康的人

E. 进入焦虑和恐惧的状态

71. 在残疾人社会工作中,社区康复是重要的方法之一。下列属于社区康复的活动是(　　)。

A. 开通残疾人心理服务热线,关心残疾人的心理健康

B. 为社区残疾人开展康复评定

C. 为有需求的残疾人提供法律援助

D. 建立社区康复中心,为残疾人提供物理治疗

E. 为失业的残疾人提供就业帮助

72. 小李已经刑满，刚刚被释放出来，但不被妻子接受，又没有找到合适的工作。社会工作者针对他应该提供的服务有(　　)。

A. 安排小李在社区收容所安置

B. 为小李提供必需的生活用品

C. 为小李进行就业培训，并提供社会就业信息

D. 改善小李与妻子的关系

E. 建议小李断绝与监狱里朋友的联系

73. 老高住在光荣院，他平日里一个人待在房间，不与光荣院的其他人交往。最近他胃病复发，没有人照顾、没有人重视，萌生了自己被社会遗弃了的感觉。老高有(　　)方面的需要。

A. 健康维护　　B. 婚姻家庭

C. 社会参与　　D. 社会尊重

E. 社会再适应

74. 某社区有十多位军休老人。老人们回到社区生活后，觉得生活比较空虚，无所事事、闷闷不乐。针对这种情况，社区为军休老人开展了多项活动，组织老人开展文艺晚会、利用老人的特长辅助社区治安巡逻。通过服务，军休老人结识了很多新伙伴，精神饱满、生活充实。案例中，社会工作者为军休老人提供的服务包括(　　)。

A. 实现角色转换　　B. 构建支持网络

C. 发挥自身优势服务社会　　D. 增强人际关系

E. 协助整合社会资源

75. 晓静与丈夫是两口之家，他们生活在农村。一年前，丈夫在外打工时因工伤致残，回农村老家休养，不仅没有拿到应有的赔偿，还花光了所有的积蓄。半年前，晓静又因为疾病辞掉了镇上饭店服务员的工作。现在，两人没有经济收入，生活过得越来越紧。此案例中，社会工作者为晓静家庭提供的救助中，属于专项救助的包括(　　)。

A. 为晓静一家申请农村最低生活保障

B. 为晓静的丈夫提供社区康复治疗

C. 为晓静的丈夫提供医疗服务

D. 为晓静提供就业信息和技能培训

E. 为晓静的丈夫提供法律援助

76. “结对子”朋辈助力法是根据学生的需求与资源，把学生结成一对一的对子，引导学生之间相互帮助，协同成长。社会工作者小莉想要通过“结对子”朋辈助力法激励学生进步与成长。在下列选项中，属于社会工作者小莉的工作步骤的是(　　)。

A. 确定帮扶主题

B. 合理配对

C. 举行结对仪式

D. 建立合理可行的奖励机制

E. 确定解决方案

77. 学生的家庭困境主要指特殊的家庭状况给学生带来的负面影响，如低保家庭、单亲家庭、再婚家庭、残疾人家庭等。社会工作者在为家庭困境的学生提供服务时，具体内容有(　　)。

A. 提供情感支持　　B. 发展支持系统

C. 链接社会资源　　　　　　　　　　D. 开展父母课堂

E. 实施主题小组

78. 为了推动社区文化的发展,社会工作者小霞联合周边几个社区,开展了一项区大型文艺游园活动。为了顺利开展好此次活动,在制订好社区方案以后,小霞十分注重对社区服务方案执行过程中具体服务活动阶段的管理工作,并且亲力亲为做好活动管理,具体开展的服务有(　　)。

A. 申请区政府文化局的资金补助并向社会筹款

B. 本着量入为出的原则清楚地记录每一笔收入与支出

C. 对每一项活动的环节及时间进度都密切监控

D. 对文艺演出及游园活动的每一个节目都审查一遍,确保质量

E. 通过多种方式慰问、表扬和鼓励参演人员及志愿者

79. 舒缓疗护以改善肿瘤或慢性疾病患者及其家庭的生理、心理、社会功能的适应性不良为目的。下列选项中,属于舒缓疗护的主要做法的是(　　)。

A. 获取信息和资源

B. 协助病人及其家庭参与服务计划

C. 提供转介服务

D. 处理患者的特殊感受

E. 陪伴临终患者家属

80. 受新冠肺炎疫情的影响,许多企业的职工面临失业困境,其中很大一部分人不愿意回老家,希望继续从事相关的行业。社会工作者小璐通过调研了解到,这些职工在求职过程中面临的困境是不熟悉自动化操作、技能水平不高、缺乏求职技能与技巧等。为此,小璐决定为正在求职的职工提供服务,以提升他们的科学知识及专业技能,适宜的策略包括(　　)。

A. 帮助工人成立麻将小组、足球协会等社团

B. 为失恋的职工开展小组,提升其恋爱技能

C. 协助职工成立专项技能训练小组

D. 协助职工成立自动化技能学习小组

E. 为失业职工成立求职技巧训练小组

准考证号______

姓名______

社会工作实务（初级）全真模拟试卷（二）

重要提示：

为维护您的个人权益，确保考试的公平公正，请您协助我们监督考试实施工作。

本场考试规定：监考老师要向本考场全体考生展示题本密封情况，并邀请 2 名考生代表验封签字后，方能开启试卷袋。

社会工作实务(初级)全真模拟试卷(二)

一、单项选择题(共 60 题,每题 1 分。每题的备选项中,只有 1 个最符合题意)

1. 小耿在升入重点高中后感觉压力很大,无法适应高中生活,而他的父母察觉到他与同龄孩子有所不同,又不知道如何教育他。小耿的父母在朋友的介绍下找到了社会工作者,寻求其帮助。对于社会工作者来说,小耿的父母属于(　　)。

A. 自愿型服务对象

B. 现有服务对象

C. 潜在服务对象

D. 非自愿型服务对象

2. 一对夫妻因为家庭矛盾找到了社会工作者小玲。在会谈的时候,两人又因为意见不统一吵得不可开交。社会工作者小玲问他们:“根据刚才你们讲的情况,你们觉得问题出在哪里?”社会工作者这样做是为了(　　)。

A. 了解问题

B. 了解需求

C. 界定需求

D. 界定问题

3. 社会工作者小申想帮助待业在家的大学毕业生小明,希望小明在自己的帮助下可以成功就业。在未经小明同意的情况下,社会工作者小申就开始了介入行动,最后发现小明不愿意配合他的工作。社会工作者小申的做法违背了选择介入行动的(　　)原则。

A. 个别化

B. 与服务对象相互依赖

C. 以人为本、服务对象自决

D. 考虑经济效益

4. 小杨今年 7 岁了,耳朵先天性失聪。听不见声音的小杨性格内向自卑,身边也没有朋友。小杨的父母想给小杨安装人工耳蜗,但负担不起巨额的手术费用。这时社会工作者可提供(　　)服务。

A. 补充性儿童福利服务

B. 替代性儿童福利服务

C. 支持性儿童福利服务

D. 儿童保护服务

5. 在进行社会工作面谈时,做好倾听的最重要的方面是(　　)。

A. 社会工作者通过身体传达对服务对象的专注,以及从态度上传达内心的专注

B. 通过语言和非语言行为向对方传达一个信息,“我正在很有兴趣地听着你的叙述,尝试理解你”

C. 倾听时不仅要“听”,还要有“参与”,与服务对象互动,对服务对象的叙述给予适当的回应

D. 理解对方所传达的内容和情感,不排斥、不歧视,把自己放在对方的位置上来思考,鼓励其宣泄情绪,帮助其澄清自己的想法

6. 从军队师职干部变为民政部门的服务对象,老李有一种深深的失落感,常常怀念在部队的时光,难以适应地方的休养生活。面对这种状况,社会工作者首先应采取的介入策略是(　　)。

A. 组织军休干部参与志愿服务

B. 协调社会力量为军休干部服务

C. 积极做好军休干部的情绪疏导工作

D. 认真落实军休干部的政治待遇和生活待遇

7. 军转复退军人安置社会工作涉及面广,新老问题交织、具有复杂和多面性。社会工作者介入的重点是(　　)。

A. 社会再适应　　B. 角色转化

C. 心理援助　　D. 维护合法权益

8. 为满足光荣院老年服务对象发挥余热的需求,社会工作者介绍他们担任中小学校外辅导员,参与学校和社区为青少年开展的爱国主义教育活动。社会工作者的上述做法帮助老年优抚对象实现了(　　)。

A. 老有所养　　B. 老有所为

C. 老有所依　　D. 老有所医

9. 小伟是父母的第三个孩子,由于超生,小伟一直没有户口,眼看小伟就到了上学的年龄,小伟父母对小伟户口的问题非常着急。于是就找到了社会工作者小冯,希望小冯可以帮助小伟解决户口的问题。在此,社会工作者小冯向小伟父母阐述拥有户口是儿童的一种需要。那么户籍问题是儿童(　　)的需要。

A. 生存　　B. 发展

C. 社会化　　D. 受保护

10. 儿童保护中的家庭监护问题,是指因为父母育儿理念和育儿行为偏差,给未成年子女带来伤害的问题。家庭监管问题一般可以分为三种类型,其中在家庭贫困、单亲家庭中,监护状况多数情况下呈现为(　　)。

A. 监护不足　　B. 监护不当

C. 监护缺失　　D. 监护失误

11. 小胡今年15岁,自小因为脑瘫造成残疾,走路略有不便,受到周围人的嘲笑,社会工作者小徐在得知小胡的情况后,在服务过程中,小徐充分照顾小胡的特点和需要,开展有针对性的服务。社会工作者小徐的服务过程体现了青少年社会工作的(　　)。

A. 整体性原则　　B. 发展性原则

C. 主体性原则　　D. 统一性原则

12. 罗杰斯“自我论”中的“自我概念”，可以成为协助青少年开展自我探索的理论基础之一。“自我概念”可以涵盖三个层面，下列选项中，不属于其涵盖的三个层面的是（　　）。

A. 现实我　　B. 理想我

C. 客观我　　D. 意识我

13. 小强今年初三，临近中考，他十分紧张，担心自己考不上重点中学，为此焦虑不安，晚上经常失眠。近日，他的父母发现他有轻微的神经衰弱，为此，找到社会工作者小王。小王接案后，为小强提供了一系列服务，其中最重要的是对小强进行心理辅导和减压训练，让小强增强自信心，勇敢面对即将到来的中考。这一服务体现出青少年社会工作的（　　）原则。

A. 尊重青少年的价值和尊严

B. 接纳与关爱青少年

C. 注重青少年的个别需求

D. 协助青少年具备适应社会变化不断成长的能力

14. 由受过训练的专业志愿者，在社会工作者的督导下，为青少年提供“一对一”的长期陪伴。通过关爱且富有支持的积极人际关系来促进青少年的健康成长与发展。以上叙述的青少年社会工作介入方法是（　　）。

A. 危机介入　　B. 外展服务

C. 朋辈辅导　　D. 向导服务

15. 宋奶奶今年 80 多岁了，眼睛看不太清，自理能力有所下降。宋奶奶的几个子女都不愿意主动赡养老人。于是，宋奶奶向社会工作者寻求帮助。社会工作者看着慈祥的宋奶奶，不由得想起了自己的姥姥，并把这种情感带到了服务中，对宋奶奶加倍关注。社会工作者出现的这种情况属于（　　）。

A. 反移情　　B. 工作倦怠

C. 移情　　D. 过度保护

16. 未成年人保护中心为流浪儿童提供全方位的服务。下列服务中，不属于流浪儿童救助服务的是（　　）。

A. 物质帮助　　B. 安置服务

C. 回归家庭　　D. 合法收养

17. 家庭社会工作与家庭治疗相比，其关注的焦点是（　　）。

A. 家庭结构　　B. 家庭权力关系

C. 家庭成员之间的互动交流　　D. 整个家庭

18. 吴女士是一位长期遭受家庭暴力的家庭主妇，社会工作者在介入服务中了解了吴女士所拥有的资源限制和认知能力，在此基础上努力推动其发生积极的改变。在这个过程中，社会工作者扮演的角色是（　　）。

A. 教育者　　B. 使能者

C. 资源调动者　　D. 支持者

19. 社会工作者小森打算运用小组的方法为社区的老年人开展服务。下列说法中，不恰当的是（　　）。

A. 小森在空间安排和使用辅助器具上要考虑老年人的需要

B. 在小组进程中，小森不需要欣赏老年人点滴的进步

C. 小森要调整好小组工作的节奏,不宜过快

D. 小森需要始终扮演一个比较积极的角色

20. 下列关于学校社会工作的说法,正确的是(　　)。

A. 学校社会工作以学校及社会的思想道德要求为本

B. 学校社会工作注重学生个体自身的作用

C. 学校社会工作就是学校班级管理

D. 学校社会工作包含生活管理,注重提高学生的生活质量

21. 小段结婚5年了,自从生了儿子之后,就辞了工作成了全职太太。最近,丈夫对小段越来越冷淡,喝醉酒后还对她施以暴力。在邻居的帮助下,小段找到了社会工作者,社会工作者首先应该给她提供的帮助有(　　)。

A. 帮助小段找工作,以实现经济独立

B. 劝说小段不要激怒丈夫,先回家

C. 与庇护所联系,为小段及其孩子提供暂时住所

D. 协助小段联系律师,与丈夫商议离婚。

22. 在妇女社会工作中,应用社会工作的个案、小组和社区方法时,一定要加入(　　),遵循妇女社会工作的实践原则。

A. 女性为主的观念　　　　B. 男女平等的观点

C. 性别需求分析　　　　D. 性别视角

23. 在一次社区计划生育的评估活动中,社区工作人员找到社会工作者小博,想让他帮助社区工作人员制订一份计划生育评估表。下列选项中,符合社会性别敏感要求的是(　　)。

A. 对辖区内新婚夫妇进行计划生育培训的人次

B. 辖区内育龄妇女计划生育知情选择的比例

C. 符合条件的育龄妇女采取长效节育措施的比例

D. 对辖区内育龄妇女开展计划生育培训的次数

24. 某公益组织在山区进行一次改善女性贫困的活动时,发现了被拐卖至此的女性小黄。小黄被拐卖过来后,被迫嫁给了村里的小张。刚开始,小黄每天都想方设法地逃跑,但始终无果。随着逃出去的希望越来越渺茫,小黄放弃了逃跑,而小张对小黄很好,千依百顺,并且生活了几年后,两人有了两个小孩。小黄觉得以后的日子就这样得过且过了。现在,小黄不想着再逃回去了。公益组织的社会工作者面对被拐卖妇女小黄,应该做的是(　　)。

A. 通知司法机关,对小黄被拐卖的事件进行查处

B. 责备小黄的妥协,出去以后,会有更好的生活

C. 接受小黄的问题,同时尊重小黄不回去的决定

D. 与小张交谈,告诉他应该让小黄回去

25. 某农村社区开展了改建卫生厕所项目,厕所改建成功后,女性将有更好的卫生条件。这一项目满足的社会性别需求是(　　)。

A. 妇女的实用性社会性别需求

B. 妇女的战略性社会性别需求

C. 妇女的平等性社会性别需求

D. 妇女的发展性社会性别需求

26. 在妇女社会工作中，同样适用社会工作的个案工作、小组工作和社区工作等基本方法。只是在使用这些方法的时候，一定要具有(　　)，遵循妇女社会工作的实践原则。

A. 多元化视角

B. 社会支持视角

C. 社会发展视角

D. 社会性别敏感性

27. 下列选项中，不属于残疾人权利和基本需求的是(　　)。

A. 残疾人康复权

B. 残疾人环境友好权

C. 残疾人文化生活权

D. 残疾人社会优待权

28. 小辉是一位聋哑人，从特殊教育学校毕业后，希望能找到一份合适的工作，但是由于身体的缺陷他四处碰壁，于是找到社会工作者寻求帮助。社会工作者决定向他提供职业康复服务，首先应该做的是(　　)。

A. 对小辉的身体、心理和职业适应做出评估

B. 对小辉的情况和与就业相关的问题，进行综合考虑

C. 对小辉提供专业的职业培训

D. 为小辉提供劳动市场、就业岗位等信息

29. 服务对象小兰在一次工作中失去了双手。在个案服务的某一阶段，社会工作者小陈开始注重对小兰的内在资源进行发掘，通过对小兰的心理辅导帮助她重新树立对自己、对生活的信心。这说明社会工作者的个案管理服务到了(　　)阶段。

A. 评估

B. 制订服务方案

C. 建立关系

D. 获得整合性资源

30. 小凯由于盗窃进入监狱，初次入狱的小凯非常不适应监狱的生活。社会工作者就带着小凯熟悉监狱中的环境，希望小凯可以更加适应监狱中的生活，痛下决心改过自新。该做法体现了社会工作者(　　)。

A. 帮助服务对象熟悉监狱环境

B. 协助服务对象解决生活困难

C. 协助服务对象戒除不健康的生活习惯

D. 预防服务对象间犯罪观念和行为的交叉感染

31. 下面的服务任务中，不属于社区矫正任务的是(　　)。

A. 矫正社会工作者组织服刑人员每月开展小组互助活动，以此增强对服刑人员的监督与管理

B. 矫正社会工作者通过让服刑人员挖掘自身潜能，培养兴趣爱好，矫正社区服刑人员不良的心理和行为，使他们能改过自新，弃恶从善，成为守法公民

C. 矫正社会工作者为社区服刑人员提供心理咨询和心理治疗，帮助他们更顺利地适应社会生活

D. 矫正社会工作者在城市中心广场开展“尊重犯罪人员人格”的签名活动，消除人们对犯罪人员的刻板印象

32. 小群的丈夫经常对她拳打脚踢，小群因为在一次反抗中失手把丈夫砍伤，依法被逮捕，其年幼的孩子无人照顾，社区找到社会工作者寻求帮助。一方面，社会工作者根据所掌握的法律知识，向其解释了小群所处的环境以及将会获得的法律惩罚；另一方面，社会工作者通过发动小群的社会资源，来照料其孩子的生活。在这个案例中主要体现了矫正社会工作的(　　)特点。

A. 特殊性　　B. 专业性

C. 复杂性　　D. 长期性

33. 某监狱为了让服刑人员更好地适应监禁场所，根据矫正社会工作者对服刑人员的心理、行为测评结果和判决文书，对服刑人员进行严格的分类管理，将服刑人员分为重犯、轻犯、多次犯罪、初次犯罪等类别。这一工作的目的在于(　　)。

A. 方便监狱管理

B. 预防服刑人员间犯罪观念和行为的交叉感染

C. 让具有同质性的服刑人员增强彼此之间的支持

D. 方便服刑人员更好地熟悉监禁环境

34. 老吕在退休后到光荣院入住，每天的生活非常无聊。社会工作者小琴在与老吕的一次面谈中，发现他的话语中透露出自己有想成家的想法，也暗示自己有性这方面的需求。在吃惊和尴尬之余，小琴感到非常苦恼。小琴遇到的问题属于(　　)。

A. 疏于照顾的问题

B. 药物滥用与药物依赖问题

C. 性与亲密关系的处理

D. 服务对象关爱的问题

35. 徐老伯是一位军休老人。从部队退下来以后，他觉得在家里生活很单调，没有了精气神儿，不如在部队的生活丰富，所以在家时时都与老伴回顾部队的岁月，久而久之，老伴也听厌倦了，徐老伯便变得沉默不语了。社会工作者在走访时发现了徐老伯的情况并决定介入他的个案。在此案例中，社会工作者提供的服务关键在于(　　)。

A. 帮助徐老伯实现角色转换，做好心理关怀和精神服务

B. 缓和徐老伯与老伴的关系

C. 让徐老伯寻找生活的意义，珍惜现在的生活

D. 推荐徐老伯参加社区活动

36. 小胜在一次军队的运输任务中，发生意外致二级伤残。退役后，他被安排到军人荣誉医院。入院后，由于家人很少前来探望，加上他与外界的联系越来越少，小胜有强烈的失落感和被抛弃感。他不断抱怨自己不应该去当兵，不然现在会有健康的体魄、幸福的家庭和不错的事业。当了兵，什么都没有了，未来的希望也不知道在哪儿。社会工作者注意到小胜的情况，决定开展服务安抚小胜的情绪，改变他的状态，其中最需要提供的服务是(　　)。

A. 为小胜提供康复服务，让小胜能如正常人一样生活

B. 与小胜的家人联系，让他们多陪伴小胜，关心小胜

C. 安排小胜参加康复医院的活动，加强他与外界的联系

D. 帮助小胜认识自己的情绪，让小胜形成正确的认知

37. 在军队多次获得荣誉的王军官，因为意外事故造成残疾，现在只能靠亲人的帮助才能顺利地生活和工作。他的情绪日渐低落，越来越感到生命没有意义，对什么事都没有兴趣。为协助王军官找到生命的意义，珍惜当下，最可行的方法是(　　)。

A. 为王军官提供情绪辅导　　　　B. 为王军官建立家庭支持网络

C. 为王军官开展社区康复　　　　D. 回顾过往经历，建构生命意义

38. 社会工作者在某村开展了以优势视角为基础的反贫困行动。下面的措施中符合这一行动的是(　　)。

A. 联系各种组织，为村民提供更多服务

B. 为服务对象申请符合政策的社会补助

C. 挖掘居民的长处和优势，提供小额信贷

D. 组织村民成立联合小组，共同制订反贫困计划

39. 某地区发生了严重的地震灾害，社会工作者将灾民及时转移到了临时庇护场所。部分灾民怕没有后续的救援物资，担心自己将来的生活，于是在灾害救援物资的分配中，发生哄抢，问题严重。为此，社会工作者组织哄抢物资的灾民共同协商物资分配方法，制订物资需求计划，使物资分配问题得到解决，灾区秩序得到改善。社会工作者接下来的工作重点是(　　)。

A. 协调发放应急生活物资　　　　B. 帮助恢复正常的生活秩序

C. 帮助建立社区互助网络　　　　D. 恢复社区正常的经济秩序

40. 小彭与妻子和儿子生活在C社区。一年前，妻子因为被诊断出先天性心脏病，辞职在家休养，小彭因为公司倒闭而被辞退在家，儿子即将进入高中，大笔的学费让小彭和妻子犯了愁。此案例中，社会工作者为小彭提供的救助中，属于基本生活救助的包括(　　)。

A. 城市低保和就业救助　　　　B. 医疗救助和教育救助

C. 城市低保和医疗救助　　　　D. 就业帮助和教育救助

41. 接案会谈的目的在于(　　)。

A. 界定服务对象的问题

B. 双方交换经验和看法

C. 了解服务对象最关心的事项是什么

D. 表达各自的态度和意愿

42. 小蕊在整理家中物品时发现丈夫小祥出轨，之后小蕊便一直与小祥吵吵闹闹，小祥情急之下动手打了小蕊。小蕊生气回了娘家，小蕊的妈妈知道女儿受到了欺负后非常生气，就到小祥的公司大闹了一场，小祥在公司的名声一落千丈，对小蕊妈妈也充满怨言。小蕊找到了社会工作者小曹，想请小曹帮助自己的家庭恢复正常。从家庭系统理论来看，社会工作者小曹应该先介入(　　)。

A. 家庭之外的社会系统

B. 小祥与小蕊的夫妻次系统

C. 小祥与小蕊妈妈的次系统

D. 小蕊妈妈与小蕊的亲子系统

43. 下列叙述不正确的是(　　)。

A. 矫正社会工作贯穿于对罪犯进行司法矫正的各个方面以及整个过程，其主要内容包括

司法判决前的服务、监禁场所中的服务、社区矫正中的服务以及刑满释放后的服务等四个方面

B. 司法判决前社会工作的服务对象仅指犯罪嫌疑人

C. 矫正社会工作是司法矫正体系中的社会福利服务

D. 社会工作者介入司法过程,自司法判决前的案件审理阶段就已经开始了

44. 小郭和小唐是一对夫妻,两人的家庭贫困。社会工作者小王协助他们申请低保时,发现这对夫妻经常争吵,丈夫小郭动不动就对妻子小唐发脾气,小唐也骂小郭挣不来钱,连儿子都快要养不起了。此时,社会工作者小王首先需要做的是(　　)。

A. 对象识别

B. 调节家庭关系

C. 提供心理支持

D. 促进社会融入

45. 汇安街道一厂社会工作者小宏对辖区居民进行入户走访时,了解到居民小萍家的生活陷入困境。十几年前小萍夫妻双双下岗,靠打工维持生活,如今一个女儿正在哈尔滨读大学。今年7月,小萍因子宫肌瘤在一厂医院手术时,发现患的竟是子宫内膜癌、左卵巢转移性腺癌。术后的放疗、化疗使小萍受尽折磨,医药费花去5万元,债台高筑,生活难以维持。小萍的姐姐发现小萍欲轻生,寸步不离地看守她。社会工作者小宏将了解到的情况向社区党委书记小新做了汇报,小新立即带领低保工作小组入户慰问,并将情况如实上报汇安街道办事处,为小萍申请了最低生活保障。此案例中,社会工作者小宏为小萍提供的是(　　)服务。

A. 社会优抚社会工作　　B. 社会救助社会工作

C. 社会安置社会工作　　D. 家庭社会工作

46. 范女士因为家庭生活不幸福前来向社会工作者求助,她说丈夫整天忙于工作,不顾家里,儿子也整天打游戏,乱花钱,她为家里付出那么多,感觉一点也没有得到回报,现在觉得自己的人生很失败。社会工作者小陶打算用聚焦的技巧来了解范女士目前面临的主要问题。下列说法中,符合聚焦技巧的是(　　)。

A. “范女士,您刚才说了那么多,您认为最让您头疼的问题是什么呢?”

B. “范女士,我很理解您作为家庭主妇的不容易。”

C. “范女士,遇到这些问题,您通常的应对方法是什么呢?”

D. “范女士,我听说喜欢玩游戏的孩子一般都很聪明,您的儿子把聪明用在学习上会怎样呢?”

47. 接触阶段是社会工作者与受助家庭成员初次见面,评估受助家庭成员需要,并且与受助家庭成员建立初步的信任合作关系的阶段。在接触阶段的主要任务不包括(　　)。

A. 与受助家庭约定初次会谈时间和安排

B. 为初次家庭会谈做准备

C. 倾听每一个家庭成员的解释

D. 安排第一次会谈等

48. 下列选项中不属于医务社会工作者对糖尿病患者长期照顾中的服务内容的是(　　)。

A. 医疗适应　　B. 患者的疾病认知

C. 出院照顾　　D. 危机干预

49. 小凌由于临近生产期，最近总是很沮丧，觉得生育子女是一件很恐怖的事情，容易产生焦虑，为此她求助于医务社会工作者。小凌的问题属于医务社会工作者要处理的（　　）。

A. 心理的调适问题　　B. 疾病适应问题

C. 情绪问题　　D. 生育问题

50. 小英今年读初中三年级，每次考试她都会感到恐惧，一到考试的时候头脑就一片空白。由于考试恐惧，每次成绩都不尽人意。社会工作者小杜在得知小英的情况后，可以采用（　　）方法来帮助小英克服考试恐惧的情绪。

A. 系统脱敏　　B. 行为契约法

C. 做名片　　D. 小背摔

51. 学校社会工作者小凤在得知 14 岁的小曼被性侵后，第一时间保护小曼的人身安全，随后链接资源，对小曼进行医学评估，及时救治，将该事件对小曼的身体伤害降到最低。社会工作者小凤的服务内容属于（　　）。

A. 情绪疏导

B. 危机介入

C. 提供情感支持

D. 处置侵害者

52. 社区内不少居民反映有个别居民从楼上往下倒水，这不仅影响了社区居民的正常出行，也带来了一定的安全隐患。居民代表大会在解决这一问题时，邀请了受此影响的居民一起了解和讨论相关的解决方案，推动居民成为决策过程中的一分子。这属于社区参与层次和形式中的（　　）。

A. 告知

B. 协商

C. 咨询

D. 共同行动

53. 就医院住院患者的服务而言，根据患者病情的复杂性和多变性的特点，医务社会工作者可以提供与检查、观察、诊断、治疗、护理、心理、情绪、生活、文化、经济等相关的多方面规范服务。这体现了医务社会工作的（　　）。

A. 以服务对象的整体健康为主导

B. 服务规范的专业化

C. 以患者为中心

D. 与医疗卫生体系相融合

54. 小芳在班里一直是一个品学兼优的学生。上了初二后，小芳上课无精打采，下课不完成作业，成绩直线下滑。班主任很担心，于是找到社会工作者。社会工作者在走访时发现，在小芳上初一时，母亲又生了一个儿子，小芳感觉因为弟弟的出生，父母对自己的关心少了很多，也就无心学习了。针对小芳的情况，社会工作者开展了一系列服务，其中，针对小芳家庭因素的服务是（　　）。

A. 与小芳进行交流沟通，让她感受到弟弟的诞生带来的好处

B. 让老师和同学多关心小芳，同时为小芳提供课业辅导

C. 为小芳提供情绪辅导，告诉她，父母不会因为弟弟的诞生而减少对她的爱

D. 与小芳的父母交流，让他们同样对待两个孩子，多关心小芳

55. 小明因为家境贫寒，十分自卑，但很努力地做好自己的事情。为了改变小明自卑的情况，班主任决定运用提供机会、促进参与的方法增强小明的抗逆力。合适的做法是(　　)。

A. 为小明提供心理辅导　　B. 为小明提供课业辅导

C. 让小明担任班级小组长　　D. 为小明申请学业补贴

56. 急诊室是医院工作环境中节奏最快，问题最集中的地方，也是分秒必争的地方。社会工作者在急诊室做需求分析的时候，需要分析患者及其家属的心理危机干预的需求、医疗团队及其成员的需求和(　　)的需求。

A. 急诊管理

B. 急诊预约

C. 急诊救治

D. 心理辅导

57. 急诊室开展社会工作服务的必要性不包括(　　)。

A. 病患及其家属的心理危机干预的需要

B. 医疗团队及其成员的需要

C. 疾病适应的需要

D. 急诊管理的需要

58. 医务社会工作有咨询与辅导的功能，是为了促进病人及其家庭在行为、态度、情绪和环境等方面的改变。下列不属于咨询与辅导的内容的选项是(　　)。

A. 社会适应的咨询　　B. 危机干预

C. 筛选高危群体　　D. 心理辅导

59. 下列属于资源提供与心理支持问题的是(　　)。

A. 下岗和失业人员的就业心理和社会支持

B. 工伤事故赔付问题

C. 劳动保护与保险问题

D. 因各种压力导致的情绪和心理问题

60. 下列选项中关于企业社区工作表述不正确的是(　　)。

A. 起点是将企业作为一个社区来看待

B. 以整个社区及社区中的居民为服务对象

C. 主要提供利于企业发展的服务

D. 企业比普通社区有更多管理上的特殊要求

二、多项选择题(共20题，每题2分。每题的备选项中，有2个或2个以上符合题意，至少有1个错项。错选，本题不得分；少选，所选的每个选项得0.5分)

61. 在结案阶段，为了避免服务对象出现负面反应，社会工作者可以进行的工作是(　　)。

A. 回顾介入工作的过程，以确定结案的时机是否已经成熟

B. 为了避免服务对象出现一些倒退的问题，需要提前做好预防

C. 逐渐减少与服务对象的接触，鼓励服务对象自立

D. 为了防止服务对象产生依赖心理，结案后立即删除服务对象的联系方式

E. 安排结案活动，让服务对象分享感受，自信地面对未来

62. 小凌是一名社会工作者，在某服务机构已经工作三年了。某天，她要为服务对象制订服务计划，那么服务计划中应包括的内容有(　　)。

A. 目的及目标　　B. 服务期限

C. 关注的问题与对象　　D. 介入方法

E. 介入行动

63. 科学育儿是向所有儿童的父母和家庭传播科学的育儿理念，并为他们提供具体的科学育儿实践指导和日常育儿问题咨询。下列选项中，属于科学育儿的具体内容的是(　　)。

A. 科学育儿的理念：儿童权利和现代儿童观

B. 科学育儿的知识：儿童生理、心理人格和社会行为发展的知识

C. 科学育儿的技能：观察的技能、沟通的技能、引导的技能等

D. 科学育儿的方法：环境刺激、观察、游戏、示范、提问、试误和发现

E. 科学育儿的类型：婴儿中心类型、家长中心类型和两者兼顾类型

64. 儿童友好社区建设倡导的内容不仅包括儿童友好的社区环境布局，也包括儿童友好的社区文化建设。下列选项中，属于儿童友好社区建设倡导内容的是(　　)。

A. “儿童友好”即完善社区基本建设

B. “儿童友好”即保护儿童生活环境的安静和舒适

C. “儿童友好”即建设安全、益智的儿童游戏场所和设施

D. “儿童友好”即健全社区儿童和家庭服务体系

E. “儿童友好”即创新社区儿童参与工作机制

65. 生涯规划是青少年社会工作的重要内容之一。下列选项中，属于青少年生涯规划重点的是(　　)。

A. 自我认识

B. 评估职业所需要的能力

C. 认识工作世界

D. 确定自我的工作价值观

E. 评估环境因素

66. 小高先天失聪，因没有工作整天在家。小高的父母是普通的农民，以种地为生，没有其他经济来源。小高家中的房屋已经多年未修缮，每逢雷雨天气就会漏雨。小高每次去医院都非常难过，因为无法向医生表达自己的病情。以上对小高的介绍中，可以提现小高在物质层面面临的是(　　)。

A. 经济困难　　B. 住房困难

C. 医疗困难　　D. 交往困难

E. 参与困难

67. 从社会工作专业角度出发，社区社会工作有一些具体的目标。下列选项中，属于社区社会工作目标的是(　　)。

A. 促进居民参与，解决社区问题

B. 改善社区关系，提升社区意识

C. 挖掘社区资源，满足社区需求

D. 聚集社区人力，完成居民意愿

E. 改善邻里关系，促进社区和谐

68. 家庭系统理论是家庭社会工作中运用最广泛、也最受欢迎的理论，它已经成为很多家庭社会工作服务模式的理论基础，为家庭社会工作提供评估和服务干预的需求基本框架。家庭系统理论有三个基本观点，分别是（　　）。

A. 家庭作为一个整体大于各部分之和

B. 家庭成员的问题是整个家庭不良的沟通交流方式导致的

C. 家庭所面临的危机既是机会，也是挑战

D. 因"问题"而导致的家庭功能的失调能够得到有效解决

E. 家庭系统努力维持改变与稳定之间的平衡

69. 依据家庭生命周期理论，在学龄子女家庭阶段，家庭成员面临的任务和要求为（　　）。

A. 重新调整夫妻的角色　　B. 培养子女的独立性

C. 接纳家庭角色的变化　　D. 学习父亲和母亲的角色

E. 对学校等新机构和新社会成员保持更大的开放性

70. 依据家庭服务关注的焦点和目标，我国的家庭服务有三种不同类型，分别为（　　）。

A. 家庭的救助和帮扶　　B. 改善亲子关系的服务

C. 家庭的经济救助　　D. 改善夫妻关系的服务

E. 改善婆媳关系的服务

71. 社区社会工作的突出特点是通过发现、挖掘、整合和管理社区资源来解决社区问题，满足社区需求。下列选项中，属于社区资源链接方式的是（　　）。

A. 资源整合　　B. 资源共享

C. 资源配置　　D. 资源置换

E. 资源挖掘

72. 根据我国法律，下面的案例适合社区矫正的是（　　）。

A. 因怀孕而暂予监外执行的李红

B. 被宣告缓刑两年并且正处于缓刑期间的小王

C. 因为家中出事，被允许假释的小张

D. 在监狱服刑的小赵

E. 被判处管制的老胡

73. 社会工作者小美在走访时发现，社区里的军转复退军人很多，他们一部分没有找到合适的工作，一部分无法适应军转地的生活，存在焦虑、愤怒、抑郁等情绪。这体现出军转复退军人的迫切需要包括（　　）。

A. 就业的需要　　B. 社会尊重的需要

C. 社会参与的需要　　D. 社会再适应的心理调适需要

E. 社会交往的需要

74. 下面的救助中，属于基本生活救助的是（　　）。

A. 城市居民的最低生活保障　　B. 慢性病人的医疗救助

C. 灾民的生活补助　　D. 流动儿童的临时收养

E. 农村孤老的五保供养

75. 小郑是一位开展流浪儿童外展服务的专业社会工作者，他需要熟练地掌握发现流浪儿童的技巧。这些技巧包括(　　)。

A. 认真观察儿童的衣着、表情和行为特点

B. 与儿童进行交流，从字里行间发现其语言表达的特点和内容

C. 友好真诚地与儿童打招呼，建立信任关系

D. 可以为儿童准备一些食品、玩具，拉近距离

E. 倾听儿童的困难与遭遇，并尽量做到感同身受

76. 学校社会工作者的功能主要是指学校社会工作服务对学生成长的影响作用。下列选项中，属于学校社会工作功能的是(　　)。

A. 学校社会工作对学生学习的提升功能

B. 学校社会工作对学生家庭的优化功能

C. 学校社会工作对学生困境的改善功能

D. 学校社会工作对学生权益的保护功能

E. 学校社会工作对学生成长的发展功能

77. 下列对于学校社会工作的理解中，正确的是(　　)。

A. 学校社会工作是社会工作的分支之一，它将社会工作专业的原则、方法及技巧应用于学校领域

B. 学校社会工作是为处境困难的学生提供的专业服务

C. 学校社会工作者应具有社会工作专业的知识、方法、技巧和价值观以及广泛的知识基础

D. 全体学生是学校社会工作的主要直接对象

E. 学校社会工作者和学校班主任的职责是一样的

78. 小木，12 岁，家乡闹水灾，亲人都离世了，也没有房子。于是小木跟着年长的同乡来到深圳打工，不过因为没有学历，也没有一技之长，只好以拾荒维生。请问像小木这样的流浪者，如果自愿向深圳的救助站求助，他可以得到的救助服务是(　　)。

A. 提供现金救助

B. 提供卫生安全的住处

C. 提供卫生可口的饭菜

D. 帮助小木与其家乡的儿童福利院联系

E. 提供小木回家的火车票

79. 精神疾病患者的家属是极不容易的，他们既要面对照顾精神病患者时巨大的时间和精力挑战，也要面临自身照顾知识缺乏的困境，更为严重的是要面临社会对精神疾病患者的歧视。为了缓解精神病患者家属的照顾压力，社会工作者小邓计划通过小组工作方法开展服务，适当的策略包括(　　)。

A. 为患者家属开展不良生活习惯治疗小组

B. 为患者家属开展自我减压技巧培训小组

C. 为患者家属开展情感与情绪管理的互助小组

D. 为精神疾病患者开展认知行为治疗小组

E. 为患者家属开展精神疾病照顾知识辅导小组

80. 下列选项中属于企业社会工作者服务内容的是(　　)。

A. 开展与职工工作岗位相适应的服务

B. 开展与劳动环境相协调的服务

C. 开展与职业福利保障相关的服务

D. 开展职工求职加薪的服务

E. 开展协调劳动关系的服务